U0940639

浙江经济普查年鉴

Zhejiang Economic Census Yearbook 2018

综合卷|上

浙江省人民政府第四次经济普查领导小组办公室　编著

中国统计出版社
China Statistics Press

图书在版编目（CIP）数据

浙江经济普查年鉴. 2018. 综合卷. 上 / 浙江省人民政府第四次经济普查领导小组办公室编著. -- 北京 : 中国统计出版社, 2020.11
ISBN 978-7-5037-9398-1

Ⅰ. ①浙… Ⅱ. ①浙… Ⅲ. ①经济－普查－浙江－2018－年鉴 Ⅳ. ①F127.55-54

中国版本图书馆 CIP 数据核字(2020)第 234100 号

浙江经济普查年鉴—2018/综合卷（上）

作　　者/浙江省人民政府第四次经济普查领导小组办公室
责任编辑/许立舫
封面设计/黄俊杰　李雪燕
出版发行/中国统计出版社
通信地址/北京市丰台区西三环南路甲 6 号　邮政编码/100073
电　　话/邮购（010）63376909　书店（010）68783171
网　　址/http://www.zgtjcbs.com/
印　　刷/河北鑫兆源印刷有限公司
经　　销/新华书店
开　　本/880mm×1230mm　1/16
字　　数/1018 千字
印　　张/32.5
版　　别/2020 年 11 月第 1 版
版　　次/2020 年 11 月第 1 次印刷
定　　价/980.00 元（全五册附光盘）

本书附同版本 CD-ROM 一张，光盘内容以书面文字为准。
如有印装差错，由本社发行部调换。

编辑委员会

编者说明

为便于社会各界共同分享第四次全国经济普查成果，更方便地开发利用普查资料，我们将浙江省经济普查资料编辑整理，汇编成《浙江经济普查年鉴-2018》一书。全书共三卷，即《综合卷（上、下）》《第二产业卷（上、下）》和《第三产业卷》。为使读者能够更好地使用本资料，现对有关问题作如下说明：

一、第四次全国经济普查的标准时点为 2018 年 12 月 31 日，时期资料为 2018 年度；

二、《综合卷》中“综合篇”和“企业篇”汇总表，均不包含少量无分组标识的单位数据，其中单位数包含兼营二、三产业的农、林、牧、渔业法人单位；从业人员数、营业收入和资产总计不包含兼营二、三产业的农、林、牧、渔业法人单位，不包含人民银行、银保监会、证监会监管的金融业以及铁路运输部门单位数据；个体经营户汇总表使用单位清查时的数据，从业人员数为 2018 年 6 月 30 日在本单位工作并取得工资或其他形式劳动报酬的人员数；

三、本资料建筑业按法人单位注册地，其他行业按法人单位经营地进行汇总；

四、本资料对部分数据由于计量单位取舍不同或四舍五入而产生的误差数均未作机械调整；

五、表中空格表示该项指标数值为零、不足最小单位、数据不详或无该项数据，“#”表示其中主要项，个别行业因涉及单个企业数据保密等原因不宜公开，以“*”表示；

六、为了更准确地使用本年鉴，每卷后附有该卷详细的指标解释。

浙江省第四次全国经济普查资料是全省普查工作者共同辛勤工作的成果，也是广大普查对象积极支持配合的结果。在此，我们向全省所有普查工作者、普查对象及所有参与和支持普查工作的人员致以崇高的敬意和衷心的感谢！

浙江省人民政府第四次经济普查领导小组办公室

2020 年 7 月

综合卷（上）　目录

第一篇　综合篇

1-01　按地区、行业门类分组的法人单位数……2
1-02　按地区分组的法人单位数及从业人员数……6
1-03　按行业(中类)分组的法人单位数及从业人员数……8
1-04　按机构类型、从业人员组距分组的法人单位数及从业人员数……21
1-05　按开业(成立)时间分组的法人单位数及从业人员数……22
1-06　按登记注册类型分组的法人单位数及从业人员数……23
1-07　按行业(中类)、地区分组的法人单位数……24
1-08　按行业(大类)、地区分组的法人单位从业人员数……50
1-09　按地区、机构类型分组的法人单位数……56
1-10　按地区、机构类型分组的法人单位从业人员数……60
1-11　按地区、开业(成立)时间分组的法人单位数……64
1-12　按地区、开业(成立)时间分组的法人单位从业人员数……68
1-13　按行业(中类)、开业(成立)时间分组的法人单位数……72
1-14　按行业(大类)、开业(成立)时间分组的法人单位从业人员数……124
1-15　按地区、从业人员组距分组的法人单位数……136
1-16　按地区、从业人员组距分组的法人单位从业人员数……138
1-17　按行业(中类)、从业人员组距分组的法人单位数……140
1-18　按行业(大类)、从业人员组距分组的法人单位从业人员数……166
1-19　按地区、登记注册类型分组的法人单位数……172
1-20　按行业(中类)分组的个体经营户户数及从业人员数……180
1-21　按地区分组的个体经营户户数及从业人员数……192

第二篇　企业篇

2-01　按地区分组的企业法人单位数及从业人员数……197
2-02　按控股情况、运营状态、开业(成立)时间分组的企业法人单位数及从业人员数……199
2-03　按行业(中类)分组的企业法人单位数及从业人员数……200
2-04　按行业(中类)、地区分组的企业法人单位数……212
2-05　按行业(大类)、地区分组的企业法人单位从业人员数……236
2-06　按地区、登记注册类型分组的企业法人单位数……240
2-07　按地区、登记注册类型分组的企业法人单位从业人员数……248
2-08　按行业(中类)、登记注册类型分组的企业法人单位数……256
2-09　按行业(大类)、登记注册类型分组的企业法人单位从业人员数……308
2-10　按地区、控股情况分组的企业法人单位数……320

2-11 按地区、控股情况分组的企业法人单位从业人员数 …… 322
2-12 按行业(中类)、控股情况分组的企业法人单位数 …… 324
2-13 按行业(大类)、控股情况分组的企业法人单位从业人员数 …… 336
2-14 按地区、开业(成立)时间分组的企业法人单位数 …… 338
2-15 按地区、开业(成立)时间分组的企业法人单位从业人员数 …… 342
2-16 按行业(中类)、运营状态分组的企业法人单位数 …… 346
2-17 按行业(大类)、运营状态分组的企业法人单位从业人员数 …… 370
2-18 按地区、运营状态分组的企业法人单位数 …… 374
2-19 按地区、运营状态分组的企业法人单位从业人员数 …… 376
2-20 按地区、单位规模分组的企业法人单位数 …… 378
2-21 按地区、单位规模分组的企业法人单位从业人员数 …… 380
2-22 按行业(中类)、单位规模分组的企业法人单位数 …… 382
2-23 按行业(大类)、单位规模分组的企业法人单位从业人员数 …… 394
2-24 按地区、营业收入组距分组的企业法人单位数 …… 396
2-25 按地区、营业收入组距分组的企业法人单位从业人员数 …… 398
2-26 按行业(中类)、营业收入组距分组的企业法人单位数 …… 400
2-27 按行业(大类)、营业收入组距分组的企业法人单位从业人员数 …… 424
2-28 按地区、资产总计组距分组的企业法人单位数 …… 428
2-29 按地区、资产总计组距分组的企业法人单位从业人员数 …… 430
2-30 按行业(中类)、资产总计组距分组的企业法人单位数 …… 432
2-31 按行业(大类)、资产总计组距分组的企业法人单位从业人员数 …… 456
2-32 按行业(中类)、地区分组的国有控股企业法人单位数 …… 460
2-33 按行业(大类)、地区分组的国有控股企业法人单位从业人员数 …… 484

第三篇 文化及相关产业篇

A. 概况
3-A-01 文化及相关产业单位及从业人员情况 …… 491
3-A-02 分地区文化及相关产业单位及从业人员情况 …… 492
3-A-03 分地区文化及相关产业法人单位分布情况 …… 492
3-A-04 按类别分文化及相关产业单位基本情况 …… 493
3-A-05 分地区文化及相关产业企业基本情况 …… 494
3-A-06 分地区文化及相关产业事业(社团)单位基本情况 …… 494
B. 文化制造业
3-B-01 分地区文化制造业单位主要指标 …… 495
3-B-02 按注册类型和控股情况分规模以上文化制造业企业主要财务指标 …… 495
3-B-03 分地区规模以上文化制造企业主要财务指标 …… 496
3-B-04 按注册类型和控股情况分规模以下文化制造业企业主要财务指标 …… 497
3-B-05 分地区规模以下文化制造业企业主要财务指标 …… 498
C. 文化批零业
3-C-01 按地区分文化批零业单位主要指标 …… 499
3-C-02 按注册类型和控股情况分限额以上文化批零业企业主要财务指标 …… 500

3-C-03　分地区限额以上文化批零业企业主要财务指标…… 501
3-C-04　按注册类型和控股情况分限额以下文化批零业企业主要财务指标…… 502
3-C-05　分地区限额以下文化批零业企业主要财务指标…… 503
D. 文化服务业
3-D-01　分地区文化服务业单位主要指标…… 504
3-D-02　按注册类型和控股情况分规模以上文化服务业企业主要财务指标…… 505
3-D-03　分地区规模以上文化服务业企业主要财务指标…… 506
3-D-04　按注册类型和控股情况分规模以下文化服务业企业主要财务指标…… 507
3-D-05　分地区规模以下文化服务业企业主要财务指标…… 508
3-D-06　分地区文化服务业行政事业单位主要财务指标…… 509
3-D-07　分地区文化服务业其他非营利单位主要财务指标…… 509

第1篇

综合篇

1-01 按地区、行业门类

地　区	法　人单位数（个）	农、林、牧、渔业	采矿业	制造业	电力、热力、燃气及水生产和供应业	建筑业	批发和零售业	交通运输、仓储和邮政业	住宿和餐饮业
全 省	**1545153**	**2794**	**841**	**424775**	**5240**	**51741**	**465896**	**32133**	**24951**
杭州市	**354064**	**190**	**148**	**49369**	**632**	**14920**	**111529**	**6757**	**9069**
上城区	13824			172	3	267	4481	132	740
下城区	23675			242		849	8734	595	713
江干区	41831	7		1287	16	1615	15880	865	1207
拱墅区	28902			780	7	1432	12492	423	731
西湖区	40221	7	1	1268	19	1682	10905	292	1532
滨江区	24691	1	2	894	18	699	5313	125	636
萧山区	59232	62	10	16542	82	1955	19425	1249	933
余杭区	55118	17	4	12072	77	2622	16762	1105	1160
富阳区	21275	14	36	5500	35	2076	6168	443	360
临安区	12517	18	32	3744	122	587	3333	169	201
桐庐县	14452	44	15	4020	75	554	4050	347	342
淳安县	9342	6	15	884	118	317	2044	500	405
建德市	8984	14	33	1964	60	265	1942	512	109
宁波市	**286462**	**374**	**78**	**87875**	**621**	**10449**	**79734**	**79734**	**3704**
海曙区	35700	13	7	9486	36	1343	11337	1009	661
江北区	20844	13	2	3128	11	961	7457	959	212
北仑区	39650	4	1	7504	71	1261	9097	1795	274
镇海区	16826	10		5804	33	686	4996	541	192
鄞州区	73204	20	9	13670	58	3145	24875	2215	1221
奉化区	12342	38	25	6159	59	447	1925	189	154
象山县	13488	62	16	4649	74	501	2769	244	144
宁海县	13953	53	7	6404	44	448	2682	203	185
余姚市	24371	87	7	13092	95	603	5730	287	267
慈溪市	36084	74	4	17979	140	1054	8866	491	394
温州市	**209925**	**518**	**75**	**78559**	**803**	**5427**	**52241**	**3481**	**3112**
鹿城区	28944	31	7	4311	30	896	9869	454	805
龙湾区	22006	6	6	9691	34	613	5909	287	195
瓯海区	17875	20	6	6863	33	401	4814	498	281
洞头区	3120	13	6	699	19	217	560	119	90
永嘉县	18880	64	6	7801	113	406	3947	237	232
平阳县	16349	86	5	4404	89	670	4325	390	195
苍南县	25827	75	4	9853	101	567	6792	509	426
文成县	3855	23	3	381	89	117	940	45	163
泰顺县	3796	42	12	421	131	262	564	54	57
瑞安市	29772	103	7	12619	85	532	6601	471	427
乐清市	39501	55	13	21516	79	746	7920	417	241
嘉兴市	**121228**	**281**	**5**	**42205**	**367**	**4212**	**33892**	**2578**	**1558**
南湖区	22320	15		4084	42	915	6582	482	481
秀洲区	15121	46	1	3922	52	678	5102	724	147
嘉善县	15740	20		6577	48	603	3738	287	241
海盐县	9582	26	3	4436	45	286	1926	192	87
海宁市	22206	31	1	9223	58	423	5850	229	270
平湖市	15486	124		6121	76	716	4062	402	109
桐乡市	20773	19		7842	46	591	6632	262	223
湖州市	**57969**	**136**	**112**	**18420**	**233**	**1928**	**13279**	**1501**	**1305**
吴兴区	17284	30	12	4518	38	533	4779	352	457
南浔区	8273	15	2	4082	37	191	1641	167	102
德清县	9291	29	12	3515	44	322	1824	189	204
长兴县	14006	36	22	3670	65	557	3144	630	223
安吉县	9115	26	64	2635	49	325	1891	163	319

分组的法人单位数

信息传输、软件和信息技术服务业	金融业	房地产业	租赁和商务服务业	科学研究和技术服务业	水利、环境和公共设施管理业	居民服务、修理和其他服务业	教育	卫生和社会工作	文化、体育和娱乐业	公共管理、社会保障和社会组织
55067	**16965**	**46052**	**157725**	**61583**	**8556**	**26474**	**37929**	**12391**	**36470**	**77570**
29751	**3719**	**13603**	**47377**	**24735**	**1856**	**8491**	**8068**	**3032**	**9818**	**11000**
842	640	444	3027	868	59	383	303	292	522	649
1839	306	879	4116	1835	93	751	533	362	922	906
3407	534	1698	6502	3814	189	1132	1185	375	1185	933
2598	363	885	4619	1825	58	678	593	201	701	516
6147	684	1442	6536	4342	193	895	1068	303	1592	1313
6262	280	706	4061	2958	83	511	497	115	1226	304
2771	279	2315	5166	3045	375	1162	1196	332	1082	1251
3906	401	3015	5764	3053	246	1298	1177	387	1070	982
554	66	746	1801	856	154	482	515	177	492	800
324	24	411	1026	589	136	207	342	141	245	866
405	57	539	1294	440	124	692	254	151	374	675
438	53	314	2090	370	80	147	185	101	225	1050
258	32	209	1375	740	66	153	220	95	182	755
8458	**9475**	**6228**	**32382**	**11006**	**1077**	**4605**	**5884**	**2017**	**6601**	**7961**
1317	155	891	3984	1674	110	770	782	314	959	852
1095	388	565	3128	987	66	342	399	166	549	416
634	8091	436	7383	957	93	444	380	114	449	662
611	24	410	1183	771	70	266	369	137	378	345
3685	589	2081	9898	4490	248	1419	1300	391	2456	1434
132	61	200	949	376	92	158	278	110	220	770
227	53	338	1672	392	114	242	339	136	442	1074
203	29	223	1141	304	95	213	407	123	255	934
186	33	324	1017	339	92	269	674	229	359	681
368	52	760	2027	716	97	482	956	297	534	793
4605	**872**	**6140**	**17610**	**5568**	**874**	**3064**	**6692**	**1716**	**4114**	**14454**
1490	204	1198	3652	1380	90	710	1005	255	978	1579
631	59	492	1640	658	71	260	389	85	268	712
418	17	652	1226	579	67	301	493	94	290	822
72	14	86	324	94	28	40	106	57	109	467
240	84	541	1730	270	78	267	603	200	341	1720
213	157	777	1594	415	79	219	645	127	274	1685
423	100	891	1875	575	130	325	888	256	281	1756
29	40	114	615	63	27	70	144	55	191	746
83	110	261	471	98	32	70	181	68	160	719
492	47	662	2222	726	123	417	1136	360	687	2055
514	40	466	2261	710	149	385	1102	159	535	2193
2455	**778**	**5439**	**9830**	**4339**	**807**	**1939**	**2282**	**1080**	**2663**	**4518**
864	406	1325	3106	1299	124	491	555	210	481	858
372	47	670	1295	622	101	257	264	93	254	474
275	29	733	968	700	114	266	224	129	274	514
110	25	347	701	268	81	122	229	72	143	483
219	172	847	1430	560	117	319	442	341	900	774
172	28	665	1069	395	110	215	214	150	238	620
443	71	852	1261	495	160	269	354	85	373	795
1117	**241**	**2095**	**5908**	**2094**	**584**	**923**	**1382**	**576**	**2686**	**3449**
409	124	511	1432	826	97	292	436	175	1113	1150
64	14	171	524	134	54	106	192	69	120	588
202	29	358	891	379	124	99	225	129	177	539
297	47	604	2174	507	171	280	310	121	524	624
145	27	451	887	248	138	146	219	82	752	548

1-01 续表

地区	法人单位数(个)	农、林、牧、渔业	采矿业	制造业	电力、热力、燃气及水生产和供应业	建筑业	批发和零售业	交通运输、仓储和邮政业	住宿和餐饮业
绍兴市	**132729**	**340**	**66**	**42057**	**384**	**4053**	**49419**	**1725**	**1375**
越城区	23106	12	3	4710	35	665	9185	427	367
柯桥区	41489	13	7	10633	65	543	22510	479	283
上虞区	18629	56	5	6803	45	1149	5004	296	225
新昌县	7625	10	6	2782	91	185	1857	90	106
诸暨市	27846	221	27	11308	60	1033	7200	280	281
嵊州市	14034	28	18	5821	88	478	3663	153	113
金华市	**169512**	**257**	**81**	**43413**	**388**	**3724**	**72525**	**3136**	**1643**
婺城区	15699	59	15	2943	70	685	4141	268	170
金东区	10172	19	9	3499	27	299	2530	303	72
武义县	7518	14	8	3370	51	121	1220	91	52
浦江县	8363	15	4	3074	23	116	2552	64	74
磐安县	4577	20	6	1401	57	150	769	142	32
兰溪市	8108	39	15	2941	47	232	1864	150	129
义乌市	76918	44	5	9073	31	1018	51506	1734	736
东阳市	14670	23	13	4640	56	871	2695	146	165
永康市	23487	24	6	12472	26	232	5248	238	213
衢州市	**32855**	**308**	**65**	**5857**	**314**	**1395**	**9150**	**1045**	**348**
柯城区	10483	23	1	740	27	525	3823	331	109
衢江区	4450	38	17	1004	92	146	1102	189	33
常山县	3261	44	9	759	27	131	749	107	37
开化县	3200	38	10	519	66	147	634	107	50
龙游县	4858	110	11	1132	47	189	1126	133	40
江山市	6603	55	17	1703	55	257	1716	178	79
舟山市	**23815**	**72**	**36**	**3426**	**120**	**1709**	**6319**	**1287**	**540**
定海区	13594	22	8	1707	30	1168	4375	638	128
普陀区	6064	25	8	970	25	363	1274	332	246
岱山县	2818	11	17	656	44	131	461	222	93
嵊泗县	1339	14	3	93	21	47	209	95	73
台州市	**123544**	**172**	**58**	**47191**	**584**	**3104**	**31409**	**2197**	**1639**
椒江区	14148	10	1	3453	30	646	3545	376	214
黄岩区	14966	9	4	6450	51	277	3939	241	124
路桥区	15821	12	1	6207	52	341	4812	298	224
三门县	6403	19	14	2003	52	216	1713	101	64
天台县	9881	7	3	1803	87	218	4325	103	207
仙居县	6529	18	20	1845	85	233	1340	79	125
温岭市	24814	37	2	11823	85	461	5061	447	399
临海市	16941	37	11	5091	106	389	4665	322	194
玉环市	14041	23	2	8516	36	323	2009	230	88
丽水市	**33050**	**146**	**117**	**6403**	**794**	**820**	**6399**	**493**	**658**
莲都区	6592	22	3	1140	121	261	1454	122	157
青田县	5898	24	49	1031	128	158	1387	99	143
缙云县	4535	15	8	1493	45	100	759	59	32
遂昌县	3023	26	19	487	104	58	639	39	51
松阳县	2745	8	10	365	68	55	359	37	96
云和县	2586	6	7	762	56	42	616	39	42
庆元县	2446	5	5	347	64	43	449	34	21
景宁畲族自治县	1484	4	2	120	123	35	154	28	23
龙泉市	3741	36	14	658	85	68	582	36	93

信息传输、软件和信息技术服务业	金融业	房地产业	租赁和商务服务业	科学研究和技术服务业	水利、环境和公共设施管理业	居民服务、修理和其他服务业	教育	卫生和社会工作	文化、体育和娱乐业	公共管理、社会保障和社会组织
2214	**597**	**3332**	**9067**	**4438**	**686**	**1879**	**2469**	**588**	**1959**	**6081**
587	141	679	2077	1115	144	466	632	124	367	1370
491	103	780	1891	1331	142	329	424	89	428	948
461	34	450	1501	523	119	251	359	73	398	877
90	23	300	544	265	40	120	226	58	120	712
413	271	842	2205	889	108	480	429	118	417	1264
172	25	281	849	315	133	233	399	126	229	910
3226	**413**	**3882**	**12405**	**3748**	**721**	**1967**	**4355**	**710**	**4764**	**8154**
949	103	689	1905	775	76	307	693	155	421	1275
298	30	282	1136	276	66	155	231	53	136	751
40	36	248	820	161	45	74	204	59	112	792
39	7	271	749	116	52	78	282	56	94	697
82	8	79	683	108	41	43	82	45	221	608
72	23	267	721	203	87	110	278	86	109	735
1375	169	1153	3972	1401	209	762	1437	111	843	1339
139	22	538	1522	348	81	190	612	79	1675	855
232	15	355	897	360	64	248	536	66	1153	1102
749	**144**	**805**	**3991**	**1381**	**336**	**611**	**1284**	**497**	**761**	**3814**
431	89	306	1419	607	90	261	343	141	290	927
85	13	77	519	187	49	63	170	64	64	538
34	7	64	316	113	39	59	166	58	89	453
23	22	112	485	72	34	48	123	59	81	570
60	6	81	583	168	80	81	217	67	97	630
116	7	165	669	234	44	99	265	108	140	696
539	**210**	**647**	**3776**	**874**	**220**	**450**	**531**	**329**	**475**	**2255**
398	164	314	2253	548	73	241	243	133	203	948
113	34	213	982	233	80	142	169	118	178	559
17	6	56	325	52	39	47	87	56	50	448
11	6	64	216	41	28	20	32	22	44	300
1412	**380**	**3209**	**10704**	**2545**	**989**	**1960**	**3671**	**996**	**1770**	**9554**
399	182	460	1674	575	110	352	454	128	278	1261
151	19	429	976	234	79	200	357	118	191	1117
214	31	317	1265	308	57	258	405	61	164	794
73	30	164	636	147	59	90	178	64	119	661
85	25	139	1035	194	108	171	213	83	150	925
81	15	137	747	176	63	116	422	98	126	803
194	32	1126	1693	316	162	327	690	184	270	1505
145	29	322	1836	353	262	258	605	209	312	1795
70	17	115	842	242	89	188	347	51	160	693
541	**136**	**672**	**4675**	**855**	**406**	**585**	**1311**	**850**	**859**	**6330**
253	69	180	835	274	63	144	302	127	206	859
89	20	140	676	91	62	158	204	153	181	1105
52	11	82	440	81	24	64	226	295	110	639
51	5	95	444	116	55	56	102	45	95	536
15	5	36	592	50	43	44	120	43	58	741
13	5	37	265	54	24	27	63	41	37	450
18	5	34	454	58	24	44	97	29	49	666
8	7	21	352	25	22	14	57	40	32	417
42	9	47	617	106	89	34	140	77	91	917

1-02 按地区分组的法人单位数及从业人员数

地　区	法　人 单位数 (个)			从业人员 期末人数 (人)	
		单产业 法人单位	多产业 法人单位		从业人员 期末人数
全 省	**1545153**	**1513793**	**31360**	**28741022**	**9527908**
杭州市	**354064**	**343748**	**10316**	**6189778**	**2098948**
上城区	13824	13105	719	719	111107
下城区	23675	22687	988	364877	145743
江干区	41831	40538	1293	865476	267198
拱墅区	28902	27912	990	470828	137910
西湖区	40221	38738	1483	922998	285964
滨江区	24691	23899	792	524333	175904
萧山区	59232	57974	1258	1073239	342730
余杭区	55118	53586	1532	784902	303065
富阳区	21275	20894	381	315304	108831
临安区	12517	12278	239	217426	80099
桐庐县	14452	14241	211	164990	60357
淳安县	9342	9085	257	87684	37594
建德市	8984	8811	173	113894	42446
宁波市	**286462**	**281310**	**5152**	**5131719**	**1880636**
海曙区	35700	34855	845	535826	228647
江北区	20844	20398	446	398968	116304
北仑区	39650	39028	622	622399	223126
镇海区	16826	16555	271	313418	103280
鄞州区	73204	71632	1572	1053302	362103
奉化区	12342	12117	225	264607	111877
象山县	13488	13266	222	416184	114124
宁海县	13953	13734	219	287305	119182
余姚市	24371	24030	341	490059	211406
慈溪市	36084	35695	389	749651	290587
温州市	**209925**	**205315**	**4610**	**3393331**	**1102323**
鹿城区	28944	27908	1036	572934	194669
龙湾区	22006	21440	566	411280	126501
瓯海区	17875	17448	427	390497	124423
洞头区	3120	3048	72	37938	12874
永嘉县	18880	18662	218	225734	70901
平阳县	16349	16052	297	238568	74402
苍南县	25827	25362	465	343445	98207
文成县	3855	3788	67	55351	17867
泰顺县	3796	3726	70	105915	21350
瑞安市	29772	29079	693	449060	154179
乐清市	39501	38802	699	562609	206950
嘉兴市	**121228**	**118740**	**2488**	**2184553**	**866852**
南湖区	22320	21678	642	355184	141240
秀洲区	15121	14777	344	287361	119823
嘉善县	15740	15570	170	281005	112268
海盐县	9582	9371	211	181798	72502
海宁市	22206	21706	500	428621	165306
平湖市	15486	15203	283	291189	124709
桐乡市	20773	20435	338	359395	131004
湖州市	**57969**	**56951**	**1018**	**1096990**	**409160**
吴兴区	17284	16858	426	370057	123560
南浔区	8273	8180	93	139301	53411
德清县	9291	9076	215	192734	77092
长兴县	14006	13866	140	220032	84469
安吉县	9115	8971	144	174866	70628

1-02　续表

地　区	法　人单位数(个)	单产业法人单位	多产业法人单位	从业人员期末人数(人)	从业人员期末人数
绍兴市	**132729**	**131063**	**1666**	**3626966**	**896849**
越城区	23106	22609	497	566260	152273
柯桥区	41489	41193	296	947603	232847
上虞区	18629	18424	205	740451	167196
新昌县	7625	7428	197	192182	62492
诸暨市	27846	27596	250	898620	192306
嵊州市	14034	13813	221	281850	89735
金华市	**169512**	**167674**	**1838**	**2780525**	**888159**
婺城区	15699	15300	399	300489	112505
金东区	10172	10069	103	156633	57563
武义县	7518	7397	121	157666	61165
浦江县	8363	8301	62	116530	46438
磐安县	4577	4541	36	124259	36749
兰溪市	8108	7998	110	154835	65837
义乌市	76918	76309	609	616125	251077
东阳市	14670	14431	239	837371	143886
永康市	23487	23328	159	316617	112939
衢州市	**32855**	**32191**	**664**	**607403**	**209045**
柯城区	10483	10159	324	173002	58399
衢江区	4450	4365	85	85350	30143
常山县	3261	3220	41	71687	24205
开化县	3200	3147	53	64022	20259
龙游县	4858	4799	59	98501	32054
江山市	6603	6501	102	114841	43985
舟山市	**23815**	**22946**	**869**	**427632**	**132431**
定海区	13594	13126	468	211599	68580
普陀区	6064	5793	271	134833	39854
岱山县	2818	2748	70	63103	17898
嵊泗县	1339	1279	60	18097	6099
台州市	**123544**	**121621**	**1923**	**2698488**	**822482**
椒江区	14148	13751	397	367670	116441
黄岩区	14966	14737	229	280562	90736
路桥区	15821	15540	281	256122	83187
三门县	6403	6326	77	132190	38460
天台县	9881	9749	132	139868	44789
仙居县	6529	6420	109	121252	45393
温岭市	24814	24487	327	637459	165532
临海市	16941	16694	247	477700	128221
玉环市	14041	13917	124	285665	109723
丽水市	**33050**	**32234**	**816**	**603637**	**221023**
莲都区	6592	6359	233	184349	64301
青田县	5898	5758	140	75485	28015
缙云县	4535	4463	72	85158	32665
遂昌县	3023	2933	90	44282	15295
松阳县	2745	2665	80	48966	16747
云和县	2586	2556	30	43504	17126
庆元县	2446	2404	42	35642	15367
景宁畲族自治县	1484	1442	42	27811	9289
龙泉市	3741	3654	87	58440	22218

1-03　按行业(中类)分组的法人单位数及从业人员数

行业中类	法人单位数(个)	单产业法人单位	多产业法人单位	从业人员期末人数(人)	#女性
总　计	**1545153**	**1513793**	**31360**	**28741022**	**9527908**
农、林、牧、渔业	**2794**	**2666**	**128**	**11964**	**3254**
农业	56		56		
谷物种植	3		3		
豆类、油料和薯类种植	2		2		
棉、麻、糖、烟草种植					
蔬菜、食用菌及园艺作物种植	24		24		
水果种植	9		9		
坚果、含油果、香料和饮料作物种植	8		8		
中药材种植	9		9		
草种植及割草					
其他农业	1		1		
林业	9		9		
林木育种和育苗	6		6		
造林和更新					
森林经营、管护和改培	3		3		
木材和竹材采运					
林产品采集					
畜牧业	22		22		
牲畜饲养	12		12		
家禽饲养	9		9		
狩猎和捕捉动物					
其他畜牧业	1		1		
渔业	23		23		
水产养殖	20		20		
水产捕捞	3		3		
农、林、牧、渔专业及辅助性活动	2684	2666	18	11964	3254
农业专业及辅助性活动	2114	2107	7	7912	2401
林业专业及辅助性活动	325	314	11	2598	395
畜牧专业及辅助性活动	77	77		403	144
渔业专业及辅助性活动	168	168		1051	314
采矿业	**841**	**827**	**14**	**17347**	**2986**
煤炭开采和洗选业	7	7		21	5
烟煤和无烟煤开采洗选	5	5		5	1
褐煤开采洗选	1	1		1	
其他煤炭采选	1	1		15	4
石油和天然气开采业	1	1		1	
石油开采	1	1		1	
天然气开采					
黑色金属矿采选业	18	17	1	1090	177
铁矿采选	18	17	1	1090	177
锰矿、铬矿采选					
其他黑色金属矿采选					
有色金属矿采选业	47	46	1	2247	496
常用有色金属矿采选	32	31	1	1670	412

1-03　续表 1

行业中类	法　人单位数(个)	单产业法人单位	多产业法人单位	从业人员期末人数(人)	#女性
贵金属矿采选	3	3		57	12
稀有稀土金属矿采选	12	12		520	72
非金属矿采选业	748	736	12	13903	2289
土砂石开采	695	687	8	12659	2076
化学矿开采	3	2	1	169	30
采盐	5	5		34	5
石棉及其他非金属矿采选	45	42	3	1041	178
开采专业及辅助性活动	10	10		25	5
煤炭开采和洗选专业及辅助性活动	1	1		3	1
石油和天然气开采专业及辅助性活动	3	3		11	2
其他开采专业及辅助性活动	6	6		11	2
其他采矿业	10	10		60	14
其他采矿业	10	10		60	14
制造业	**424775**	**419438**	**5337**	**10598127**	**4398640**
农副食品加工业	4896	4717	179	109172	52807
谷物磨制	239	232	7	2922	958
饲料加工	396	376	20	12606	4360
植物油加工	231	225	6	3648	1131
制糖业	50	49	1	522	163
屠宰及肉类加工	717	660	57	17169	7054
水产品加工	1386	1353	33	39997	20887
蔬菜、菌类、水果和坚果加工	1141	1109	32	20897	12352
其他农副食品加工	736	713	23	11411	5902
食品制造业	3060	2914	146	96947	54040
焙烤食品制造	908	858	50	19697	11722
糖果、巧克力及蜜饯制造	186	177	9	7008	3536
方便食品制造	511	492	19	13764	7537
乳制品制造	38	33	5	5895	2231
罐头食品制造	205	197	8	23331	17877
调味品、发酵制品制造	212	201	11	4513	2027
其他食品制造	1000	956	44	22739	9110
酒、饮料和精制茶制造业	2564	2460	104	55313	21738
酒的制造	539	513	26	17866	6382
饮料制造	596	571	25	22913	8291
精制茶加工	1429	1376	53	14534	7065
烟草制品业	1		1	3636	1099
烟叶复烤					
卷烟制造	1		1	3636	1099
其他烟草制品制造					
纺织业	32694	32319	375	856891	440406
棉纺织及印染精加工	9148	9059	89	363741	179783
毛纺织及染整精加工	1082	1060	22	38394	19244
麻纺织及染整精加工	74	72	2	6255	3877
丝绢纺织及印染精加工	1076	1057	19	37161	21517
化纤织造及印染精加工	4494	4412	82	103217	51719
针织或钩针编织物及其制品制造	8186	8136	50	128758	68241

1-03 续表 2

行业中类	法　人 单位数 (个)	单产业 法人单位	多产业 法人单位	从业人员 期末人数 (人)	#女性
家用纺织制成品制造	4743	4691	52	91952	55226
产业用纺织制成品制造	3891	3832	59	87413	40799
纺织服装、服饰业	30657	30287	370	796865	524290
机织服装制造	13677	13494	183	389637	250335
针织或钩针编织服装制造	7210	7111	99	237257	164142
服饰制造	9770	9682	88	169971	109813
皮革、毛皮、羽毛及其制品和制鞋业	19732	19498	234	567820	265258
皮革鞣制加工	554	547	7	17363	6012
皮革制品制造	5199	5133	66	117845	64736
毛皮鞣制及制品加工	1227	1217	10	11383	5743
羽毛(绒)加工及制品制造	354	352	2	12353	7408
制鞋业	12398	12249	149	408876	181359
木材加工和木、竹、藤、棕、草制品业	6877	6813	64	129617	49878
木材加工	1146	1139	7	14602	5141
人造板制造	583	566	17	19671	7029
木质制品制造	3618	3589	29	71087	25479
竹、藤、棕、草等制品制造	1530	1519	11	24257	12229
家具制造业	7206	7096	110	266120	97473
木质家具制造	4547	4477	70	112417	35225
竹、藤家具制造	186	184	2	5439	2380
金属家具制造	1170	1147	23	81326	33097
塑料家具制造	164	162	2	7686	3209
其他家具制造	1139	1126	13	59252	23562
造纸和纸制品业	12851	12759	92	212582	76881
纸浆制造	15	15		315	124
造纸	1747	1728	19	68618	19860
纸制品制造	11089	11016	73	143649	56897
印刷和记录媒介复制业	11037	10874	163	171546	67818
印刷	10302	10151	151	164796	65288
装订及印刷相关服务	725	713	12	6638	2491
记录媒介复制	10	10		112	39
文教、工美、体育和娱乐用品制造业	22084	21868	216	413089	211514
文教办公用品制造	3655	3614	41	83836	44400
乐器制造	255	251	4	10520	5387
工艺美术及礼仪用品制造	12136	12008	128	181629	96603
体育用品制造	2317	2301	16	53912	24803
玩具制造	2813	2798	15	65748	33779
游艺器材及娱乐用品制造	908	896	12	17444	6542
石油、煤炭及其他燃料加工业	440	430	10	18194	3417
精炼石油产品制造	235	227	8	16277	3014
煤炭加工	47	47		534	118
核燃料加工	1	1		18	4
生物质燃料加工	157	155	2	1365	281
化学原料和化学制品制造业	8608	8449	159	282587	87161
基础化学原料制造	999	974	25	51366	12512
肥料制造	246	241	5	4083	1115

1-03　续表 3

行业中类	法　人 单位数 (个)	单产业 法人单位	多产业 法人单位	从业人员 期末人数 (人)	#女性
农药制造	90	84	6	12755	3631
涂料、油墨、颜料及类似产品制造	2116	2080	36	47927	13686
合成材料制造	1267	1244	23	71510	19444
专用化学产品制造	2545	2504	41	54339	15297
炸药、火工及焰火产品制造	17	16	1	1935	544
日用化学产品制造	1328	1306	22	38672	20932
医药制造业	1275	1229	46	151316	65735
化学药品原料药制造	239	227	12	55792	17975
化学药品制剂制造	122	114	8	36554	17483
中药饮片加工	111	106	5	5710	3140
中成药生产	98	95	3	15326	7232
兽用药品制造	63	63		3019	1151
生物药品制品制造	225	214	11	16491	8131
卫生材料及医药用品制造	323	318	5	12342	7326
药用辅料及包装材料	94	92	2	6082	3297
化学纤维制造业	1820	1800	20	120364	46411
纤维素纤维原料及纤维制造	63	62	1	3424	1307
合成纤维制造	1702	1683	19	116105	44844
生物基材料制造	55	55		835	260
橡胶和塑料制品业	33975	33685	290	614287	262532
橡胶制品业	3988	3944	44	98443	36003
塑料制品业	29987	29741	246	515844	226529
非金属矿物制品业	13032	12855	177	289958	79197
水泥、石灰和石膏制造	520	510	10	24277	5516
石膏、水泥制品及类似制品制造	2849	2782	67	91660	17193
砖瓦、石材等建筑材料制造	4113	4066	47	49007	12458
玻璃制造	444	438	6	15137	4528
玻璃制品制造	2011	1993	18	41551	16447
玻璃纤维和玻璃纤维增强塑料制品制造	466	461	5	17786	5797
陶瓷制品制造	1061	1051	10	21017	7956
耐火材料制品制造	620	612	8	13401	3940
石墨及其他非金属矿物制品制造	948	942	6	16122	5362
黑色金属冶炼和压延加工业	2422	2383	39	87847	17202
炼铁	10	10		92	18
炼钢	14	14		1931	320
钢压延加工	2334	2297	37	82338	16118
铁合金冶炼	64	62	2	3486	746
有色金属冶炼和压延加工业	3125	3086	39	101948	28995
常用有色金属冶炼	135	132	3	7462	1398
贵金属冶炼	10	10		1166	225
稀有稀土金属冶炼	16	15	1	256	107
有色金属合金制造	705	699	6	18328	5621
有色金属压延加工	2259	2230	29	74736	21644
金属制品业	40141	39756	385	787647	283333
结构性金属制品制造	8492	8427	65	140869	40835
金属工具制造	4573	4534	39	90902	38332

1-03 续表 4

行业中类	法人单位数(个)	单产业法人单位	多产业法人单位	从业人员期末人数(人)	#女性
集装箱及金属包装容器制造	699	685	14	28392	8966
金属丝绳及其制品制造	999	987	12	17892	5467
建筑、安全用金属制品制造	11824	11729	95	179301	72671
金属表面处理及热处理加工	2592	2553	39	79569	28281
搪瓷制品制造	425	417	8	7326	2862
金属制日用品制造	3863	3822	41	110922	46184
铸造及其他金属制品制造	6674	6602	72	132474	39735
通用设备制造业	53354	52729	625	1146219	370612
锅炉及原动设备制造	600	588	12	27135	5873
金属加工机械制造	5287	5250	37	97795	26019
物料搬运设备制造	1909	1834	75	89646	21470
泵、阀门、压缩机及类似机械制造	12175	12019	156	300946	98662
轴承、齿轮和传动部件制造	5279	5240	39	175653	60327
烘炉、风机、包装等设备制造	5948	5869	79	164614	60073
文化、办公用机械制造	449	441	8	14795	6580
通用零部件制造	19471	19265	206	251026	85663
其他通用设备制造业	2236	2223	13	24609	5945
专用设备制造业	26404	26111	293	541092	165972
采矿、冶金、建筑专用设备制造	1020	1001	19	26830	5750
化工、木材、非金属加工专用设备制造	10801	10732	69	183329	42321
食品、饮料、烟草及饲料生产专用设备制造	784	776	8	13297	2641
印刷、制药、日化及日用品生产专用设备制造	1092	1072	20	23073	5172
纺织、服装和皮革加工专用设备制造	3391	3353	38	77589	25606
电子和电工机械专用设备制造	749	738	11	15781	5055
农、林、牧、渔专用机械制造	982	967	15	30068	10472
医疗仪器设备及器械制造	3341	3293	48	100833	49209
环保、邮政、社会公共服务及其他专用设备制造	4244	4179	65	70292	19746
汽车制造业	17194	17003	191	649634	225053
汽车整车制造	84	79	5	23057	2619
汽车用发动机制造	40	40		11965	2526
改装汽车制造	25	23	2	1500	282
低速汽车制造	1	1		1	1
电车制造	11	11		53	17
汽车车身、挂车制造	141	138	3	8841	3288
汽车零部件及配件制造	16892	16711	181	604217	216320
铁路、船舶、航空航天和其他运输设备制造业	4335	4264	71	132647	42965
铁路运输设备制造	156	149	7	5190	1523
城市轨道交通设备制造	25	25		1030	196
船舶及相关装置制造	886	869	17	31780	5962
航空、航天器及设备制造	56	55	1	1687	411
摩托车制造	1344	1316	28	46846	16704
自行车和残疾人座车制造	630	629	1	16833	7083
助动车制造	709	695	14	15474	5546
非公路休闲车及零配件制造	429	428	1	11333	4471
潜水救捞及其他未列明运输设备制造	100	98	2	2474	1069
电气机械和器材制造业	38251	37707	544	1099212	488763

1-03　续表 5

行业中类	法　人 单位数 (个)	单产业 法人单位	多产业 法人单位	从业人员 期末人数 (人)	#女性
电机制造	3465	3412	53	156500	67124
输配电及控制设备制造	16368	16107	261	358695	150896
电线、电缆、光缆及电工器材制造	3162	3074	88	90898	37843
电池制造	467	459	8	44464	17952
家用电力器具制造	7088	7032	56	259769	118017
非电力家用器具制造	848	826	22	21818	8603
照明器具制造	5616	5574	42	149303	81355
其他电气机械及器材制造	1237	1223	14	17765	6973
计算机、通信和其他电子设备制造业	11110	10923	187	557111	236524
计算机制造	440	437	3	29504	10937
通信设备制造	1011	976	35	124093	40334
广播电视设备制造	213	208	5	17114	8019
雷达及配套设备制造	11	10	1	460	150
非专业视听设备制造	534	522	12	21083	10469
智能消费设备制造	462	446	16	33152	12777
电子器件制造	1486	1455	31	105132	45242
电子元件及电子专用材料制造	6206	6131	75	211665	102274
其他电子设备制造	747	738	9	14908	6322
仪器仪表制造业	5738	5631	107	175765	69601
通用仪器仪表制造	4236	4162	74	118263	44384
专用仪器仪表制造	651	630	21	27594	10247
钟表与计时仪器制造	152	150	2	6537	4109
光学仪器制造	259	252	7	15646	7366
衡器制造	196	194	2	4880	2121
其他仪器仪表制造业	244	243	1	2845	1374
其他制造业	7050	6988	62	105253	51534
日用杂品制造	5079	5023	56	91120	46493
核辐射加工	4	4		7	3
其他未列明制造业	1967	1961	6	14126	5038
废弃资源综合利用业	715	707	8	16432	4607
金属废料和碎屑加工处理	290	286	4	9371	2559
非金属废料和碎屑加工处理	425	421	4	7061	2048
金属制品、机械和设备修理业	2127	2097	30	41016	5824
金属制品修理	46	46		363	68
通用设备修理	282	274	8	2262	510
专用设备修理	267	265	2	1641	332
铁路、船舶、航空航天等运输设备修理	922	905	17	32216	3789
电气设备修理	153	151	2	1752	568
仪器仪表修理	21	21		137	53
其他机械和设备修理业	436	435	1	2645	504
电力、热力、燃气及水生产和供应业	**5240**	**5057**	**183**	**144738**	**34663**
电力、热力生产和供应业	3712	3632	80	92574	19409
电力生产	3388	3336	52	60120	12958
电力供应	187	162	25	28015	5556
热力生产和供应	137	134	3	4439	895

1-03 续表 6

行业中类	法人单位数（个）	单产业法人单位	多产业法人单位	从业人员期末人数（人）	#女性
燃气生产和供应业	279	235	44	11667	3083
燃气生产和供应业	269	225	44	11611	3067
生物质燃气生产和供应业	10	10		56	16
水的生产和供应业	1249	1190	59	40497	12171
自来水生产和供应	549	499	50	27750	8926
污水处理及其再生利用	582	574	8	11834	3084
海水淡化处理	3	3		34	5
其他水的处理、利用与分配	115	114	1	879	156
建筑业	**51741**	**49397**	**2344**	**7805044**	**732322**
房屋建筑业	7820	7028	792	5639334	457442
住宅房屋建筑	6733	6045	688	5109922	402667
体育场馆建筑	14	11	3	4735	747
其他房屋建筑业	1073	972	101	524677	54028
土木工程建筑业	12024	11162	862	1418363	172318
铁路、道路、隧道和桥梁工程建筑	5322	4858	464	980530	116501
水利和水运工程建筑	757	637	120	84690	11040
海洋工程建筑	52	49	3	557	64
工矿工程建筑	198	168	30	123978	5743
架线和管道工程建筑	898	814	84	51733	7999
节能环保工程施工	365	356	9	11997	1501
电力工程施工	359	338	21	13354	2012
其他土木工程建筑	4073	3942	131	151524	27458
建筑安装业	6829	6572	257	197336	28211
电气安装	2428	2305	123	72248	9439
管道和设备安装	1969	1918	51	42874	5301
其他建筑安装业	2432	2349	83	82214	13471
建筑装饰、装修和其他建筑业	25068	24635	433	550011	74351
建筑装饰和装修业	19138	18791	347	346880	51786
建筑物拆除和场地准备活动	3832	3777	55	71836	7857
提供施工设备服务	209	204	5	18171	1300
其他未列明建筑业	1889	1863	26	113124	13408
批发和零售业	**465896**	**457837**	**8059**	**2485366**	**1119526**
批发业	294814	291101	3713	1566450	661172
农、林、牧、渔产品批发	6641	6525	116	34071	11965
食品、饮料及烟草制品批发	22408	21881	527	161749	65558
纺织、服装及家庭用品批发	91923	91140	783	488466	243152
文化、体育用品及器材批发	15802	15621	181	75333	36132
医药及医疗器材批发	7037	6878	159	72362	33757
矿产品、建材及化工产品批发	66889	65944	945	344748	121913
机械设备、五金产品及电子产品批发	56775	56003	772	293482	111372
贸易经纪与代理	6890	6801	89	24458	10868
其他批发业	20449	20308	141	71781	26455
零售业	171082	166736	4346	918916	458354
综合零售	3790	3409	381	116128	77490
食品、饮料及烟草制品专门零售	16996	16447	549	65311	31356

1-03　续表 7

行业中类	法　人单位数(个)	单产业法人单位	多产业法人单位	从业人员期末人数(人)	#女性
纺织、服装及日用品专门零售	26375	25689	686	121551	71666
文化、体育用品及器材专门零售	9088	8834	254	43185	23038
医药及医疗器材专门零售	12691	11728	963	74613	49960
汽车、摩托车、零配件和燃料及其他动力销售	15130	14475	655	166453	62280
家用电器及电子产品专门零售	14354	13930	424	80571	35825
五金、家具及室内装饰材料专门零售	20242	20088	154	66966	26160
货摊、无店铺及其他零售业	52416	52136	280	184138	80579
交通运输、仓储和邮政业	**32133**	**30655**	**1478**	**656642**	**176146**
铁路运输业	13	13		21	3
铁路旅客运输	8	8			
铁路货物运输	4	4			
铁路运输辅助活动	1	1		21	3
道路运输业	19530	18949	581	382596	97060
城市公共交通运输	581	539	42	84937	17227
公路旅客运输	483	389	94	44801	10729
道路货物运输	17217	16841	376	205881	54297
道路运输辅助活动	1249	1180	69	46977	14807
水上运输业	1338	1252	86	54460	8585
水上旅客运输	91	81	10	6735	2108
水上货物运输	836	781	55	28347	3431
水上运输辅助活动	411	390	21	19378	3046
航空运输业	135	126	9	16222	5001
航空客货运输	56	50	6	5090	1615
通用航空服务	40	39	1	467	114
航空运输辅助活动	39	37	2	10665	3272
管道运输业	4	4		72	15
海底管道运输	1	1		10	1
陆地管道运输	3	3		62	14
多式联运和运输代理业	6919	6669	250	66491	26468
多式联运	19	18	1	383	104
运输代理业	6900	6651	249	66108	26364
装卸搬运和仓储业	2680	2596	84	53802	13969
装卸搬运	1286	1269	17	22679	4568
通用仓储	576	564	12	12116	4151
低温仓储	102	99	3	952	283
危险品仓储	74	69	5	2537	470
谷物、棉花等农产品仓储	149	116	33	3770	727
中药材仓储	1	1		96	21
其他仓储业	492	478	14	11652	3749
邮政业	1514	1046	468	82978	25045
邮政基本服务	35	23	12	14833	7274
快递服务	1467	1012	455	62431	17181
其他寄递服务	12	11	1	5714	590
住宿和餐饮业	**24951**	**23485**	**1466**	**427405**	**233937**
住宿业	9207	8844	363	188038	107103

1-03 续表 8

行业中类	法人单位数(个)	单产业法人单位	多产业法人单位	从业人员期末人数(人)	#女性
旅游饭店	2000	1815	185	128390	69541
一般旅馆	5998	5835	163	53167	33788
民宿服务	982	969	13	4160	2365
露营地服务	9	9		60	32
其他住宿业	218	216	2	2261	1377
餐饮业	15744	14641	1103	239367	126834
正餐服务	12110	11279	831	180071	91883
快餐服务	1113	1013	100	40731	25759
饮料及冷饮服务	768	701	67	5427	2840
餐饮配送及外卖送餐服务	360	342	18	4805	1987
其他餐饮业	1393	1306	87	8333	4365
信息传输、软件和信息技术服务业	**55067**	**54163**	**904**	**580668**	**210586**
电信、广播电视和卫星传输服务	1053	938	115	68695	29415
电信	759	668	91	48273	22152
广播电视传输服务	280	256	24	20216	7190
卫星传输服务	14	14		206	73
互联网和相关服务	5549	5464	85	94242	37707
互联网接入及相关服务	338	337	1	2160	792
互联网信息服务	2994	2951	43	49104	18815
互联网平台	767	752	15	24077	9973
互联网安全服务	64	63	1	887	316
互联网数据服务	218	207	11	10426	5045
其他互联网服务	1168	1154	14	7588	2766
软件和信息技术服务业	48465	47761	704	417731	143464
软件开发	34244	33730	514	305258	102684
集成电路设计	260	255	5	2372	690
信息系统集成和物联网技术服务	1871	1818	53	33283	10021
运行维护服务	321	312	9	4321	1315
信息处理和存储支持服务	337	323	14	5448	2035
信息技术咨询服务	7740	7663	77	45575	17772
数字内容服务	542	531	11	7870	3621
其他信息技术服务业	3150	3129	21	13604	5326
金融业	**16965**	**15847**	**1118**	**28037**	**11687**
货币金融服务	1978	1469	509	10060	4096
中央银行服务	11		11		
货币银行服务	917	486	431	1418	270
非货币银行服务	1050	983	67	8642	3826
银行理财服务					
银行监管服务					
资本市场服务	13087	12995	92	5621	2231
证券市场服务	6		6		
公开募集证券投资基金	2	2			
非公开募集证券投资基金	1923	1862	61		
期货市场服务	14	3	11		
证券期货监管服务	2	2			

1-03　续表 9

行业中类	法　人 单位数 (个)	单产业 法人单位	多产业 法人单位	从业人员 期末人数 (人)	#女性
资本投资服务	1546	1540	6	2957	1296
其他资本市场服务	9594	9586	8	2664	935
保险业	797	325	472	445	181
人身保险	251	72	179		
财产保险	313	99	214		
再保险					
商业养老金	11	10	1		
保险中介服务	132	57	75		
保险资产管理	1	1			
保险监管服务					
其他保险活动	89	86	3	445	181
其他金融业	1103	1058	45	11911	5179
金融信托与管理服务	73	70	3	308	128
控股公司服务	345	343	2	3727	1504
非金融机构支付服务	13	11	2		
金融信息服务	260	253	7	2204	956
金融资产管理公司	10	9	1	406	155
其他未列明金融业	402	372	30	5266	2436
房地产业	**46052**	**43880**	**2172**	**657481**	**266109**
房地产业	46052	43880	2172	657481	266109
房地产开发经营	10707	10293	414	148646	59091
物业管理	8675	8060	615	354855	147051
房地产中介服务	16055	15174	881	89880	37325
房地产租赁经营	9849	9599	250	56506	19967
其他房地产业	766	754	12	7594	2675
租赁和商务服务业	**157725**	**154497**	**3228**	**1494194**	**484511**
租赁业	9232	9031	201	50808	13678
机械设备经营租赁	8748	8556	192	47586	12509
文体设备和用品出租	415	407	8	2498	940
日用品出租	69	68	1	724	229
商务服务业	148493	145466	3027	1443386	470833
组织管理服务	60177	59652	525	317853	100873
综合管理服务	3854	3756	98	56241	19696
法律服务	2453	2439	14	30189	13029
咨询与调查	38322	37307	1015	173276	85197
广告业	19680	19536	144	90010	36082
人力资源服务	6251	5959	292	486430	147385
安全保护服务	1393	1277	116	195774	21143
会议、展览及相关服务	2474	2454	20	13713	6229
其他商务服务业	13889	13086	803	79900	41199
科学研究和技术服务业	**61583**	**60081**	**1502**	**560606**	**179714**
研究和试验发展	10019	9923	96	83053	27505
自然科学研究和试验发展	390	384	6	2556	847
工程和技术研究和试验发展	7410	7346	64	59078	17382
农业科学研究和试验发展	540	535	5	5974	2352

1-03 续表 10

行业中类	法人单位数(个)	单产业法人单位	多产业法人单位	从业人员期末人数(人)	#女性
医学研究和试验发展	1433	1413	20	13437	6074
社会人文科学研究	246	245	1	2008	850
专业技术服务业	30312	29151	1161	371146	113259
气象服务	306	303	3	2521	959
地震服务	29	29		236	44
海洋服务	73	73		881	283
测绘地理信息服务	581	534	47	10899	3022
质检技术服务	2845	2692	153	57978	20409
环境与生态监测检测服务	695	674	21	8939	3312
地质勘查	123	117	6	3839	763
工程技术与设计服务	14276	13444	832	221765	62392
工业与专业设计及其他专业技术服务	11384	11285	99	64088	22075
科技推广和应用服务业	21252	21007	245	106407	38950
技术推广服务	16081	15887	194	83158	28813
知识产权服务	1751	1717	34	8752	4277
科技中介服务	616	614	2	2966	1206
创业空间服务	208	208		997	440
其他科技推广服务业	2596	2581	15	10534	4214
水利、环境和公共设施管理业	**8556**	**8325**	**231**	**195834**	**74001**
水利管理业	956	939	17	10940	2928
防洪除涝设施管理	207	205	2	1909	525
水资源管理	250	245	5	2691	763
天然水收集与分配	165	160	5	2993	727
水文服务	64	64		555	164
其他水利管理业	270	265	5	2792	749
生态保护和环境治理业	1294	1254	40	16173	4144
生态保护	138	131	7	3089	940
环境治理业	1156	1123	33	13084	3204
公共设施管理业	5782	5621	161	157404	63739
市政设施管理	830	813	17	17603	5239
环境卫生管理	1513	1470	43	81746	36506
城乡市容管理	117	116	1	2370	917
绿化管理	1958	1905	53	25318	7851
城市公园管理	90	86	4	2379	906
游览景区管理	1274	1231	43	27988	12320
土地管理业	524	511	13	11317	3190
土地整治服务	346	342	4	2976	821
土地调查评估服务	52	47	5	514	225
土地登记服务	21	20	1	610	396
土地登记代理服务	26	25	1	275	125
其他土地管理服务	79	77	2	6942	1623
居民服务、修理和其他服务业	**26474**	**25666**	**808**	**224288**	**100793**
居民服务业	12496	11993	503	97319	52353
家庭服务	2380	2318	62	22809	13923
托儿所服务	257	246	11	1584	1286

1-03　续表 11

行业中类	法　人单位数(个)	单产业法人单位	多产业法人单位	从业人员期末人数(人)	#女性
洗染服务	444	398	46	5697	3177
理发及美容服务	2068	1889	179	13557	9187
洗浴和保健养生服务	2026	1901	125	18194	11073
摄影扩印服务	1348	1308	40	10554	5630
婚姻服务	1057	1048	9	4128	2151
殡葬服务	605	588	17	6483	1658
其他居民服务业	2311	2297	14	14313	4268
机动车、电子产品和日用产品修理业	9340	9126	214	62365	15565
汽车、摩托车等修理与维护	7292	7107	185	51074	11557
计算机和办公设备维修	838	828	10	3639	1069
家用电器修理	1014	1001	13	6909	2743
其他日用产品修理业	196	190	6	743	196
其他服务业	4638	4547	91	64604	32875
清洁服务	3421	3365	56	58269	30453
宠物服务	199	175	24	1236	548
其他未列明服务业	1018	1007	11	5099	1874
教育	**37929**	**37027**	**902**	**1034907**	**683318**
教育	37929	37027	902	1034907	683318
学前教育	9103	9037	66	221978	201139
初等教育	3448	3346	102	225866	161593
中等教育	2799	2766	33	300134	173109
高等教育	274	270	4	108739	51489
特殊教育	143	143		3940	2930
技能培训、教育辅助及其他教育	22162	21465	697	174250	93058
卫生和社会工作	**12391**	**11955**	**436**	**587948**	**397190**
卫生	6622	6215	407	544110	367966
医院	1338	1290	48	376252	257582
基层医疗卫生服务	4642	4306	336	132239	85763
专业公共卫生服务	459	450	9	29416	20691
其他卫生活动	183	169	14	6203	3930
社会工作	5769	5740	29	43838	29224
提供住宿社会工作	3251	3225	26	32904	22444
不提供住宿社会工作	2518	2515	3	10934	6780
文化、体育和娱乐业	**36470**	**35903**	**567**	**225136**	**104508**
新闻和出版业	342	337	5	13506	6858
新闻业	74	73	1	2597	1136
出版业	268	264	4	10909	5722
广播、电视、电影和录音制作业	7346	7227	119	56543	26820
广播	216	214	2	4872	2271
电视	174	172	2	10657	4558
影视节目制作	5894	5848	46	18423	7551
广播电视集成播控	16	15	1	2315	960
电影和广播电视节目发行	245	236	9	1141	471
电影放映	726	667	59	18903	10904
录音制作	75	75		232	105

1-03 续表 12

行业中类	法人单位数（个）	单产业法人单位	多产业法人单位	从业人员期末人数（人）	#女性
文化艺术业	8201	8132	69	52028	26994
文艺创作与表演	2891	2864	27	20415	10238
艺术表演场馆	75	71	4	1285	582
图书馆与档案馆	515	512	3	7602	4966
文物及非物质文化遗产保护	234	232	2	2371	1021
博物馆	370	366	4	3766	1999
烈士陵园、纪念馆	63	62	1	391	198
群众文体活动	1508	1497	11	8697	4744
其他文化艺术业	2545	2528	17	7501	3246
体育	3766	3591	175	24048	9470
体育组织	917	904	13	4261	1453
体育场地设施管理	256	237	19	2506	1019
健身休闲活动	2492	2350	142	16984	6862
其他体育	101	100	1	297	136
娱乐业	16815	16616	199	79011	34366
室内娱乐活动	7776	7678	98	39963	16958
游乐园	213	207	6	5544	2726
休闲观光活动	892	886	6	4482	1822
彩票活动	77	77		1240	615
文化体育娱乐活动与经纪代理服务	7778	7689	89	27135	11985
其他娱乐业	79	79		647	260
公共管理、社会保障和社会组织	**77570**	**77087**	**483**	**1005290**	**314017**
中国共产党机关	950	934	16	21993	6230
中国共产党机关	950	934	16	21993	6230
国家机构	15330	14898	432	691606	213086
国家权力机构	133	133		4540	1070
国家行政机构	14745	14338	407	652288	198245
人民法院和人民检察院	270	246	24	31350	13163
其他国家机构	182	181	1	3428	608
人民政协、民主党派	299	299		3982	1179
人民政协	120	120		3398	890
民主党派	179	179		584	289
社会保障	159	159		4121	2485
基本保险	105	105		2934	1945
补充保险					
其他社会保障	54	54		1187	540
群众团体、社会团体和其他成员组织	29414	29410	4	91399	34168
群众团体	628	627	1	5562	2805
社会团体	18622	18622		38427	14757
基金会	517	517		1205	527
宗教组织	9647	9644	3	46205	16079
基层群众自治组织	31418	31387	31	192189	56869
社区居民自治组织	4514	4512	2	38084	21534
村民自治组织	26904	26875	29	154105	35335

1-04　按机构类型、从业人员组距分组的法人单位数及从业人员数

分　组	法　人 单位数 (个)			从业人员 期末人数 (人)	
		单产业 法人单位	多产业 法人单位		#女性
总　计	**1545153**	**1513793**	**31360**	**28741022**	**9527908**
按机构类型分组					
企业	1383840	1353578	30262	25898115	8106924
事业单位	28550	28037	513	1397082	840993
机关	7575	7180	395	611041	181313
社会团体	19586	19584	2	47118	18243
民办非企业单位	24341	24336	5	338002	244027
基金会	517	517		1205	527
居委会	4514	4512	2	38084	21534
村委会	26904	26875	29	154105	35335
农民专业合作社	11921	11818	103	58043	22573
农村集体经济组织	25998	25968	30	132330	31694
其他组织机构	11407	11388	19	65897	24745
按从业人员组距分组					
7人及以下	1118646	1109633	9013	2659607	992790
8-19人	241413	234979	6434	2801546	1135217
20-49人	107359	101798	5561	3198672	1391478
50-99人	41274	37769	3505	2831707	1238166
100-299人	25774	22189	3585	4131777	1768838
300-499人	4711	3658	1053	1751271	658699
500-999人	3295	2296	999	2147325	746550
1000-4999人	2265	1321	944	4156789	1029318
5000-9999人	258	101	157	1651579	264075
10000人及以上	158	49	109	3410749	302777

1-05 按开业(成立)时间分组的法人单位数及从业人员数

开业(成立)时间	法 人 单位数 (个)			从业人员期末人数 (人)	
		单产业法人单位	多产业法人单位		#女性
总 计	**1545153**	**1513793**	**31360**	**28741022**	**9527908**
1949年以前	3004	2905	99	445797	159236
1950-1977年	6530	6146	384	1519123	262558
1978-1991年	27774	26692	1082	1639834	368946
1992-2000年	80086	74876	5210	5233578	1546496
2001年	22505	21332	1173	1220654	392031
2002年	26640	25423	1217	1076908	377408
2003年	30090	28813	1277	1193506	409403
2004年	26520	25433	1087	1060774	355378
2005年	28594	27522	1072	977028	314186
2006年	36331	35249	1082	1087031	361395
2007年	33774	32749	1025	974456	329612
2008年	35335	34269	1066	824619	300334
2009年	41811	40644	1167	858165	317739
2010年	54646	53263	1383	1119037	392391
2011年	57354	56170	1184	959746	349430
2012年	59112	57917	1195	900774	337555
2013年	96671	95270	1401	1105537	419115
2014年	115270	113548	1722	1221343	475988
2015年	122123	120289	1834	1197305	471742
2016年	172090	169891	2199	1450150	570261
2017年	232982	230788	2194	1617061	609839
2018年	233602	232297	1305	1056577	406125
无开业年份	2309	2307	2	2019	740

1-06　按登记注册类型分组的法人单位数及从业人员数

登记注册类型	法　人单位数（个）	单产业法人单位	多产业法人单位	从业人员期末人数（人）	#女性
总　计	**1545153**	**1513793**	**31360**	**28741022**	**9527908**
内资企业	**1527341**	**1496831**	**30510**	**27007894**	**8781241**
国有企业	41807	40551	1256	2171682	1065672
集体企业	33685	33349	336	277771	65970
股份合作企业	6291	6084	207	94185	34925
联营企业	441	432	9	8396	4963
国有联营企业	29	27	2	371	172
集体联营企业	153	149	4	5674	3423
国有与集体联营企业	43	42	1	380	192
其他联营企业	216	214	2	1971	1176
有限责任公司	70543	66161	4382	4790378	1124702
国有独资公司	4490	4013	477	373111	100133
其他有限责任公司	66053	62148	3905	4417267	1024569
股份有限公司	10305	8986	1319	1333852	365009
私营企业	1278720	1255864	22856	17769083	5847518
私营独资企业	126948	125832	1116	901779	425188
私营合伙企业	44052	43818	234	216734	96387
私营有限责任公司	1098811	1077712	21099	16215270	5186465
私营股份有限公司	8909	8502	407	435300	139478
其他企业	85549	85404	145	562547	272482
港、澳、台商投资企业	**7060**	**6669**	**391**	**914793**	**396175**
与港澳台商合资经营企业	2870	2713	157	395411	171194
与港澳台商合作经营企业	83	80	3	13626	5559
港澳台商独资经营企业	3874	3662	212	434837	198862
港澳台商投资股份有限公司	127	115	12	63693	17603
其他港澳台投资企业	106	99	7	7226	2957
外商投资企业	**10752**	**10293**	**459**	**818335**	**350492**
中外合资经营企业	3465	3272	193	393417	164656
中外合作经营企业	72	69	3	7458	3262
外资企业	5624	5398	226	369962	165556
外商投资股份有限公司	188	167	21	26045	7836
其他外商投资	1403	1387	16	21453	9182

1-07 按行业(中类)、地区

行业中类	法人单位数(个)	杭州市	宁波市	温州市
总　计	**1545153**	**354064**	**286462**	**209925**
农、林、牧、渔业	**2794**	**190**	**374**	**518**
农业	56	7	9	9
谷物种植	3		1	
豆类、油料和薯类种植	2			
棉、麻、糖、烟草种植				
蔬菜、食用菌及园艺作物种植	24	6	2	4
水果种植	9		3	
坚果、含油果、香料和饮料作物种植	8			4
中药材种植	9	1	3	1
草种植及割草				
其他农业	1			
林业	9	2		
林木育种和育苗	6	1		
造林和更新				
森林经营、管护和改培	3	1		
木材和竹材采运				
林产品采集				
畜牧业	22	4	4	3
牲畜饲养	12	1	1	3
家禽饲养	9	3	3	
狩猎和捕捉动物				
其他畜牧业	1			
渔业	23	3	7	6
水产养殖	20	3	6	6
水产捕捞	3		1	
农、林、牧、渔专业及辅助性活动	2684	174	354	500
农业专业及辅助性活动	2114	131	301	368
林业专业及辅助性活动	325	34	17	95
畜牧专业及辅助性活动	77	9	10	14
渔业专业及辅助性活动	168		26	23
采矿业	**841**	**148**	**78**	**75**
煤炭开采和洗选业	7	3		1
烟煤和无烟煤开采洗选	5	1		1
褐煤开采洗选	1	1		
其他煤炭采选	1	1		
石油和天然气开采业	1			
石油开采	1			
天然气开采				
黑色金属矿采选业	18	3		1
铁矿采选	18	3		1
锰矿、铬矿采选				
其他黑色金属矿采选				
有色金属矿采选业	47	10		1
常用有色金属矿采选	32	10		1

分组的法人单位数

嘉兴市	湖州市	绍兴市	金华市	衢州市	舟山市	台州市	丽水市
121228	**57969**	**132729**	**169512**	**32855**	**23815**	**123544**	**33050**
281	**136**	**340**	**257**	**308**	**72**	**172**	**146**
5	1	1	4	1	5	5	9
	1						1
1							1
2		1	2	1	2	2	2
1					2	2	1
			1		1		2
			1			1	2
1							
			5	1		1	
			5				
				1		1	
4		1	1	2		2	1
2		1		2		1	1
2						1	
			1				
1	1				1	3	1
1	1					2	1
					1	1	
271	134	338	247	304	66	161	135
247	101	297	173	261	22	111	102
2	12	21	63	31	4	18	28
11	2	9	6	8	1	5	2
11	19	11	5	4	39	27	3
5	**112**	**66**	**81**	**65**	**36**	**58**	**117**
1		1	1				
1		1	1				
	1						
	1						
		3	1	3		1	6
		3	1	3		1	6
		10	1	3		3	19
		8	1	3		3	6

1-07 续表 1

行业中类	法人单位数（个）	杭州市	宁波市	温州市
贵金属矿采选	3			
稀有稀土金属矿采选	12			
非金属矿采选业	748	127	77	69
土砂石开采	695	123	74	63
化学矿开采	3			
采盐	5		2	
石棉及其他非金属矿采选	45	4	1	6
开采专业及辅助性活动	10	4	1	1
煤炭开采和洗选专业及辅助性活动	1	1		
石油和天然气开采专业及辅助性活动	3	1		
其他开采专业及辅助性活动	6	2	1	1
其他采矿业	10	1		2
其他采矿业	10	1		2
制造业	**424775**	**49369**	**87875**	**78559**
农副食品加工业	4896	795	669	732
谷物磨制	239	21	30	28
饲料加工	396	42	34	72
植物油加工	231	45	13	22
制糖业	50	4	1	5
屠宰及肉类加工	717	123	44	194
水产品加工	1386	25	319	253
蔬菜、菌类、水果和坚果加工	1141	396	141	41
其他农副食品加工	736	139	87	117
食品制造业	3060	662	395	462
焙烤食品制造	908	206	112	121
糖果、巧克力及蜜饯制造	186	73	15	28
方便食品制造	511	105	61	79
乳制品制造	38	8	4	6
罐头食品制造	205	33	52	8
调味品、发酵制品制造	212	34	32	37
其他食品制造	1000	203	119	183
酒、饮料和精制茶制造业	2564	537	254	236
酒的制造	539	67	71	66
饮料制造	596	137	73	95
精制茶加工	1429	333	110	75
烟草制品业	1	1		
烟叶复烤				
卷烟制造	1	1		
其他烟草制品制造				
纺织业	32694	4219	2678	2565
棉纺织及印染精加工	9148	1547	691	873
毛纺织及染整精加工	1082	83	249	20
麻纺织及染整精加工	74	10	5	2
丝绢纺织及印染精加工	1076	207	16	12
化纤织造及印染精加工	4494	586	110	49
针织或钩针编织物及其制品制造	8186	413	660	200

嘉兴市	湖州市	绍兴市	金华市	衢州市	舟山市	台州市	丽水市
		2					1
							12
3	110	50	75	59	35	54	89
3	108	44	71	51	32	52	74
			1	1		1	
					3		
	2	6	3	7		1	15
	1	1	1		1		
			1		1		
	1	1					
1		1	2				3
1		1	2				3
42205	**18420**	**42057**	**43413**	**5857**	**3426**	**47191**	**6403**
379	230	298	346	332	476	471	168
44	28	15	18	34	1	12	8
72	67	23	19	29	12	24	2
19	16	12	8	56	3	6	31
4			28	3		4	1
70	32	48	113	32	9	24	28
14	13	22	1	4	427	307	1
81	31	119	67	139	7	38	81
75	43	59	92	35	17	56	16
324	176	236	340	160	45	187	73
120	40	55	110	51	15	57	21
12	16	6	18	3		15	
70	26	45	42	23	3	35	22
3	3	1	12	1			
8	21	12	16	25	1	19	10
26	9	27	27	9	2	7	2
85	61	90	115	48	24	54	18
116	247	337	213	157	32	139	296
32	39	102	55	27	7	47	26
46	55	23	59	33	16	40	19
38	153	212	99	97	9	52	251
6296	2574	10250	2898	196	27	911	80
1657	480	2801	895	73	6	110	15
290	226	143	43	3	2	21	2
30	13	4	3		2	5	
202	443	174	10	4	2	6	
1769	900	939	79	8		51	3
1150	142	5208	352	17	2	40	2

1-07 续表 2

行业中类	法人单位数（个）	杭州市	宁波市	温州市
家用纺织制成品制造	4743	897	494	658
产业用纺织制成品制造	3891	476	453	751
纺织服装、服饰业	30657	4412	4901	2731
机织服装制造	13677	2402	1407	1645
针织或钩针编织服装制造	7210	477	2271	306
服饰制造	9770	1533	1223	780
皮革、毛皮、羽毛及其制品和制鞋业	19732	1009	717	8165
皮革鞣制加工	554	23	18	374
皮革制品制造	5199	288	353	947
毛皮鞣制及制品加工	1227	17	27	27
羽毛(绒)加工及制品制造	354	234	33	11
制鞋业	12398	447	286	6806
木材加工和木、竹、藤、棕、草制品业	6877	966	682	342
木材加工	1146	186	84	48
人造板制造	583	95	33	12
木质制品制造	3618	507	360	232
竹、藤、棕、草等制品制造	1530	178	205	50
家具制造业	7206	959	1011	530
木质家具制造	4547	631	616	392
竹、藤家具制造	186	19	40	1
金属家具制造	1170	138	149	44
塑料家具制造	164	19	47	10
其他家具制造	1139	152	159	83
造纸和纸制品业	12851	2174	2348	2221
纸浆制造	15	4	2	8
造纸	1747	490	141	260
纸制品制造	11089	1680	2205	1953
印刷和记录媒介复制业	11037	1243	2009	3260
印刷	10302	1126	1897	3049
装订及印刷相关服务	725	110	111	210
记录媒介复制	10	7	1	1
文教、工美、体育和娱乐用品制造业	22084	2166	3240	4282
文教办公用品制造	3655	625	1034	666
乐器制造	255	64	60	8
工艺美术及礼仪用品制造	12136	1042	1060	2251
体育用品制造	2317	298	556	134
玩具制造	2813	72	468	563
游艺器材及娱乐用品制造	908	65	62	660
石油、煤炭及其他燃料加工业	440	79	97	18
精炼石油产品制造	235	53	59	15
煤炭加工	47	5	12	1
核燃料加工	1			
生物质燃料加工	157	21	26	2
化学原料和化学制品制造业	8608	1697	1445	739
基础化学原料制造	999	176	153	86
肥料制造	246	54	31	18

嘉兴市	湖州市	绍兴市	金华市	衢州市	舟山市	台州市	丽水市
650	156	698	942	35	4	193	16
548	214	283	574	56	9	485	42
5794	3087	4520	3616	200	40	1252	104
2369	2627	1366	1140	104	25	546	46
2518	76	412	915	21	11	199	4
907	384	2742	1561	75	4	507	54
3589	210	314	1283	56	8	4158	223
59	15	15	23	3	1	12	11
2009	70	72	1137	26	1	271	25
1126	14	4	7	1		2	2
34	3	25	4	5		1	4
361	108	198	112	21	6	3872	181
626	1652	281	861	535	21	486	425
135	319	47	74	131	10	55	57
186	133	13	28	46	3	19	15
298	778	166	643	285	7	252	90
7	422	55	116	73	1	160	263
762	1146	390	1351	200	22	603	232
449	539	302	919	175	22	388	114
5	28	7	17	2		38	29
124	299	24	228	7		73	84
13	13	5	17	1		38	1
171	267	52	170	15		66	4
1369	509	838	1733	226	29	1297	107
			1				
175	65	128	252	75	6	129	26
1194	444	710	1480	151	23	1168	81
934	256	954	1348	109	75	724	125
898	233	902	1250	105	72	662	108
35	23	52	98	4	3	62	17
1							
786	395	1986	5170	253	71	2742	993
60	87	119	810	51	3	80	120
14	82	4	5	7	1	9	1
411	171	1690	2669	118	13	2458	253
71	31	90	1001	49	8	60	19
221	13	57	645	28	46	108	592
9	11	26	40			27	8
58	47	35	42	15	5	27	17
21	22	22	20	6	4	12	1
1	8	5	4	3	1	5	2
						1	
36	17	8	18	6		9	14
863	640	829	1027	554	54	585	175
92	66	100	63	173	18	54	18
31	25	8	32	24	4	13	6

1-07 续表 3

行业中类	法人单位数（个）	杭州市	宁波市	温州市
农药制造	90	19	4	16
涂料、油墨、颜料及类似产品制造	2116	408	371	196
合成材料制造	1267	209	298	168
专用化学产品制造	2545	603	385	157
炸药、火工及焰火产品制造	17	5		2
日用化学产品制造	1328	223	203	96
医药制造业	1275	278	153	86
化学药品原料药制造	239	24	18	12
化学药品制剂制造	122	39	9	6
中药饮片加工	111	24	13	15
中成药生产	98	29	9	3
兽用药品制造	63	15	7	6
生物药品制品制造	225	74	41	14
卫生材料及医药用品制造	323	66	51	26
药用辅料及包装材料	94	7	5	4
化学纤维制造业	1820	328	169	60
纤维素纤维原料及纤维制造	63	11	11	6
合成纤维制造	1702	312	147	32
生物基材料制造	55	5	11	22
橡胶和塑料制品业	33975	3162	9765	4687
橡胶制品业	3988	321	1060	494
塑料制品业	29987	2841	8705	4193
非金属矿物制品业	13032	2293	1812	1339
水泥、石灰和石膏制造	520	181	35	30
石膏、水泥制品及类似制品制造	2849	514	504	282
砖瓦、石材等建筑材料制造	4113	763	489	605
玻璃制造	444	107	99	38
玻璃制品制造	2011	227	225	90
玻璃纤维和玻璃纤维增强塑料制品制造	466	82	93	38
陶瓷制品制造	1061	268	141	142
耐火材料制品制造	620	67	39	19
石墨及其他非金属矿物制品制造	948	84	187	95
黑色金属冶炼和压延加工业	2422	252	502	701
炼铁	10	3	2	1
炼钢	14	2	5	2
钢压延加工	2334	235	480	689
铁合金冶炼	64	12	15	9
有色金属冶炼和压延加工业	3125	326	741	552
常用有色金属冶炼	135	21	39	20
贵金属冶炼	10	1		
稀有稀土金属冶炼	16	2	7	2
有色金属合金制造	705	96	171	128
有色金属压延加工	2259	206	524	402
金属制品业	40141	5302	10492	5889
结构性金属制品制造	8492	1399	2173	1022
金属工具制造	4573	692	906	404

嘉兴市	湖州市	绍兴市	金华市	衢州市	舟山市	台州市	丽水市
7	8	11	11	4	1	6	3
195	192	199	199	95	18	196	47
145	83	85	100	58	1	98	22
325	212	332	172	169	7	124	59
1	1	1	3	1	1	1	1
67	53	93	447	30	4	93	19
116	105	167	149	32	9	148	32
8	18	34	18	8	2	90	7
15	6	16	13	4	2	8	4
13	4	10	17	9		4	2
6	7	10	15	4	1	6	8
6	6	8	6	3	1	4	1
16	28	18	16	1	2	13	2
40	22	32	58	3	1	20	4
12	14	39	6			3	4
304	46	654	203	20	5	21	10
8	4	15	5	1		1	1
290	42	638	193	18	5	16	9
6		1	5	1		4	
3094	826	1766	3693	360	92	6322	208
319	75	162	308	36	19	1174	20
2775	751	1604	3385	324	73	5148	188
1091	1305	1032	2060	365	165	1141	429
45	72	43	30	42	7	29	6
380	237	244	203	99	67	254	65
248	361	399	331	132	70	568	147
52	30	38	31	14	2	21	12
102	75	78	1057	16	3	117	21
121	29	30	29	6	4	21	13
51	91	67	82	23	3	72	121
30	297	100	31	8	5	12	12
62	113	33	266	25	4	47	32
209	127	105	190	31	8	158	139
1		2	1				
1	1	1	1				1
197	125	99	182	31	8	156	132
10	1	3	6			2	6
195	122	397	412	41	14	280	45
3	3	11	21	3	1	10	3
1		4		2		1	1
2			2			1	
49	23	37	134	8	6	42	11
140	96	345	255	28	7	226	30
2819	1040	2694	7628	368	161	3117	631
647	300	647	1560	147	57	419	121
174	52	165	1541	16	9	443	171

1-07 续表 4

行业中类	法人单位数(个)	杭州市	宁波市	温州市
集装箱及金属包装容器制造	699	163	123	67
金属丝绳及其制品制造	999	279	210	112
建筑、安全用金属制品制造	11824	1454	3639	2114
金属表面处理及热处理加工	2592	310	697	675
搪瓷制品制造	425	52	64	142
金属制日用品制造	3863	164	499	334
铸造及其他金属制品制造	6674	789	2181	1019
通用设备制造业	53354	5326	13843	10998
锅炉及原动设备制造	600	137	110	60
金属加工机械制造	5287	561	1212	877
物料搬运设备制造	1909	360	393	81
泵、阀门、压缩机及类似机械制造	12175	526	1846	5301
轴承、齿轮和传动部件制造	5279	623	1655	327
烘炉、风机、包装等设备制造	5948	628	1134	789
文化、办公用机械制造	449	67	103	109
通用零部件制造	19471	2203	6383	3126
其他通用设备制造业	2236	221	1007	328
专用设备制造业	26404	2629	6800	4526
采矿、冶金、建筑专用设备制造	1020	138	137	229
化工、木材、非金属加工专用设备制造	10801	663	4067	1237
食品、饮料、烟草及饲料生产专用设备制造	784	62	149	259
印刷、制药、日化及日用品生产专用设备制造	1092	181	101	536
纺织、服装和皮革加工专用设备制造	3391	263	582	296
电子和电工机械专用设备制造	749	145	169	177
农、林、牧、渔专用机械制造	982	92	190	75
医疗仪器设备及器械制造	3341	388	416	1063
环保、邮政、社会公共服务及其他专用设备制造	4244	697	989	654
汽车制造业	17194	1706	4759	3861
汽车整车制造	84	22	6	12
汽车用发动机制造	40	5	8	7
改装汽车制造	25	9	3	2
低速汽车制造	1			
电车制造	11	2	1	2
汽车车身、挂车制造	141	31	64	7
汽车零部件及配件制造	16892	1637	4677	3831
铁路、船舶、航空航天和其他运输设备制造业	4335	466	821	533
铁路运输设备制造	156	25	44	24
城市轨道交通设备制造	25	8	7	2
船舶及相关装置制造	886	53	208	62
航空、航天器及设备制造	56	9	14	1
摩托车制造	1344	48	144	388
自行车和残疾人座车制造	630	231	248	10
助动车制造	709	63	83	36
非公路休闲车及零配件制造	429	17	52	4
潜水救捞及其他未列明运输设备制造	100	12	21	6
电气机械和器材制造业	38251	2942	10454	13703

嘉兴市	湖州市	绍兴市	金华市	衢州市	舟山市	台州市	丽水市
80	28	79	77	19	1	58	4
75	44	56	111	6	4	92	10
930	272	1153	1144	74	13	936	95
242	56	95	135	19	26	288	49
23	3	21	23	3		94	
174	43	114	2234	26	5	193	77
474	242	364	803	58	46	594	104
4142	1359	6116	2469	473	224	7573	831
41	34	64	50	6	7	73	18
255	129	763	385	46	33	903	123
351	336	75	65	21		216	11
209	74	409	133	102	21	3283	271
487	121	956	266	106	5	501	232
252	196	1168	989	40	17	695	40
16	9	111	14	3	1	15	1
2418	384	2431	443	132	109	1726	116
113	76	139	124	17	31	161	19
1528	646	2349	1412	325	545	5332	312
94	50	133	77	65	2	83	12
593	139	360	470	61	465	2704	42
40	6	73	46	26	21	85	17
78	18	35	59	13	4	59	8
216	60	940	174	12	19	678	151
68	27	52	50	5	4	49	3
42	38	84	135	14	9	288	15
109	54	85	122	13	5	1064	22
288	254	587	279	116	16	322	42
826	221	868	591	79	97	3977	209
6	8	2	11	2		15	
5			6			8	1
2	4		3	1		1	
						1	
			5				1
6	4	3	13	5		5	3
807	205	863	553	71	97	3947	204
137	70	144	645	26	265	1171	57
12	1	12	8	4		26	
1	2	2	2			1	
31	22	34	11		259	205	1
12	7	3	4		3	3	
14	8	23	113	10		560	36
17	11	36	58	1		16	2
26	18	24	111	10		336	2
6	1	9	310			14	16
18		1	28	1	3	10	
2684	755	2492	1384	428	130	3048	231

1-07 续表 5

行业中类	法人单位数（个）	杭州市	宁波市	温州市
电机制造	3465	219	686	436
输配电及控制设备制造	16368	948	2109	11135
电线、电缆、光缆及电工器材制造	3162	555	856	666
电池制造	467	61	143	18
家用电力器具制造	7088	308	3814	564
非电力家用器具制造	848	86	213	39
照明器具制造	5616	625	2183	497
其他电气机械及器材制造	1237	140	450	348
计算机、通信和其他电子设备制造业	11110	1662	3705	2143
计算机制造	440	106	135	67
通信设备制造	1011	340	421	77
广播电视设备制造	213	56	53	13
雷达及配套设备制造	11	3	3	4
非专业视听设备制造	534	53	213	19
智能消费设备制造	462	82	127	68
电子器件制造	1486	274	391	344
电子元件及电子专用材料制造	6206	650	2080	1425
其他电子设备制造	747	98	282	126
仪器仪表制造业	5738	924	1604	1542
通用仪器仪表制造	4236	650	1098	1319
专用仪器仪表制造	651	161	162	138
钟表与计时仪器制造	152	30	54	22
光学仪器制造	259	33	139	23
衡器制造	196	26	36	6
其他仪器仪表制造业	244	24	115	34
其他制造业	7050	416	1233	1463
日用杂品制造	5079	252	528	975
核辐射加工	4	2		1
其他未列明制造业	1967	162	705	487
废弃资源综合利用业	715	136	131	48
金属废料和碎屑加工处理	290	57	77	13
非金属废料和碎屑加工处理	425	79	54	35
金属制品、机械和设备修理业	2127	302	445	145
金属制品修理	46	2	29	3
通用设备修理	282	68	60	27
专用设备修理	267	79	48	17
铁路、船舶、航空航天等运输设备修理	922	15	119	47
电气设备修理	153	44	34	11
仪器仪表修理	21	6	6	1
其他机械和设备修理业	436	88	149	39
电力、热力、燃气及水生产和供应业	**5240**	**632**	**621**	**803**
电力、热力生产和供应业	3712	396	403	587
电力生产	3388	343	354	539
电力供应	187	28	24	34
热力生产和供应	137	25	25	14

嘉兴市	湖州市	绍兴市	金华市	衢州市	舟山市	台州市	丽水市
102	98	537	165	19	58	1104	41
560	178	352	278	230	31	459	88
303	158	115	103	59	6	321	20
43	89	22	44	13	1	23	10
672	62	891	482	27	24	218	26
269	23	118	68	2	1	26	3
684	119	389	192	71	3	820	33
51	28	68	52	7	6	77	10
1109	317	840	664	157	34	403	76
59	14	13	23	2	1	19	1
69	21	38	15	5	6	17	2
37	4	19	4	18		8	1
1							
67	11	140	16	1		13	1
77	14	23	19	6	2	40	4
149	44	111	82	21	3	54	13
595	195	435	445	96	20	221	44
55	14	61	60	8	2	31	10
302	103	316	365	42	64	427	49
226	88	236	169	31	33	353	33
45	7	40	36	8	6	36	12
3	1	8	29	1		2	2
15	5	5	10	1	1	26	1
5	2	3	116	1		1	
8		24	5		24	9	1
1524	88	738	1201	67	9	222	89
1437	48	649	880	59	2	187	62
1							
86	40	89	321	8	7	35	27
61	61	37	58	21	12	135	15
19	12	14	16	7	3	67	5
42	49	23	42	14	9	68	10
168	60	74	61	29	687	134	22
8	1	2		1			
38	7	21	14	5	12	22	8
40	10	16	19	7	7	19	5
15	17	2	2	1	636	68	
20	4	8	4	6	11	8	3
1		1	2		2	2	
46	21	24	20	9	19	15	6
367	**233**	**384**	**388**	**314**	**120**	**584**	**794**
232	117	273	280	266	44	374	740
185	98	253	250	257	38	346	725
23	10	12	17	7	3	16	13
24	9	8	13	2	3	12	2

1-07 续表 6

行业中类	法人单位数（个）	杭州市	宁波市	温州市
燃气生产和供应业	279	55	40	42
燃气生产和供应业	269	55	37	40
生物质燃气生产和供应业	10		3	2
水的生产和供应业	1249	181	178	174
自来水生产和供应	549	66	108	98
污水处理及其再生利用	582	112	68	72
海水淡化处理	3			
其他水的处理、利用与分配	115	3	2	4
建筑业	**51741**	**14920**	**10449**	**5427**
房屋建筑业	7820	1750	1591	965
住宅房屋建筑	6733	1433	1276	871
体育场馆建筑	14	7	3	2
其他房屋建筑业	1073	310	312	92
土木工程建筑业	12024	3400	2177	1311
铁路、道路、隧道和桥梁工程建筑	5322	1544	718	578
水利和水运工程建筑	757	145	129	77
海洋工程建筑	52		12	4
工矿工程建筑	198	30	48	61
架线和管道工程建筑	898	232	159	110
节能环保工程施工	365	128	93	27
电力工程施工	359	65	47	28
其他土木工程建筑	4073	1256	971	426
建筑安装业	6829	1861	1598	640
电气安装	2428	706	453	248
管道和设备安装	1969	528	501	138
其他建筑安装业	2432	627	644	254
建筑装饰、装修和其他建筑业	25068	7909	5083	2511
建筑装饰和装修业	19138	6058	4170	1946
建筑物拆除和场地准备活动	3832	1360	433	292
提供施工设备服务	209	41	32	27
其他未列明建筑业	1889	450	448	246
批发和零售业	**465896**	**111529**	**79734**	**52241**
批发业	294814	71609	60081	25807
农、林、牧、渔产品批发	6641	1506	747	561
食品、饮料及烟草制品批发	22408	5925	3913	2251
纺织、服装及家庭用品批发	91923	19073	11928	5735
文化、体育用品及器材批发	15802	2896	2794	1283
医药及医疗器材批发	7037	3623	1022	602
矿产品、建材及化工产品批发	66889	16829	17737	6990
机械设备、五金产品及电子产品批发	56775	18004	14068	6982
贸易经纪与代理	6890	567	2380	286
其他批发业	20449	3186	5492	1117
零售业	171082	39920	19653	26434
综合零售	3790	1115	532	450
食品、饮料及烟草制品专门零售	16996	5690	1835	2084

嘉兴市	湖州市	绍兴市	金华市	衢州市	舟山市	台州市	丽水市
25	14	28	14	13	13	24	11
24	14	26	14	13	13	22	11
1		2				2	
110	102	83	94	35	63	186	43
35	43	33	45	19	14	67	21
71	59	47	47	16	12	56	22
					3		
4		3	2		34	63	
4212	**1928**	**4053**	**3724**	**1395**	**1709**	**3104**	**820**
459	260	782	966	221	136	501	189
386	207	718	910	208	130	435	159
	1						1
73	52	64	56	13	6	66	29
875	641	991	824	424	252	874	255
355	337	555	432	232	66	402	103
78	35	45	48	16	75	86	23
3					26	7	
5	12	15	5	7	4	7	4
65	30	59	76	36	15	78	38
31	8	23	11	13	4	19	8
54	23	21	28	26	7	44	16
284	196	273	224	94	55	231	63
748	263	556	357	144	127	431	104
325	88	156	109	40	63	188	52
207	70	206	83	54	35	130	17
216	105	194	165	50	29	113	35
2130	764	1724	1577	606	1194	1298	272
1754	631	1268	1351	531	266	951	212
214	74	152	56	40	896	278	37
38	6	23	5	3	7	26	1
124	53	281	165	32	25	43	22
33892	**13279**	**49419**	**72525**	**9150**	**6319**	**31409**	**6399**
22710	6689	40642	39617	5380	4727	15160	2392
876	510	1085	460	370	67	286	173
1596	574	2799	1481	812	454	1930	673
8371	1775	25611	16180	428	230	2309	283
575	110	784	6541	154	46	535	84
288	116	418	411	170	53	258	76
5277	1947	5256	2789	2139	2945	4449	531
4467	895	3358	3603	946	583	3603	266
186	241	584	1510	81	106	881	68
1074	521	747	6642	280	243	909	238
11182	6590	8777	32908	3770	1592	16249	4007
245	187	336	344	96	71	233	181
860	736	1223	1058	548	244	1971	747

1-07 续表 7

行业中类	法人单位数（个）			
		杭州市	宁波市	温州市
纺织、服装及日用品专门零售	26375	8513	2585	5065
文化、体育用品及器材专门零售	9088	2257	964	1795
医药及医疗器材专门零售	12691	1921	2162	2631
汽车、摩托车、零配件和燃料及其他动力销售	15130	2879	2501	2491
家用电器及电子产品专门零售	14354	4382	2520	2285
五金、家具及室内装饰材料专门零售	20242	5770	2597	2905
货摊、无店铺及其他零售业	52416	7393	3957	6728
交通运输、仓储和邮政业	**32133**	**6757**	**7933**	**3481**
铁路运输业	13	4	4	2
铁路旅客运输	8	4	1	2
铁路货物运输	4		3	
铁路运输辅助活动	1			
道路运输业	19530	4957	3867	2249
城市公共交通运输	581	139	99	75
公路旅客运输	483	96	71	97
道路货物运输	17217	4471	3569	1857
道路运输辅助活动	1249	251	128	220
水上运输业	1338	98	304	120
水上旅客运输	91	17	14	13
水上货物运输	836	55	196	73
水上运输辅助活动	411	26	94	34
航空运输业	135	55	21	11
航空客货运输	56	32	8	4
通用航空服务	40	12	6	3
航空运输辅助活动	39	11	7	4
管道运输业	4	2		1
海底管道运输	1			
陆地管道运输	3	2		1
多式联运和运输代理业	6919	738	2880	551
多式联运	19	4	7	2
运输代理业	6900	734	2873	549
装卸搬运和仓储业	2680	533	680	363
装卸搬运	1286	171	285	271
通用仓储	576	180	176	29
低温仓储	102	19	14	9
危险品仓储	74	8	24	5
谷物、棉花等农产品仓储	149	22	18	15
中药材仓储	1			1
其他仓储业	492	133	163	33
邮政业	1514	370	177	184
邮政基本服务	35	6	5	2
快递服务	1467	363	170	181
其他寄递服务	12	1	2	1
住宿和餐饮业	**24951**	**9069**	**3704**	**3112**
住宿业	9207	3098	1258	1125

嘉兴市	湖州市	绍兴市	金华市	衢州市	舟山市	台州市	丽水市
1909	875	1298	3336	344	185	1969	296
357	207	431	1731	172	83	778	313
1235	698	819	1133	449	156	1052	435
903	670	1232	2040	560	124	1362	368
1055	441	794	1068	387	204	968	250
1643	1327	1328	1921	552	309	1478	412
2975	1449	1316	20277	662	216	6438	1005
2578	**1501**	**1725**	**3136**	**1045**	**1287**	**2197**	**493**
		1		2			
				1			
				1			
		1					
1788	1172	1098	1286	868	525	1384	336
45	29	33	37	18	20	70	16
21	17	26	24	39	18	50	24
1650	1022	975	1115	757	462	1128	211
72	104	64	110	54	25	136	85
90	45	31	27	5	463	143	12
1		3	2	2	23	13	3
46	30	22	21	1	299	91	2
43	15	6	4	2	141	39	7
6	8	6	15	2	5	5	1
1		4	5		1	1	
4	5	1	7			1	1
1	3	1	3	2	4	3	
					1		
					1		
265	122	401	1361	42	155	374	30
1	1		3			1	
264	121	401	1358	42	155	373	30
295	109	114	213	62	119	152	40
154	42	79	108	34	56	74	12
76	31	9	36	2	7	24	6
6	8	6	8	4	6	21	1
5	1	1	7	1	20	2	
14	9	5	13	12	9	18	14
40	18	14	41	9	21	13	7
134	45	74	234	64	19	139	74
2	2	5	3	3	1	3	3
129	43	69	227	60	18	136	71
3			4	1			
1558	**1305**	**1375**	**1643**	**348**	**540**	**1639**	**658**
596	645	396	648	118	316	635	372

1-07 续表 8

行业中类	法人单位数（个）	杭州市	宁波市	温州市
旅游饭店	2000	799	231	138
一般旅馆	5998	1859	897	899
民宿服务	982	383	66	76
露营地服务	9	4	3	
其他住宿业	218	53	61	12
餐饮业	15744	5971	2446	1987
正餐服务	12110	4517	1787	1674
快餐服务	1113	448	190	78
饮料及冷饮服务	768	373	109	46
餐饮配送及外卖送餐服务	360	69	97	22
其他餐饮业	1393	564	263	167
信息传输、软件和信息技术服务业	**55067**	**29751**	**8458**	**4605**
电信、广播电视和卫星传输服务	1053	455	123	80
电信	759	414	99	54
广播电视传输服务	280	37	23	23
卫星传输服务	14	4	1	3
互联网和相关服务	5549	2507	652	749
互联网接入及相关服务	338	147	60	33
互联网信息服务	2994	1149	311	535
互联网平台	767	534	72	18
互联网安全服务	64	28	10	1
互联网数据服务	218	143	25	10
其他互联网服务	1168	506	174	152
软件和信息技术服务业	48465	26789	7683	3776
软件开发	34244	19838	5417	2573
集成电路设计	260	125	58	12
信息系统集成和物联网技术服务	1871	849	288	193
运行维护服务	321	161	48	16
信息处理和存储支持服务	337	165	36	25
信息技术咨询服务	7740	3618	1190	759
数字内容服务	542	251	103	64
其他信息技术服务业	3150	1782	543	134
金融业	**16965**	**3719**	**9475**	**872**
货币金融服务	1978	362	292	503
中央银行服务	11	1	1	1
货币银行服务	917	92	88	379
非货币银行服务	1050	269	203	123
银行理财服务				
银行监管服务				
资本市场服务	13087	2710	8993	183
证券市场服务	6	6		
公开募集证券投资基金	2	2		
非公开募集证券投资基金	1923	1369	280	47
期货市场服务	14	13		
证券期货监管服务	2	1	1	

嘉兴市	湖州市	绍兴市	金华市	衢州市	舟山市	台州市	丽水市
113	146	109	155	39	87	116	67
423	306	255	444	49	179	462	225
52	160	26	32	28	37	55	67
	1		1				
8	32	6	16	2	13	2	13
962	660	979	995	230	224	1004	286
665	541	824	764	187	190	747	214
82	42	62	78	5	14	96	18
73	32	30	32	3	9	44	17
63	11	14	20	26	2	18	18
79	34	49	101	9	9	99	19
2455	**1117**	**2214**	**3226**	**749**	**539**	**1412**	**541**
92	38	43	59	36	31	52	44
28	19	20	41	15	17	35	17
62	19	23	18	21	10	17	27
2					4		
225	111	261	465	145	68	242	124
16	10	14	24	7	3	18	6
128	64	164	262	95	40	153	93
33	10	8	52	8	6	18	8
4	3	1	8	3	1	3	2
12		7	5	2	5	6	3
32	24	67	114	30	13	44	12
2138	968	1910	2702	568	440	1118	373
1384	558	1335	1777	281	235	629	217
32	5	12	9		3	4	
89	39	102	88	36	32	135	20
33	4	5	19	12	3	12	8
37	26	9	12	2	8	14	3
416	227	347	522	190	97	274	100
38	7	22	31	9	5	8	4
109	102	78	244	38	57	42	21
778	**241**	**597**	**413**	**144**	**210**	**380**	**136**
132	84	112	143	55	81	142	72
1	1	1	1	1	1	1	1
53	34	42	83	32	27	51	36
78	49	69	59	22	53	90	35
538	82	203	144	32	84	98	20
60	46	45	28	8	3	30	7
		1					

1-07 续表 9

行业中类	法人单位数（个）	杭州市	宁波市	温州市
资本投资服务	1546	714	430	50
其他资本市场服务	9594	605	8282	86
保险业	797	227	88	76
人身保险	251	49	19	24
财产保险	313	62	37	34
再保险				
商业养老金	11	3	1	1
保险中介服务	132	79	21	4
保险资产管理	1		1	
保险监管服务				
其他保险活动	89	34	9	13
其他金融业	1103	420	102	110
金融信托与管理服务	73	30	15	6
控股公司服务	345	128	8	3
非金融机构支付服务	13	10	2	
金融信息服务	260	107	21	52
金融资产管理公司	10	4	1	2
其他未列明金融业	402	141	55	47
房地产业	**46052**	**13603**	**6228**	**6140**
房地产业	46052	13603	6228	6140
房地产开发经营	10707	2508	1533	1436
物业管理	8675	2991	1435	816
房地产中介服务	16055	5721	1950	2327
房地产租赁经营	9849	2159	1164	1493
其他房地产业	766	224	146	68
租赁和商务服务业	**157725**	**47377**	**32382**	**17610**
租赁业	9232	2882	1953	936
机械设备经营租赁	8748	2705	1847	883
文体设备和用品出租	415	131	103	50
日用品出租	69	46	3	3
商务服务业	148493	44495	30429	16674
组织管理服务	60177	13248	12042	7828
综合管理服务	3854	782	955	385
法律服务	2453	665	351	259
咨询与调查	38322	15276	8406	3818
广告业	19680	6888	3736	2126
人力资源服务	6251	1569	1533	469
安全保护服务	1393	410	231	137
会议、展览及相关服务	2474	1277	436	133
其他商务服务业	13889	4380	2739	1519
科学研究和技术服务业	**61583**	**24735**	**11006**	**5568**
研究和试验发展	10019	2807	2575	843
自然科学研究和试验发展	390	85	167	50
工程和技术研究和试验发展	7410	1836	2068	582
农业科学研究和试验发展	540	122	121	63

嘉兴市	湖州市	绍兴市	金华市	衢州市	舟山市	台州市	丽水市
28	19	44	106	15	71	60	9
450	17	113	10	9	10	8	4
64	53	70	72	39	25	58	25
25	17	24	28	21	11	24	9
30	23	28	33	16	11	27	12
1	1	1	1			1	1
3	9	3	4	2	1	5	1
5	3	14	6		2	1	2
44	22	212	54	18	20	82	19
3	3	5	7	1	1	1	1
2	3	182	8	3	1	5	2
					1		
9	6	12	15		5	29	4
			1			2	
30	10	13	23	14	12	45	12
5439	**2095**	**3332**	**3882**	**805**	**647**	**3209**	**672**
5439	2095	3332	3882	805	647	3209	672
1164	664	1239	657	288	284	663	271
792	405	828	473	183	113	496	143
2139	819	793	1347	260	83	477	139
1288	136	395	1351	67	146	1562	88
56	71	77	54	7	21	11	31
9830	**5908**	**9067**	**12405**	**3991**	**3776**	**10704**	**4675**
468	222	701	834	162	222	677	175
444	218	686	783	157	204	650	171
18	4	12	47	5	18	24	3
6		3	4			3	1
9362	5686	8366	11571	3829	3554	10027	4500
3794	2913	3221	5476	1978	1452	5150	3075
283	146	294	375	109	98	336	91
185	84	192	281	94	51	212	79
2038	1095	2078	2349	698	549	1687	328
1212	567	1345	1333	407	307	1370	389
831	192	464	362	156	170	414	91
97	51	98	99	56	29	136	49
137	61	91	169	27	32	97	14
785	577	583	1127	304	866	625	384
4339	**2094**	**4438**	**3748**	**1381**	**874**	**2545**	**855**
1046	569	1001	499	180	148	240	111
13	11	17	29		5	8	5
913	374	847	350	143	97	167	33
25	31	52	49	15	20	22	20

1-07 续表 10

行业中类	法人单位数（个）	杭州市	宁波市	温州市
医学研究和试验发展	1433	685	186	120
社会人文科学研究	246	79	33	28
专业技术服务业	30312	13003	5388	2682
气象服务	306	52	30	36
地震服务	29	8	2	1
海洋服务	73	9	23	10
测绘地理信息服务	581	143	68	79
质检技术服务	2845	810	628	270
环境与生态监测检测服务	695	222	98	59
地质勘查	123	54	7	14
工程技术与设计服务	14276	6315	2299	1284
工业与专业设计及其他专业技术服务	11384	5390	2233	929
科技推广和应用服务业	21252	8925	3043	2043
技术推广服务	16081	6862	2091	1452
知识产权服务	1751	511	307	297
科技中介服务	616	162	128	69
创业空间服务	208	79	64	26
其他科技推广服务业	2596	1311	453	199
水利、环境和公共设施管理业	**8556**	**1856**	**1077**	**874**
水利管理业	956	151	132	50
防洪除涝设施管理	207	35	26	11
水资源管理	250	39	32	12
天然水收集与分配	165	13	38	9
水文服务	64	8	7	5
其他水利管理业	270	56	29	13
生态保护和环境治理业	1294	361	179	154
生态保护	138	36	8	16
环境治理业	1156	325	171	138
公共设施管理业	5782	1275	737	650
市政设施管理	830	203	74	55
环境卫生管理	1513	306	196	256
城乡市容管理	117	33	17	7
绿化管理	1958	562	280	175
城市公园管理	90	15	10	28
游览景区管理	1274	156	160	129
土地管理业	524	69	29	20
土地整治服务	346	32	7	5
土地调查评估服务	52	11	10	7
土地登记服务	21	4	4	1
土地登记代理服务	26	10	1	3
其他土地管理服务	79	12	7	4
居民服务、修理和其他服务业	**26474**	**8491**	**4605**	**3064**
居民服务业	12496	4362	2216	1475
家庭服务	2380	801	514	202
托儿所服务	257	42	24	85

嘉兴市	湖州市	绍兴市	金华市	衢州市	舟山市	台州市	丽水市
91	146	62	58	18	20	31	16
4	7	23	13	4	6	12	37
1882	755	2021	1711	491	460	1428	491
22	19	20	28	16	16	40	27
3	2		5	2	2	1	3
2					23	6	
34	41	36	47	32	18	51	32
266	83	195	188	69	74	184	78
72	32	50	55	32	16	41	18
3	6	9	7	6	3	5	9
789	331	1094	774	223	173	723	271
691	241	617	607	111	135	377	53
1411	770	1416	1538	710	266	877	253
1086	652	1125	1106	609	210	675	213
168	35	86	171	23	11	129	13
66	23	46	49	23	9	30	11
9	5	12	4	1	2	5	1
82	55	147	208	54	34	38	15
807	**584**	**686**	**721**	**336**	**220**	**989**	**406**
83	73	87	134	56	16	120	54
25	27	17	13	14	1	31	7
15	11	27	42	15	7	33	17
4	9	18	43	6	3	17	5
8	4	7	6	4	1	7	7
31	22	18	30	17	4	32	18
154	58	77	96	24	23	122	46
6	10	6	18	8	4	12	14
148	48	71	78	16	19	110	32
541	428	515	468	236	176	532	224
110	131	79	60	20	17	56	25
161	61	139	93	65	39	152	45
5	7	9	18	5	2	5	9
174	104	205	165	51	74	119	49
3	4	5	11	2		8	4
88	121	78	121	93	44	192	92
29	25	7	23	20	5	215	82
10	8	3	3	11	3	193	71
9	1	3	4	3		4	
1	2		2	1		4	2
1	1		3	1		5	1
8	13	1	11	4	2	9	8
1939	**923**	**1879**	**1967**	**611**	**450**	**1960**	**585**
789	393	752	908	222	165	885	329
156	70	108	186	55	37	189	62
31	18	39	1	1	6	10	

1-07 续表 11

行业中类	法人单位数（个）			
		杭州市	宁波市	温州市
洗染服务	444	140	66	57
理发及美容服务	2068	866	291	256
洗浴和保健养生服务	2026	588	337	287
摄影扩印服务	1348	572	210	134
婚姻服务	1057	362	190	130
殡葬服务	605	89	140	107
其他居民服务业	2311	902	444	217
机动车、电子产品和日用产品修理业	9340	2785	1508	1223
汽车、摩托车等修理与维护	7292	1938	1151	1049
计算机和办公设备维修	838	340	143	71
家用电器修理	1014	413	178	90
其他日用产品修理业	196	94	36	13
其他服务业	4638	1344	881	366
清洁服务	3421	800	654	343
宠物服务	199	72	48	15
其他未列明服务业	1018	472	179	8
教育	**37929**	**8068**	**5884**	**6692**
教育	37929	8068	5884	6692
学前教育	9103	1258	1353	1784
初等教育	3448	577	471	679
中等教育	2799	464	421	499
高等教育	274	82	46	25
特殊教育	143	33	23	20
技能培训、教育辅助及其他教育	22162	5654	3570	3685
卫生和社会工作	**12391**	**3032**	**2017**	**1716**
卫生	6622	1769	1053	859
医院	1338	333	186	164
基层医疗卫生服务	4642	1285	787	592
专业公共卫生服务	459	81	53	77
其他卫生活动	183	70	27	26
社会工作	5769	1263	964	857
提供住宿社会工作	3251	726	527	362
不提供住宿社会工作	2518	537	437	495
文化、体育和娱乐业	**36470**	**9818**	**6601**	**4114**
新闻和出版业	342	198	35	14
新闻业	74	28	11	8
出版业	268	170	24	6
广播、电视、电影和录音制作业	7346	1405	919	284
广播	216	68	85	13
电视	174	60	17	7
影视节目制作	5894	1014	681	149
广播电视集成播控	16	6	3	1
电影和广播电视节目发行	245	57	25	5
电影放映	726	174	89	104
录音制作	75	26	19	5

嘉兴市	湖州市	绍兴市	金华市	衢州市	舟山市	台州市	丽水市
36	12	29	34	18	15	32	5
85	45	159	147	20	19	161	19
168	128	137	133	44	20	132	52
89	38	38	146	11	10	67	33
62	20	58	111	15	13	81	15
31	20	70	31	17	23	48	29
131	42	114	119	41	22	165	114
776	376	707	654	235	171	759	146
601	330	618	540	188	121	642	114
82	24	38	37	20	24	40	19
83	18	42	68	22	22	68	10
10	4	9	9	5	4	9	3
374	154	420	405	154	114	316	110
302	117	350	291	133	90	260	81
9	8	8	28	7	3	1	
63	29	62	86	14	21	55	29
2282	**1382**	**2469**	**4355**	**1284**	**531**	**3671**	**1311**
2282	1382	2469	4355	1284	531	3671	1311
340	292	417	1438	471	124	1237	389
173	141	231	434	156	64	287	235
197	144	224	272	103	54	307	114
27	8	20	19	10	8	16	13
12	8	7	9	8	2	14	7
1533	789	1570	2183	536	279	1810	553
1080	**576**	**588**	**710**	**497**	**329**	**996**	**850**
380	366	307	484	275	151	611	367
84	68	87	130	73	32	122	59
250	268	177	300	177	97	437	272
35	22	37	43	24	17	39	31
11	8	6	11	1	5	13	5
700	210	281	226	222	178	385	483
240	153	195	175	162	84	295	332
460	57	86	51	60	94	90	151
2663	**2686**	**1959**	**4764**	**761**	**475**	**1770**	**859**
10	5	14	20	12	4	13	17
2	2		5	7	2	2	7
8	3	14	15	5	2	11	10
654	984	142	2580	62	38	218	60
20	3	9	9		1	6	2
7	2	13	57	1	3	5	2
545	941	65	2312	36	15	116	20
1		1	2			2	
21	1	3	127		1	4	1
56	36	51	55	25	17	84	35
4	1		18		1	1	

1-07 续表 12

行业中类	法人单位数（个）			
		杭州市	宁波市	温州市
文化艺术业	8201	2246	2089	876
文艺创作与表演	2891	604	1157	304
艺术表演场馆	75	15	15	9
图书馆与档案馆	515	127	51	64
文物及非物质文化遗产保护	234	50	31	39
博物馆	370	98	56	37
烈士陵园、纪念馆	63	9	8	19
群众文体活动	1508	350	256	198
其他文化艺术业	2545	993	515	206
体育	3766	1101	664	565
体育组织	917	192	177	130
体育场地设施管理	256	53	58	36
健身休闲活动	2492	812	410	390
其他体育	101	44	19	9
娱乐业	16815	4868	2894	2375
室内娱乐活动	7776	1505	1377	1143
游乐园	213	29	24	53
休闲观光活动	892	223	44	207
彩票活动	77	15	10	9
文化体育娱乐活动与经纪代理服务	7778	3086	1418	947
其他娱乐业	79	10	21	16
公共管理、社会保障和社会组织	**77570**	**11000**	**7961**	**14454**
中国共产党机关	950	135	113	109
中国共产党机关	950	135	113	109
国家机构	15330	2369	1674	1569
国家权力机构	133	17	18	13
国家行政机构	14745	2277	1613	1492
人民法院和人民检察院	270	49	32	29
其他国家机构	182	26	11	35
人民政协、民主党派	299	50	21	23
人民政协	120	20	10	12
民主党派	179	30	11	11
社会保障	159	29	32	6
基本保险	105	18	24	3
补充保险				
其他社会保障	54	11	8	3
群众团体、社会团体和其他成员组织	29414	5215	2879	6921
群众团体	628	93	75	76
社会团体	18622	4104	1796	2794
基金会	517	227	65	70
宗教组织	9647	791	943	3981
基层群众自治组织	31418	3202	3242	5826
社区居民自治组织	4514	1159	724	424
村民自治组织	26904	2043	2518	5402

嘉兴市	湖州市	绍兴市	金华市	衢州市	舟山市	台州市	丽水市
509	441	500	532	181	109	384	334
94	176	125	180	34	15	128	74
5	4	10	2		1	8	6
41	18	37	39	19	14	58	47
17	4	20	27	9	5	12	20
32	23	30	23	5	9	37	20
5	2		6	1	1	7	5
191	65	86	87	61	29	73	112
124	149	192	168	52	35	61	50
249	133	205	251	151	84	276	87
49	38	50	73	78	30	74	26
24	5	16	24	6	8	18	8
175	88	135	141	64	45	180	52
1	2	4	13	3	1	4	1
1241	1123	1098	1381	355	240	879	361
732	357	468	896	224	126	681	267
21	19	9	23	2	5	11	17
22	40	197	27	34	32	53	13
6	3	8	12	6	2	4	2
458	698	412	417	89	68	126	59
2	6	4	6		7	4	3
4518	**3449**	**6081**	**8154**	**3814**	**2255**	**9554**	**6330**
80	47	54	89	68	54	108	93
80	47	54	89	68	54	108	93
1424	1005	1351	1317	967	814	1611	1229
10	11	8	13	8	6	18	11
1364	969	1317	1243	938	790	1561	1181
26	15	16	24	17	16	23	23
24	10	10	37	4	2	9	14
37	14	25	28	25	15	33	28
10	8	7	14	6	7	14	12
27	6	18	14	19	8	19	16
11	15	2	23	7	5	17	12
7	7		17	6	5	11	7
4	8	2	6	1		6	5
1820	1135	1987	1929	1167	951	3304	2106
46	47	31	60	34	28	83	55
1566	794	1476	1354	821	731	1725	1461
30	10	25	16	11	17	36	10
178	284	455	499	301	175	1460	580
1146	1233	2662	4768	1580	416	4481	2862
384	294	510	338	99	116	327	139
762	939	2152	4430	1481	300	4154	2723

1-08 按行业(大类)、地区分组的

行业大类	从业人员期末人数(人)	杭州市	宁波市	温州市
总　计	**28741022**	**6189778**	**5131719**	**3393331**
农、林、牧、渔业	**11964**	**486**	**1602**	**2925**
农业				
林业				
畜牧业				
渔业				
农、林、牧、渔专业及辅助性活动	11964	486	1602	2925
采矿业	**17347**	**2522**	**1810**	**1065**
煤炭开采和洗选业	21	16		1
石油和天然气开采业	1			
黑色金属矿采选业	1090	5		
有色金属矿采选业	2247	573		1
非金属矿采选业	13903	1918	1806	1029
开采专业及辅助性活动	25	6	4	2
其他采矿业	60	4		32
制造业	**10598127**	**1428456**	**2339514**	**1484169**
农副食品加工业	109172	13322	16373	12899
食品制造业	96947	25796	19003	7718
酒、饮料和精制茶制造业	55313	16855	3654	2335
烟草制品业	3636	3636		
纺织业	856891	134456	78291	33055
纺织服装、服饰业	796865	88089	204060	73331
皮革、毛皮、羽毛及其制品和制鞋业	567820	28826	12034	311625
木材加工和木、竹、藤、棕、草制品业	129617	10940	7642	3223
家具制造业	266120	33715	33666	8432
造纸和纸制品业	212582	45987	30331	23221
印刷和记录媒介复制业	171546	21521	31668	48076
文教、工美、体育和娱乐用品制造业	413089	32764	103287	46620
石油、煤炭及其他燃料加工业	18194	1296	9757	339
化学原料和化学制品制造业	282587	61286	42268	15651
医药制造业	151316	41771	9149	3815
化学纤维制造业	120364	26534	9524	2256
橡胶和塑料制品业	614287	74633	159503	74243
非金属矿物制品业	289958	49217	38498	21737
黑色金属冶炼和压延加工业	87847	6772	16154	10505
有色金属冶炼和压延加工业	101948	9149	28847	11615
金属制品业	787647	90199	205083	93158
通用设备制造业	1146219	145857	282275	154990
专用设备制造业	541092	58794	141223	81107

法人单位从业人员数

嘉兴市	湖州市	绍兴市	金华市	衢州市	舟山市	台州市	丽水市
2184553	**1096990**	**3626966**	**2780525**	**607403**	**427632**	**2698488**	**603637**
728	**675**	**1516**	**1035**	**1123**	**229**	**1101**	**544**
728	675	1516	1035	1123	229	1101	544
81	**2657**	**2199**	**1428**	**893**	**1056**	**903**	**2733**
			4				
	1						
		829	14	36		6	200
		716	4	7		87	859
81	2654	652	1391	850	1046	810	1666
	2		1		10		
		2	14				8
1213292	**542406**	**959513**	**951937**	**194501**	**117667**	**1156774**	**209898**
10416	6549	5375	5554	5178	18778	12151	2577
11931	5947	2889	7621	3368	1013	10872	789
2869	5878	9430	2748	3511	495	2586	4952
181716	68737	243686	80708	10051	1455	20492	4244
137440	62322	100441	104007	7541	1069	14850	3715
77214	4853	7082	23345	3340	93	84681	14727
22868	33152	2709	14663	14398	232	7309	12481
45510	59495	11977	29726	5955	367	32295	4982
33035	8222	9914	26651	14117	684	18221	2199
16823	3626	13544	18138	1403	797	13909	2041
21735	14841	33303	75977	4652	988	55729	23193
773	372	270	541	140	4363	202	141
33104	18466	38966	24561	20340	1643	16529	9773
6761	8776	26551	13126	1974	1156	35146	3091
32302	13310	25890	8600	1220	188	319	221
58510	15386	35128	51964	6250	1631	126777	10262
43259	35096	20694	37208	11677	4316	19387	8869
9608	9271	4318	5786	8545	82	3347	13459
4329	7628	13004	10027	3632	224	11078	2415
69448	21542	40179	170330	12866	2313	66884	15645
99112	42689	121909	60198	15743	5035	192375	26036
34834	15156	43857	24806	6533	13464	113572	7746

1-08 续表 1

行业大类	从业人员期末人数（人）	杭州市	宁波市	温州市
汽车制造业	649634	69534	220830	91227
铁路、船舶、航空航天和其他运输设备制造业	132647	11114	24014	11586
电气机械和器材制造业	1099212	109048	384493	243895
计算机、通信和其他电子设备制造业	557111	159692	147628	47621
仪器仪表制造业	175765	46197	52183	31182
其他制造业	105253	6523	20698	16971
废弃资源综合利用业	16432	3423	2649	487
金属制品、机械和设备修理业	41016	1510	4729	1249
电力、热力、燃气及水生产和供应业	**144738**	**20858**	**19154**	**19069**
电力、热力生产和供应业	92574	11511	11413	12556
燃气生产和供应业	11667	2778	1665	1277
水的生产和供应业	40497	6569	6076	5236
建筑业	**7805044**	**1627062**	**929258**	**772912**
房屋建筑业	5639334	1095207	592670	436885
土木工程建筑业	1418363	231073	207966	263891
建筑安装业	197336	62171	49155	9578
建筑装饰、装修和其他建筑业	550011	238611	79467	62558
批发和零售业	**2485366**	**698143**	**469936**	**253636**
批发业	1566450	439178	340943	138275
零售业	918916	258965	128993	115361
交通运输、仓储和邮政业	**656642**	**179291**	**164623**	**68640**
铁路运输业	21			
道路运输业	382596	123419	81003	40451
水上运输业	54460	4369	18874	3931
航空运输业	16222	10214	2029	2307
管道运输业	72	56		6
多式联运和运输代理业	66491	6838	32366	4639
装卸搬运和仓储业	53802	12321	17009	5278
邮政业	82978	22074	13342	12028
住宿和餐饮业	**427405**	**158879**	**62472**	**47101**
住宿业	188038	62881	29458	18560
餐饮业	239367	95998	33014	28541
信息传输、软件和信息技术服务业	**580668**	**398766**	**55679**	**26563**
电信、广播电视和卫星传输服务	68695	21850	7898	7018
互联网和相关服务	94242	74698	3799	3275
软件和信息技术服务业	417731	302218	43982	16270
金融业	**28037**	**12909**	**2879**	**3283**
货币金融服务	10060	3366	906	2161
资本市场服务	5621	2380	1308	253
保险业	445	336	7	33
其他金融业	11911	6827	658	836

嘉兴市	湖州市	绍兴市	金华市	衢州市	舟山市	台州市	丽水市
43624	13961	27338	34489	3299	6237	130731	8364
3465	2001	4425	18731	968	16372	35894	4077
86467	43853	73897	41240	16186	3091	79901	17141
101414	13658	25411	34233	7038	460	16517	3439
9719	3159	4312	8982	1075	1491	16491	974
12378	2793	11215	16872	1481	58	14170	2094
1808	1303	1149	732	1012	187	3505	177
820	364	650	373	1008	29385	854	74
12685	**11158**	**13397**	**10963**	**7793**	**3847**	**16159**	**9655**
7299	7535	7390	6981	6440	1646	11518	8285
989	1199	1305	665	276	579	722	212
4397	2424	4702	3317	1077	1622	3919	1158
216216	**176990**	**1950849**	**924402**	**165465**	**98349**	**825061**	**118480**
138864	138912	1607626	749592	103085	70073	631617	74803
41772	26925	238417	143042	53868	16624	159190	35595
8691	4337	40822	7372	2049	2060	8867	2234
26889	6816	63984	24396	6463	9592	25387	5848
150509	**80353**	**266594**	**294357**	**43290**	**28826**	**157861**	**41861**
95185	42156	202647	161588	23618	18678	84415	19767
55324	38197	63947	132769	19672	10148	73446	22094
38786	**21818**	**30372**	**48529**	**15632**	**38631**	**39173**	**11147**
		21					
23619	15308	18577	24416	11856	11933	23590	8424
2045	1457	569	276	67	18747	3964	161
31	36	49	760	186	366	238	6
					10		
2453	877	5596	8471	307	1855	2924	165
4015	1574	2055	2258	1052	4393	3320	527
6623	2566	3505	12348	2164	1327	5137	1864
24850	**24492**	**25573**	**27563**	**7272**	**12041**	**26672**	**10490**
12173	11901	12098	12462	2770	7581	11937	6217
12677	12591	13475	15101	4502	4460	14735	4273
18794	**10637**	**14727**	**25117**	**6422**	**4598**	**11554**	**7811**
5514	3996	3640	4935	3429	2232	4784	3399
1873	1050	1763	4671	821	359	1261	672
11407	5591	9324	15511	2172	2007	5509	3740
1216	**862**	**2136**	**1515**	**431**	**396**	**1904**	**506**
639	491	498	592	153	208	812	234
239	181	270	290	172	96	352	80
7	6	22	29			1	4
331	184	1346	604	106	92	739	188

1-08 续表 2

行业大类	从业人员期末人数（人）	杭州市	宁波市	温州市
房地产业	**657481**	**240791**	**123880**	**69880**
房地产业	657481	240791	123880	69880
租赁和商务服务业	**1494194**	**399880**	**402832**	**130107**
租赁业	50808	18531	11127	4405
商务服务业	1443386	381349	391705	125702
科学研究和技术服务业	**560606**	**254493**	**104049**	**44164**
研究和试验发展	83053	33046	25095	3886
专业技术服务业	371146	168872	63860	32226
科技推广和应用服务业	106407	52575	15094	8052
水利、环境和公共设施管理业	**195834**	**51579**	**26355**	**18585**
水利管理业	10940	2059	1771	523
生态保护和环境治理业	16173	5034	2577	1927
公共设施管理业	157404	36710	21664	15961
土地管理业	11317	7776	343	174
居民服务、修理和其他服务业	**224288**	**73499**	**44863**	**19914**
居民服务业	97319	33605	18607	9744
机动车、电子产品和日用产品修理业	62365	16516	12191	7296
其他服务业	64604	23378	14065	2874
教育	**1034907**	**249269**	**140511**	**161506**
教育	1034907	249269	140511	161506
卫生和社会工作	**587948**	**157941**	**85623**	**72914**
卫生	544110	145552	78276	67803
社会工作	43838	12389	7347	5111
文化、体育和娱乐业	**225136**	**65004**	**35470**	**28152**
新闻和出版业	13506	6571	1069	843
广播、电视、电影和录音制作业	56543	17029	6775	3849
文化艺术业	52028	13591	9546	7222
体育	24048	7464	4659	2681
娱乐业	79011	20349	13421	13557
公共管理、社会保障和社会组织	**1005290**	**169950**	**121209**	**168746**
中国共产党机关	21993	3933	2488	3216
国家机构	691606	125411	92578	106325
人民政协、民主党派	3982	831	497	579
社会保障	4121	1204	895	120
群众团体、社会团体和其他成员组织	91399	11799	7139	25638
基层群众自治组织	192189	26772	17612	32868

嘉兴市	湖州市	绍兴市	金华市	衢州市	舟山市	台州市	丽水市
63832	**21792**	**36817**	**34172**	**8611**	**12281**	**33528**	**11897**
63832	21792	36817	34172	8611	12281	33528	11897
178219	**40034**	**65699**	**108571**	**27894**	**26027**	**96104**	**18827**
2135	1163	3659	3675	572	1376	3581	584
176084	38871	62040	104896	27322	24651	92523	18243
38853	**15593**	**29612**	**26226**	**8766**	**6867**	**21501**	**10482**
6058	2551	5203	2369	863	956	2461	565
26934	9156	18162	17435	5182	4993	15352	8974
5861	3886	6247	6422	2721	918	3688	943
24504	**9714**	**13574**	**19063**	**4211**	**5695**	**14150**	**8404**
1152	694	1311	1427	416	198	950	439
1010	540	1299	1178	392	223	1227	766
22056	8376	10844	16090	3155	5173	11081	6294
286	104	120	368	248	101	892	905
17904	**7762**	**13193**	**16384**	**4321**	**4153**	**17856**	**4439**
7055	3497	4792	6534	1341	1148	8883	2113
4734	2412	4319	4586	1659	1342	6345	965
6115	1853	4082	5264	1321	1663	2628	1361
71295	**42844**	**76819**	**102606**	**33593**	**17350**	**99922**	**39192**
71295	42844	76819	102606	33593	17350	99922	39192
43124	**27414**	**39879**	**52384**	**21039**	**12353**	**52871**	**22406**
38913	25674	37695	49666	19686	11077	49474	20294
4211	1740	2184	2718	1353	1276	3397	2112
13414	**9573**	**12394**	**29395**	**4052**	**3648**	**16414**	**7620**
608	312	560	1069	624	86	970	794
2689	2470	2167	15797	462	708	3710	887
3013	2117	2995	4534	829	1158	3904	3119
2092	1122	1566	1452	556	355	1499	602
5012	3552	5106	6543	1581	1341	6331	2218
56251	**50216**	**72103**	**104878**	**52094**	**33618**	**108980**	**67245**
1550	1051	1281	2185	1412	888	2207	1782
43701	37396	48908	69233	35654	24636	67971	39793
272	202	256	320	196	209	381	239
162	294	23	520	117	78	421	287
3764	3524	5832	7172	2998	4669	11671	7193
6802	7749	15803	25448	11717	3138	26329	17951

1-09 按地区、机构类型

地 区	法人单位数（个）	企业	事业单位	机关	社会团体
全 省	**1545153**	**1383840**	**28550**	**7575**	**19586**
杭州市	**354064**	**330701**	**5230**	**1100**	**4214**
上城区	13824	12532	354	82	366
下城区	23675	21992	413	75	592
江干区	41831	39993	552	139	366
拱墅区	28902	27740	361	62	209
西湖区	40221	37670	793	154	647
滨江区	24691	24008	195	37	131
萧山区	59232	56361	562	99	296
余杭区	55118	52649	494	90	286
富阳区	21275	19325	340	85	225
临安区	12517	10653	376	76	252
桐庐县	14452	12988	241	62	254
淳安县	9342	7287	262	73	346
建德市	8984	7503	287	66	244
宁波市	**286462**	**267769**	**3425**	**962**	**1904**
海曙区	35700	33760	408	121	279
江北区	20844	19807	210	67	109
北仑区	39650	38228	306	120	130
镇海区	16826	15977	236	57	104
鄞州区	73204	70024	738	200	458
奉化区	12342	10756	202	62	165
象山县	13488	11265	288	90	173
宁海县	13953	11886	307	78	156
余姚市	24371	22513	349	80	160
慈溪市	36084	33553	381	87	170
温州市	**209925**	**182268**	**3261**	**915**	**2952**
鹿城区	28944	26419	510	139	854
龙湾区	22006	20761	200	87	183
瓯海区	17875	16234	271	73	153
洞头区	3120	2367	146	62	140
永嘉县	18880	15584	302	83	183
平阳县	16349	13325	322	81	268
苍南县	25827	22169	356	66	221
文成县	3855	2155	177	75	148
泰顺县	3796	2527	184	78	160
瑞安市	29772	25506	386	84	327
乐清市	39501	35221	407	87	315
嘉兴市	**121228**	**111444**	**2591**	**552**	**1632**
南湖区	22320	20688	464	131	342
秀洲区	15121	14118	247	64	124
嘉善县	15740	14562	380	69	136
海盐县	9582	8532	340	66	151
海宁市	22206	20205	386	73	333
平湖市	15486	14104	333	75	255
桐乡市	20773	19235	441	74	291
湖州市	**57969**	**51152**	**1743**	**399**	**854**
吴兴区	17284	15388	626	147	250
南浔区	8273	7161	301	53	100
德清县	9291	8095	317	62	138
长兴县	14006	12543	266	68	168
安吉县	9115	7965	233	69	198

分组的法人单位数

民办非企业单位	基金会	居委会	村委会	农民专业合作社	农村集体经济组织	其他组织机构
24341	**517**	**4514**	**26904**	**11921**	**25998**	**11407**
4800	**227**	**1159**	**2043**	**1199**	**2108**	**1283**
359	28	54		2	1	46
443	29	74			4	53
439	27	182	4	4	53	72
310	13	99			39	69
423	52	167	44	35	109	127
166	23	60		3	28	40
691	13	191	411	219	203	186
672	19	186	185	123	266	148
351	9	30	277	242	287	104
226	4	37	287	203	293	110
395	5	22	183	50	161	91
124	1	16	423	246	424	140
201	4	41	229	72	240	97
4162	**65**	**724**	**2518**	**885**	**2863**	**1185**
520	16	106	167	37	191	95
333	6	70	80	17	109	36
247	3	61	211	10	282	52
241	6	40	51	18	65	31
792	19	181	239	16	351	186
239	1	40	355	104	300	118
293	3	48	491	92	540	205
326	3	40	365	110	429	253
476	2	58	264	118	265	86
695	6	80	295	363	331	123
4105	**70**	**424**	**5402**	**1318**	**5054**	**4156**
394	16	83	141	29	107	252
222	4	27	138	21	138	225
284	6	35	252	58	251	258
109	2	10	91	19	74	100
331	5	27	903	52	894	516
308	2	40	605	71	705	622
728	5	83	777	104	766	552
88	5	7	385	343	385	87
262	11	14	298	31	105	126
886	8	49	908	89	909	620
493	6	49	904	501	720	798
1713	**30**	**384**	**762**	**972**	**873**	**275**
369	8	86	47	58	62	65
181	8	46	113	73	114	33
181	1	53	104	100	119	35
123	3	46	82	110	105	24
531	4	66	155	229	180	44
218	2	52	85	208	117	37
110	4	35	176	194	176	37
744	**10**	**294**	**939**	**508**	**984**	**342**
209	3	122	218	36	194	91
87	1	36	221	31	219	63
138	4	32	139	139	156	71
191	1	64	206	185	240	74
119	1	40	155	117	175	43

1-09 续表

地　区	法人单位数（个）	企业	事业单位	机关	社会团体
绍兴市	**132729**	**119197**	**2350**	**562**	**1515**
越城区	23106	20710	605	147	492
柯桥区	41489	39521	404	84	253
上虞区	18629	16341	404	82	174
新昌县	7625	6216	184	74	115
诸暨市	27846	25157	394	96	301
嵊州市	14034	11252	359	79	180
金华市	**169512**	**152140**	**2434**	**765**	**1462**
婺城区	15699	13203	448	171	238
金东区	10172	8565	177	55	69
武义县	7518	5776	150	68	120
浦江县	8363	6830	222	73	98
磐安县	4577	3301	115	67	113
兰溪市	8108	6341	294	79	179
义乌市	76918	73930	353	93	290
东阳市	14670	12578	421	86	178
永康市	23487	21616	254	73	177
衢州市	**32855**	**24692**	**1435**	**523**	**911**
柯城区	10483	8648	354	148	342
衢江区	4450	3300	186	78	60
常山县	3261	2188	180	65	91
开化县	3200	1995	219	75	103
龙游县	4858	3548	230	77	151
江山市	6603	5013	266	80	164
舟山市	**23815**	**19774**	**1205**	**330**	**776**
定海区	13594	11946	503	148	358
普陀区	6064	4934	254	73	197
岱山县	2818	2045	259	57	121
嵊泗县	1339	849	189	52	100
台州市	**123544**	**104217**	**2806**	**738**	**1840**
椒江区	14148	11919	588	145	406
黄岩区	14966	12815	367	81	265
路桥区	15821	14296	221	59	206
三门县	6403	4948	228	61	121
天台县	9881	8036	263	64	165
仙居县	6529	4867	230	77	151
温岭市	24814	21844	305	83	216
临海市	16941	12990	400	97	209
玉环市	14041	12502	204	71	101
丽水市	**33050**	**20486**	**2070**	**729**	**1526**
莲都区	6592	4924	439	147	249
青田县	5898	3825	278	85	199
缙云县	4535	3083	199	77	184
遂昌县	3023	1805	164	71	179
松阳县	2745	1292	207	80	157
云和县	2586	1692	155	60	141
庆元县	2446	1202	207	66	141
景宁畲族自治县	1484	690	114	72	40
龙泉市	3741	1973	307	71	236

民办非企业单位	基金会	居委会	村委会	农民专业合作社	农村集体经济组织	其他组织机构
1664	**25**	**510**	**2152**	**2557**	**1598**	**599**
316	10	162	248	69	254	93
276	7	107	250	165	326	96
169		106	336	563	377	77
166	4	17	396	376	6	71
418	3	77	468	267	506	159
319	1	41	454	1117	129	103
2327	**16**	**338**	**4430**	**926**	**3946**	**728**
474	5	95	567	83	311	104
166	1	28	480	82	497	52
134	1	14	534	99	553	69
129		20	408	123	413	47
57		8	362	156	361	37
199	3	28	326	260	319	80
560	1	79	696	27	738	151
291	4	43	345	38	590	96
317	1	23	712	58	164	92
965	**11**	**99**	**1481**	**981**	**1390**	**367**
249	4	49	214	226	186	63
122	1	5	278	77	274	69
136	1	8	180	215	119	78
89	1	11	255	149	256	47
157	2	11	262	107	261	52
212	2	15	292	207	294	58
397	**17**	**116**	**300**	**189**	**506**	**205**
171	12	61	112	55	155	73
161	2	35	84	39	221	64
50	2	11	74	58	90	51
15	1	9	30	37	40	17
2210	**36**	**327**	**4154**	**1455**	**4160**	**1601**
292	5	47	272	34	271	169
221	3	42	353	218	374	227
242	4	32	303	22	323	113
129	2	10	282	237	282	103
95	3	22	502	69	561	101
174	3	19	398	191	319	100
450	11	91	691	53	709	361
372	3	34	1089	481	1019	247
235	2	30	264	150	302	180
1254	**10**	**139**	**2723**	**931**	**2516**	**666**
205	4	32	243	39	243	67
230	2	30	414	214	297	324
368	1	12	252	91	193	75
88	1	12	203	257	204	39
132	1	14	402	35	392	33
42	1	9	168	135	164	19
42		9	343	69	328	39
23		7	254	15	251	18
124		14	444	76	444	52

1-10 按地区、机构类型

地 区	从业人员期末人数（人）	企业	事业单位	机关	社会团体
总 计	**28741022**	**25898115**	**1397082**	**611041**	**47118**
杭州市	**6189778**	**5599562**	**348591**	**110837**	**7915**
上城区	283827	231825	36614	10659	655
下城区	364877	319036	30960	5927	1379
江干区	865476	792228	45480	14148	734
拱墅区	470828	438574	19859	4951	575
西湖区	922998	827357	65611	11829	1648
滨江区	524333	506860	11323	2461	153
萧山区	1073239	998159	40116	15515	389
余杭区	784902	715584	34303	16450	651
富阳区	315304	277739	18939	7838	393
临安区	217426	188747	14063	6800	405
桐庐县	164990	144546	11189	4228	290
淳安县	87684	66027	9373	4901	338
建德市	113894	92880	10761	5130	305
宁波市	**5131719**	**4756371**	**189409**	**83824**	**3310**
海曙区	535826	484586	30398	9185	488
江北区	398968	375891	13371	3700	133
北仑区	622399	595060	13500	6996	172
镇海区	313418	291436	11519	5324	103
鄞州区	1053302	972097	41567	23177	1004
奉化区	264607	242596	10014	4898	235
象山县	416184	387398	14020	5170	277
宁海县	287305	254429	14604	7405	366
余姚市	490059	448092	19559	9510	225
慈溪市	749651	704786	20857	8459	307
温州市	**3393331**	**2960366**	**177697**	**97232**	**8616**
鹿城区	572934	506182	38648	16574	2054
龙湾区	411280	386993	9248	8035	449
瓯海区	390497	347485	25435	8386	420
洞头区	37938	29606	3666	2441	361
永嘉县	225734	186819	15075	8490	676
平阳县	238568	200373	13062	10449	568
苍南县	343445	289883	18641	11940	852
文成县	55351	35085	6069	3843	659
泰顺县	105915	88093	6639	4508	612
瑞安市	449060	392345	19974	10815	711
乐清市	562609	497502	21240	11751	1254
嘉兴市	**2184553**	**2004387**	**107932**	**32342**	**2398**
南湖区	355184	315351	25296	5184	786
秀洲区	287361	268774	9281	4476	223
嘉善县	281005	260094	11370	3980	349
海盐县	181798	164524	10837	3197	383
海宁市	428621	399169	19171	4606	229
平湖市	291189	266506	14724	5065	174
桐乡市	359395	329969	17253	5834	254
湖州市	**1096990**	**965313**	**68053**	**32714**	**2332**
吴兴区	370057	325112	26141	10874	693
南浔区	139301	122953	7478	3043	581
德清县	192734	172463	11102	4053	307
长兴县	220032	192068	13420	7081	443
安吉县	174866	152717	9912	7663	308

分组的法人单位从业人员数

民办非企业单位	基金会	居委会	村委会	农民专业合作社	农村集体经济组织	其他组织机构
338002	**1205**	**38084**	**154105**	**58043**	**132330**	**65897**
67839	**442**	**14245**	**12527**	**3965**	**13255**	**10600**
2713	26	719		12		604
5385	64	1137			143	846
7238	75	3547	138	29	1048	811
3530	19	1801			598	921
10253	100	1860	297	81	884	3078
1929	76	825		15	267	424
12124	9	1518	2370	488	1453	1098
11807	42	1701	525	416	2372	1051
5104	14	347	3322	904	148	556
3096	12	129	1144	990	1570	470
2177		164	1047	123	932	294
1221		184	2345	664	2540	91
1262	5	313	1339	243	1300	356
54917	**77**	**5555**	**12057**	**3408**	**15904**	**6887**
7522	9	823	619	276	1274	646
4021	5	518	361	42	471	455
4162	1	457	644	28	954	425
3361	3	456	339	99	525	253
9184	43	1721	818	10	1859	1822
2896		234	1971	416	559	788
2673	3	155	1145	403	4339	601
3373	4	254	2284	665	3221	700
7072		435	1712	456	2466	532
10653	9	502	2164	1013	236	665
57922	**343**	**3130**	**29738**	**9747**	**28915**	**19625**
4669	44	1136	903	88	804	1832
3230	96	136	711	115	991	1276
4504	21	160	1015	139	1644	1288
554	2	52	286	41	324	605
4566	29	171	3496	192	4191	2029
6310	7	259	2633	237	2476	2194
11530	39	498	3081	684	4041	2256
691	40	32	3056	2779	2382	715
2554	25	120	2652	147	92	473
10113	14	318	5123	371	6126	3150
9201	26	248	6782	4954	5844	3807
17379	**85**	**3079**	**3723**	**3262**	**7348**	**2618**
6378	48	661	185	386	267	642
2597	10	282	495	357	594	272
2513		357	567	503	989	283
1078	5	176	242	612	540	204
1787	12	607	818	323	1507	392
1476	3	750	434	290	1400	367
1550	7	246	982	791	2051	458
10191	**22**	**1949**	**5800**	**2097**	**6632**	**1887**
3156	6	845	1299	131	1104	696
1828	6	196	1341	218	1368	289
1842	3	255	954	390	1046	319
2001	5	360	1314	876	2091	373
1364	2	293	892	482	1023	210

1-10 续表

地 区	从业人员期末人数（人）	企业	事业单位	机关	社会团体
绍兴市	**3626966**	**3412777**	**106340**	**41619**	**3449**
越城区	566260	519825	25056	10146	956
柯桥区	947603	912596	20381	7680	263
上虞区	740451	707698	15610	7620	424
新昌县	192182	170806	8963	4789	422
诸暨市	898620	848677	25028	7030	837
嵊州市	281850	253175	11302	4354	547
金华市	**2780525**	**2489419**	**125449**	**61507**	**4663**
婺城区	300489	242404	28239	12284	716
金东区	156633	137042	5981	4479	205
武义县	157666	137084	7391	4588	882
浦江县	116530	95474	8403	4101	430
磐安县	124259	111589	4319	3056	250
兰溪市	154835	127939	11822	5222	538
义乌市	616125	554945	24303	14035	605
东阳市	837371	801003	18176	6494	770
永康市	316617	281939	16815	7248	267
衢州市	**607403**	**491588**	**50420**	**31869**	**1983**
柯城区	173002	140539	17130	7511	623
衢江区	85350	68627	5398	6039	190
常山县	71687	56907	5523	4082	283
开化县	64022	49171	6262	4031	409
龙游县	98501	81513	6919	5520	207
江山市	114841	94831	9188	4686	271
舟山市	**427632**	**357293**	**33601**	**21308**	**3137**
定海区	211599	179250	17434	9742	807
普陀区	134833	113488	8869	5350	2024
岱山县	63103	52537	4555	3827	169
嵊泗县	18097	12018	2743	2389	137
台州市	**2698488**	**2400809**	**127227**	**61111**	**4410**
椒江区	367670	320410	22697	12469	1093
黄岩区	280562	252442	11978	3929	557
路桥区	256122	233051	7852	5786	539
三门县	132190	111905	8177	4458	218
天台县	139868	116275	12812	4918	445
仙居县	121252	101485	8038	4586	302
温岭市	637459	583601	23098	8272	410
临海市	477700	424946	22189	10117	484
玉环市	285665	256694	10386	6576	362
丽水市	**603637**	**460230**	**62363**	**36678**	**4905**
莲都区	184349	150337	19143	7835	494
青田县	75485	55133	8604	4849	594
缙云县	85158	66189	7859	4594	794
遂昌县	44282	32408	4910	3282	334
松阳县	48966	35345	5085	3438	618
云和县	43504	34596	3140	2624	699
庆元县	35642	24532	4271	3305	427
景宁畲族自治县	27811	18111	3390	3307	168
龙泉市	58440	43579	5961	3444	777

民办非企业单位	基金会	居委会	村委会	农民专业合作社	农村集体经济组织	其他组织机构
23904	**75**	**3169**	**12634**	**9634**	**9429**	**3936**
5551	19	1004	1216	287	1240	960
2042	8	692	1361	310	1790	480
2348		585	1723	1992	1934	517
2265	24	106	2647	1535	19	606
7639	15	549	2942	1050	4039	814
4059	9	233	2745	4460	407	559
43092	**28**	**2538**	**22910**	**5743**	**20177**	**4999**
9403	10	658	3656	1555	616	948
2444	11	222	2706	350	2931	262
1790		90	955	498	3988	400
2163		173	2456	923	2122	285
837		37	1784	535	1675	177
2670	2	177	2067	1543	2409	446
12057	3	837	3172	105	4695	1368
6888	1	233	1890	124	1233	559
4840	1	111	4224	110	508	554
10628	**10**	**775**	**10942**	**4967**	**2487**	**1734**
2683	9	451	1484	1549	586	437
1210		39	1549	218	1848	232
1330		68	1571	1471	17	435
737	1	83	2543	588	20	177
1844		36	1828	447		187
2824		98	1967	694	16	266
3191	**25**	**1033**	**2105**	**2391**	**1686**	**1862**
1474	23	512	955	219	531	652
1361		356	481	1742	601	561
288		80	514	229	468	436
68	2	85	155	201	86	213
36735	**86**	**1909**	**24420**	**7995**	**24853**	**8933**
5907	4	247	1831	132	1667	1213
3627	6	258	2529	1053	3040	1143
4718	14	208	1169	87	1752	946
1239	13	41	1872	935	2993	339
1096	12	84	1343	223	1886	774
2661		178	2493	893	209	407
7570	12	440	6218	679	4983	2176
4494	18	149	4972	3361	5954	1016
5423	7	304	1993	632	2369	919
12204	**12**	**702**	**17249**	**4834**	**1644**	**2816**
3539		205	2086	233	69	408
1382	6	159	2682	785	111	1180
2851	1	33	1930	545	10	352
688		50	1590	866	8	146
1197	4	49	2198	805	48	179
530	1	50	1230	554	12	68
373		63	1780	503	244	144
293		40	1201	63	1139	99
1351		53	2552	480	3	240

1-11 按地区、开业(成立)时间

地区	法人单位数(个)	1949年以前	1950-1977年	1978-1991年	1992-2000年	2001年	2002年	2003年	2004年	2005年	2006年
全省	**1545153**	**3004**	**6530**	**27774**	**80086**	**22505**	**26640**	**30090**	**26520**	**28594**	**36331**
杭州市	**354064**	**246**	**752**	**2673**	**15962**	**5016**	**5897**	**7154**	**6914**	**7378**	**8139**
上城区	13824	24	52	191	883	276	267	404	332	400	317
下城区	23675	13	57	242	1430	444	496	623	528	507	550
江干区	41831	12	56	167	1152	423	486	561	800	678	781
拱墅区	28902	6	47	170	934	374	466	598	619	713	752
西湖区	40221	29	115	371	1627	567	603	825	852	874	966
滨江区	24691	13	14	37	605	192	220	283	274	333	345
萧山区	59232	41	84	308	3736	1101	1386	1432	1292	1448	1882
余杭区	55118	30	85	341	2271	657	734	1072	827	941	1085
富阳区	21275	26	53	154	1027	264	381	514	428	411	411
临安区	12517	18	45	199	674	245	332	278	299	291	343
桐庐县	14452	10	48	166	777	209	300	293	344	281	303
淳安县	9342	9	42	216	339	92	91	95	144	121	167
建德市	8984	15	54	111	507	172	135	176	175	380	237
宁波市	**286462**	**236**	**773**	**3586**	**15674**	**4658**	**5055**	**5577**	**5117**	**5196**	**6495**
海曙区	35700	26	65	392	1749	488	532	650	684	649	820
江北区	20844	4	41	244	909	292	337	314	299	278	375
北仑区	39650	38	74	296	1406	395	468	637	469	515	635
镇海区	16826	14	37	223	1146	391	352	453	326	314	382
鄞州区	73204	32	114	665	2778	687	939	986	1029	1040	1408
奉化区	12342	14	146	284	946	255	287	343	303	311	362
象山县	13488	21	58	375	873	217	203	274	351	264	345
宁海县	13953	48	81	304	911	208	228	330	283	355	499
余姚市	24371	26	87	326	2132	861	811	729	632	696	787
慈溪市	36084	13	70	477	2824	864	898	861	741	774	882
温州市	**209925**	**909**	**1384**	**6061**	**14056**	**2661**	**3129**	**3631**	**2907**	**3243**	**4720**
鹿城区	28944	37	139	897	2211	379	508	561	376	479	561
龙湾区	22006	19	54	404	1604	326	439	396	333	358	481
瓯海区	17875	29	70	426	1574	310	327	378	283	275	479
洞头区	3120	15	65	167	218	28	41	44	46	41	50
永嘉县	18880	104	144	625	1151	270	246	323	301	334	349
平阳县	16349	113	126	508	979	168	208	302	219	258	413
苍南县	25827	48	94	581	1156	178	288	286	239	274	622
文成县	3855	100	135	186	202	32	41	82	93	62	86
泰顺县	3796	41	78	191	239	53	35	54	89	60	63
瑞安市	29772	118	244	1088	2098	303	361	512	349	457	548
乐清市	39501	285	235	988	2624	614	635	693	579	645	1068
嘉兴市	**121228**	**127**	**371**	**1464**	**5968**	**2210**	**2498**	**2874**	**2559**	**2651**	**3469**
南湖区	22320	21	42	308	978	335	437	470	371	421	508
秀洲区	15121	5	32	190	658	224	334	342	287	282	371
嘉善县	15740	19	42	141	771	298	355	384	418	362	581
海盐县	9582	19	46	183	632	217	205	242	214	282	317
海宁市	22206	25	86	220	1135	374	429	563	484	470	618
平湖市	15486	18	61	156	1041	365	373	407	345	396	484
桐乡市	20773	20	62	266	753	397	365	466	440	438	590
湖州市	**57969**	**78**	**239**	**837**	**2436**	**974**	**1037**	**1091**	**936**	**979**	**1062**
吴兴区	17284	17	53	263	727	238	235	277	225	244	271
南浔区	8273	11	35	161	438	180	223	221	147	157	142
德清县	9291	9	31	100	532	258	244	282	263	226	248
长兴县	14006	16	50	129	442	188	194	195	182	174	232
安吉县	9115	25	70	184	297	110	141	116	119	178	169

分组的法人单位数

2007年	2008年	2009年	2010年	2011年	2012年	2013年	2014年	2015年	2016年	2017年	2018年	无开业年份
33774	**35335**	**41811**	**54646**	**57354**	**59112**	**96671**	**115270**	**122123**	**172090**	**232982**	**233602**	**2309**
8273	**8395**	**10637**	**13902**	**14495**	**14333**	**20702**	**26503**	**30453**	**41588**	**54716**	**49585**	**351**
292	310	419	433	516	587	737	856	1212	1659	2290	1354	13
494	527	728	882	881	870	1360	1889	2191	2809	3534	2616	4
668	797	1152	1371	1485	1604	2765	3545	4046	5383	7393	6480	26
786	881	1241	1679	1540	1355	1835	2177	2555	3499	3901	2774	
910	1021	1281	1686	1807	2017	2590	3270	3862	4930	5942	4066	10
341	401	607	715	905	863	1240	2273	2773	3589	4368	4277	23
1652	1579	1975	2708	2735	2400	3152	3758	4108	5961	7942	8468	84
1101	1193	1525	2126	2220	2064	2973	3784	4864	7073	9023	9051	78
533	554	555	695	741	862	1588	2221	1955	2338	3001	2560	3
568	432	460	588	542	612	671	865	873	1270	1682	1217	13
268	306	334	489	484	456	929	1107	1041	1567	2380	2326	34
363	174	148	202	256	333	439	349	471	741	1654	2834	62
297	220	212	328	383	310	423	409	502	769	1606	1562	1
6560	**7008**	**8069**	**10655**	**10895**	**11248**	**15551**	**20354**	**23103**	**32964**	**43777**	**43580**	**331**
905	993	1061	1394	1447	1514	2067	2814	3071	3654	5309	5396	20
347	385	453	534	525	535	640	970	1163	2474	4808	4916	1
594	639	828	1277	1332	1356	1797	2693	3408	6497	8038	6247	11
340	368	423	640	626	679	929	1261	1397	2017	2163	2327	18
1610	1560	2093	2683	2944	2985	4160	6185	6865	9029	11015	12313	84
363	398	409	539	509	503	651	834	935	1010	1539	1380	21
290	529	314	442	496	462	898	756	906	1293	2049	2041	31
321	342	359	487	574	586	1015	947	1132	1433	1803	1695	12
778	853	939	1180	1106	1161	1285	1510	1679	1997	2571	2200	25
1012	941	1190	1479	1336	1467	2109	2384	2547	3560	4482	5065	108
3738	**4849**	**5015**	**6841**	**7854**	**8286**	**13059**	**17946**	**15815**	**21453**	**28894**	**33081**	**393**
489	485	601	836	862	968	1192	2399	2444	3483	4136	4901	
493	471	625	680	902	981	1263	1818	1743	2134	3396	3076	10
308	308	418	608	730	700	899	1859	1366	1691	2218	2563	56
53	37	52	84	132	151	204	191	234	321	459	482	5
357	1047	437	597	751	799	943	1744	1306	1752	2612	2673	15
225	280	320	453	542	641	901	1039	1141	1717	2632	3131	33
388	479	506	779	824	834	1792	2520	2031	2979	3784	5096	49
33	143	91	76	176	176	228	311	257	336	477	528	4
68	64	87	102	123	162	226	348	249	325	508	630	1
533	614	674	931	1025	994	3291	2763	2014	2712	3270	4667	206
791	921	1204	1695	1787	1880	2120	2954	3030	4003	5402	5334	14
3278	**3061**	**3623**	**4646**	**4624**	**4629**	**7804**	**8589**	**8977**	**13118**	**17185**	**17294**	**209**
523	512	664	789	858	761	1201	1541	1806	2763	3430	3556	25
347	350	473	607	634	595	873	1245	1264	1824	2353	1818	13
511	481	497	657	577	601	877	1037	1028	1564	2178	2316	45
327	293	298	362	358	402	583	667	671	989	1204	1063	8
550	529	674	810	876	926	1767	1647	1601	2337	2881	3133	71
426	370	444	623	581	522	1172	1023	1096	1530	2068	1956	29
594	526	573	798	740	822	1331	1429	1511	2111	3071	3452	18
1282	**1177**	**1479**	**1878**	**1825**	**1979**	**4571**	**4218**	**4572**	**6879**	**9892**	**8471**	**77**
291	294	388	482	537	504	1405	1326	1593	2313	2966	2618	17
195	198	215	272	264	326	730	647	647	802	1439	813	10
280	203	232	358	314	351	648	684	639	951	1214	1204	20
297	281	391	476	447	435	1086	929	974	1803	2391	2677	17
219	201	253	290	263	363	702	632	719	1010	1882	1159	13

1-11 续表

地 区	法人单位数（个）	1949年以前	1950–1977年	1978–1991年	1992–2000年	2001年	2002年	2003年	2004年	2005年	2006年
绍兴市	**132729**	**308**	**366**	**1328**	**6283**	**1826**	**2626**	**3119**	**2377**	**3244**	**3967**
越城区	23106	18	70	316	1280	430	499	649	505	662	778
柯桥区	41489	64	35	166	1148	385	494	742	538	832	1119
上虞区	18629	23	63	173	971	365	553	549	405	429	668
新昌县	7625	19	55	151	534	126	194	226	205	173	228
诸暨市	27846	166	77	235	1494	286	484	598	400	514	791
嵊州市	14034	18	66	287	856	234	402	355	324	634	383
金华市	**169512**	**404**	**928**	**3512**	**5674**	**1762**	**2115**	**2463**	**2126**	**1959**	**3281**
婺城区	15699	29	231	449	976	263	281	383	294	291	504
金东区	10172	5	27	465	326	187	121	204	151	134	238
武义县	7518	21	98	577	326	164	151	174	134	176	189
浦江县	8363	21	40	452	284	55	141	161	94	92	133
磐安县	4577	6	11	484	245	42	42	73	61	89	158
兰溪市	8108	31	99	140	468	133	189	178	133	128	274
义乌市	76918	144	110	184	1187	423	573	531	484	439	926
东阳市	14670	64	70	186	879	207	270	340	354	199	369
永康市	23487	83	242	575	983	288	347	419	421	411	490
衢州市	**32855**	**101**	**348**	**1061**	**1437**	**497**	**558**	**660**	**480**	**569**	**863**
柯城区	10483	10	41	274	461	170	173	196	148	180	237
衢江区	4450	15	44	143	173	44	73	99	56	72	85
常山县	3261	22	37	124	131	43	75	68	38	51	71
开化县	3200	13	63	194	145	44	50	57	43	51	102
龙游县	4858	16	45	167	210	86	105	91	86	101	224
江山市	6603	25	118	159	317	110	82	149	109	114	144
舟山市	**23815**	**30**	**206**	**643**	**1403**	**385**	**447**	**450**	**469**	**552**	**545**
定海区	13594	11	69	260	679	222	218	226	226	287	262
普陀区	6064	8	63	154	409	89	133	111	131	135	161
岱山县	2818	7	36	148	190	54	51	73	70	92	88
嵊泗县	1339	4	38	81	125	20	45	40	42	38	34
台州市	**123544**	**376**	**744**	**4546**	**9158**	**1836**	**2556**	**2468**	**1866**	**2241**	**2693**
椒江区	14148	23	54	603	1167	242	279	275	249	288	295
黄岩区	14966	60	107	450	1200	225	329	281	169	240	305
路桥区	15821	7	32	222	1172	197	397	322	254	288	604
三门县	6403	10	56	360	275	50	118	119	122	132	146
天台县	9881	18	30	197	568	77	161	165	67	82	104
仙居县	6529	21	43	373	495	117	143	131	86	107	107
温岭市	24814	32	137	880	2073	475	484	553	370	419	507
临海市	16941	169	188	958	979	193	283	255	204	259	244
玉环市	14041	36	97	503	1229	260	362	367	345	426	381
丽水市	**33050**	**189**	**419**	**2063**	**2035**	**680**	**722**	**603**	**769**	**582**	**1097**
莲都区	6592	28	51	169	390	164	164	128	128	154	137
青田县	5898	46	67	151	484	132	179	117	107	75	364
缙云县	4535	25	114	104	242	62	97	108	82	76	122
遂昌县	3023	30	38	166	178	67	49	44	31	60	40
松阳县	2745	6	11	267	132	37	39	37	39	36	211
云和县	2586	12	38	109	184	59	49	42	35	54	43
庆元县	2446	22	34	370	125	42	55	31	35	45	35
景宁畲族自治县	1484	4	11	363	102	31	33	31	11	22	24
龙泉市	3741	16	55	364	198	86	57	65	301	60	121

2007年	2008年	2009年	2010年	2011年	2012年	2013年	2014年	2015年	2016年	2017年	2018年	无开业年份
3824	**3498**	**4347**	**5586**	**5747**	**6189**	**10075**	**10288**	**10089**	**13426**	**17634**	**16498**	**84**
836	670	828	953	967	1086	1359	1502	1688	2197	2799	2979	35
1116	1161	1409	1910	1974	2324	3527	3455	3501	4352	5157	6036	44
495	494	617	798	732	829	1138	1222	1357	2023	2537	2187	1
461	185	232	326	359	356	503	514	461	670	994	653	
491	558	719	962	1029	934	2649	2663	2054	2953	4365	3421	3
425	430	542	637	686	660	899	932	1028	1231	1782	1222	1
2221	**2478**	**3064**	**4215**	**4997**	**5316**	**10541**	**11119**	**13166**	**21335**	**29472**	**36825**	**539**
340	366	396	525	533	578	835	966	1214	1656	2352	2229	8
143	146	247	262	393	294	571	593	914	1235	1878	1628	10
156	128	209	274	279	310	474	483	688	718	926	861	2
101	144	162	191	211	206	651	508	593	1078	1623	1415	7
101	79	142	142	166	178	257	336	265	400	563	737	
167	247	254	301	261	298	602	521	534	976	1140	980	54
555	634	757	1234	1866	2056	4603	4977	5659	10835	15129	23167	445
228	287	328	436	394	495	943	858	1173	1525	2346	2708	11
430	447	569	850	894	901	1605	1877	2126	2912	3515	3100	2
751	**796**	**1067**	**1275**	**1123**	**1142**	**2056**	**2370**	**2706**	**3521**	**5134**	**4307**	**33**
227	235	356	341	377	388	601	810	883	1219	1602	1546	8
86	104	157	222	125	142	216	353	369	465	823	577	7
83	87	107	132	111	144	349	235	255	260	534	304	
58	56	91	178	163	124	227	174	202	268	528	362	7
99	135	126	179	118	147	307	344	399	617	691	562	3
198	179	230	223	229	197	356	454	598	692	956	956	8
490	**568**	**545**	**707**	**695**	**713**	**1247**	**1414**	**1610**	**2289**	**3131**	**5137**	**139**
237	256	294	389	375	377	616	793	869	1328	1819	3759	22
138	180	149	208	212	214	353	377	459	628	843	868	41
74	110	76	81	71	71	176	180	180	233	319	362	76
41	22	26	29	37	51	102	64	102	100	150	148	
2697	**2812**	**3281**	**3946**	**3907**	**4099**	**8832**	**10312**	**8868**	**12540**	**18689**	**14969**	**108**
340	324	388	458	505	494	938	1046	1045	1552	2163	1420	
484	346	587	502	546	518	972	928	1080	1462	2244	1903	28
366	356	434	571	510	536	1270	1384	1179	1674	2250	1794	2
112	153	204	214	238	253	490	515	454	586	878	872	46
177	147	174	213	239	230	631	703	762	1315	2372	1448	1
98	138	174	199	153	178	358	595	480	641	970	911	11
452	567	633	755	779	800	2007	2824	1693	2241	3494	2626	13
259	282	338	462	422	531	1080	1396	1214	1849	2677	2693	6
409	499	349	572	515	559	1086	921	961	1220	1641	1302	1
660	**693**	**684**	**995**	**1192**	**1178**	**2233**	**2157**	**2764**	**2977**	**4458**	**3855**	**45**
160	129	147	213	194	235	469	449	572	617	1085	806	3
86	83	79	123	163	218	406	421	373	541	873	797	13
86	87	108	218	163	142	266	325	367	493	595	640	13
37	87	89	133	176	109	253	203	235	257	338	388	15
57	64	35	59	63	85	217	221	412	226	271	220	
59	49	57	72	189	105	152	149	221	299	345	264	
48	61	44	50	92	117	136	167	218	163	328	228	
28	29	31	37	38	37	72	50	62	82	161	225	
99	104	94	90	114	130	262	172	304	299	462	287	1

1-12 按地区、开业(成立)时间分组的

地　区	从业人员期末人数（人）	1949年以前	1950-1977年	1978-1991年	1992-2000年	2001年	2002年	2003年	2004年	2005年	2006年
总　计	**28741022**	**445797**	**1519123**	**1639834**	**5233578**	**1220654**	**1076908**	**1193506**	**1060774**	**977028**	**1087031**
杭州市	**6189778**	**62053**	**202563**	**251460**	**1083923**	**252145**	**213687**	**263154**	**349522**	**270624**	**245167**
上城区	283827	20073	9362	20817	57015	7872	13464	9436	13187	10682	11751
下城区	364877	4005	16905	34354	70387	24575	8997	12482	12468	8156	10775
江干区	865476	4640	19634	34363	118022	23839	30708	33848	55568	43345	42570
拱墅区	470828	3790	7235	6049	87888	19524	18530	16645	54850	14552	13223
西湖区	922998	4950	35429	30285	184026	38813	16298	37226	96940	67841	31046
滨江区	524333	343	6703	9299	81285	36711	10881	26669	16195	13758	21621
萧山区	1073239	7663	56045	55633	223842	47904	48125	51513	39536	49799	38227
余杭区	784902	6214	14837	30704	115024	20897	33573	34313	31196	23858	26361
富阳区	315304	3360	7154	8366	45984	10280	13038	20529	11569	15519	27737
临安区	217426	2684	13137	6745	41518	6963	9508	8906	7525	7194	7555
桐庐县	164990	1518	6472	5018	34236	4438	4844	5564	5852	3855	4154
淳安县	87684	1068	2044	6396	9101	4082	2589	2045	2052	2526	6260
建德市	113894	1745	7606	3431	15595	6247	3132	3978	2584	9539	3887
宁波市	**5131719**	**30697**	**62084**	**201525**	**1007821**	**209123**	**224182**	**218468**	**174126**	**185658**	**217700**
海曙区	535826	6895	5726	21159	130233	17041	14026	23614	14998	15993	25352
江北区	398968	308	6516	21719	83277	10973	9661	15091	7302	21376	20185
北仑区	622399	603	5501	10076	86045	38867	43519	44491	39515	15739	37806
镇海区	313418	1991	8988	11040	54139	15345	27424	17005	10130	14035	10069
鄞州区	1053302	7344	8887	27556	175421	33842	44636	31292	30871	30947	38652
奉化区	264607	1193	6245	6195	51234	10225	13574	10338	8774	9061	10376
象山县	416184	2211	3570	48517	135355	12571	9031	10024	12674	15165	10582
宁海县	287305	2990	3491	13825	61046	9728	12483	10496	7536	9248	9445
余姚市	490059	4720	5258	16870	77723	35117	26365	27003	15573	35547	22176
慈溪市	749651	2442	7902	24568	153348	25414	23463	29114	26753	18547	33057
温州市	**3393331**	**37511**	**66534**	**320348**	**661704**	**119647**	**103434**	**103445**	**108431**	**74672**	**123645**
鹿城区	572934	5127	14600	36753	140213	29458	16395	10784	9795	10922	18081
龙湾区	411280	708	1598	13769	115744	11277	16480	9824	18124	8326	15165
瓯海区	390497	6661	16261	73248	56610	10107	16004	7712	29722	9945	13231
洞头区	37938	111	1129	2313	5496	1156	1060	1176	394	654	1085
永嘉县	225734	1768	5908	11229	41900	11254	9984	16977	6292	5124	4327
平阳县	238568	4473	2010	31106	38425	5951	3695	11114	5357	5213	5278
苍南县	343445	1084	10138	37233	43827	5873	3981	13599	9010	3618	24152
文成县	55351	2092	2990	2903	6526	5255	1313	1107	908	1015	834
泰顺县	105915	1806	1325	21836	8126	2363	2177	1121	806	6658	14949
瑞安市	449060	5756	6476	47582	87601	8429	16544	15594	16470	9381	11074
乐清市	562609	7925	4099	42376	117236	28524	15801	14437	11553	13816	15469
嘉兴市	**2184553**	**22720**	**44334**	**81912**	**299756**	**116260**	**97525**	**124537**	**98669**	**92006**	**111147**
南湖区	355184	7185	6597	19062	60687	10891	10357	19171	16121	16309	22642
秀洲区	287361	507	2096	7181	46146	10437	20313	19490	13038	17213	13137
嘉善县	281005	2581	2843	4207	27055	9297	11630	16318	22529	7593	16611
海盐县	181798	2584	5693	6646	21272	9192	11397	6759	7715	5991	7067
海宁市	428621	3968	9916	11737	53390	18943	15948	24920	17920	16896	17658
平湖市	291189	2516	6937	9679	43272	15337	13331	20331	9865	14591	15765
桐乡市	359395	3379	10252	23400	47934	42163	14549	17548	11481	13413	18267
湖州市	**1096990**	**11856**	**45504**	**37186**	**183168**	**47030**	**42626**	**38611**	**43043**	**37606**	**36798**
吴兴区	370057	4625	27027	23373	94043	14054	9343	7085	10189	7388	9694
南浔区	139301	1351	2497	2497	19869	5336	7478	7088	7143	8222	3350
德清县	192734	511	1821	3742	26012	9085	11093	10048	12701	7785	10239
长兴县	220032	4351	8187	3500	23477	9153	6356	7842	8707	6504	6672
安吉县	174866	1018	5972	4074	19767	9402	8356	6548	4303	7707	6843

法人单位从业人员数

2007年	2008年	2009年	2010年	2011年	2012年	2013年	2014年	2015年	2016年	2017年	2018年	无开业年份
974456	**824619**	**858165**	**1119037**	**959746**	**900774**	**1105537**	**1221343**	**1197305**	**1450150**	**1617061**	**1056577**	**2019**
311688	**238216**	**203765**	**280565**	**250459**	**217972**	**197286**	**258685**	**249915**	**304513**	**309888**	**171918**	**610**
3822	8233	7262	6646	17592	5446	5829	10330	10506	10968	17140	6392	2
8668	9180	11447	11688	9414	24592	10751	14368	13860	17393	20589	9814	9
36947	23378	38739	86346	34585	40991	37293	34199	32069	33595	39837	20945	15
27785	32463	14806	16841	21710	12335	15338	17459	15615	21871	20796	11523	
81456	25361	18061	18970	42965	26987	20171	29453	28804	37762	33286	16848	20
37289	43697	24549	23541	24397	15447	12078	20221	29461	29172	27441	13575	
44369	32235	36121	39076	36091	25619	28043	39542	36683	57319	48636	30685	533
36072	35991	24690	39482	31468	36102	32162	37196	44768	48520	52441	29027	6
15781	10265	9162	10310	13675	9041	10922	18138	14009	12424	16919	11121	1
9605	6885	8272	9130	5523	8905	7381	11199	7293	13589	11263	6636	10
4243	4078	4927	7181	6193	4498	10132	13958	7125	11954	9050	5690	10
2731	2054	2552	3446	2881	3814	2666	8061	5644	4357	5396	5917	2
2920	4396	3177	7908	3965	4195	4520	4561	4078	5589	7094	3745	2
193875	**156070**	**158796**	**228708**	**203717**	**178604**	**207745**	**209447**	**239614**	**280843**	**352911**	**189625**	**380**
12005	20235	13995	20097	18003	17866	18939	22411	27379	29799	39681	20378	1
21508	6989	9485	33804	12044	7790	10701	9789	9745	21932	29302	29471	
32534	21061	15480	31404	24622	20694	22818	31305	25378	25206	29535	20200	
9344	6954	9170	13157	10689	10422	15132	13174	14484	15735	15717	9270	4
48452	35273	33587	41523	50429	47516	45329	49668	80479	84476	64090	42995	37
9758	7377	8903	8063	11418	8998	10815	8780	12246	11944	28868	10222	
10092	6647	9037	16404	13387	6685	9549	9089	8310	11129	44295	11852	8
10581	7104	9931	12853	19642	10838	12184	11030	12786	14395	15084	10589	
14365	16783	16005	18895	16909	18504	19404	21039	18564	24850	22135	15944	310
25236	27647	33203	32508	26574	29291	42874	33162	30243	41377	64204	18704	20
90237	**78086**	**94155**	**137418**	**123556**	**98161**	**146280**	**176330**	**160629**	**194519**	**220221**	**154110**	**258**
15326	6259	11599	24231	21043	13119	15433	31546	27542	35103	44344	35261	
10219	11856	16035	14612	14826	15066	16900	18475	17355	24412	26467	14037	5
6739	7472	10282	11467	14686	10039	11882	20170	15481	16582	17069	9116	11
1187	456	609	1390	1752	2958	870	1656	1951	4445	3847	2242	1
8204	9941	5363	8084	7434	5889	7752	11849	9912	14616	13529	8398	
6415	7381	4719	7268	8539	7486	12245	9576	12060	19030	18673	12543	11
6891	7307	12227	18344	9477	8727	23793	16919	25864	18063	23053	20207	58
430	926	3126	896	1332	2004	2073	3511	3027	3822	4978	4256	27
2900	707	1220	7840	7727	2427	2967	2759	2007	5713	4260	4221	
13392	11765	10840	22098	15353	12155	29461	31479	19419	21275	21533	15261	122
18534	14016	18135	21188	21387	18291	22904	28390	26011	31458	42468	28568	23
73916	**77560**	**80204**	**89420**	**67328**	**72345**	**84428**	**142076**	**100875**	**106629**	**116795**	**83930**	**181**
15621	10525	13866	13091	11128	9172	11998	15103	18870	19376	16506	10860	46
8885	7745	11087	11246	11724	7504	14461	14823	8823	14352	14451	12694	8
11575	15132	13053	13962	9371	10109	9353	14273	18377	15789	14665	14657	25
8168	6112	5234	12028	7256	8269	6993	8195	10704	9125	9146	6251	1
10288	13532	13851	13907	10420	15006	16168	65007	21574	19553	24668	13336	15
10036	7436	12366	12009	8370	10469	12312	11965	11432	13939	16938	12237	56
9343	17078	10747	13177	9059	11816	13143	12710	11095	14495	20421	13895	30
35226	**26554**	**32224**	**49763**	**35941**	**46001**	**57424**	**52586**	**55824**	**63861**	**71768**	**46360**	**30**
5851	8228	7667	8199	11813	10722	19329	17938	18124	21621	18600	15130	14
4738	2967	3842	4633	3905	4704	9914	7512	6287	8763	10764	6440	1
7748	4892	6538	10371	5483	9361	7453	8827	10568	9131	12909	6410	6
7329	6013	8786	14084	9287	13736	11821	9231	10606	15579	16782	12024	5
9560	4454	5391	12476	5453	7478	8907	9078	10239	8767	12713	6356	4

1-12 续表

地 区	从业人员期末人数(人)	1949年以前	1950-1977年	1978-1991年	1992-2000年	2001年	2002年	2003年	2004年	2005年	2006年
绍兴市	**3626966**	**20069**	**663438**	**305057**	**683878**	**224421**	**115892**	**177658**	**104002**	**106534**	**98575**
越城区	566260	3764	129539	21507	117438	10624	18550	22711	14325	21647	17318
柯桥区	947603	3289	143458	52507	116364	135980	34924	71215	25986	39421	23836
上虞区	740451	4622	182036	80463	188270	26714	18362	26002	21087	16578	13851
新昌县	192182	1530	9420	15382	67498	7984	9304	7140	8826	3706	6196
诸暨市	898620	5790	175035	106969	157875	12109	21967	37890	25305	13653	31413
嵊州市	281850	1074	23950	28229	36433	31010	12785	12700	8473	11529	5961
金华市	**2780525**	**179801**	**170810**	**103572**	**488380**	**93876**	**79708**	**115730**	**72120**	**78570**	**87001**
婺城区	300489	4296	30063	11286	56859	8975	10817	30160	12504	7645	8509
金东区	156633	275	1962	5306	19680	5518	2305	11041	4242	4614	6519
武义县	157666	3119	2975	5271	15721	9734	5362	6657	5970	6145	8118
浦江县	116530	2739	2940	5069	16554	1303	3769	4845	2327	2720	2937
磐安县	124259	388	832	5605	25924	1617	674	1531	2817	7462	2706
兰溪市	154835	2646	4476	6067	19814	5118	9077	5342	5369	5073	9924
义乌市	616125	7220	11436	13946	69338	32574	24789	13110	11777	12089	12313
东阳市	837371	152489	110171	42788	205674	15717	13619	33974	14578	24232	24338
永康市	316617	6629	5955	8234	58816	13320	9296	9070	12536	8590	11637
衢州市	**607403**	**11625**	**31948**	**34638**	**95444**	**24286**	**15100**	**26448**	**12722**	**22183**	**35745**
柯城区	173002	3173	7398	11270	30584	6114	4930	11313	3972	5386	8184
衢江区	85350	452	2827	4389	14007	2867	3041	4024	2202	5663	3332
常山县	71687	1729	2264	3838	13167	948	1678	4225	1399	850	1096
开化县	64022	1258	12154	3570	9022	6455	1103	958	1119	3565	1329
龙游县	98501	1729	2717	5010	12746	4908	2537	2593	1404	3722	8451
江山市	114841	3284	4588	6561	15918	2994	1811	3335	2626	2997	13353
舟山市	**427632**	**2201**	**45789**	**21533**	**65163**	**18676**	**15528**	**9770**	**18795**	**16924**	**18220**
定海区	211599	508	23151	11616	35430	9103	7059	4405	8524	8854	7762
普陀区	134833	1295	18136	4239	21319	2764	6651	3087	4957	5570	5952
岱山县	63103	303	2717	3707	6532	5523	601	1814	4174	1533	4045
嵊泗县	18097	95	1785	1971	1882	1286	1217	464	1140	967	461
台州市	**2698488**	**53240**	**164847**	**241783**	**585609**	**80708**	**146788**	**93446**	**61621**	**70767**	**85266**
椒江区	367670	2582	16402	13915	118191	8833	12350	17956	8487	12269	16779
黄岩区	280562	3352	13188	50077	59381	5194	8431	8486	4902	5378	8025
路桥区	256122	750	10904	7331	63399	4085	11112	8306	5272	7006	9132
三门县	132190	2586	4572	17059	15211	3152	3050	3237	8726	9884	3901
天台县	139868	2271	4452	16667	46352	4113	1817	4242	2366	1851	1650
仙居县	121252	2070	2092	6445	33828	5463	3893	6708	3863	3111	2575
温岭市	637459	5338	98062	34705	116530	17862	25486	20380	8938	11037	20126
临海市	477700	33006	11541	76705	67720	17321	65281	12369	9107	11486	14520
玉环市	285665	1285	3634	18879	64997	14685	15368	11762	9960	8745	8558
丽水市	**603637**	**14024**	**21272**	**40820**	**78732**	**34482**	**22438**	**22239**	**17723**	**21484**	**27767**
莲都区	184349	2059	6033	9980	25772	16048	3894	7613	6157	7580	13760
青田县	75485	2740	1785	2841	14972	2918	3129	2377	2212	2163	3950
缙云县	85158	1504	3939	6073	12273	2460	2471	4188	4002	3053	2390
遂昌县	44282	1684	937	3809	6236	2970	585	1138	651	1186	1082
松阳县	48966	1070	838	4272	2382	634	5344	1150	851	2738	1442
云和县	43504	1093	3898	1696	3865	1714	2581	2871	1154	1159	837
庆元县	35642	1818	834	3295	5316	907	1584	1022	988	760	2098
景宁畲族自治县	27811	338	233	5095	2257	352	1574	406	81	1419	970
龙泉市	58440	1718	2775	3759	5659	6479	1276	1474	1627	1426	1238

2007年	2008年	2009年	2010年	2011年	2012年	2013年	2014年	2015年	2016年	2017年	2018年	无开业年份
78591	**64113**	**73640**	**86748**	**70911**	**77892**	**96775**	**99850**	**101202**	**148528**	**120311**	**108845**	**36**
19305	9870	9512	12548	11822	13093	11383	14912	16042	20903	17914	31502	31
15943	13881	20905	24069	18207	23858	29883	27989	31825	37728	27690	28641	4
12141	8195	12226	11809	10828	10892	13339	11912	17503	18719	21721	13181	
5660	3784	4967	5782	3364	3531	6149	4195	3113	5331	6564	2756	
16309	22019	18511	24374	19352	18961	27355	30589	22510	54527	31595	24511	1
9233	6364	7519	8166	7338	7557	8666	10253	10209	11320	14827	8254	
54888	**68842**	**83797**	**87532**	**73989**	**100434**	**100871**	**107989**	**128599**	**161224**	**192294**	**150222**	**276**
8680	5231	7644	10828	9086	8588	8021	9999	16213	12494	13826	8764	1
3092	3813	4717	11409	5297	8843	8367	6754	9646	11902	13208	8116	7
6164	4159	7354	7503	5240	5653	5703	9479	11153	10274	10871	5041	
2640	3584	3900	4826	2620	3115	8856	5928	6301	10996	11204	7331	26
2246	2557	12535	3281	2019	26282	3793	3548	2661	2864	9232	3685	
4096	6013	5761	8368	4639	5954	8693	6246	6002	10399	8218	7503	37
7842	8580	10686	17283	17821	21580	30334	42192	38700	60565	74821	76925	204
13111	24787	22058	13502	14231	9024	12009	7573	10809	19834	33140	19712	1
7017	10118	9142	10532	13036	11395	15095	16270	27114	21896	17774	13145	
21348	**21679**	**19778**	**22868**	**19089**	**16704**	**28244**	**30092**	**27036**	**30058**	**38126**	**22223**	**19**
4856	4597	4902	5958	7113	3709	5351	6173	8612	11403	11266	6735	3
3897	3913	2536	2898	1409	2477	4635	4647	3321	4085	5777	2939	12
3056	5068	2101	2485	2042	2544	5260	4403	3333	2361	4485	3355	
532	838	1193	2985	1912	3471	1658	2062	1936	2274	3178	1448	2
4297	4252	4627	3313	3450	2344	4455	7336	5287	4847	5665	2811	
4710	3011	4419	5229	3163	2159	6885	5471	4547	5088	7755	4935	2
16870	**10812**	**14906**	**13004**	**13232**	**10485**	**18868**	**17150**	**20051**	**19004**	**23000**	**17572**	**79**
8722	4504	9165	7289	7286	5230	8631	8488	7296	8128	10139	10298	11
5600	2884	4034	4243	4342	4144	5687	5098	4708	7221	8962	3886	54
2187	2965	1270	1121	1345	766	3151	3119	7509	3063	2937	2707	14
361	459	437	351	259	345	1399	445	538	592	962	681	
74017	**62762**	**73240**	**90925**	**78469**	**64613**	**141324**	**105373**	**88094**	**113542**	**134415**	**87524**	**115**
10352	9553	7706	18739	7767	6887	12026	11633	14391	15563	17011	8278	
8393	6966	10886	8025	7444	5751	19145	7880	8158	11047	11376	9071	6
8541	9585	7887	9129	7348	6219	10055	12988	12134	18179	16444	10299	17
2962	3657	5361	4180	3647	4706	5276	7915	4314	5704	7415	5590	85
1571	1816	2222	2715	4734	3777	4699	6193	4494	6709	10350	4807	
1940	3503	4420	6070	3335	2294	3854	5123	3636	4867	7284	4878	
21532	11529	17077	14684	24465	14632	59623	28862	18877	20077	29179	18453	5
10600	6699	10273	17311	9934	11956	13072	13011	12232	17857	19340	16357	2
8126	9454	7408	10072	9795	8391	13574	11768	9858	13539	16016	9791	
23800	**19925**	**23660**	**32086**	**23055**	**17563**	**26292**	**21765**	**25466**	**27429**	**37332**	**24248**	**35**
11825	6211	4934	12108	4629	3882	8573	6055	5913	6767	8627	5920	9
1496	2390	1709	3670	1594	2237	3966	2863	4500	3368	5231	3371	3
2090	1992	2395	3665	3201	2247	2379	4159	4233	5319	7259	3866	
1073	610	4200	4408	1365	806	1687	1345	1830	1722	3286	1649	23
1635	3697	3307	1113	965	2937	2787	2445	2477	2376	2910	1596	
1137	843	1267	1084	4401	1522	1742	1070	1985	2677	3145	1763	
1184	1333	1196	1236	1249	1193	1392	1307	1565	942	1902	2521	
1302	369	585	2426	3211	831	941	580	760	1338	1492	1251	
2058	2480	4067	2376	2440	1908	2825	1941	2203	2920	3480	2311	

1-13 按行业(中类)、开业(成立)

行业中类	法人单位数(个)	1949年以前	1950-1977年	1978-1991年
总计	**1545153**	**3004**	**6530**	**27774**
农、林、牧、渔业	**2794**		**20**	**42**
农业	56			
谷物种植	3			
豆类、油料和薯类种植	2			
棉、麻、糖、烟草种植				
蔬菜、食用菌及园艺作物种植	24			
水果种植	9			
坚果、含油果、香料和饮料作物种植	8			
中药材种植	9			
草种植及割草				
其他农业	1			
林业	9		1	1
林木育种和育苗	6			
造林和更新				
森林经营、管护和改培	3		1	1
木材和竹材采运				
林产品采集				
畜牧业	22			
牲畜饲养	12			
家禽饲养	9			
狩猎和捕捉动物				
其他畜牧业	1			
渔业	23			
水产养殖	20			
水产捕捞	3			
农、林、牧、渔专业及辅助性活动	2684		19	41
农业专业及辅助性活动	2114		8	13
林业专业及辅助性活动	325		4	22
畜牧专业及辅助性活动	77		2	3
渔业专业及辅助性活动	168		5	3
采矿业	**841**		**7**	**16**
煤炭开采和洗选业	7			
烟煤和无烟煤开采洗选	5			
褐煤开采洗选	1			
其他煤炭采选	1			
石油和天然气开采业	1			
石油开采	1			
天然气开采				
黑色金属矿采选业	18		1	1
铁矿采选	18		1	1
锰矿、铬矿采选				
其他黑色金属矿采选				
有色金属矿采选业	47		1	1
常用有色金属矿采选	32		1	1

时间分组的法人单位数

1992-2000年	2001年	2002年	2003年	2004年	2005年	2006年	2006年
80086	**22505**	**26640**	**30090**	**26520**	**28594**		**36331**
66	**23**	**15**	**22**	**25**	**45**		**58**
	1	2	1	3	2		5
	1	1		2	1		1
							2
		1	1		1		
				1			2
1							
1							
3		1	1		2		1
2		1	1				1
1					2		
4	2	2		1	1		1
4	2	1		1	1		1
		1					
58	20	10	20	21	40		51
31	8	6	10	10	32		37
13	7	2	5	6	4		7
4	3		4	2	3		1
10	2	2	1	3	1		6
65	**20**	**39**	**33**	**23**	**32**		**30**
	1				1		
					1		
	1						
2							1
2							1
9	2	3	3	3	3		5
7	2	2	1	1	3		2

1-13 续表 1

行业中类	法 人 单位数 (个)	1949年以前	1950-1977年	1978-1991年
贵金属矿采选	3			
稀有稀土金属矿采选	12			
非金属矿采选业	748		5	14
土砂石开采	695		2	13
化学矿开采	3			
采盐	5		1	1
石棉及其他非金属矿采选	45		2	
开采专业及辅助性活动	10			
煤炭开采和洗选专业及辅助性活动	1			
石油和天然气开采专业及辅助性活动	3			
其他开采专业及辅助性活动	6			
其他采矿业	10			
其他采矿业	10			
制造业	**424775**	**16**	**296**	**5286**
农副食品加工业	4896		10	114
谷物磨制	239		2	2
饲料加工	396		1	14
植物油加工	231		1	3
制糖业	50			
屠宰及肉类加工	717		2	9
水产品加工	1386		2	65
蔬菜、菌类、水果和坚果加工	1141		1	13
其他农副食品加工	736		1	8
食品制造业	3060		12	56
焙烤食品制造	908		2	8
糖果、巧克力及蜜饯制造	186			6
方便食品制造	511		1	6
乳制品制造	38		1	2
罐头食品制造	205			6
调味品、发酵制品制造	212		7	7
其他食品制造	1000		1	21
酒、饮料和精制茶制造业	2564	2	10	72
酒的制造	539	1	7	52
饮料制造	596			8
精制茶加工	1429	1	3	12
烟草制品业	1			
烟叶复烤				
卷烟制造	1			
其他烟草制品制造				
纺织业	32694		4	218
棉纺织及印染精加工	9148		1	84
毛纺织及染整精加工	1082			21
麻纺织及染整精加工	74			1
丝绢纺织及印染精加工	1076		1	17
化纤织造及印染精加工	4494			14
针织或钩针编织物及其制品制造	8186			29

1992-2000年	2001年	2002年	2003年	2004年	2005年	2006年	2006年
		1					
2			2	2			3
54	17	36	29	20	28		24
45	14	34	26	17	25		22
1							
2	1						
6	2	2	3	3	3		2
			1				
			1				
37436	**10189**	**13028**	**13744**	**11691**	**11853**		**14788**
782	215	165	182	141	139		140
37	17	13	12	8	4		7
72	17	14	13	14	15		11
26	5	5	4	5	10		11
2	2	2		2	1		3
87	30	28	26	16	25		18
324	55	43	59	36	36		32
166	67	50	42	44	29		47
68	22	10	26	16	19		11
353	95	70	90	67	72		81
79	19	12	16	14	11		16
44	6	3	3	3	12		4
30	10	9	13	9	6		21
8	1	3	1		1		
51	10	10	13	9	8		10
35	14	9	9	6	7		2
106	35	24	35	26	27		28
376	103	91	70	82	89		95
163	27	19	15	10	13		12
103	25	22	20	34	25		21
110	51	50	35	38	51		62
1							
1							
2452	796	1215	1267	978	1068		1421
843	253	417	440	304	338		460
156	37	47	51	41	28		52
12	2	3	6	4	3		1
205	72	80	75	52	74		56
341	144	201	212	184	185		220
343	121	236	226	173	203		311

1-13 续表 2

行业中类	法人单位数（个）	1949年以前	1950-1977年	1978-1991年
家用纺织制成品制造	4743		2	13
产业用纺织制成品制造	3891			39
纺织服装、服饰业	30657		3	165
机织服装制造	13677		3	91
针织或钩针编织服装制造	7210			37
服饰制造	9770			37
皮革、毛皮、羽毛及其制品和制鞋业	19732	2	4	177
皮革鞣制加工	554			21
皮革制品制造	5199	1		16
毛皮鞣制及制品加工	1227			
羽毛(绒)加工及制品制造	354			3
制鞋业	12398	1	4	137
木材加工和木、竹、藤、棕、草制品业	6877		2	42
木材加工	1146			15
人造板制造	583			4
木质制品制造	3618			13
竹、藤、棕、草等制品制造	1530		2	10
家具制造业	7206		2	29
木质家具制造	4547		1	17
竹、藤家具制造	186			3
金属家具制造	1170			5
塑料家具制造	164			2
其他家具制造	1139		1	2
造纸和纸制品业	12851	1	9	110
纸浆制造	15		1	
造纸	1747	1	1	29
纸制品制造	11089		7	81
印刷和记录媒介复制业	**11037**	**2**	**10**	**275**
印刷	10302	1	10	263
装订及印刷相关服务	725	1		10
记录媒介复制	10			2
文教、工美、体育和娱乐用品制造业	22084	2	1	181
文教办公用品制造	3655			30
乐器制造	255			4
工艺美术及礼仪用品制造	12136	1	1	102
体育用品制造	2317	1		15
玩具制造	2813			27
游艺器材及娱乐用品制造	908			3
石油、煤炭及其他燃料加工业	440		1	5
精炼石油产品制造	235		1	4
煤炭加工	47			1
核燃料加工	1			
生物质燃料加工	157			
化学原料和化学制品制造业	8608	1	14	177
基础化学原料制造	999	1	5	31
肥料制造	246			5

1992-2000年	2001年	2002年	2003年	2004年	2005年	2006年	2006年
271	81	105	135	113	124		146
281	86	126	122	107	113		175
2075	599	809	874	745	699		892
984	261	336	379	346	336		383
505	160	213	231	189	168		241
586	178	260	264	210	195		268
1529	304	384	387	348	410		497
124	17	18	21	11	10		9
310	87	109	119	124	121		146
32	13	27	36	38	61		96
64	21	21	12	18	20		12
999	166	209	199	157	198		234
407	131	180	176	150	195		231
55	13	21	36	23	32		40
57	18	29	34	16	13		27
154	49	82	66	66	89		93
141	51	48	40	45	61		71
393	68	141	171	130	135		227
225	40	90	103	77	69		124
9		3	4	3	4		6
92	17	33	39	29	30		57
16	1	2	6	5	8		8
51	10	13	19	16	24		32
988	247	405	445	324	320		399
2							
182	56	84	106	47	36		59
804	191	321	339	277	284		340
1625	**405**	**805**	**545**	**445**	**363**		**367**
1536	382	753	499	404	329		333
88	22	51	46	41	34		33
1	1	1					1
1470	424	575	700	519	583		741
352	104	111	161	130	108		124
27	8	17	14	14	5		9
782	212	319	379	252	330		443
126	36	49	51	58	70		68
148	59	71	85	52	61		76
35	5	8	10	13	9		21
32	9	7	13	11	11		15
26	7	6	11	10	11		13
6	1	1	2	1			1
	1						1
1224	344	445	410	328	326		363
183	50	51	65	42	56		45
24	6	11	5	5	8		1

1-13 续表 3

行业中类	法人单位数（个）	1949年以前	1950-1977年	1978-1991年
农药制造	90		3	9
涂料、油墨、颜料及类似产品制造	2116		2	36
合成材料制造	1267			12
专用化学产品制造	2545		1	55
炸药、火工及焰火产品制造	17		1	2
日用化学产品制造	1328		2	27
医药制造业	1275	1	14	32
化学药品原料药制造	239		2	9
化学药品制剂制造	122	1	5	7
中药饮片加工	111			2
中成药生产	98		6	2
兽用药品制造	63			4
生物药品制品制造	225			1
卫生材料及医药用品制造	323			5
药用辅料及包装材料	94		1	2
化学纤维制造业	1820			17
纤维素纤维原料及纤维制造	63			
合成纤维制造	1702			17
生物基材料制造	55			
橡胶和塑料制品业	33975		9	462
橡胶制品业	3988		1	72
塑料制品业	29987		8	390
非金属矿物制品业	13032		13	240
水泥、石灰和石膏制造	520		5	24
石膏、水泥制品及类似制品制造	2849		2	54
砖瓦、石材等建筑材料制造	4113		1	79
玻璃制造	444			
玻璃制品制造	2011		2	12
玻璃纤维和玻璃纤维增强塑料制品制造	466			13
陶瓷制品制造	1061		1	10
耐火材料制品制造	620		1	31
石墨及其他非金属矿物制品制造	948		1	17
黑色金属冶炼和压延加工业	2422		2	40
炼铁	10			
炼钢	14			
钢压延加工	2334		2	36
铁合金冶炼	64			4
有色金属冶炼和压延加工业	3125	1	4	46
常用有色金属冶炼	135			6
贵金属冶炼	10			2
稀有稀土金属冶炼	16		1	
有色金属合金制造	705		2	5
有色金属压延加工	2259	1	1	33
金属制品业	40141	1	19	486
结构性金属制品制造	8492		2	49
金属工具制造	4573		3	40

1992-2000年	2001年	2002年	2003年	2004年	2005年	2006年	2006年
37	3	5	6	2	1		1
327	108	140	107	76	76		97
118	36	51	51	38	37		35
390	108	147	139	127	112		138
6							1
139	33	40	37	38	36		45
242	59	66	75	52	40		52
71	18	20	17	12	11		11
31	7	5	8	6	1		2
10	2	7	8	1	5		5
29	3	2	2	3	3		1
13	4	2	5	3	2		5
25	7	5	10	13	6		8
39	10	17	19	10	7		17
24	8	8	6	4	5		3
172	46	90	100	51	51		81
10	2	5	1	5	1		3
160	44	83	96	46	50		77
2		2	3				1
3192	894	1160	1201	1000	1046		1304
477	102	141	158	146	143		142
2715	792	1019	1043	854	903		1162
1120	302	419	498	403	317		498
93	20	26	30	32	14		19
238	68	99	155	105	69		139
299	63	136	147	97	80		139
24	9	11	7	15	13		23
92	38	42	44	43	41		59
46	17	18	19	20	22		25
88	22	27	27	36	25		42
104	31	29	32	31	27		32
136	34	31	37	24	26		20
275	83	93	120	95	90		98
3	1	2	1				
2		1	2		1		
259	79	89	113	92	86		95
11	3	1	4	3	3		3
371	129	128	113	100	89		118
20	7	7	5	3	8		9
2	1	1					1
2	1						
75	20	17	20	17	16		26
272	100	103	88	80	65		82
3579	1020	1202	1297	1141	1219		1410
561	153	205	238	176	222		265
468	125	133	159	149	162		197

1-13 续表 4

行业中类	法人单位数（个）	1949年以前	1950−1977年	1978−1991年
集装箱及金属包装容器制造	699			14
金属丝绳及其制品制造	999		1	21
建筑、安全用金属制品制造	11824	1	2	142
金属表面处理及热处理加工	2592		4	72
搪瓷制品制造	425			1
金属制日用品制造	3863		3	24
铸造及其他金属制品制造	6674		4	123
通用设备制造业	53354	1	60	818
锅炉及原动设备制造	600		6	18
金属加工机械制造	5287		9	67
物料搬运设备制造	1909		5	25
泵、阀门、压缩机及类似机械制造	12175		13	254
轴承、齿轮和传动部件制造	5279		8	85
烘炉、风机、包装等设备制造	5948	1	5	74
文化、办公用机械制造	449			4
通用零部件制造	19471		14	273
其他通用设备制造业	2236			18
专用设备制造业	26404		18	357
采矿、冶金、建筑专用设备制造	1020		4	29
化工、木材、非金属加工专用设备制造	10801		2	86
食品、饮料、烟草及饲料生产专用设备制造	784			32
印刷、制药、日化及日用品生产专用设备制造	1092			24
纺织、服装和皮革加工专用设备制造	3391		6	82
电子和电工机械专用设备制造	749			9
农、林、牧、渔专用机械制造	982		1	17
医疗仪器设备及器械制造	3341		1	46
环保、邮政、社会公共服务及其他专用设备制造	4244		4	32
汽车制造业	17194	1	17	330
汽车整车制造	84			1
汽车用发动机制造	40		1	1
改装汽车制造	25			1
低速汽车制造	1			
电车制造	11			
汽车车身、挂车制造	141		1	2
汽车零部件及配件制造	16892	1	15	325
铁路、船舶、航空航天和其他运输设备制造业	4335	1	8	63
铁路运输设备制造	156			3
城市轨道交通设备制造	25			
船舶及相关装置制造	886	1	4	14
航空、航天器及设备制造	56			
摩托车制造	1344		4	39
自行车和残疾人座车制造	630			4
助动车制造	709			1
非公路休闲车及零配件制造	429			1
潜水救捞及其他未列明运输设备制造	100			1
电气机械和器材制造业	38251		28	444

1992-2000年	2001年	2002年	2003年	2004年	2005年	2006年	2006年
79	18	28	25	31	29		31
127	35	42	44	33	42		47
1006	319	383	331	338	360		420
325	97	99	143	86	93		96
21	9	5	13	7	10		13
245	74	84	81	95	98		108
747	190	223	263	226	203		233
4903	1254	1578	1693	1654	1589		1922
95	26	20	27	31	27		26
403	103	115	148	112	103		182
182	49	59	67	67	54		72
1191	253	384	367	397	365		386
653	178	184	229	230	196		255
584	165	200	179	158	195		199
44	22	13	18	15	16		15
1657	434	575	624	618	598		746
94	24	28	34	26	35		41
2051	633	660	760	695	703		844
121	27	34	43	35	29		30
628	229	226	273	243	283		343
110	29	21	19	17	16		25
147	32	34	47	43	37		27
388	104	146	152	142	143		163
53	19	21	17	16	17		29
72	21	19	30	33	26		34
301	106	89	97	79	71		89
231	66	70	82	87	81		104
1569	348	462	594	503	495		652
6	1	3	3	1	2		3
4				2	2		1
2	2			1			3
							2
14	2	3	3	5	7		14
1543	343	456	588	494	484		629
589	126	127	154	133	147		204
25	4	2	5	3	8		8
1				1			
76	20	20	24	39	39		63
5	2	1			2		
300	41	46	52	37	54		60
113	36	27	29	19	19		24
37	12	20	20	19	14		35
20	7	8	17	12	8		9
12	4	3	7	3	3		5
3356	885	1042	1087	915	953		1207

1-13 续表 5

行业中类	法人单位数（个）	1949年以前	1950-1977年	1978-1991年
电机制造	3465		8	60
输配电及控制设备制造	16368		9	214
电线、电缆、光缆及电工器材制造	3162		1	51
电池制造	467		3	4
家用电力器具制造	7088		4	62
非电力家用器具制造	848			3
照明器具制造	5616		1	32
其他电气机械及器材制造	1237		2	18
计算机、通信和其他电子设备制造业	11110		5	111
计算机制造	440			4
通信设备制造	1011			6
广播电视设备制造	213			2
雷达及配套设备制造	11			
非专业视听设备制造	534		2	8
智能消费设备制造	462			
电子器件制造	1486			14
电子元件及电子专用材料制造	6206		3	72
其他电子设备制造	747			5
仪器仪表制造业	5738		14	133
通用仪器仪表制造	4236		11	89
专用仪器仪表制造	651		2	23
钟表与计时仪器制造	152			8
光学仪器制造	259			2
衡器制造	196		1	2
其他仪器仪表制造业	244			9
其他制造业	7050			46
日用杂品制造	5079			35
核辐射加工	4			1
其他未列明制造业	1967			10
废弃资源综合利用业	715			4
金属废料和碎屑加工处理	290			1
非金属废料和碎屑加工处理	425			3
金属制品、机械和设备修理业	2127		3	36
金属制品修理	46			
通用设备修理	282			1
专用设备修理	267		1	4
铁路、船舶、航空航天等运输设备修理	922		2	23
电气设备修理	153			3
仪器仪表修理	21			
其他机械和设备修理业	436			5
电力、热力、燃气及水生产和供应业	**5240**	**4**	**82**	**330**
电力、热力生产和供应业	3712	4	64	230
电力生产	3388	1	38	204
电力供应	187	3	26	23
热力生产和供应	137			3

1992-2000年	2001年	2002年	2003年	2004年	2005年	2006年	2006年
405	84	131	121	95	105		146
1317	332	377	394	342	357		423
434	128	114	126	92	116		134
47	8	16	18	13	14		21
593	166	203	203	181	171		232
57	18	11	22	16	31		25
429	135	176	181	152	130		189
74	14	14	22	24	29		37
968	296	324	307	296	302		393
30	13	20	8	13	12		8
141	37	32	41	27	30		34
34	10	9	11	8	9		8
2			1	1			
64	26	29	23	28	22		26
15	9	4	10	6	7		8
107	29	40	40	38	37		54
536	153	179	162	158	176		228
39	19	11	11	17	9		27
710	189	185	177	128	142		169
497	127	130	108	90	98		116
69	26	25	30	18	22		24
38	5	7	5	4	10		4
44	16	9	17	7	4		7
27	9	6	8	3	2		8
35	6	8	9	6	6		10
476	143	151	184	193	202		292
380	121	127	155	176	167		244
1							
95	22	24	29	17	35		48
43	13	17	21	26	24		19
10	6	8	10	18	15		10
33	7	9	11	8	9		9
113	29	32	33	38	34		56
3			2				3
13	3	4	3	6	1		3
11	7	4	1	6	3		5
63	14	19	16	16	25		34
11	3	3	3	4	1		3
1			1	1			
11	2	2	7	5	4		8
937	**161**	**210**	**226**	**201**	**168**		**146**
738	127	166	180	142	116		97
691	121	162	169	138	114		92
31	5	1	3	2	1		1
16	1	3	8	2	1		4

1-13 续表 6

行业中类	法　人 单位数 （个）	1949年以前	1950-1977年	1978-1991年
燃气生产和供应业	279		1	7
燃气生产和供应业	269		1	7
生物质燃气生产和供应业	10			
水的生产和供应业	1249		17	93
自来水生产和供应	549		17	84
污水处理及其再生利用	582			
海水淡化处理	3			
其他水的处理、利用与分配	115			9
建筑业	**51741**	**6**	**185**	**406**
房屋建筑业	7820	5	144	194
住宅房屋建筑	6733	5	131	170
体育场馆建筑	14			
其他房屋建筑业	1073		13	24
土木工程建筑业	12024		37	119
铁路、道路、隧道和桥梁工程建筑	5322		17	50
水利和水运工程建筑	757		12	33
海洋工程建筑	52			
工矿工程建筑	198		2	4
架线和管道工程建筑	898		1	15
节能环保工程施工	365			
电力工程施工	359		2	1
其他土木工程建筑	4073		3	16
建筑安装业	6829	1	3	49
电气安装	2428		2	18
管道和设备安装	1969	1		18
其他建筑安装业	2432		1	13
建筑装饰、装修和其他建筑业	25068		1	44
建筑装饰和装修业	19138		1	31
建筑物拆除和场地准备活动	3832			6
提供施工设备服务	209			
其他未列明建筑业	1889			7
批发和零售业	**465896**	**30**	**144**	**1159**
批发业	294814	7	62	644
农、林、牧、渔产品批发	6641		4	38
食品、饮料及烟草制品批发	22408	2	13	76
纺织、服装及家庭用品批发	91923		3	82
文化、体育用品及器材批发	15802		1	16
医药及医疗器材批发	7037	1	9	18
矿产品、建材及化工产品批发	66889	3	22	272
机械设备、五金产品及电子产品批发	56775	1	5	105
贸易经纪与代理	6890			5
其他批发业	20449		5	32
零售业	171082	23	82	515
综合零售	3790	1	15	70
食品、饮料及烟草制品专门零售	16996	3	6	64

1992-2000年	2001年	2002年	2003年	2004年	2005年	2006年	2006年
32	6	7	12	14	15		9
32	6	7	12	14	14		8
					1		1
167	28	37	34	45	37		40
109	20	19	21	24	21		18
15	5	17	10	19	13		20
					1		
43	3	1	3	2	2		2
2372	**501**	**672**	**828**	**722**	**716**		**801**
639	122	113	146	139	141		176
552	98	86	115	114	114		145
2					1		
85	24	27	31	25	26		31
671	144	189	257	210	189		209
354	62	95	136	109	85		118
52	15	18	16	14	17		9
4			1	1	2		1
14	2	3	5	7	4		11
83	16	17	27	21	13		23
16	1	1	3	1	6		9
9	2	3	4	1	2		1
139	46	52	65	56	60		37
392	87	108	134	107	123		123
129	31	34	55	44	41		50
126	27	31	38	31	37		38
137	29	43	41	32	45		35
670	148	262	291	266	263		293
554	122	167	190	164	186		210
85	18	83	82	69	46		54
8	2		6	8	7		2
23	6	12	13	25	24		27
11586	**3337**	**4500**	**5510**	**5285**	**5951**		**7794**
8353	2436	3076	3746	3705	4223		5801
238	54	62	79	63	110		118
658	184	207	238	194	301		411
1486	518	579	811	789	1103		1653
333	99	146	139	147	167		232
205	47	54	85	99	114		143
3205	834	1089	1174	1105	1147		1607
1718	568	758	977	1049	1011		1259
99	43	36	58	57	80		120
411	89	145	185	202	190		258
3233	901	1424	1764	1580	1728		1993
171	48	48	43	52	52		48
318	99	206	194	141	187		219

1-13 续表 7

行业中类	法人单位数（个）	1949年以前	1950-1977年	1978-1991年
纺织、服装及日用品专门零售	26375	2	8	80
文化、体育用品及器材专门零售	9088	11	32	41
医药及医疗器材专门零售	12691	5	9	99
汽车、摩托车、零配件和燃料及其他动力销售	15130		5	52
家用电器及电子产品专门零售	14354	1		21
五金、家具及室内装饰材料专门零售	20242		3	54
货摊、无店铺及其他零售业	52416		4	34
交通运输、仓储和邮政业	**32133**	**3**	**58**	**271**
铁路运输业	13			
铁路旅客运输	8			
铁路货物运输	4			
铁路运输辅助活动	1			
道路运输业	19530	3	35	171
城市公共交通运输	581		1	27
公路旅客运输	483	2	4	26
道路货物运输	17217		5	72
道路运输辅助活动	1249	1	25	46
水上运输业	1338		13	32
水上旅客运输	91			12
水上货物运输	836		2	8
水上运输辅助活动	411		11	12
航空运输业	135			1
航空客货运输	56			
通用航空服务	40			
航空运输辅助活动	39			1
管道运输业	4			
海底管道运输	1			
陆地管道运输	3			
多式联运和运输代理业	6919			24
多式联运	19			
运输代理业	6900			24
装卸搬运和仓储业	2680		10	41
装卸搬运	1286		3	19
通用仓储	576		2	5
低温仓储	102			
危险品仓储	74			1
谷物、棉花等农产品仓储	149		3	13
中药材仓储	1			
其他仓储业	492		2	3
邮政业	1514			2
邮政基本服务	35			2
快递服务	1467			
其他寄递服务	12			
住宿和餐饮业	**24951**	**2**	**14**	**136**
住宿业	9207	2	12	95

1992-2000年	2001年	2002年	2003年	2004年	2005年	2006年	2006年
397	111	129	149	140	168		219
214	52	64	100	72	89		94
208	60	406	443	451	541		440
648	165	182	283	229	194		269
408	142	130	221	201	181		254
594	157	186	263	202	243		326
275	67	73	68	92	73		124
1451	**379**	**472**	**539**	**667**	**584**		**682**
4					1		
1					1		
3							
811	237	297	330	330	302		374
139	27	23	26	19	7		19
116	35	34	22	13	14		20
444	137	191	229	268	248		312
112	38	49	53	30	33		23
123	29	37	49	63	44		58
14	3	2	5	3			2
80	20	27	28	41	29		31
29	6	8	16	19	15		25
10	4	7	4	1			2
1	2	1	1	1			
3			1				1
6	2	6	2				1
2							
2							
245	57	63	88	195	151		161
1	1			1	1		
244	56	63	88	194	150		161
216	51	59	58	71	68		71
79	21	31	24	35	23		35
27	10	10	14	14	16		18
8	2	2	2	5	2		3
9	5	3	2	5	9		6
67	3	2	9	2	2		
26	10	11	7	10	16		9
40	1	9	10	7	18		16
22				1	1		1
17	1	9	10	6	17		15
1							
778	**205**	**239**	**307**	**316**	**367**		**401**
535	105	130	177	190	206		234

1-13 续表 8

行业中类	法人单位数（个）	1949年以前	1950-1977年	1978-1991年
旅游饭店	2000	2	7	41
一般旅馆	5998		4	53
民宿服务	982			1
露营地服务	9			
其他住宿业	218		1	
餐饮业	15744		2	41
正餐服务	12110		2	35
快餐服务	1113			1
饮料及冷饮服务	768			
餐饮配送及外卖送餐服务	360			
其他餐饮业	1393			5
信息传输、软件和信息技术服务业	**55067**	**5**	**24**	**60**
电信、广播电视和卫星传输服务	1053	4	23	36
电信	759	2	1	9
广播电视传输服务	280	2	21	26
卫星传输服务	14		1	1
互联网和相关服务	5549			2
互联网接入及相关服务	338			
互联网信息服务	2994			2
互联网平台	767			
互联网安全服务	64			
互联网数据服务	218			
其他互联网服务	1168			
软件和信息技术服务业	48465	1	1	22
软件开发	34244	1		6
集成电路设计	260			
信息系统集成和物联网技术服务	1871			2
运行维护服务	321			1
信息处理和存储支持服务	337			3
信息技术咨询服务	7740		1	10
数字内容服务	542			
其他信息技术服务业	3150			
金融业	**16965**	**10**	**1**	**71**
货币金融服务	1978	10	1	61
中央银行服务	11	10	1	
货币银行服务	917			54
非货币银行服务	1050			7
银行理财服务				
银行监管服务				
资本市场服务	13087			2
证券市场服务	6			
公开募集证券投资基金	2			
非公开募集证券投资基金	1923			
期货市场服务	14			
证券期货监管服务	2			

1992-2000年	2001年	2002年	2003年	2004年	2005年	2006年	2006年
223	31	48	56	51	61		67
297	71	80	116	135	139		163
6	3	2	2	2	3		2
9			3	2	3		2
243	100	109	130	126	161		167
191	83	94	101	102	131		143
25	7	8	10	10	9		8
4	4	3	9	5	8		6
6		2		4	5		2
17	6	2	10	5	8		8
514	**238**	**272**	**352**	**386**	**425**		**496**
94	37	25	31	27	32		23
54	5	18	22	23	15		16
39	32	7	9	4	17		7
1							
39	23	27	36	32	44		57
5	2	6	1	7	2		3
21	13	12	27	15	26		43
2		1	3	5	4		1
		1	1		1		
2	3		1				
9	5	7	3	5	11		10
381	178	220	285	327	349		416
264	136	149	191	232	241		304
1	1	4	3	4	2		5
39	19	20	31	22	34		37
8		2	2	5	3		4
4	1		4	1	1		1
53	9	36	32	41	44		45
	3	1	8	8	7		6
12	9	8	14	14	17		14
223	**30**	**87**	**103**	**95**	**130**		**122**
116	8	20	24	24	50		34
89	6	5	5	21	32		10
27	2	15	19	3	18		24
48	9	10	14	17	15		22
		1	1				
7	4	4	2	9	9		9
10			1				
2							

1-13 续表 9

行业中类	法　人 单位数 （个）	1949年以前	1950-1977年	1978-1991年
资本投资服务	1546			1
其他资本市场服务	9594			1
保险业	797			1
人身保险	251			
财产保险	313			1
再保险				
商业养老金	11			
保险中介服务	132			
保险资产管理	1			
保险监管服务				
其他保险活动	89			
其他金融业	1103			7
金融信托与管理服务	73			3
控股公司服务	345			4
非金融机构支付服务	13			
金融信息服务	260			
金融资产管理公司	10			
其他未列明金融业	402			
房地产业	**46052**	**3**	**97**	**719**
房地产业	46052	3	97	719
房地产开发经营	10707			64
物业管理	8675		3	18
房地产中介服务	16055	1	3	14
房地产租赁经营	9849	2	87	611
其他房地产业	766		4	12
租赁和商务服务业	**157725**	**131**	**293**	**2146**
租赁业	9232		1	9
机械设备经营租赁	8748			9
文体设备和用品出租	415			
日用品出租	69		1	
商务服务业	148493	131	292	2137
组织管理服务	60177	124	273	1788
综合管理服务	3854	3	6	45
法律服务	2453	1	2	125
咨询与调查	38322	1	3	28
广告业	19680		1	17
人力资源服务	6251		1	45
安全保护服务	1393		1	31
会议、展览及相关服务	2474		1	8
其他商务服务业	13889	2	4	50
科学研究和技术服务业	**61583**	**12**	**166**	**562**
研究和试验发展	10019	3	35	33
自然科学研究和试验发展	390		6	3
工程和技术研究和试验发展	7410		5	7
农业科学研究和试验发展	540	2	19	5

1992-2000年	2001年	2002年	2003年	2004年	2005年	2006年	2006年
19	3	3	7	7	3		10
10	2	2	3	1	3		3
33	5	48	47	40	52		53
13	3	25	17	11	11		21
20	2	21	17	17	30		22
			12	11	9		10
		2	1	1	2		
26	8	9	18	14	13		13
3	1						
7	4	2	4	4	1		1
		1	1	1			2
1							
			1				
15	3	6	12	9	12		10
4022	**928**	**1094**	**1275**	**1009**	**947**		**1050**
4022	928	1094	1275	1009	947		1050
1043	242	261	291	291	253		279
547	148	137	207	200	182		214
161	82	129	122	142	136		144
2215	444	547	622	360	348		390
56	12	20	33	16	28		23
5271	**1440**	**1444**	**1958**	**1930**	**2162**		**2261**
134	51	44	60	54	61		66
125	48	41	57	51	57		62
9	1	2	2	2	3		4
	2	1	1	1	1		
5137	1389	1400	1898	1876	2101		2195
2684	580	680	756	832	1056		884
339	102	88	336	83	83		106
340	189	51	52	46	37		63
578	132	170	228	283	300		402
566	163	172	225	306	297		353
119	48	47	49	72	71		81
60	11	3	12	13	16		29
36	18	31	25	24	44		39
415	146	158	215	217	197		238
1442	**550**	**515**	**723**	**652**	**716**		**732**
119	54	66	62	60	76		81
6	3	2	3	1	4		2
61	21	34	33	30	41		52
13	7	6	9	13	8		11

1-13 续表 10

行业中类	法 人 单位数（个）	1949年以前	1950-1977年	1978-1991年
医学研究和试验发展	1433		2	5
社会人文科学研究	246	1	3	13
专业技术服务业	30312	6	105	379
气象服务	306	3	38	22
地震服务	29		1	
海洋服务	73		1	2
测绘地理信息服务	581	1	4	21
质检技术服务	2845		14	70
环境与生态监测检测服务	695		7	44
地质勘查	123		11	10
工程技术与设计服务	14276	2	15	186
工业与专业设计及其他专业技术服务	11384		14	24
科技推广和应用服务业	21252	3	26	150
技术推广服务	16081	3	23	130
知识产权服务	1751		2	3
科技中介服务	616		1	10
创业空间服务	208			2
其他科技推广服务业	2596			5
水利、环境和公共设施管理业	**8556**	**13**	**129**	**194**
水利管理业	956	7	77	98
防洪除涝设施管理	207		9	15
水资源管理	250	1	9	24
天然水收集与分配	165		32	33
水文服务	64	3	17	4
其他水利管理业	270	3	10	22
生态保护和环境治理业	1294	1	10	9
生态保护	138	1	10	6
环境治理业	1156			3
公共设施管理业	5782	5	41	86
市政设施管理	830		3	20
环境卫生管理	1513	2	27	25
城乡市容管理	117		1	2
绿化管理	1958		3	21
城市公园管理	90		2	7
游览景区管理	1274	3	5	11
土地管理业	524		1	1
土地整治服务	346			1
土地调查评估服务	52			
土地登记服务	21			
土地登记代理服务	26		1	
其他土地管理服务	79			
居民服务、修理和其他服务业	**26474**	**1**	**24**	**152**
居民服务业	12496	1	18	67
家庭服务	2380			
托儿所服务	257			

1992-2000年	2001年	2002年	2003年	2004年	2005年	2006年	2006年
25	18	15	12	12	17		13
14	5	9	5	4	6		3
1060	380	364	510	475	493		487
32	21	12	9	2	5		8
4			1	1			
5	2		2	1	1		2
50	15	12	49	27	27		15
155	59	64	84	98	75		92
23	8	6	9	13	9		16
18	3	7	5	1	4		6
635	204	211	272	252	266		252
138	68	52	79	80	106		96
263	116	85	151	117	147		164
224	91	64	91	79	115		119
15	10	15	43	30	21		28
10	10	1	7	4	6		10
2	1	1	3		1		
12	4	4	7	4	4		7
553	**217**	**203**	**181**	**149**	**153**		**164**
154	57	18	26	19	22		18
36	16	4	6	7	4		5
47	11	4	7	3	8		4
22	12	2	2	2	3		2
10	6	2	1		1		
39	12	6	10	7	6		7
41	19	11	17	13	12		27
26	3	2	5	4	3		5
15	16	9	12	9	9		22
330	122	147	128	108	113		114
61	15	30	23	20	19		27
53	34	19	11	15	33		26
4		5	2	1	3		1
131	41	66	56	46	29		35
14	2	1	5	3	4		2
67	30	26	31	23	25		23
28	19	27	10	9	6		5
9	5	6	4	1			2
6	2	12	3	4	2		2
2	1				1		
3	2	2		1	3		
8	9	7	3	3			1
805	**231**	**289**	**374**	**353**	**378**		**478**
281	105	133	125	121	133		155
23	11	19	23	14	17		32
4	2	3	1	2	1		6

1-13 续表 11

行业中类	法 人 单位数 (个)	1949年以前	1950-1977年	1978-1991年
洗染服务	444			2
理发及美容服务	2068		1	3
洗浴和保健养生服务	2026		1	1
摄影扩印服务	1348	1	1	6
婚姻服务	1057			
殡葬服务	605		14	42
其他居民服务业	2311		1	13
机动车、电子产品和日用产品修理业	9340			68
汽车、摩托车等修理与维护	7292			62
计算机和办公设备维修	838			1
家用电器修理	1014			4
其他日用产品修理业	196			1
其他服务业	4638		6	17
清洁服务	3421		6	17
宠物服务	199			
其他未列明服务业	1018			
教育	**37929**	**780**	**954**	**1373**
教育	37929	780	954	1373
学前教育	9103	8	113	395
初等教育	3448	621	271	291
中等教育	2799	134	495	339
高等教育	274	1	13	74
特殊教育	143	4	1	17
技能培训、教育辅助及其他教育	22162	12	61	257
卫生和社会工作	**12391**	**92**	**734**	**391**
卫生	6622	88	715	244
医院	1338	72	86	82
基层医疗卫生服务	4642	11	592	116
专业公共卫生服务	459	5	35	44
其他卫生活动	183		2	2
社会工作	5769	4	19	147
提供住宿社会工作	3251	3	15	126
不提供住宿社会工作	2518	1	4	21
文化、体育和娱乐业	**36470**	**27**	**126**	**387**
新闻和出版业	342	3	14	40
新闻业	74		3	2
出版业	268	3	11	38
广播、电视、电影和录音制作业	7346	1	10	38
广播	216	1	4	5
电视	174		1	3
影视节目制作	5894			
广播电视集成播控	16		2	
电影和广播电视节目发行	245			3
电影放映	726		3	27
录音制作	75			

1992-2000年	2001年	2002年	2003年	2004年	2005年	2006年	2006年
24	9	9	11	6	9		10
23	11	24	17	19	28		13
24	12	16	21	19	22		32
48	4	10	8	12	5		16
7	3	2	8	10	11		11
101	26	21	18	13	13		10
27	27	29	18	26	27		25
451	102	119	197	175	170		230
373	76	91	158	137	118		170
29	4	7	18	15	22		26
42	19	18	15	20	27		30
7	3	3	6	3	3		4
73	24	37	52	57	75		93
51	12	19	30	41	39		64
2	1	1	1				1
20	11	17	21	16	36		28
2558	**1100**	**648**	**663**	**587**	**790**		**669**
2558	1100	648	663	587	790		669
1205	410	261	261	167	276		297
473	274	91	94	91	109		93
464	211	70	70	74	73		58
42	15	17	8	4	1		7
14	3	1			1		3
360	187	208	230	251	330		211
526	**289**	**197**	**190**	**206**	**232**		**226**
318	208	143	132	110	162		156
51	30	23	22	30	56		30
215	129	76	96	72	98		112
48	49	42	11	8	5		9
4		2	3		3		5
208	81	54	58	96	70		70
151	58	34	46	88	50		53
57	23	20	12	8	20		17
549	**281**	**504**	**771**	**545**	**557**		**555**
47	14	16	7	30	22		9
6	7	4	1	13	5		4
41	7	12	6	17	17		5
50	9	15	22	30	28		51
6	1		2	4	1		1
9	2	3	2	4	4		2
16	5	3	6	16	17		21
			1		1		
		2	2	2	1		9
19	1	7	8	3	3		18
			1	1	1		

1-13 续表 12

行业中类	法人单位数（个）	1949年以前	1950-1977年	1978-1991年
文化艺术业	8201	22	97	275
文艺创作与表演	2891	2	11	14
艺术表演场馆	75		2	13
图书馆与档案馆	515	4	25	95
文物及非物质文化遗产保护	234		2	30
博物馆	370	1	8	14
烈士陵园、纪念馆	63		7	9
群众文体活动	1508	15	40	90
其他文化艺术业	2545		2	10
体育	3766		2	16
体育组织	917			6
体育场地设施管理	256			8
健身休闲活动	2492		1	2
其他体育	101		1	
娱乐业	16815	1	3	18
室内娱乐活动	7776	1		3
游乐园	213			1
休闲观光活动	892			1
彩票活动	77			4
文化体育娱乐活动与经纪代理服务	7778		3	9
其他娱乐业	79			
公共管理、社会保障和社会组织	**77570**	**1869**	**3176**	**14073**
中国共产党机关	950	110	128	315
中国共产党机关	950	110	128	315
国家机构	15330	312	650	2091
国家权力机构	133	4	15	67
国家行政机构	14745	301	548	1936
人民法院和人民检察院	270	6	77	76
其他国家机构	182	1	10	12
人民政协、民主党派	299	15	45	144
人民政协	120	8	20	56
民主党派	179	7	25	88
社会保障	159	1		20
基本保险	105			15
补充保险				
其他社会保障	54	1		5
群众团体、社会团体和其他成员组织	29414	561	704	3233
群众团体	628	40	122	152
社会团体	18622	25	93	1344
基金会	517		1	13
宗教组织	9647	496	488	1724
基层群众自治组织	31418	870	1649	8270
社区居民自治组织	4514	23	74	205
村民自治组织	26904	847	1575	8065

1992-2000年	2001年	2002年	2003年	2004年	2005年	2006年	2006年
203	88	74	69	67	73		64
37	15	11	10	19	22		18
3	3	3	1	2	2		4
33	18	10	9	5	7		8
17	5	8	7	7	4		1
24	10	5	6	12	8		8
9	2	2	1	2	5		2
67	28	29	24	15	18		16
13	7	6	11	5	7		7
45	20	25	39	26	28		51
13	4	10	8	8	9		10
16	3	7	5	2	3		3
11	11	8	26	15	16		36
5	2			1			2
204	150	374	634	392	406		380
151	126	352	604	360	372		325
7	2	2	1	1			
5	4	1	4	5	11		17
15		1	1				7
24	18	17	23	26	23		29
2		1	1				2
8932	**2386**	**2212**	**2291**	**1678**	**2388**		**4878**
91	51	43	18	4	13		7
91	51	43	18	4	13		7
2189	849	670	551	377	591		394
10	5	2	4				1
2143	833	657	538	364	573		386
18	5	10	8	4	11		5
18	6	1	1	9	7		2
24	7	4	5	1	4		2
12	2		2		3		1
12	5	4	3	1	1		1
18	13	8	10	8	5		3
10	10	6	6	7	3		2
8	3	2	4	1	2		1
4670	559	757	972	641	743		859
80	18	19	24	4	10		6
2154	339	466	765	427	494		539
17	2	1	2	54	24		6
2419	200	271	181	156	215		308
1940	907	730	735	647	1032		3613
461	396	420	277	165	221		385
1479	511	310	458	482	811		3228

1-13 续表 13

行业中类	2007年	2008年	2009年	2010年	2011年
总　计	**33774**	**35335**	**41811**	**54646**	**57354**
农、林、牧、渔业	**92**	**229**	**226**	**202**	**183**
农业	5		6	4	3
谷物种植	1				
豆类、油料和薯类种植			1	1	
棉、麻、糖、烟草种植					
蔬菜、食用菌及园艺作物种植	4		3	1	1
水果种植			1		1
坚果、含油果、香料和饮料作物种植			1	1	1
中药材种植					
草种植及割草					
其他农业				1	
林业			1		1
林木育种和育苗			1		1
造林和更新					
森林经营、管护和改培					
木材和竹材采运					
林产品采集					
畜牧业	2	1	1	1	1
牲畜饲养	1		1	1	
家禽饲养	1				1
狩猎和捕捉动物					
其他畜牧业		1			
渔业	1	2	1		
水产养殖	1	2	1		
水产捕捞					
农、林、牧、渔专业及辅助性活动	84	226	217	197	178
农业专业及辅助性活动	73	193	196	170	159
林业专业及辅助性活动	6	15	7	9	7
畜牧专业及辅助性活动	2	5	5	6	4
渔业专业及辅助性活动	3	13	9	12	8
采矿业	**18**	**42**	**40**	**28**	**39**
煤炭开采和洗选业				1	1
烟煤和无烟煤开采洗选				1	1
褐煤开采洗选					
其他煤炭采选					
石油和天然气开采业					1
石油开采					1
天然气开采					
黑色金属矿采选业		3	3	1	1
铁矿采选		3	3	1	1
锰矿、铬矿采选					
其他黑色金属矿采选					
有色金属矿采选业	1	2	1	3	1
常用有色金属矿采选	1	1	1		1

2012年	2013年	2014年	2015年	2016年	2017年	2018年	无开业年份
59112	**96671**	**115270**	**122123**	**172090**	**232982**	**233602**	**2309**
188	**209**	**212**	**181**	**242**	**273**	**237**	**4**
7	3	3	1	3	6	1	
					2		
2	3		1	2	1		
		1		1	2	1	
		1			1		
5		1					
1		1				2	
1		1				2	
2	2	1	1	1		1	
2		1	1				
	2			1		1	
2	2	2	2				
1	2	1	2				
1		1					
176	202	205	177	238	267	233	4
152	166	154	147	156	202	187	4
15	11	23	23	60	45	34	
3	11	5	3	7	2	2	
6	14	23	4	15	18	10	
39	**73**	**77**	**56**	**50**	**54**	**60**	
		1		1		1	
		1		1		1	
3		1	1				
3		1	1				
1	1	3	2	1	1		
1	1	2	2	1	1		

1-13 续表 14

行业中类					
	2007年	2008年	2009年	2010年	2011年
贵金属矿采选				1	
稀有稀土金属矿采选		1		2	
非金属矿采选业	17	37	35	22	34
土砂石开采	15	35	31	21	33
化学矿开采					
采盐					
石棉及其他非金属矿采选	2	2	4	1	1
开采专业及辅助性活动			1	1	
煤炭开采和洗选专业及辅助性活动					
石油和天然气开采专业及辅助性活动			1	1	
其他开采专业及辅助性活动					
其他采矿业					1
其他采矿业					1
制造业	**14234**	**13539**	**15322**	**20766**	**19103**
农副食品加工业	138	178	170	223	202
谷物磨制	5	8	15	7	7
饲料加工	15	12	10	23	15
植物油加工	3	9	13	22	12
制糖业		2		2	3
屠宰及肉类加工	21	24	15	36	39
水产品加工	34	38	43	44	44
蔬菜、菌类、水果和坚果加工	42	51	57	59	54
其他农副食品加工	18	34	17	30	28
食品制造业	95	74	75	110	112
焙烤食品制造	34	21	18	25	38
糖果、巧克力及蜜饯制造	10	4	3	4	5
方便食品制造	17	12	19	18	13
乳制品制造		2	1	2	6
罐头食品制造	6	6	3	13	5
调味品、发酵制品制造	4	3	4	5	6
其他食品制造	24	26	27	43	39
酒、饮料和精制茶制造业	86	81	72	81	111
酒的制造	8	8	9	12	6
饮料制造	14	24	17	12	22
精制茶加工	64	49	46	57	83
烟草制品业					
烟叶复烤					
卷烟制造					
其他烟草制品制造					
纺织业	1222	1042	1256	1666	1560
棉纺织及印染精加工	380	307	324	472	440
毛纺织及染整精加工	49	31	38	49	48
麻纺织及染整精加工	2	3	3	1	1
丝绢纺织及印染精加工	39	28	29	38	28
化纤织造及印染精加工	168	127	186	245	190
针织或钩针编织物及其制品制造	282	221	347	443	447

2012年	2013年	2014年	2015年	2016年	2017年	2018年	无开业年份
		1					
35	70	70	51	47	50	53	
35	66	69	48	47	47	50	
	1		1				
	3	1	2		3	3	
		1	1		2	4	
		1					
					1		
			1		1	4	
	2	1	1	1	1	2	
	2	1	1	1	1	2	
18154	**31801**	**32045**	**27428**	**33554**	**42451**	**37594**	**457**
269	370	311	310	291	317	216	13
10	19	20	11	14	13	7	1
17	26	28	22	21	22	14	
27	17	15	10	12	10	10	1
4	9	5	4	4	3	2	
37	48	50	73	47	56	30	
59	98	73	53	66	101	72	9
64	87	50	68	68	57	25	
51	66	70	69	59	55	56	2
186	219	213	291	285	284	216	4
61	95	95	106	85	93	59	1
12	10	12	17	8	12	8	
37	37	56	52	65	47	33	
1	1	1	3		2	2	
13	9	4	15	6	8		
8	18	10	16	12	17	12	1
54	49	35	82	109	105	102	2
161	247	131	130	177	168	126	3
16	20	30	21	33	31	26	
41	42	35	24	44	34	28	1
104	185	66	85	100	103	72	2
1350	2449	2230	2056	2541	2959	2908	36
349	759	550	492	568	709	648	10
32	62	64	55	77	83	61	
5	3	4	6	6	7	1	
23	56	49	42	46	46	19	1
181	355	307	263	305	327	338	1
381	560	601	619	794	902	943	4

1-13 续表 15

行业中类	2007年	2008年	2009年	2010年	2011年
家用纺织制成品制造	144	169	183	244	240
产业用纺织制成品制造	158	156	146	174	166
纺织服装、服饰业	854	724	889	1329	1244
机织服装制造	387	302	356	569	578
针织或钩针编织服装制造	205	170	234	298	246
服饰制造	262	252	299	462	420
皮革、毛皮、羽毛及其制品和制鞋业	430	384	521	828	859
皮革鞣制加工	16	11	13	21	20
皮革制品制造	137	142	148	216	261
毛皮鞣制及制品加工	67	37	41	84	59
羽毛(绒)加工及制品制造	15	9	12	19	18
制鞋业	195	185	307	488	501
木材加工和木、竹、藤、棕、草制品业	206	262	266	332	258
木材加工	28	50	38	44	38
人造板制造	28	29	27	29	20
木质制品制造	107	130	151	191	147
竹、藤、棕、草等制品制造	43	53	50	68	53
家具制造业	164	182	234	312	285
木质家具制造	89	106	138	179	186
竹、藤家具制造	4	2	9	10	6
金属家具制造	42	37	47	63	44
塑料家具制造	4	9	5	6	7
其他家具制造	25	28	35	54	42
造纸和纸制品业	401	390	470	627	455
纸浆制造					1
造纸	45	45	70	83	53
纸制品制造	356	345	400	544	401
印刷和记录媒介复制业	**420**	**304**	**361**	**455**	**373**
印刷	392	279	337	428	343
装订及印刷相关服务	27	24	23	27	30
记录媒介复制	1	1	1		
文教、工美、体育和娱乐用品制造业	671	598	657	919	842
文教办公用品制造	117	95	129	145	142
乐器制造	7	3	6	10	17
工艺美术及礼仪用品制造	386	369	352	519	457
体育用品制造	53	53	77	110	101
玩具制造	89	60	75	114	90
游艺器材及娱乐用品制造	19	18	18	21	35
石油、煤炭及其他燃料加工业	13	11	14	12	8
精炼石油产品制造	9	7	6	7	4
煤炭加工		2	4		1
核燃料加工					
生物质燃料加工	4	2	4	5	3
化学原料和化学制品制造业	320	312	362	345	294
基础化学原料制造	37	32	38	43	37
肥料制造	7	8	16	7	16

2012年	2013年	2014年	2015年	2016年	2017年	2018年	无开业年份
206	379	376	343	429	508	523	9
173	275	279	236	316	377	375	11
1178	2838	2659	2315	2937	3319	3488	22
541	1512	1289	1096	1320	1362	1235	11
272	537	493	455	619	842	1091	4
365	789	877	764	998	1115	1162	7
800	1898	3070	1513	1411	1982	1979	15
20	42	53	27	34	36	30	
247	503	437	404	454	533	682	2
84	118	118	77	72	77	90	
12	22	14	14	8	22	18	
437	1213	2448	991	843	1314	1159	13
274	646	582	471	627	831	598	10
38	130	111	81	103	131	117	2
31	42	38	29	52	40	20	
145	303	311	253	371	536	354	7
60	171	122	108	101	124	107	1
311	671	591	603	697	1137	713	10
182	429	377	362	463	821	462	7
8	26	17	19	15	19	18	1
59	103	97	109	98	103	66	
10	15	12	11	8	17	12	
52	98	88	102	113	177	155	2
510	946	933	851	1054	1384	1572	10
1	2	2	1	3		2	
68	136	110	101	129	166	139	1
441	808	821	749	922	1218	1431	9
318	**605**	**538**	**513**	**704**	**798**	**798**	**8**
298	542	504	483	673	751	754	8
20	63	34	29	31	47	44	
			1				
955	1746	1723	1621	2122	2657	2360	17
141	269	274	244	275	348	352	4
9	7	14	10	16	31	27	
542	1045	925	846	1151	1444	1268	11
116	167	205	193	266	267	234	1
108	211	200	237	297	390	362	1
39	47	105	91	117	177	117	
22	28	42	44	59	49	34	
15	10	13	17	24	22	12	
1	9	6	2	5	2	2	
						1	
6	9	23	25	30	25	19	
305	428	426	435	576	662	496	15
29	42	30	37	49	52	40	4
14	7	23	19	28	22	14	

1-13 续表 16

行业中类					
	2007年	2008年	2009年	2010年	2011年
农药制造	2	1		1	1
涂料、油墨、颜料及类似产品制造	79	80	88	71	64
合成材料制造	52	34	56	74	51
专用化学产品制造	102	108	119	102	81
炸药、火工及焰火产品制造		1			
日用化学产品制造	41	48	45	47	44
医药制造业	37	29	44	45	35
化学药品原料药制造	8	3	5	6	6
化学药品制剂制造	3		3	2	2
中药饮片加工	6	5	1	4	2
中成药生产		2	3	4	
兽用药品制造	3	3	5	2	2
生物药品制品制造	8	3	6	9	10
卫生材料及医药用品制造	7	8	19	14	9
药用辅料及包装材料	2	5	2	4	4
化学纤维制造业	71	64	73	146	116
纤维素纤维原料及纤维制造	1	1	2	1	4
合成纤维制造	69	61	70	141	110
生物基材料制造	1	2	1	4	2
橡胶和塑料制品业	1223	1144	1317	1786	1429
橡胶制品业	140	136	137	212	185
塑料制品业	1083	1008	1180	1574	1244
非金属矿物制品业	433	457	464	618	551
水泥、石灰和石膏制造	21	23	18	23	17
石膏、水泥制品及类似制品制造	140	118	90	129	136
砖瓦、石材等建筑材料制造	94	120	151	172	146
玻璃制造	22	17	24	39	21
玻璃制品制造	54	48	62	86	84
玻璃纤维和玻璃纤维增强塑料制品制造	18	16	22	17	27
陶瓷制品制造	38	52	41	84	44
耐火材料制品制造	16	32	25	31	26
石墨及其他非金属矿物制品制造	30	31	31	37	50
黑色金属冶炼和压延加工业	103	103	98	102	95
炼铁		2			
炼钢		1			
钢压延加工	99	99	97	96	93
铁合金冶炼	4	1	1	6	2
有色金属冶炼和压延加工业	121	124	130	152	139
常用有色金属冶炼	5	6	4	2	8
贵金属冶炼				1	
稀有稀土金属冶炼				1	1
有色金属合金制造	21	30	36	46	27
有色金属压延加工	95	88	90	102	103
金属制品业	1465	1369	1468	1972	1809
结构性金属制品制造	317	294	353	428	366
金属工具制造	187	161	154	241	230

2012年	2013年	2014年	2015年	2016年	2017年	2018年	无开业年份
	1	4	3	2	4	4	
63	117	105	102	118	157	100	3
49	76	70	75	109	130	110	3
87	115	104	110	141	158	98	3
	1	2		1	2		
63	69	88	89	128	137	130	2
38	49	55	58	94	105	48	5
5	1	5	6	9	8	5	1
4	3	5	8	7	6	4	2
5	9	4	6	14	10	5	
2	4	2	2	7	17	4	
2	2	1	2		1	2	
9	6	15	11	27	30	16	
9	21	19	20	28	31	12	2
2	3	4	3	2	2		
65	129	101	87	98	131	129	2
3	1	6	5	7	1	4	
58	122	83	80	89	125	120	1
4	6	12	2	2	5	5	1
1425	2563	2457	2008	2566	3132	2630	27
163	287	245	198	260	328	312	3
1262	2276	2212	1810	2306	2804	2318	24
571	1175	896	731	1081	1225	1009	11
17	27	24	19	29	22	17	
127	250	173	149	173	245	187	3
202	334	346	280	361	450	410	6
21	28	26	32	33	47	32	
68	321	135	107	293	215	165	
29	33	26	18	29	29	21	1
46	86	81	57	71	110	72	1
19	23	36	21	24	25	24	
42	73	49	48	68	82	81	
101	134	133	137	151	198	170	1
1							
	2			2	2	1	
99	131	130	135	146	191	166	1
1	1	3	2	3	5	3	
137	231	204	158	199	235	193	3
4	7	3	4	9	7	11	
	2						
		2	2	2	1	3	
29	50	50	34	57	70	55	2
104	172	149	118	131	157	124	1
1787	2974	2879	2448	3102	3967	3483	44
385	648	633	579	759	999	852	8
217	315	257	270	353	395	352	5

1-13 续表 17

行业中类	2007年	2008年	2009年	2010年	2011年
集装箱及金属包装容器制造	27	22	25	39	33
金属丝绳及其制品制造	48	44	44	50	46
建筑、安全用金属制品制造	432	437	450	579	603
金属表面处理及热处理加工	93	88	68	130	84
搪瓷制品制造	14	14	14	29	19
金属制日用品制造	99	99	130	195	171
铸造及其他金属制品制造	248	210	230	281	257
通用设备制造业	2007	1960	2001	2754	2870
锅炉及原动设备制造	21	25	18	32	29
金属加工机械制造	132	176	193	285	303
物料搬运设备制造	81	62	100	129	113
泵、阀门、压缩机及类似机械制造	455	461	481	614	648
轴承、齿轮和传动部件制造	289	231	177	270	299
烘炉、风机、包装等设备制造	197	204	219	302	319
文化、办公用机械制造	18	19	20	29	12
通用零部件制造	776	729	733	1016	1049
其他通用设备制造业	38	53	60	77	98
专用设备制造业	816	796	998	1308	1271
采矿、冶金、建筑专用设备制造	43	38	48	52	48
化工、木材、非金属加工专用设备制造	343	326	378	544	537
食品、饮料、烟草及饲料生产专用设备制造	19	22	36	40	34
印刷、制药、日化及日用品生产专用设备制造	32	41	52	56	61
纺织、服装和皮革加工专用设备制造	126	104	128	173	192
电子和电工机械专用设备制造	30	17	32	41	45
农、林、牧、渔专用机械制造	27	38	41	56	51
医疗仪器设备及器械制造	70	88	111	146	136
环保、邮政、社会公共服务及其他专用设备制造	126	122	172	200	167
汽车制造业	613	648	653	988	854
汽车整车制造	3	1	2	3	2
汽车用发动机制造	3	2	2	1	1
改装汽车制造		3	2		
低速汽车制造			1		
电车制造		1			2
汽车车身、挂车制造	8	6	4	12	9
汽车零部件及配件制造	599	635	642	972	840
铁路、船舶、航空航天和其他运输设备制造业	156	163	170	193	176
铁路运输设备制造	3	6	4	7	9
城市轨道交通设备制造				1	3
船舶及相关装置制造	49	64	43	43	39
航空、航天器及设备制造	1	1	1	2	1
摩托车制造	49	36	41	62	42
自行车和残疾人座车制造	16	22	31	26	23
助动车制造	25	25	37	39	36
非公路休闲车及零配件制造	11	4	8	10	15
潜水救捞及其他未列明运输设备制造	2	5	5	3	8
电气机械和器材制造业	1276	1270	1552	2127	1950

2012年	2013年	2014年	2015年	2016年	2017年	2018年	无开业年份
42	42	43	48	45	44	34	
32	75	65	41	65	59	38	
510	957	931	716	957	1115	830	5
166	239	153	104	132	190	123	7
18	38	47	36	38	50	28	1
190	259	309	302	336	489	470	2
227	401	441	352	417	626	756	16
2414	3824	3897	3163	3644	5007	4295	46
16	29	33	34	33	26	27	1
243	433	425	399	423	555	470	8
101	112	148	86	138	151	107	1
565	794	890	725	757	1172	995	8
235	320	289	235	262	375	278	1
263	425	424	390	442	556	443	4
31	28	27	21	35	37	24	1
858	1560	1478	1098	1343	1793	1483	16
102	123	183	175	211	342	468	6
1148	1923	1950	1698	2210	3085	2449	31
40	59	82	44	67	69	77	1
502	872	838	729	987	1403	1024	5
31	44	63	58	58	63	43	4
46	86	68	53	65	78	61	2
126	234	186	150	177	276	192	1
31	37	52	41	70	73	98	1
43	67	76	74	76	107	67	6
142	289	258	216	293	417	293	3
187	235	327	333	417	599	594	8
744	1334	1126	1029	1258	1671	1276	29
	4	6	7	12	10	14	
4	2	4	1	4	3	2	
	1	1	3		4	2	
	1		1	1	1	2	
3	10	8	6	7	13	3	1
737	1316	1107	1011	1234	1640	1253	28
158	280	284	283	316	354	245	5
2	5	10	14	14	14	10	
	1	4	3	4	4	2	1
25	45	59	45	54	54	65	1
1	2	7	4	4	8	14	
47	109	63	53	78	79	52	
20	28	41	46	44	46	16	
39	65	53	56	59	80	35	2
21	19	39	55	51	65	49	
3	6	8	7	8	4	2	1
1803	2400	2777	2694	3261	4008	3170	46

1-13 续表 18

行业中类	2007年	2008年	2009年	2010年	2011年
电机制造	147	130	155	186	189
输配电及控制设备制造	452	504	632	935	920
电线、电缆、光缆及电工器材制造	162	117	139	175	147
电池制造	14	16	19	20	13
家用电力器具制造	216	220	274	347	291
非电力家用器具制造	37	48	73	62	44
照明器具制造	216	204	232	348	283
其他电气机械及器材制造	32	31	28	54	63
计算机、通信和其他电子设备制造业	390	394	459	631	546
计算机制造	13	12	14	17	25
通信设备制造	28	32	39	69	46
广播电视设备制造	7	11	6	8	8
雷达及配套设备制造			1	2	
非专业视听设备制造	28	28	26	27	21
智能消费设备制造	9	6	12	15	15
电子器件制造	51	63	74	89	74
电子元件及电子专用材料制造	233	216	262	356	333
其他电子设备制造	21	26	25	48	24
仪器仪表制造业	176	169	192	230	242
通用仪器仪表制造	115	118	138	163	189
专用仪器仪表制造	33	21	25	25	21
钟表与计时仪器制造	6	3	4	5	5
光学仪器制造	8	10	8	12	9
衡器制造	10	10	11	13	5
其他仪器仪表制造业	4	7	6	12	13
其他制造业	244	224	261	345	301
日用杂品制造	220	194	221	291	247
核辐射加工					
其他未列明制造业	24	30	40	54	54
废弃资源综合利用业	26	29	18	35	28
金属废料和碎屑加工处理	12	18	8	24	11
非金属废料和碎屑加工处理	14	11	10	11	17
金属制品、机械和设备修理业	57	54	77	95	88
金属制品修理	1	1	3	1	1
通用设备修理	3	5	8	13	13
专用设备修理	3	5	7	12	12
铁路、船舶、航空航天等运输设备修理	40	29	42	37	37
电气设备修理	1	3	3	11	7
仪器仪表修理	3			2	1
其他机械和设备修理业	6	11	14	19	17
电力、热力、燃气及水生产和供应业	**109**	**133**	**123**	**129**	**119**
电力、热力生产和供应业	54	61	68	70	65
电力生产	51	56	65	64	56
电力供应	1	3		1	
热力生产和供应	2	2	3	5	9

2012年	2013年	2014年	2015年	2016年	2017年	2018年	无开业年份
151	220	228	206	215	272	205	6
833	953	1249	1232	1547	1942	1392	12
109	195	177	171	215	203	156	
10	17	27	31	62	55	38	1
329	462	540	558	621	789	619	7
45	74	54	49	53	83	39	4
282	412	420	358	457	536	438	5
44	67	82	89	91	128	283	11
478	670	723	722	847	1184	1048	16
15	26	37	36	35	53	48	1
35	45	56	76	65	91	77	4
10	13	14	11	9	13	12	
	2			1		1	
19	28	17	28	32	29	23	
15	21	29	45	38	102	95	1
66	91	88	95	112	177	143	4
281	400	430	384	495	634	509	6
37	44	52	47	60	85	140	
246	341	376	410	442	588	477	2
181	260	296	324	347	467	370	2
29	31	43	41	44	58	41	
7	7	6	7	9	10	2	
12	11	13	15	18	19	18	
6	17	10	12	13	10	13	
11	15	8	11	11	24	33	
282	473	507	400	530	646	1126	24
229	366	390	278	392	453	389	4
	2						
53	105	117	122	138	193	737	20
29	61	68	68	50	73	63	
10	29	21	29	9	21	20	
19	32	47	39	41	52	43	
89	149	163	181	224	295	279	2
2	6	6	2	5	6	4	
14	20	32	20	41	43	36	
6	17	24	26	28	42	43	
41	65	46	85	83	109	94	2
6	12	19	16	13	14	17	
1	1	1	3	1	4	1	
19	28	35	29	53	77	84	
117	**182**	**206**	**283**	**428**	**585**	**358**	**3**
64	102	126	166	328	471	270	3
56	94	110	132	292	434	246	2
1	2	6	16	22	22	16	1
7	6	10	18	14	15	8	

1-13 续表 19

行业中类	2007年	2008年	2009年	2010年	2011年
燃气生产和供应业	8	10	16	14	12
燃气生产和供应业	8	10	16	13	12
生物质燃气生产和供应业				1	
水的生产和供应业	47	62	39	45	42
自来水生产和供应	17	20	18	18	10
污水处理及其再生利用	26	37	19	27	28
海水淡化处理		1			
其他水的处理、利用与分配	4	4	2		4
建筑业	**794**	**850**	**1247**	**1765**	**1761**
房屋建筑业	154	139	235	308	297
住宅房屋建筑	130	115	200	254	246
体育场馆建筑		1	1	2	
其他房屋建筑业	24	23	34	52	51
土木工程建筑业	205	194	354	446	469
铁路、道路、隧道和桥梁工程建筑	103	94	170	219	218
水利和水运工程建筑	13	15	33	24	39
海洋工程建筑	3		3	1	
工矿工程建筑	4	5	7	8	11
架线和管道工程建筑	23	23	33	41	38
节能环保工程施工	7	9	13	5	16
电力工程施工	4	3	1	5	3
其他土木工程建筑	48	45	94	143	144
建筑安装业	144	143	199	281	251
电气安装	52	48	68	104	91
管道和设备安装	40	42	54	78	81
其他建筑安装业	52	53	77	99	79
建筑装饰、装修和其他建筑业	291	374	459	730	744
建筑装饰和装修业	227	277	384	582	604
建筑物拆除和场地准备活动	47	69	51	101	96
提供施工设备服务	4	4	5	4	11
其他未列明建筑业	13	24	19	43	33
批发和零售业	**8126**	**9233**	**12723**	**16486**	**19451**
批发业	6014	6794	9365	12044	13883
农、林、牧、渔产品批发	135	226	275	363	410
食品、饮料及烟草制品批发	447	656	925	1048	1189
纺织、服装及家庭用品批发	1718	1880	2679	3643	4463
文化、体育用品及器材批发	262	292	358	492	634
医药及医疗器材批发	124	133	213	290	311
矿产品、建材及化工产品批发	1593	1698	2222	2714	3050
机械设备、五金产品及电子产品批发	1342	1432	2005	2630	2966
贸易经纪与代理	150	144	208	297	236
其他批发业	243	333	480	567	624
零售业	2112	2439	3358	4442	5568
综合零售	56	66	76	87	95
食品、饮料及烟草制品专门零售	251	397	485	536	674

2012年	2013年	2014年	2015年	2016年	2017年	2018年	无开业年份
21	19	13	10	11	16	26	
21	17	12	9	11	15	24	
	2	1	1		1	2	
32	61	67	107	89	98	62	
16	14	15	31	17	22	18	
14	34	46	70	68	75	39	
						1	
2	13	6	6	4	1	4	
1874	**2458**	**4125**	**3720**	**6311**	**9621**	**9915**	**91**
286	302	424	327	703	1318	1500	8
248	251	374	287	619	1189	1283	7
2		1			2	2	
36	51	49	40	84	127	215	1
500	673	987	801	1314	2015	2018	23
260	312	476	315	556	888	678	7
43	59	53	42	69	91	90	
2	4	6	3	8	7	6	
5	6	16	20	11	31	21	1
30	45	69	67	97	118	97	1
6	14	36	29	42	63	88	
7	16	18	30	61	105	81	
147	217	313	295	470	712	957	14
305	309	552	515	848	1082	1062	11
123	116	192	214	317	382	315	2
89	101	173	139	232	307	282	4
93	92	187	162	299	393	465	5
783	1174	2162	2077	3446	5206	5335	49
613	859	1487	1626	2804	4091	3928	31
130	250	559	351	454	777	498	6
6	8	11	11	28	43	41	
34	57	105	89	160	295	868	12
20458	**35201**	**41008**	**40286**	**59337**	**75560**	**81892**	**839**
14561	22796	25755	24904	34514	43092	48476	563
454	847	578	509	665	749	661	3
1387	2265	2266	2081	2519	2822	2498	21
4942	7640	8758	8427	11554	13713	15307	175
646	1281	1273	1316	2188	2724	3010	46
307	476	626	658	847	986	1285	6
3135	4773	5475	5075	7262	9538	9824	72
2811	4129	4940	4829	6460	8355	7369	56
297	412	564	621	799	960	1628	76
582	973	1275	1388	2220	3245	6894	108
5897	12405	15253	15382	24823	32468	33416	276
113	336	326	304	482	597	691	13
872	1870	1996	1474	2033	2697	2258	16

1-13 续表 20

行业中类	2007年	2008年	2009年	2010年	2011年
纺织、服装及日用品专门零售	276	317	418	680	900
文化、体育用品及器材专门零售	102	117	201	235	334
医药及医疗器材专门零售	385	405	432	495	503
汽车、摩托车、零配件和燃料及其他动力销售	299	284	430	537	602
家用电器及电子产品专门零售	307	331	540	589	593
五金、家具及室内装饰材料专门零售	292	336	457	640	675
货摊、无店铺及其他零售业	144	186	319	643	1192
交通运输、仓储和邮政业	**656**	**646**	**998**	**1420**	**1062**
铁路运输业		2	2	3	
铁路旅客运输		2	1	2	
铁路货物运输			1		
铁路运输辅助活动				1	
道路运输业	343	330	567	733	557
城市公共交通运输	22	19	8	23	19
公路旅客运输	13	11	14	11	13
道路货物运输	283	273	517	666	492
道路运输辅助活动	25	27	28	33	33
水上运输业	60	58	71	57	57
水上旅客运输	3	3	2	3	1
水上货物运输	37	41	37	45	39
水上运输辅助活动	20	14	32	9	17
航空运输业	4	3	5	4	6
航空客货运输	2	2	4	4	4
通用航空服务	1	1			2
航空运输辅助活动	1		1		
管道运输业					
海底管道运输					
陆地管道运输					
多式联运和运输代理业	144	153	207	259	289
多式联运	1	1	2		
运输代理业	143	152	205	259	289
装卸搬运和仓储业	74	64	75	93	86
装卸搬运	28	32	30	41	35
通用仓储	20	9	14	19	23
低温仓储	4	2	6	8	6
危险品仓储	6	4	3	1	4
谷物、棉花等农产品仓储	3	2	3	3	2
中药材仓储					1
其他仓储业	13	15	19	21	15
邮政业	31	36	71	271	67
邮政基本服务	1	1		1	
快递服务	29	32	71	270	67
其他寄递服务	1	3			
住宿和餐饮业	**417**	**462**	**581**	**749**	**796**
住宿业	219	227	232	327	374

2012年	2013年	2014年	2015年	2016年	2017年	2018年	无开业年份
885	1762	2401	2378	4042	5219	5648	46
330	556	778	814	1333	1736	1778	5
566	696	1579	1462	1166	1259	1072	9
585	1013	1191	1300	1805	2677	2364	16
643	1045	1136	1235	1800	2291	2270	15
744	2765	1761	1576	2419	3392	3140	17
1159	2362	4085	4839	9743	12600	14195	139
1089	**1612**	**2325**	**2796**	**3857**	**5402**	**5093**	**71**
	1						
	1						
609	922	1333	1591	2475	3727	3401	52
22	27	25	42	29	28	29	
11	11	22	18	23	22	28	
533	830	1199	1450	2304	3509	3205	50
43	54	87	81	119	168	139	2
37	46	65	86	106	129	114	4
3	4		6	5	11	9	
23	25	41	56	78	79	66	3
11	17	24	24	23	39	39	1
4	5	10	9	18	18	20	
	2	7	2	10	7	6	
1	3	2	4	4	7	10	
3		1	3	4	4	4	
			1		1		
			1				
					1		
268	435	637	709	809	998	1019	8
	1		1	2		7	
268	434	637	708	807	998	1012	8
101	122	200	253	234	363	364	6
44	76	101	129	102	187	207	4
22	20	51	61	73	87	60	1
6	8	6	11	5	7	9	
3	3	1	3		3	2	1
6	1	3	8	9	5	3	
20	14	38	41	45	74	83	
70	81	80	147	215	166	175	1
		1	1	2	1		
70	81	79	144	212	162	174	1
			2	1	3	1	
951	**2298**	**2070**	**2292**	**3308**	**4157**	**4045**	**60**
390	1047	696	802	1085	1139	956	27

1-13 续表 21

行业中类	2007年	2008年	2009年	2010年	2011年
旅游饭店	66	55	69	67	84
一般旅馆	146	163	156	246	270
民宿服务	2	5	4	7	13
露营地服务					
其他住宿业	5	4	3	7	7
餐饮业	198	235	349	422	422
正餐服务	168	194	281	357	354
快餐服务	13	21	20	29	22
饮料及冷饮服务	7	5	25	15	21
餐饮配送及外卖送餐服务	3	7	6	7	9
其他餐饮业	7	8	17	14	16
信息传输、软件和信息技术服务业	**505**	**618**	**840**	**1057**	**1239**
电信、广播电视和卫星传输服务	25	30	31	39	37
电信	16	20	26	31	34
广播电视传输服务	9	9	5	6	3
卫星传输服务		1		2	
互联网和相关服务	34	55	81	79	113
互联网接入及相关服务	3	11	7	6	12
互联网信息服务	22	27	44	43	48
互联网平台	1	2	10	10	23
互联网安全服务	1		1	1	1
互联网数据服务	2	7	5	3	4
其他互联网服务	5	8	14	16	25
软件和信息技术服务业	446	533	728	939	1089
软件开发	323	369	540	688	800
集成电路设计	4	3	5	11	17
信息系统集成和物联网技术服务	21	44	36	56	67
运行维护服务	7	13	5	7	11
信息处理和存储支持服务	3	2	4	5	8
信息技术咨询服务	57	63	97	115	123
数字内容服务	13	15	14	17	16
其他信息技术服务业	18	24	27	40	47
金融业	**195**	**240**	**226**	**301**	**389**
货币金融服务	50	93	117	111	135
中央银行服务					
货币银行服务	19	46	30	49	63
非货币银行服务	31	47	87	62	72
银行理财服务					
银行监管服务					
资本市场服务	39	40	49	125	169
证券市场服务	1				
公开募集证券投资基金					1
非公开募集证券投资基金	14	19	22	64	81
期货市场服务					
证券期货监管服务					

2012年	2013年	2014年	2015年	2016年	2017年	2018年	无开业年份
78	118	120	146	212	243	151	4
295	884	512	529	600	621	506	12
13	32	51	112	244	248	222	8
		1	1	3	1	3	
4	13	12	14	26	26	74	3
561	1251	1374	1490	2223	3018	3089	33
446	1017	1082	1142	1745	2300	2117	25
34	87	96	106	168	215	222	2
34	68	77	77	88	152	160	
11	18	29	45	54	71	81	
36	61	90	120	168	280	509	6
1386	**1996**	**3934**	**6056**	**8789**	**12309**	**13451**	**115**
50	60	50	96	99	133	71	
26	39	41	79	90	125	67	
24	21	9	15	6	5	4	
			2	3	3		
129	180	380	622	801	1193	1611	11
15	19	38	33	37	54	77	
65	96	204	353	447	642	840	4
23	30	70	85	119	166	209	3
		7	8	11	18	13	
5	3	5	19	34	51	74	
21	32	56	124	153	262	398	4
1207	1756	3504	5338	7889	10983	11769	104
881	1276	2576	3909	5973	8090	7251	44
9	19	24	20	29	45	54	
58	86	154	168	230	348	391	8
9	9	32	39	43	54	67	
10	11	26	32	54	80	87	
178	251	492	853	1139	1761	2318	22
14	21	38	48	74	102	137	
48	83	162	269	347	503	1464	30
370	**562**	**892**	**1931**	**3837**	**4556**	**2582**	**12**
157	249	180	155	141	124	115	3
36	146	105	79	79	24	19	
121	103	75	76	62	100	96	3
150	215	564	1540	3492	4223	2335	9
	1	2					
			1				
66	88	245	501	402	334	43	
	2			1			

1-13 续表 22

行业中类	2007年	2008年	2009年	2010年	2011年
资本投资服务	18	15	17	33	40
其他资本市场服务	6	6	10	28	47
保险业	86	78	40	22	38
人身保险	25	35	12	5	11
财产保险	42	30	15	12	17
再保险					
商业养老金	8	1			
保险中介服务	11	11	12	5	10
保险资产管理					
保险监管服务					
其他保险活动		1	1		
其他金融业	20	29	20	43	47
金融信托与管理服务					1
控股公司服务	3	9	3	24	17
非金融机构支付服务	1	1	1	1	2
金融信息服务	2			2	1
金融资产管理公司				1	
其他未列明金融业	14	19	16	15	26
房地产业	**1060**	**1019**	**1443**	**1943**	**1703**
房地产业	1060	1019	1443	1943	1703
房地产开发经营	384	356	597	794	638
物业管理	215	226	276	347	310
房地产中介服务	193	163	318	417	475
房地产租赁经营	257	263	235	367	264
其他房地产业	11	11	17	18	16
租赁和商务服务业	**2354**	**2799**	**3249**	**3864**	**4850**
租赁业	70	126	190	233	288
机械设备经营租赁	66	113	181	216	263
文体设备和用品出租	4	12	9	15	19
日用品出租		1		2	6
商务服务业	2284	2673	3059	3631	4562
组织管理服务	925	1085	1095	1156	1840
综合管理服务	74	77	111	96	98
法律服务	49	81	80	73	94
咨询与调查	441	529	648	831	1026
广告业	400	408	574	733	735
人力资源服务	89	127	142	202	189
安全保护服务	23	22	31	46	61
会议、展览及相关服务	44	60	84	84	87
其他商务服务业	239	284	294	410	432
科学研究和技术服务业	**781**	**855**	**1218**	**1530**	**1842**
研究和试验发展	86	103	170	207	275
自然科学研究和试验发展	4	3	4	5	3
工程和技术研究和试验发展	60	58	119	144	210
农业科学研究和试验发展	5	17	16	23	15

2012年	2013年	2014年	2015年	2016年	2017年	2018年	无开业年份
34	36	85	202	289	457	266	1
50	88	232	836	2800	3432	2026	8
28	44	34	40	44	35	29	
9	12	10	13	11	4	3	
12	18	9	10	7	8	3	
1			1				
5	5	4	7	6	5	9	
					1		
1	9	11	9	20	17	14	
35	54	114	196	160	174	103	
3	6	6	12	14	14	10	
14	16	32	54	56	67	23	
1			1				
3	10	46	86	44	37	28	
	1		2	2	2	1	
14	21	30	41	44	54	41	
1429	**2558**	**2402**	**2412**	**4088**	**7197**	**7598**	**56**
1429	2558	2402	2412	4088	7197	7598	56
438	788	512	410	686	1231	1140	9
351	494	633	691	943	1215	1297	21
351	774	741	959	2023	4201	4487	19
255	474	488	323	368	463	462	4
34	28	28	29	68	87	212	3
5129	**6624**	**11621**	**16067**	**20495**	**31587**	**29796**	**254**
336	466	664	877	1236	2090	2167	9
322	431	623	827	1165	2007	2075	9
11	32	36	44	62	71	77	
3	3	5	6	9	12	15	
4793	6158	10957	15190	19259	29497	27629	245
1667	1810	4625	6930	7372	12664	9290	61
94	149	199	242	328	519	661	15
91	94	117	189	218	327	133	1
1126	1761	2757	3993	5887	8700	8418	80
913	1181	1683	1783	2503	3262	3378	27
240	308	356	484	771	1244	1558	8
72	115	108	140	194	220	184	1
131	134	198	238	348	410	427	3
459	606	914	1191	1638	2151	3580	49
2033	**2853**	**4565**	**5573**	**8458**	**11890**	**13784**	**131**
302	441	786	974	1580	2083	2392	31
9	11	27	30	43	68	151	2
200	307	618	754	1225	1613	1796	22
33	38	32	46	58	64	99	1

1-13 续表 23

行业中类					
	2007年	2008年	2009年	2010年	2011年
医学研究和试验发展	11	14	23	28	36
社会人文科学研究	6	11	8	7	11
专业技术服务业	501	515	729	900	1032
气象服务	1	6	5	4	9
地震服务				2	
海洋服务	1	1	2	2	2
测绘地理信息服务	5	5	14	9	15
质检技术服务	81	72	96	87	127
环境与生态监测检测服务	18	15	11	19	16
地质勘查	5	1	5	3	3
工程技术与设计服务	252	250	348	476	486
工业与专业设计及其他专业技术服务	138	165	248	298	374
科技推广和应用服务业	194	237	319	423	535
技术推广服务	140	164	240	299	394
知识产权服务	33	47	38	66	69
科技中介服务	9	11	11	12	13
创业空间服务	2	3	6	5	1
其他科技推广服务业	10	12	24	41	58
水利、环境和公共设施管理业	**176**	**215**	**235**	**242**	**272**
水利管理业	17	32	30	13	24
防洪除涝设施管理	3	10	10	3	5
水资源管理	2	10	10	6	6
天然水收集与分配	6	3	6	1	1
水文服务		1			1
其他水利管理业	6	8	4	3	11
生态保护和环境治理业	24	36	30	33	38
生态保护	3	1	5	4	2
环境治理业	21	35	25	29	36
公共设施管理业	125	139	166	184	204
市政设施管理	27	24	39	38	36
环境卫生管理	26	53	45	40	37
城乡市容管理	3	3	2	8	4
绿化管理	35	27	47	64	86
城市公园管理	1	2	1		2
游览景区管理	33	30	32	34	39
土地管理业	10	8	9	12	6
土地整治服务	5	7	6	5	3
土地调查评估服务	1	1	3		1
土地登记服务					
土地登记代理服务	1			1	
其他土地管理服务	3			6	2
居民服务、修理和其他服务业	**406**	**519**	**596**	**729**	**764**
居民服务业	126	192	207	274	289
家庭服务	30	23	46	56	60
托儿所服务	3	2	4	4	4

2012年	2013年	2014年	2015年	2016年	2017年	2018年	无开业年份
43	65	93	132	223	309	331	6
17	20	16	12	31	29	15	
1118	1603	2308	2550	3765	5259	5733	40
12	41	13	13	20	18	12	
1	2	1	4	5	5	2	
4	7	7	9	6	7	8	1
14	25	59	32	51	70	61	
125	121	237	230	290	340	323	5
24	38	40	69	85	128	97	
2	4	4	1	8	12	10	
519	717	976	1151	1739	2600	2453	14
417	648	971	1041	1561	2079	2767	20
613	809	1471	2049	3113	4548	5659	60
432	632	1126	1604	2485	3608	3974	44
78	84	156	171	229	305	308	
31	32	53	60	87	114	121	3
5	1	8	24	45	53	45	
67	60	128	190	267	468	1211	13
326	**446**	**516**	**676**	**1032**	**1328**	**1122**	**14**
32	39	32	47	74	64	56	
7	7	6	10	17	17	10	
12	11	10	11	14	20	20	
1	6	4	7	5	5	10	
5	1	2	6	2		2	
7	14	10	13	36	22	14	
48	75	103	100	171	246	228	2
3	8	4	8	5	17	13	
45	67	99	92	166	229	215	2
231	313	359	498	742	911	704	12
31	63	47	57	74	94	81	1
49	64	95	152	231	275	200	1
13	9	10	9	7	20	10	
78	123	133	158	239	302	235	3
6	5	3	6	10	6	8	
54	49	71	116	181	214	170	7
15	19	22	31	45	107	134	
9	14	10	21	30	89	119	
1	1		2	1	7	3	
1		1	4	7	2	2	
	1	2	1	3	3	2	
4	3	9	3	4	6	8	
865	**1774**	**2100**	**2325**	**3346**	**4991**	**4929**	**45**
376	687	886	1043	1661	2823	2763	30
79	101	208	247	345	533	508	5
3	14	35	24	30	37	77	1

1-13 续表 24

行业中类	2007年	2008年	2009年	2010年	2011年
洗染服务	11	16	13	14	7
理发及美容服务	13	26	27	34	45
洗浴和保健养生服务	19	36	44	69	66
摄影扩印服务	15	18	14	22	33
婚姻服务	10	13	18	22	31
殡葬服务	9	17	19	25	10
其他居民服务业	16	41	22	28	33
机动车、电子产品和日用产品修理业	203	215	280	303	341
汽车、摩托车等修理与维护	153	155	217	226	247
计算机和办公设备维修	24	27	24	32	42
家用电器修理	25	31	35	35	46
其他日用产品修理业	1	2	4	10	6
其他服务业	77	112	109	152	134
清洁服务	66	93	89	127	101
宠物服务	2	3	2	2	3
其他未列明服务业	9	16	18	23	30
教育	**512**	**725**	**763**	**919**	**906**
教育	512	725	763	919	906
学前教育	195	342	315	396	335
初等教育	59	57	50	65	63
中等教育	38	54	44	55	38
高等教育	5	5	6	2	3
特殊教育		4	7	13	16
技能培训、教育辅助及其他教育	215	263	341	388	451
卫生和社会工作	**205**	**205**	**190**	**293**	**307**
卫生	128	101	113	144	154
医院	28	16	27	29	36
基层医疗卫生服务	92	78	80	106	108
专业公共卫生服务	6	6	3	6	10
其他卫生活动	2	1	3	3	
社会工作	77	104	77	149	153
提供住宿社会工作	55	76	57	126	114
不提供住宿社会工作	22	28	20	23	39
文化、体育和娱乐业	**395**	**464**	**534**	**666**	**715**
新闻和出版业	7	8	13	10	4
新闻业		2	2	2	1
出版业	7	6	11	8	3
广播、电视、电影和录音制作业	47	63	65	107	136
广播	2	1	1		3
电视	1	1	3	1	5
影视节目制作	30	43	42	60	86
广播电视集成播控			3		1
电影和广播电视节目发行	2	8	1	10	6
电影放映	12	9	15	33	31
录音制作		1		3	4

2012年	2013年	2014年	2015年	2016年	2017年	2018年	无开业年份
23	25	38	37	68	61	51	
46	117	126	167	255	485	578	10
74	189	169	160	262	365	421	4
39	62	117	111	211	258	336	1
42	64	78	120	164	215	225	3
7	15	32	29	66	51	65	2
63	100	83	148	260	818	502	4
328	848	793	816	1079	1380	1234	8
242	713	629	633	852	1070	962	8
41	64	72	80	96	119	95	
36	59	79	94	114	164	121	
9	12	13	9	17	27	56	
161	239	421	466	606	788	932	7
127	184	348	373	452	580	599	3
4	17	6	9	24	54	67	
30	38	67	84	130	154	266	4
1090	**1455**	**1768**	**2394**	**3910**	**4859**	**8431**	**75**
1090	1455	1768	2394	3910	4859	8431	75
378	504	492	595	983	647	524	4
67	79	78	107	150	142	123	
45	61	68	102	130	95	81	
2	4	18	16	14	10	7	
4	9	3	8	15	10	10	
594	798	1109	1566	2618	3955	7686	71
443	**634**	**793**	**1228**	**1647**	**1824**	**1519**	**20**
216	268	371	546	719	819	757	10
61	59	91	133	134	127	112	3
133	187	252	366	516	615	585	7
18	15	14	33	39	35	18	
4	7	14	14	30	42	42	
227	366	422	682	928	1005	762	10
136	176	230	332	470	461	389	5
91	190	192	350	458	544	373	5
946	**1536**	**2495**	**3875**	**5546**	**7458**	**7480**	**58**
7	12	15	15	18	17	14	
	3	4	1	2	9	3	
7	9	11	14	16	8	11	
166	257	392	649	1341	1908	1958	3
1	1	4	9	46	74	49	
3	10	19	11	25	29	36	
118	187	280	520	1073	1617	1751	3
			1	3	2	2	
4	12	22	15	57	52	37	
39	47	64	87	124	116	60	
1		3	6	13	18	23	

1-13 续表 25

行业中类					
	2007年	2008年	2009年	2010年	2011年
文化艺术业	57	97	115	148	167
文艺创作与表演	19	26	36	47	59
艺术表演场馆	2	1	2	1	5
图书馆与档案馆	2	8	15	16	8
文物及非物质文化遗产保护	7	10	9	8	7
博物馆	7	14	13	21	18
烈士陵园、纪念馆	1	1	1	1	3
群众文体活动	12	23	18	22	34
其他文化艺术业	7	14	21	32	33
体育	43	61	72	79	69
体育组织	11	15	16	19	24
体育场地设施管理	1	3	8	11	5
健身休闲活动	30	42	46	49	39
其他体育	1	1	2		1
娱乐业	241	235	269	322	339
室内娱乐活动	172	154	150	163	175
游乐园	2	2	8	2	6
休闲观光活动	24	32	32	53	39
彩票活动	6	1	2	2	
文化体育娱乐活动与经纪代理服务	35	44	75	102	117
其他娱乐业	2	2	2		2
公共管理、社会保障和社会组织	**2739**	**2542**	**1257**	**1557**	**1853**
中国共产党机关	10	9	5	4	14
中国共产党机关	10	9	5	4	14
国家机构	430	426	298	349	515
国家权力机构				1	
国家行政机构	429	415	293	341	509
人民法院和人民检察院		6	2	1	1
其他国家机构	1	5	3	6	5
人民政协、民主党派	4		2	2	2
人民政协	1			1	
民主党派	3		2	1	2
社会保障	3	5	7	3	1
基本保险		3	5	2	1
补充保险					
其他社会保障	3	2	2	1	
群众团体、社会团体和其他成员组织	884	978	663	796	874
群众团体	3	6	4	5	4
社会团体	474	588	510	570	688
基金会	5	7	18	10	17
宗教组织	402	377	131	211	165
基层群众自治组织	1408	1124	282	403	447
社区居民自治组织	161	166	105	99	102
村民自治组织	1247	958	177	304	345

2012年	2013年	2014年	2015年	2016年	2017年	2018年	无开业年份
231	336	487	687	1131	1525	2170	18
69	90	155	262	431	605	924	9
2	5	5		7	3	9	
22	11	25	30	42	60	62	
11	11	16	16	22	25	11	
20	25	39	28	38	30	21	
1	2	3	1	3	5	2	
45	117	98	140	208	234	214	1
61	75	146	210	380	563	927	8
98	201	298	355	621	805	801	11
25	40	61	81	161	200	193	3
6	8	22	21	44	34	45	1
65	151	210	248	407	553	521	5
2	2	5	5	9	18	42	2
444	730	1303	2169	2435	3203	2537	26
197	358	615	1205	1057	732	498	6
1	12	23	28	38	35	42	
53	64	93	114	101	122	114	3
4	2	9	6	4	6	6	1
187	287	558	812	1229	2293	1851	16
2	7	5	4	6	15	26	
2225	**2399**	**2116**	**2544**	**3855**	**6880**	**3716**	**4**
12	10	8	11	36	38	13	
12	10	8	11	36	38	13	
690	592	370	598	947	941	500	
	1	1	4	7	9	2	
679	571	356	571	919	893	490	
7	4	2	6	12	7	2	
4	16	11	17	9	32	6	
	6	3	2	14	10	3	
		1	1	6	4	2	
	6	2	1	8	6	1	
13	6	5	6	11	10	3	
7	3	5	3	8	6	3	
6	3		3	3	4		
1131	1305	1204	1414	2258	2768	1437	3
14	8	4	18	39	34	14	
864	1112	1025	1190	2055	1915	983	2
22	34	42	46	69	83	44	
231	151	133	160	95	736	396	1
379	480	526	513	589	3113	1760	1
128	140	123	146	103	330	283	1
251	340	403	367	486	2783	1477	

1-14 按行业(大类)、开业(成立)时间

行业大类	从业人员期末人数（人）	1949年以前	1950-1977年	1978-1991年
总 计	**28741022**	**445797**	**1519123**	**1639834**
农、林、牧、渔业	**11964**		**218**	**271**
农业				
林业				
畜牧业				
渔业				
农、林、牧、渔专业及辅助性活动	11964		218	271
采矿业	**17347**		**1646**	**489**
煤炭开采和洗选业	21			
石油和天然气开采业	1			
黑色金属矿采选业	1090		812	
有色金属矿采选业	2247		244	172
非金属矿采选业	13903		590	317
开采专业及辅助性活动	25			
其他采矿业	60			
制造业	**10598127**	**3169**	**51037**	**254074**
农副食品加工业	109172		2668	3208
食品制造业	96947		2621	1558
酒、饮料和精制茶制造业	55313	34	1544	4728
烟草制品业	3636			
纺织业	856891		22	14963
纺织服装、服饰业	796865		182	8769
皮革、毛皮、羽毛及其制品和制鞋业	567820	82	99	8387
木材加工和木、竹、藤、棕、草制品业	129617		8	531
家具制造业	266120		202	651
造纸和纸制品业	212582	1376	164	6926
印刷和记录媒介复制业	171546	17	510	6622
文教、工美、体育和娱乐用品制造业	413089	8	357	5059
石油、煤炭及其他燃料加工业	18194			76
化学原料和化学制品制造业	282587	521	4484	10507
医药制造业	151316	975	9202	9815
化学纤维制造业	120364			970
橡胶和塑料制品业	614287		319	13314
非金属矿物制品业	289958		1069	4673
黑色金属冶炼和压延加工业	87847		23	2874
有色金属冶炼和压延加工业	101948	10	119	3989
金属制品业	787647	3	1567	15157
通用设备制造业	1146219	15	10599	36519
专用设备制造业	541092		957	12459

分组的法人单位从业人员数

1992-2000年	2001年	2002年	2003年	2004年	2005年	2006年	2007年
5233578	**1220654**	**1076908**	**1193506**	**1060774**	**977028**	**1087031**	**974456**
368	**153**	**43**	**172**	**146**	**182**	**208**	**435**
368	153	43	172	146	182	208	435
2102	**208**	**1253**	**704**	**289**	**381**	**443**	**536**
	15				1		
869	5	134	56	24	23	182	
1233	188	1119	648	265	357	261	536
1958063	**508535**	**551702**	**619272**	**480730**	**419512**	**499796**	**423052**
29631	7919	3887	4366	3528	3783	3645	3354
30364	6267	4825	3649	4117	5770	2907	2068
13866	2023	2892	1544	2329	3271	6093	1252
3636							
147358	36481	72304	72058	42546	35106	41611	37640
129735	36726	49439	41545	39790	27040	35846	35897
96857	19579	20540	17930	18080	15933	15299	17168
13965	2900	7466	9547	2943	4887	9022	6018
37566	13457	10702	11783	12999	6844	17477	8537
31678	10053	10620	13668	7993	4712	8157	7749
37434	9166	11958	8629	7645	6316	6436	6550
69916	16850	24552	28487	18713	15004	17159	15908
6346	1234	80	385	192	373	353	192
59463	15165	14856	21910	10930	15561	14488	15202
60403	6172	8729	8525	7749	8139	5424	2776
27068	8755	8739	9592	4336	949	4528	2901
117887	25530	27468	30565	25981	24130	26146	22551
34316	14595	15779	19977	13299	7795	14255	12836
12490	2681	5283	17065	7588	3785	2491	2950
18169	8567	5126	5904	5431	2497	3355	5576
135873	31639	35948	40109	32754	36033	33001	29792
215243	50269	54762	61139	59355	53798	55088	52920
88994	24827	26410	33094	25762	24137	24379	19187

1-14　续表 1

行业大类	从业人员期末人数（人）	1949年以前	1950-1977年	1978-1991年
汽车制造业	649634	4	4667	17799
铁路、船舶、航空航天和其他运输设备制造业	132647	124	2059	2116
电气机械和器材制造业	1099212		4417	29188
计算机、通信和其他电子设备制造业	557111		1851	20034
仪器仪表制造业	175765		1309	5210
其他制造业	105253			6354
废弃资源综合利用业	16432			141
金属制品、机械和设备修理业	41016		18	1477
电力、热力、燃气及水生产和供应业	**144738**	**1385**	**16838**	**15996**
电力、热力生产和供应业	92574	1385	12582	12379
燃气生产和供应业	11667		419	844
水的生产和供应业	40497		3837	2773
建筑业	**7805044**	**173648**	**1110108**	**820005**
房屋建筑业	5639334	173648	1054866	655193
土木工程建筑业	1418363		53023	118193
建筑安装业	197336		2216	13859
建筑装饰、装修和其他建筑业	550011		3	32760
批发和零售业	**2485366**	**1480**	**11518**	**22870**
批发业	1566450	333	2861	16572
零售业	918916	1147	8657	6298
交通运输、仓储和邮政业	**656642**	**1253**	**6178**	**35704**
铁路运输业	21			
道路运输业	382596	1253	5010	30836
水上运输业	54460		841	2921
航空运输业	16222			13
管道运输业	72			
多式联运和运输代理业	66491			874
装卸搬运和仓储业	53802		327	1046
邮政业	82978			14
住宿和餐饮业	**427405**	**536**	**1779**	**8544**
住宿业	188038	536	1729	6951
餐饮业	239367		50	1593
信息传输、软件和信息技术服务业	**580668**	**2580**	**856**	**3024**
电信、广播电视和卫星传输服务	68695	2577	772	1025
互联网和相关服务	94242			19
软件和信息技术服务业	417731	3	84	1980
金融业	**28037**			**166**
货币金融服务	10060			63
资本市场服务	5621			73
保险业	445			
其他金融业	11911			30

1992-2000年	2001年	2002年	2003年	2004年	2005年	2006年	2007年
119267	22159	25209	44544	37800	23019	32327	25107
30442	4593	3403	7714	9206	4753	8116	4369
237560	51386	53805	53779	41569	41197	61717	52896
89677	59533	27946	35694	25391	31865	37269	15546
40683	15000	12599	11028	6885	6472	6275	7918
19189	3977	3838	4347	4151	5324	5000	3499
1308	596	311	377	1045	408	808	776
1679	436	2226	318	623	611	1124	3917
28079	**5803**	**8301**	**6402**	**6053**	**8467**	**3521**	**3857**
19312	3876	5346	4999	3149	3751	1639	1626
1979	302	309	657	1002	2380	505	387
6788	1625	2646	746	1902	2336	1377	1844
2074497	**402032**	**258223**	**316593**	**318747**	**301930**	**284341**	**266248**
1442219	291161	163302	167302	204947	192381	187548	213863
443030	80381	52423	126856	53288	51376	73449	29057
70939	13880	7382	8548	5099	4301	3714	2553
118309	16610	35116	13887	55413	53872	19630	20775
202527	**43339**	**48226**	**62299**	**63068**	**53040**	**79037**	**67298**
128488	25971	25306	38571	31372	37138	53176	43246
74039	17368	22920	23728	31696	15902	25861	24052
95751	**19357**	**20032**	**17636**	**21114**	**17754**	**14843**	**56381**
47389	13627	10528	10288	12725	8373	8033	46167
9415	1800	2770	3011	3142	2930	2154	1910
6743	401	2474	303	65			8
56							
6567	2247	1754	1483	2141	2471	1896	2002
6384	1281	1098	2311	2867	2549	1796	1667
19197	1	1408	240	174	1431	964	4627
72337	**7598**	**10848**	**11321**	**9237**	**12057**	**12682**	**11502**
30878	3439	5731	6013	5760	7341	8237	6707
41459	4159	5117	5308	3477	4716	4445	4795
63148	**6501**	**12297**	**20325**	**24189**	**12388**	**14981**	**12096**
26588	1060	2721	7388	1740	3555	2345	1693
7831	305	385	1013	9541	853	821	2069
28729	5136	9191	11924	12908	7980	11815	8334
1413	**394**	**618**	**1825**	**399**	**453**	**303**	**565**
182	12	146	186	74	72	127	135
268	15	37	30	125	36	27	87
		5	7	64	163		
963	367	430	1602	136	182	149	343

1-14 续表 2

行业大类	从业人员期末人数（人）	1949年以前	1950-1977年	1978-1991年
房地产业	**657481**	**85**	**1000**	**7794**
房地产业	657481	85	1000	7794
租赁和商务服务业	**1494194**	**738**	**2040**	**69076**
租赁业	50808		4	114
商务服务业	1443386	738	2036	68962
科学研究和技术服务业	**560606**	**1954**	**13198**	**22167**
研究和试验发展	83053	1692	3440	1111
专业技术服务业	371146	183	9483	19059
科技推广和应用服务业	106407	79	275	1997
水利、环境和公共设施管理业	**195834**	**383**	**8212**	**10514**
水利管理业	10940	136	1296	1339
生态保护和环境治理业	16173	73	601	312
公共设施管理业	157404	174	6274	8863
土地管理业	11317		41	
居民服务、修理和其他服务业	**224288**	**12**	**736**	**2123**
居民服务业	97319	12	676	926
机动车、电子产品和日用产品修理业	62365			936
其他服务业	64604		60	261
教育	**1034907**	**69311**	**104340**	**108868**
教育	1034907	69311	104340	108868
卫生和社会工作	**587948**	**112838**	**100756**	**45597**
卫生	544110	112802	100347	43742
社会工作	43838	36	409	1855
文化、体育和娱乐业	**225136**	**2010**	**5600**	**10214**
新闻和出版业	13506	1172	1510	2335
广播、电视、电影和录音制作业	56543		966	2554
文化艺术业	52028	838	2804	4755
体育	24048		22	161
娱乐业	79011		298	409
公共管理、社会保障和社会组织	**1005290**	**74415**	**83063**	**202338**
中国共产党机关	21993	3496	3716	7799
国家机构	691606	62055	62737	132720
人民政协、民主党派	3982	421	1048	1566
社会保障	4121	5		609
群众团体、社会团体和其他成员组织	91399	3245	6073	14130
基层群众自治组织	192189	5193	9489	45514

1992-2000年	2001年	2002年	2003年	2004年	2005年	2006年	2007年
169472	**27020**	**22137**	**25495**	**23815**	**18075**	**22976**	**23936**
169472	27020	22137	25495	23815	18075	22976	23936
116596	**31282**	**34647**	**22574**	**27825**	**33817**	**58623**	**25389**
1560	329	402	624	378	831	600	562
115036	30953	34245	21950	27447	32986	58023	24827
73855	**15750**	**16316**	**15055**	**16638**	**14838**	**13446**	**15848**
2234	701	1581	1181	649	617	2339	668
68809	13625	12225	12513	13483	13031	9651	12560
2812	1424	2510	1361	2506	1190	1456	2620
31225	**9617**	**15435**	**4964**	**3674**	**7656**	**5900**	**4508**
1907	481	155	221	171	224	272	232
1320	291	135	899	449	370	667	733
27215	8459	8758	3716	2861	7047	4920	3429
783	386	6387	128	193	15	41	114
14030	**2812**	**3549**	**6808**	**6563**	**5075**	**7322**	**8813**
6574	1030	1217	1926	2962	1298	1838	1457
4749	1135	1039	2003	1519	1490	1942	1660
2707	647	1293	2879	2082	2287	3542	5696
142035	**57882**	**30108**	**25695**	**26639**	**26232**	**23688**	**16012**
142035	57882	30108	25695	26639	26232	23688	16012
52195	**25899**	**10494**	**6393**	**7267**	**13995**	**8619**	**9778**
49639	24618	10015	5816	5741	13443	8236	8864
2556	1281	479	577	1526	552	383	914
9697	**6713**	**3613**	**5370**	**7257**	**5920**	**4132**	**5120**
1309	271	159	290	1302	1418	292	205
2125	3772	787	1537	3474	1384	1127	624
2780	1315	438	774	775	1358	672	1653
1110	481	238	691	337	374	482	787
2373	874	1991	2078	1369	1386	1559	1851
126188	**49759**	**29066**	**24603**	**17124**	**25256**	**32170**	**23082**
2138	793	819	279	7	106	80	84
96254	39239	19701	16536	11219	16314	8065	10362
274	35	9	54		54	32	43
215	466	439	154	83	42	250	331
15471	1773	2448	2854	1641	1969	2841	2794
11836	7453	5650	4726	4174	6771	20902	9468

1-14 续表 3

行业大类	2008年	2009年	2010年	2011年	2012年
总　计	**824619**	**858165**	**1119037**	**959746**	**900774**
农、林、牧、渔业	**959**	**822**	**998**	**587**	**715**
农业					
林业					
畜牧业					
渔业					
农、林、牧、渔专业及辅助性活动	959	822	998	587	715
采矿业	**667**	**481**	**641**	**1142**	**1108**
煤炭开采和洗选业			4		
石油和天然气开采业				1	
黑色金属矿采选业	34	71	35	45	37
有色金属矿采选业	194	1	250	60	
非金属矿采选业	439	399	352	1016	1071
开采专业及辅助性活动		10			
其他采矿业				20	
制造业	**365702**	**405524**	**488840**	**398754**	**367750**
农副食品加工业	3530	3101	6085	2436	5899
食品制造业	2514	2935	2800	2574	5174
酒、饮料和精制茶制造业	1701	1204	865	793	1688
烟草制品业					
纺织业	21298	25993	34696	31109	27537
纺织服装、服饰业	22154	24779	34528	28272	26097
皮革、毛皮、羽毛及其制品和制鞋业	11123	17893	26714	24843	19838
木材加工和木、竹、藤、棕、草制品业	4668	5312	5348	3915	4400
家具制造业	10275	9593	10273	10030	15245
造纸和纸制品业	9289	9184	10154	7618	8124
印刷和记录媒介复制业	5131	6507	6257	5662	4504
文教、工美、体育和娱乐用品制造业	11819	14371	18935	18773	19118
石油、煤炭及其他燃料加工业	194	144	130	129	227
化学原料和化学制品制造业	13728	10235	12737	9604	7204
医药制造业	2038	2248	4392	2124	1803
化学纤维制造业	2895	5462	10220	3638	9087
橡胶和塑料制品业	19107	28208	37208	20382	22022
非金属矿物制品业	11541	11754	15643	13281	11446
黑色金属冶炼和压延加工业	3176	2801	4256	1761	3325
有色金属冶炼和压延加工业	2916	6380	3280	6319	2456
金属制品业	31397	32813	38816	33909	32180
通用设备制造业	45893	40921	54022	48041	38418
专用设备制造业	19195	23129	27085	21080	19301

2013年	2014年	2015年	2016年	2017年	2018年	无开业年份
1105537	**1221343**	**1197305**	**1450150**	**1617061**	**1056577**	**2019**
796	**694**	**701**	**1376**	**1311**	**809**	
796	694	701	1376	1311	809	
1268	**1466**	**1014**	**554**	**422**	**533**	
					1	
	51	5				
1	30	1	1			
1249	1382	1007	549	415	510	
	3	1		5	6	
18			4	2	16	
500156	**525706**	**484474**	**501303**	**485933**	**304365**	**678**
4667	4834	4059	3668	3255	1636	13
3896	3551	2964	2874	2222	1297	
2177	1764	1736	1538	1518	753	
35448	38045	39052	41101	32316	30191	16
48711	41754	41106	47780	44533	32176	6
35961	57495	33066	36779	41963	32191	
8363	8046	7008	8687	9014	7568	1
16153	17906	19090	13859	16965	6511	2
9463	11256	10403	12318	13134	8511	32
7001	7390	8581	7748	7157	4322	3
22065	20858	17652	21484	21812	14186	3
247	476	6205	470	518	223	
8412	7395	8953	7550	9751	3910	21
2029	2216	1816	2610	1803	320	8
2241	5085	3227	2208	4755	3708	
31430	37378	27354	31142	29720	16421	24
20154	15132	12096	17292	14821	7940	264
2361	2415	3259	2326	3139	1797	1
5191	3607	3656	3817	3792	1785	6
42451	38967	44145	35819	40565	24647	62
49803	48553	47415	46070	48521	28818	37
27828	29003	23807	25846	28256	16311	45

1-14 续表 4

行业大类	2008年	2009年	2010年	2011年	2012年
汽车制造业	22338	23050	33220	28154	22627
铁路、船舶、航空航天和其他运输设备制造业	4865	4926	4845	4226	2506
电气机械和器材制造业	46392	48930	51707	38339	35004
计算机、通信和其他电子设备制造业	24152	29307	20796	17259	13349
仪器仪表制造业	8056	8174	5627	6708	3011
其他制造业	3061	3635	4928	4016	3065
废弃资源综合利用业	454	1057	1565	1260	825
金属制品、机械和设备修理业	802	1478	1708	2499	2270
电力、热力、燃气及水生产和供应业	**4481**	**3490**	**2950**	**3141**	**3215**
电力、热力生产和供应业	1376	1681	1172	1040	1904
燃气生产和供应业	303	558	246	272	413
水的生产和供应业	2802	1251	1532	1829	898
建筑业	**152823**	**156344**	**248540**	**167530**	**148865**
房屋建筑业	106713	91591	166840	101363	92018
土木工程建筑业	22934	47364	66115	33746	30780
建筑安装业	4064	5115	5194	14801	5194
建筑装饰、装修和其他建筑业	19112	12274	10391	17620	20873
批发和零售业	**78056**	**102581**	**118253**	**132446**	**125394**
批发业	48063	73487	77072	90522	79136
零售业	29993	29094	41181	41924	46258
交通运输、仓储和邮政业	**40419**	**24264**	**34376**	**23199**	**23757**
铁路运输业			21		
道路运输业	15665	10670	16327	11174	13018
水上运输业	6792	2221	2014	1752	1674
航空运输业	21	76	19	4059	111
管道运输业					
多式联运和运输代理业	4499	2438	2747	2775	2485
装卸搬运和仓储业	1461	2056	2181	1648	2349
邮政业	11981	6803	11067	1791	4120
住宿和餐饮业	**17749**	**13514**	**17942**	**17308**	**19834**
住宿业	10635	5645	6423	8437	8149
餐饮业	7114	7869	11519	8871	11685
信息传输、软件和信息技术服务业	**25152**	**17096**	**25154**	**22001**	**22325**
电信、广播电视和卫星传输服务	2068	2380	283	1748	2494
互联网和相关服务	5858	1296	9158	2532	5853
软件和信息技术服务业	17226	13420	15713	17721	13978
金融业	**852**	**1182**	**959**	**1347**	**1582**
货币金融服务	529	692	630	554	1122
资本市场服务	38	168	68	153	315
保险业	8				4
其他金融业	277	322	261	640	141

2013年	2014年	2015年	2016年	2017年	2018年	无开业年份
35130	29287	30000	31288	26769	15793	76
6702	6992	6290	6762	4889	2733	16
43163	43396	43843	58376	43181	19338	29
15148	29364	22126	16209	15527	9065	3
5602	4609	5717	5781	6175	2925	1
4880	5550	4363	5604	5184	5279	9
651	1232	1687	559	1028	344	
2828	2150	3798	3738	3650	3666	
2589	**3533**	**6251**	**4536**	**4170**	**1650**	**30**
1605	2436	4327	2637	3184	1138	30
360	157	198	79	176	121	
624	940	1726	1820	810	391	
121190	**63953**	**82764**	**110885**	**154971**	**70779**	**28**
70971	25895	44350	60992	92989	39177	5
35943	19986	23621	23808	23938	9048	4
4289	5231	4219	6239	6067	4429	3
9987	12841	10574	19846	31977	18125	16
165070	**194141**	**187361**	**245149**	**279742**	**202154**	**317**
106847	123467	121509	150586	170860	121683	184
58223	70674	65852	94563	108882	80471	133
21797	**37979**	**32293**	**38760**	**48694**	**25073**	**28**
10287	21231	17322	23339	32938	16379	17
1834	1046	2003	2025	1506	699	
62	533	111	247	884	92	
		10		6		
3621	5659	5221	6218	5642	3748	3
2745	6284	4713	3282	3737	2012	8
3248	3226	2913	3649	3981	2143	
29418	**26515**	**28690**	**37074**	**34561**	**26345**	**14**
11127	9975	11934	12944	11922	7514	11
18291	16540	16756	24130	22639	18831	3
24129	**45413**	**55225**	**61210**	**65637**	**44905**	**36**
2205	1568	2620	776	704	385	
3982	10133	8549	9211	8458	6368	7
17942	33712	44056	51223	56475	38152	29
2446	**3214**	**3778**	**2459**	**2519**	**1562**	**1**
1234	1269	1437	644	552	399	1
176	439	874	966	1127	599	
17	41	15	34	66	21	
1019	1465	1452	815	774	543	

1-14 续表 5

行业大类	2008年	2009年	2010年	2011年	2012年
房地产业	**17725**	**18826**	**23148**	**23946**	**20887**
房地产业	17725	18826	23148	23946	20887
租赁和商务服务业	**35474**	**38158**	**59308**	**64381**	**67930**
租赁业	1589	930	2096	1768	1760
商务服务业	33885	37228	57212	62613	66170
科学研究和技术服务业	**11506**	**14819**	**25927**	**19934**	**17679**
研究和试验发展	988	1773	1761	2548	2239
专业技术服务业	8686	10520	21361	11306	11046
科技推广和应用服务业	1832	2526	2805	6080	4394
水利、环境和公共设施管理业	**12279**	**5826**	**5783**	**5660**	**5807**
水利管理业	470	746	136	163	221
生态保护和环境治理业	1051	301	673	859	691
公共设施管理业	10465	4697	4742	4592	4759
土地管理业	293	82	232	46	136
居民服务、修理和其他服务业	**7047**	**9687**	**8083**	**12959**	**8617**
居民服务业	2966	3721	2778	6171	3394
机动车、电子产品和日用产品修理业	1420	2508	2242	4373	2209
其他服务业	2661	3458	3063	2415	3014
教育	**22897**	**23013**	**24992**	**25249**	**23773**
教育	22897	23013	24992	25249	23773
卫生和社会工作	**5225**	**6940**	**10294**	**11384**	**12409**
卫生	4215	6208	9091	10073	10074
社会工作	1010	732	1203	1311	2335
文化、体育和娱乐业	**10552**	**4965**	**8406**	**6215**	**8372**
新闻和出版业	167	267	609	65	250
广播、电视、电影和录音制作业	7376	710	1967	1351	1236
文化艺术业	966	1276	1719	1348	2300
体育	540	700	1803	733	462
娱乐业	1503	2012	2308	2718	4124
公共管理、社会保障和社会组织	**15054**	**10633**	**14443**	**22563**	**20755**
中国共产党机关	21	16	34	163	86
国家机构	6600	6943	9198	17196	15041
人民政协、民主党派			32	4	
社会保障	189	100	19		272
群众团体、社会团体和其他成员组织	2579	1592	2070	1974	2759
基层群众自治组织	5665	1982	3090	3226	2597

2013年	2014年	2015年	2016年	2017年	2018年	无开业年份
30998	**27435**	**26704**	**38337**	**52934**	**34699**	**37**
30998	27435	26704	38337	52934	34699	37
86213	**137692**	**105391**	**130890**	**208854**	**137195**	**101**
2787	4433	4105	8354	10603	6975	4
83426	133259	101286	122536	198251	130220	97
25050	**34192**	**37678**	**53959**	**57628**	**43070**	**99**
6776	8327	7309	16040	10602	8447	30
13574	18701	20709	22722	28265	19620	14
4700	7164	9660	15197	18761	15003	55
7347	**5925**	**10930**	**13279**	**11782**	**8623**	**505**
340	216	538	598	428	650	
1169	953	952	1451	1433	782	8
5747	4596	9125	10610	9131	6727	497
91	160	315	620	790	464	
14666	**15949**	**18631**	**20807**	**28988**	**20997**	**14**
6106	7441	7732	10139	16160	10784	11
5131	4807	5038	6198	6968	4997	1
3429	3701	5861	4470	5860	5216	2
31319	**33641**	**45218**	**64940**	**56553**	**52464**	**38**
31319	33641	45218	64940	56553	52464	38
12897	**24698**	**26393**	**38563**	**29637**	**15656**	**21**
10088	20557	22086	32051	23922	12472	10
2809	4141	4307	6512	5715	3184	11
10398	**14476**	**19806**	**27212**	**27430**	**21601**	**57**
264	148	576	264	563	70	
1802	2685	3225	6490	6077	5274	
2087	3154	3834	5355	5454	6350	23
870	1812	2691	3126	3974	2654	
5375	6677	9480	11977	11362	7253	34
17790	**24721**	**24003**	**58857**	**65295**	**44097**	**15**
60	145	83	692	1086	290	
10792	18355	17379	49258	37308	28334	
1	20	32	188	114	55	
21	159	136	330	272	29	
3236	2650	3001	5008	7620	3670	1
3680	3392	3372	3381	18895	11719	14

1-15 按地区、从业人员组距分组的法人单位数

地区	法人单位数（个）	7人及以下	8-19人	20-49人	50-99人	100-299人	300-499人	500-999人	1000-4999人	5000-9999人	10000人及以上
全 省	**1545153**	**1118646**	**241413**	**107359**	**41274**	**25774**	**4711**	**3295**	**2265**	**258**	**158**
杭州市	**354064**	**271381**	**46680**	**20401**	**7767**	**5355**	**1050**	**762**	**553**	**76**	**39**
上城区	13824	10347	1789	935	382	245	40	37	43	6	
下城区	23675	18300	3155	1264	460	330	74	41	40	6	5
江干区	41831	32645	5322	2129	792	587	134	106	89	17	10
拱墅区	28902	22749	3737	1465	475	332	57	39	33	13	2
西湖区	40221	30914	5252	2300	842	596	127	102	68	8	12
滨江区	24691	18598	3367	1532	573	405	80	67	58	7	4
萧山区	59232	45745	7326	3260	1415	1009	202	160	103	6	6
余杭区	55118	41499	7734	3469	1241	844	174	97	52	8	
富阳区	21275	15670	3193	1411	518	357	58	40	26	2	
临安区	12517	8552	2199	1033	408	244	35	27	18	1	
桐庐县	14452	11627	1648	678	267	175	26	17	12	2	
淳安县	9342	7746	917	397	157	90	15	16	4		
建德市	8984	6989	1041	528	237	141	28	13	7		
宁波市	**286462**	**206959**	**43739**	**20543**	**7971**	**5232**	**937**	**623**	**396**	**37**	**25**
海曙区	35700	26071	5533	2471	916	518	90	47	42	11	1
江北区	20844	15856	2913	1281	381	287	44	43	31	3	5
北仑区	39650	30263	5146	2435	925	622	106	85	60	7	1
镇海区	16826	11478	3035	1323	509	352	60	38	29	1	1
鄞州区	73204	55767	10297	4338	1455	976	176	105	75	8	7
奉化区	12342	8168	2043	1167	528	324	59	33	19		1
象山县	13488	9673	1886	1081	465	270	33	39	32	3	6
宁海县	13953	8766	2842	1307	560	356	62	37	23		
余姚市	24371	15646	4546	2249	1035	673	118	77	26		1
慈溪市	36084	25271	5498	2891	1197	854	189	119	59	4	2
温州市	**209925**	**147774**	**36846**	**15074**	**6058**	**3094**	**486**	**315**	**235**	**31**	**12**
鹿城区	28944	19624	4897	2304	1434	487	79	55	52	8	4
龙湾区	22006	15032	4064	1702	659	399	68	42	35	4	1
瓯海区	17875	12470	2803	1520	620	337	58	37	25	1	4
洞头区	3120	2432	383	174	70	46	7	5	3		
永嘉县	18880	14450	2561	1184	401	216	36	19	11	1	1
平阳县	16349	12189	2463	990	420	200	32	31	21	3	
苍南县	25827	20074	3566	1362	456	276	37	25	23	8	
文成县	3855	2363	1076	254	114	39	2	4	3		
泰顺县	3796	2700	657	238	106	63	11	7	10	3	1
瑞安市	29772	20735	4876	2601	899	524	66	44	25	2	
乐清市	39501	25705	9500	2745	879	507	90	46	27	1	1
嘉兴市	**121228**	**87440**	**17579**	**8913**	**3747**	**2568**	**484**	**304**	**182**	**8**	**3**
南湖区	22320	16630	3123	1450	552	403	72	44	42	3	1
秀洲区	15121	11042	2112	1029	461	325	64	58	29	1	
嘉善县	15740	11102	2349	1288	509	367	64	45	15	1	
海盐县	9582	6261	1719	913	377	235	47	21	9		
海宁市	22206	15714	3478	1637	731	472	93	48	32		1
平湖市	15486	11172	1993	1198	565	409	75	45	29		
桐乡市	20773	15519	2805	1398	552	357	69	43	26	3	1
湖州市	**57969**	**38573**	**10122**	**5621**	**1972**	**1232**	**220**	**136**	**83**	**5**	**5**
吴兴区	17284	10888	3477	1959	516	303	60	40	32	4	5
南浔区	8273	5380	1421	954	291	175	31	16	5		
德清县	9291	6027	1571	922	419	267	43	27	15		
长兴县	14006	9955	2273	1020	400	270	48	24	15	1	
安吉县	9115	6323	1380	766	346	217	38	29	16		

1-15　续表

地　区	法　人 单位数 (个)										
		7人及以下	8-19人	20-49人	50-99人	100-299人	300-499人	500-999人	1000-4999人	5000-9999人	10000人及以上
绍兴市	**132729**	**93473**	**24913**	**8459**	**2950**	**1898**	**404**	**306**	**234**	**48**	**44**
越城区	23106	17332	3362	1299	523	374	88	57	59	8	4
柯桥区	41489	31394	6645	2171	638	367	103	97	52	9	13
上虞区	18629	12626	3465	1418	543	394	72	55	35	12	9
新昌县	7625	5330	1202	609	256	152	20	25	29	2	
诸暨市	27846	17528	7117	1990	639	387	77	42	37	12	17
嵊州市	14034	9263	3122	972	351	224	44	30	22	5	1
金华市	**169512**	**129018**	**23496**	**10189**	**3691**	**2181**	**394**	**299**	**205**	**25**	**14**
婺城区	15699	11022	2516	1194	484	319	72	49	40	2	1
金东区	10172	6903	1953	822	296	141	30	13	11	3	
武义县	7518	4353	1616	857	385	249	28	25	5		
浦江县	8363	5622	1548	763	273	121	21	11	3	1	
磐安县	4577	3273	675	379	132	80	13	10	11	3	1
兰溪市	8108	5267	1499	745	338	185	33	30	10	1	
义乌市	76918	64999	7752	2651	843	510	71	62	29	1	
东阳市	14670	10353	2151	1198	443	288	75	67	71	12	12
永康市	23487	17226	3786	1580	497	288	51	32	25	2	
衢州市	**32855**	**23553**	**4887**	**2422**	**1015**	**665**	**147**	**98**	**64**	**4**	
柯城区	10483	8022	1332	592	247	174	54	41	18	3	
衢江区	4450	3081	707	378	156	92	13	13	10		
常山县	3261	2095	625	294	121	89	19	12	5	1	
开化县	3200	2204	585	237	83	70	8	5	8		
龙游县	4858	3449	725	352	167	115	23	15	12		
江山市	6603	4702	913	569	241	125	30	12	11		
舟山市	**23815**	**17308**	**3210**	**1784**	**804**	**500**	**92**	**75**	**40**	**1**	**1**
定海区	13594	10327	1693	856	381	221	47	44	24	1	
普陀区	6064	4264	793	523	242	183	29	19	10		1
岱山县	2818	1800	485	286	145	75	12	9	6		
嵊泗县	1339	917	239	119	36	21	4	3			
台州市	**123544**	**80702**	**24488**	**11079**	**4030**	**2323**	**388**	**280**	**218**	**22**	**14**
椒江区	14148	9150	2671	1254	533	380	66	50	37	6	1
黄岩区	14966	10408	2606	1181	448	237	28	36	20	1	1
路桥区	15821	10511	3155	1452	423	216	16	24	22	1	1
三门县	6403	4464	1070	471	213	123	23	17	22		
天台县	9881	8027	1015	524	150	115	25	12	11	1	1
仙居县	6529	4469	1044	552	278	139	19	17	10	1	
温岭市	24814	14930	5916	2540	847	391	85	44	47	9	5
临海市	16941	11172	3383	1401	514	314	67	44	38	3	5
玉环市	14041	7571	3628	1704	624	408	59	36	11		
丽水市	**33050**	**22465**	**5453**	**2874**	**1269**	**726**	**109**	**97**	**55**	**1**	**1**
莲都区	6592	4075	1222	700	283	202	40	40	30		
青田县	5898	4471	733	414	167	85	12	14	1	1	
缙云县	4535	2928	833	409	210	119	22	10	4		
遂昌县	3023	2214	457	202	82	50	5	8	5		
松阳县	2745	1894	439	214	118	59	9	7	5		
云和县	2586	1631	521	259	107	57	5	3	3		
庆元县	2446	1732	366	198	96	43	3	6	2		
景宁畲族自治县	1484	921	312	154	60	27	3	5	2		
龙泉市	3741	2599	570	324	146	84	10	4	3		1

1-16 按地区、从业人员组距分组的法人单位从业人员数

地 区	从业人员期末人数（人）	7人及以下	8-19人	20-49人	50-99人	100-299人	300-499人	500-999人	1000-4999人	5000-9999人	10000人及以上
总 计	**28741022**	**2659607**	**2801546**	**3198672**	**2831707**	**4131777**	**1751271**	**2147325**	**4156789**	**1651579**	**3410749**
杭州市	**6189778**	**544327**	**543266**	**613504**	**532633**	**869240**	**390814**	**499948**	**1049401**	**513655**	**632990**
上城区	283827	17423	20642	27849	25404	39842	12028	20619	74790	45230	
下城区	364877	39977	36819	37125	31609	52654	23811	26165	59287	19189	38241
江干区	865476	64521	61525	63198	52952	92314	51676	68391	158416	125860	126623
拱墅区	470828	50615	43407	44304	32778	53058	21191	26005	72520	100481	26469
西湖区	922998	56981	61267	68654	57841	95764	48577	66349	146117	57336	264112
滨江区	524333	32282	39417	46511	39652	66033	30763	46481	107125	44203	71866
萧山区	1073239	95593	85226	98202	97606	165358	75396	107936	197477	44766	105679
余杭区	784902	79122	90931	104649	85940	140206	65830	65357	108633	44234	
富阳区	315304	34316	37164	42976	35229	59040	22130	24876	46722	12851	
临安区	217426	24764	25381	31089	28333	39555	13929	16964	29918	7493	
桐庐县	164990	19948	18842	20309	18247	28559	9567	11455	26051	12012	
淳安县	87684	13414	10614	12275	10923	14319	5495	10963	9681		
建德市	113894	15371	12031	16363	16119	22538	10421	8387	12664		
宁波市	**5131719**	**446119**	**507602**	**608249**	**549521**	**839549**	**350985**	**410796**	**731285**	**230571**	**457042**
海曙区	535826	57409	64371	72833	63241	83658	32868	30247	56024	57837	17338
江北区	398968	31686	34043	37862	26101	46403	16527	28118	61987	24964	91277
北仑区	622399	51611	60404	72056	63736	99541	40334	56643	119769	45120	13185
镇海区	313418	28607	34793	39021	35257	55335	22102	25806	52285	5896	14316
鄞州区	1053302	120330	118753	126627	99315	156476	62329	67904	132656	49913	118999
奉化区	264607	19430	23852	35120	36471	52400	22442	21534	37690		15668
象山县	416184	17558	21712	32939	31957	43820	12802	27735	71821	21924	133916
宁海县	287305	27504	32819	38538	39039	57353	24040	23945	44067		
余姚市	490059	41691	53013	67414	72155	108176	45830	49763	39974		12043
慈溪市	749651	50293	63842	85839	82249	136387	71711	79101	115012	24917	40300
温州市	**3393331**	**403451**	**422154**	**449021**	**417452**	**488249**	**181804**	**201162**	**456597**	**194145**	**179296**
鹿城区	572934	54718	56231	71329	101316	73163	27407	30048	72591	41708	44423
龙湾区	411280	42852	46230	50241	44994	64615	26117	26448	67384	25875	16524
瓯海区	390497	27304	32779	45357	42204	56263	20703	24463	53541	5957	81926
洞头区	37938	4807	4521	5191	4723	7826	2864	3145	4861		
永嘉县	225734	31731	30453	34860	27775	34318	14185	12198	23879	5200	11135
平阳县	238568	27637	28661	29606	28573	33035	11893	20629	40852	17682	
苍南县	343445	53844	40296	39742	31004	43365	13803	15913	51465	54013	
文成县	55351	9129	12340	7822	7683	5657	435	2976	9309		
泰顺县	105915	6145	7401	7287	7376	10393	3976	4457	20388	24189	14303
瑞安市	449060	47815	56892	76649	61613	81801	26050	29753	57933	10554	
乐清市	562609	97469	106350	80937	60191	77813	34371	31132	54394	8967	10985
嘉兴市	**2184553**	**197964**	**207925**	**270192**	**258595**	**416048**	**183371**	**201408**	**317745**	**47739**	**83566**
南湖区	355184	36669	36785	43509	37301	63474	26311	25531	56959	9678	18967
秀洲区	287361	26756	24702	31366	31664	53403	23680	38666	50339	6785	
嘉善县	281005	27546	27601	38778	35326	59403	24937	29357	30716	7341	
海盐县	181798	15828	20614	28041	26416	38539	17309	13876	21175		
海宁市	428621	34552	41433	49766	50225	76862	36434	32052	60883		46414
平湖市	291189	20033	23653	36469	39446	66299	28398	31646	45245		
桐乡市	359395	36580	33137	42263	38217	58068	26302	30280	52428	23935	18185
湖州市	**1096990**	**98307**	**119971**	**164812**	**135121**	**195835**	**80726**	**83861**	**130422**	**28975**	**58960**
吴兴区	370057	25972	42990	55382	34809	43330	20279	22294	42286	23755	58960
南浔区	139301	15401	16781	28249	19536	28213	11955	9969	9197		
德清县	192734	15432	18252	28294	29257	43425	15871	17382	24821		
长兴县	220032	26378	25746	30410	27462	44304	18168	15240	27104	5220	
安吉县	174866	15124	16202	22477	24057	36563	14453	18976	27014		

1-16　续表

地　区	从业人员期末人数（人）	7人及以下	8-19人	20-49人	50-99人	100-299人	300-499人	500-999人	1000-4999人	5000-9999人	10000人及以上
绍兴市	**3626966**	**254104**	**286363**	**247556**	**201905**	**306633**	**152649**	**209917**	**450220**	**327867**	**1189752**
越城区	566260	43646	38901	38383	35585	56075	30884	34732	96355	37887	153812
柯桥区	947603	72004	76789	62364	44137	61106	39694	70406	98912	66951	355240
上虞区	740451	40623	39685	42545	37198	65003	28876	38514	74781	93469	279757
新昌县	192182	14043	14035	18465	16888	25375	6969	17799	66194	12414	
诸暨市	898620	53464	80943	57392	43511	63886	29725	28395	75044	82555	383705
嵊州市	281850	30324	36010	28407	24586	35188	16501	20071	38934	34591	17238
金华市	**2780525**	**358549**	**269843**	**301102**	**251928**	**348452**	**144939**	**191078**	**341965**	**145606**	**427063**
婺城区	300489	28134	29018	36258	32452	50405	24206	26811	55136	5546	12523
金东区	156633	21483	22559	24406	20052	21951	10571	6897	16934	11780	
武义县	157666	11392	18948	26227	26657	41527	10643	16470	5802		
浦江县	116530	15467	18260	22049	18268	18764	7340	7661	3241	5480	
磐安县	124259	9223	7807	11121	9149	12419	5287	6725	23880	16527	22121
兰溪市	154835	12778	17195	21975	23499	30520	12125	18598	12642	5503	
义乌市	616125	189088	87396	76508	57218	79064	25644	41444	51641	8122	
东阳市	837371	21193	25207	36087	30556	46664	29444	44939	130360	80502	392419
永康市	316617	49791	43453	46471	34077	47138	19679	21533	42329	12146	
衢州市	**607403**	**53172**	**56729**	**73979**	**68439**	**103436**	**51697**	**59930**	**123123**	**16898**	
柯城区	173002	16834	15126	17656	16432	26291	18334	20058	30655	11616	
衢江区	85350	8186	8081	11537	10667	14586	4248	9250	18795		
常山县	71687	5029	7322	9150	8246	13430	6912	8620	7696	5282	
开化县	64022	4835	6936	7115	5487	11322	2751	3450	22126		
龙游县	98501	8145	8385	10925	11346	18300	8529	10255	22616		
江山市	114841	10143	10879	17596	16261	19507	10923	8297	21235		
舟山市	**427632**	**30029**	**37812**	**54484**	**55905**	**79891**	**31268**	**47182**	**74069**	**6196**	**10796**
定海区	211599	15683	19940	26217	26077	35189	14527	25641	42129	6196	
普陀区	134833	8452	9246	16149	17051	30291	11077	13348	18423		10796
岱山县	63103	3786	5748	8651	10167	11313	4052	5869	13517		
嵊泗县	18097	2108	2878	3467	2610	3098	1612	2324			
台州市	**2698488**	**217640**	**286563**	**329390**	**274667**	**370440**	**143330**	**182381**	**388321**	**134472**	**371284**
椒江区	367670	24319	30933	37471	35767	58132	22504	28789	55498	28190	46067
黄岩区	280562	27026	30339	35325	30432	37490	10989	23780	43374	8249	33558
路桥区	256122	31635	37141	43592	28550	34852	5826	16889	38609	8502	10526
三门县	132190	9995	12546	13971	14733	20383	9525	12481	38556		
天台县	139868	17744	11566	15772	10171	18702	9100	7838	21765	6371	20839
仙居县	121252	9721	12170	16538	19530	21939	6417	11593	17373	5971	
温岭市	637459	40947	69202	74682	57875	62432	32577	28021	84532	60174	127017
临海市	477700	31482	39251	41505	35563	51254	25595	29634	73124	17015	133277
玉环市	285665	24771	43415	50534	42046	65256	20797	23356	15490		
丽水市	**603637**	**55945**	**63318**	**86383**	**85541**	**114004**	**39688**	**59662**	**93641**	**5455**	
莲都区	184349	11390	14461	21305	19023	31491	13849	20283	52547		
青田县	75485	9178	8650	12235	11206	13682	4179	9430	1470	5455	
缙云县	85158	7697	9514	12406	13794	18584	7820	6905	8438		
遂昌县	44282	4441	5226	6079	5419	8010	1957	5159	7991		
松阳县	48966	4665	4914	6394	8050	9410	3527	4649	7357		
云和县	43504	4398	6023	7462	7223	8620	2077	2603	5098		
庆元县	35642	4299	4403	5843	6365	7062	1198	4136	2336		
景宁畲族自治县	27811	3217	3443	4608	4141	4301	1154	3722	3225		
龙泉市	58440	6660	6684	10051	10320	12844	3927	2775	5179		

1-17 按行业(中类)、从业人员

行业中类	法人单位数（个）			
		7人及以下	8-19人	20-49人
总 计	**1545153**	**1118646**	**241413**	**107359**
农、林、牧、渔业	**2794**	**2351**	**350**	**82**
农业	56	56		
谷物种植	3	3		
豆类、油料和薯类种植	2	2		
棉、麻、糖、烟草种植				
蔬菜、食用菌及园艺作物种植	24	24		
水果种植	9	9		
坚果、含油果、香料和饮料作物种植	8	8		
中药材种植	9	9		
草种植及割草				
其他农业	1	1		
林业	9	9		
林木育种和育苗	6	6		
造林和更新				
森林经营、管护和改培	3	3		
木材和竹材采运				
林产品采集				
畜牧业	22	22		
牲畜饲养	12	12		
家禽饲养	9	9		
狩猎和捕捉动物				
其他畜牧业	1	1		
渔业	23	23		
水产养殖	20	20		
水产捕捞	3	3		
农、林、牧、渔专业及辅助性活动	2684	2241	350	82
农业专业及辅助性活动	2114	1834	244	30
林业专业及辅助性活动	325	217	62	44
畜牧专业及辅助性活动	77	59	15	3
渔业专业及辅助性活动	168	131	29	5
采矿业	**841**	**438**	**179**	**145**
煤炭开采和洗选业	7	6	1	
烟煤和无烟煤开采洗选	5	5		
褐煤开采洗选	1	1		
其他煤炭采选	1		1	
石油和天然气开采业	1	1		
石油开采	1	1		
天然气开采				
黑色金属矿采选业	18	9	3	3
铁矿采选	18	9	3	3
锰矿、铬矿采选				
其他黑色金属矿采选				
有色金属矿采选业	47	24	4	4
常用有色金属矿采选	32	18	3	3

组距分组的法人单位数

50-99人	100-299人	300-499人	500-999人	1000-4999人	5000-9999人	10000人及以上
41274	**25774**	**4711**	**3295**	**2265**	**258**	**158**
7	**4**					
7	4					
4	2					
1	1					
2	1					
42	**32**	**4**	**1**			
2			1			
2			1			
8	6	1				
2	5	1				

1-17 续表 1

行业中类	法人单位数（个）	7人及以下	8-19人	20-49人
贵金属矿采选	3	2		
稀有稀土金属矿采选	12	4	1	1
非金属矿采选业	748	382	168	137
土砂石开采	695	358	154	126
化学矿开采	3	2		
采盐	5	3	1	1
石棉及其他非金属矿采选	45	19	13	10
开采专业及辅助性活动	10	9	1	
煤炭开采和洗选专业及辅助性活动	1	1		
石油和天然气开采专业及辅助性活动	3	2	1	
其他开采专业及辅助性活动	6	6		
其他采矿业	10	7	2	1
其他采矿业	10	7	2	1
制造业	**424775**	**225101**	**101095**	**57097**
农副食品加工业	4896	2635	1148	641
谷物磨制	239	144	65	21
饲料加工	396	165	84	81
植物油加工	231	166	28	23
制糖业	50	25	17	6
屠宰及肉类加工	717	391	149	92
水产品加工	1386	670	340	194
蔬菜、菌类、水果和坚果加工	1141	573	332	156
其他农副食品加工	736	501	133	68
食品制造业	3060	1803	605	327
焙烤食品制造	908	569	182	83
糖果、巧克力及蜜饯制造	186	96	37	21
方便食品制造	511	305	122	41
乳制品制造	38	15	2	6
罐头食品制造	205	93	39	31
调味品、发酵制品制造	212	123	37	35
其他食品制造	1000	602	186	110
酒、饮料和精制茶制造业	2564	1700	466	216
酒的制造	539	319	103	59
饮料制造	596	350	110	62
精制茶加工	1429	1031	253	95
烟草制品业	1			
烟叶复烤				
卷烟制造	1			
其他烟草制品制造				
纺织业	32694	16805	8234	4416
棉纺织及印染精加工	9148	4589	2208	1145
毛纺织及染整精加工	1082	449	266	195
麻纺织及染整精加工	74	30	15	11
丝绢纺织及印染精加工	1076	440	254	201
化纤织造及印染精加工	4494	2213	1187	681
针织或钩针编织物及其制品制造	8186	4507	2251	961

50-99人	100-299人	300-499人	500-999人	1000-4999人	5000-9999人	10000人及以上
1						
5	1					
32	26	3				
30	25	2				
	1					
2		1				
23175	**13866**	**2352**	**1449**	**606**	**29**	**5**
264	176	13	14	5		
6	2	1				
40	24		1	1		
4	10					
2						
45	37		3			
91	76	7	6	2		
54	18	4	4			
22	9	1		2		
145	112	34	23	11		
38	25	6	3	2		
18	9	2	3			
18	17	4	2	2		
1	6	6	1	1		
9	14	4	9	6		
9	5	3				
52	36	9	5			
84	72	9	13	4		
23	23	5	6	1		
30	32	3	6	3		
31	17	1	1			
				1		
				1		
1645	1140	234	174	46		
470	464	116	126	30		
89	60	14	8	1		
5	5	5	2	1		
98	65	12	5	1		
244	128	26	7	8		
287	150	19	8	3		

1-17 续表 2

行业中类	法人单位数（个）			
		7人及以下	8-19人	20-49人
家用纺织制成品制造	4743	2591	1077	655
产业用纺织制成品制造	3891	1986	976	567
纺织服装、服饰业	30657	14564	7774	5043
机织服装制造	13677	5987	3777	2422
针织或钩针编织服装制造	7210	3497	1466	1200
服饰制造	9770	5080	2531	1421
皮革、毛皮、羽毛及其制品和制鞋业	19732	8544	4536	3604
皮革鞣制加工	554	276	109	88
皮革制品制造	5199	2614	1214	790
毛皮鞣制及制品加工	1227	924	184	83
羽毛(绒)加工及制品制造	354	199	64	41
制鞋业	12398	4531	2965	2602
木材加工和木、竹、藤、棕、草制品业	6877	3605	1737	1072
木材加工	1146	652	257	206
人造板制造	583	223	133	121
木质制品制造	3618	1974	898	504
竹、藤、棕、草等制品制造	1530	756	449	241
家具制造业	7206	3349	1698	1167
木质家具制造	4547	2243	1148	712
竹、藤家具制造	186	80	40	36
金属家具制造	1170	396	247	221
塑料家具制造	164	68	27	34
其他家具制造	1139	562	236	164
造纸和纸制品业	12851	7797	3080	1184
纸浆制造	15	8	3	2
造纸	1747	889	341	206
纸制品制造	11089	6900	2736	976
印刷和记录媒介复制业	11037	6126	2951	1317
印刷	10302	5643	2775	1256
装订及印刷相关服务	725	477	174	59
记录媒介复制	10	6	2	2
文教、工美、体育和娱乐用品制造业	22084	12790	5140	2615
文教办公用品制造	3655	1905	1000	477
乐器制造	255	136	58	25
工艺美术及礼仪用品制造	12136	7383	2767	1307
体育用品制造	2317	1293	488	310
玩具制造	2813	1456	671	415
游艺器材及娱乐用品制造	908	617	156	81
石油、煤炭及其他燃料加工业	440	249	112	53
精炼石油产品制造	235	128	49	35
煤炭加工	47	31	9	6
核燃料加工	1		1	
生物质燃料加工	157	90	53	12
化学原料和化学制品制造业	8608	4347	1960	1190
基础化学原料制造	999	430	198	157
肥料制造	246	147	71	16

50-99人	100-299人	300-499人	500-999人	1000-4999人	5000-9999人	10000人及以上
247	147	17	9			
205	121	25	9	2		
1923	1078	147	83	42	3	
836	500	77	46	31	1	
580	378	51	28	8	2	
507	200	19	9	3		
2066	818	102	44	16	2	
42	30	7	1	1		
371	174	23	10	3		
24	11		1			
19	20	8	3			
1610	583	64	29	12	2	
305	131	10	7	10		
26	3	1	1			
64	37	2	2	1		
155	72	4	2	9		
60	19	3	2			
506	338	73	47	27	1	
253	146	26	12	7		
17	11	2				
139	110	25	23	8	1	
17	13	3	1	1		
80	58	17	11	11		
428	300	31	23	8		
1	1					
143	136	15	11	6		
284	163	16	12	2		
414	185	33	11			
405	179	33	11			
9	6					
900	507	69	43	19	1	
158	87	14	8	5	1	
21	10		4	1		
419	211	32	13	4		
138	66	9	7	6		
141	108	11	9	2		
23	25	3	2	1		
15	7			3	1	
13	6			3	1	
	1					
2						
537	413	80	60	21		
86	89	20	15	4		
6	3	2	1			

1-17 续表 3

行业中类	法人单位数（个）			
		7人及以下	8-19人	20-49人
农药制造	90	21	10	14
涂料、油墨、颜料及类似产品制造	2116	1147	506	268
合成材料制造	1267	541	282	212
专用化学产品制造	2545	1395	574	330
炸药、火工及焰火产品制造	17	2	6	2
日用化学产品制造	1328	664	313	191
医药制造业	1275	461	191	167
化学药品原料药制造	239	73	26	23
化学药品制剂制造	122	29	9	7
中药饮片加工	111	46	15	17
中成药生产	98	34	6	10
兽用药品制造	63	24	14	7
生物药品制品制造	225	100	35	30
卫生材料及医药用品制造	323	137	75	52
药用辅料及包装材料	94	18	11	21
化学纤维制造业	1820	726	451	333
纤维素纤维原料及纤维制造	63	38	8	8
合成纤维制造	1702	656	428	320
生物基材料制造	55	32	15	5
橡胶和塑料制品业	33975	19466	8090	4055
橡胶制品业	3988	2267	919	491
塑料制品业	29987	17199	7171	3564
非金属矿物制品业	13032	6999	2769	1756
水泥、石灰和石膏制造	520	252	69	68
石膏、水泥制品及类似制品制造	2849	1335	476	361
砖瓦、石材等建筑材料制造	4113	2570	878	454
玻璃制造	444	178	109	97
玻璃制品制造	2011	937	557	347
玻璃纤维和玻璃纤维增强塑料制品制造	466	220	109	76
陶瓷制品制造	1061	653	202	124
耐火材料制品制造	620	308	164	96
石墨及其他非金属矿物制品制造	948	546	205	133
黑色金属冶炼和压延加工业	2422	1114	516	433
炼铁	10	6	2	2
炼钢	14	8	3	
钢压延加工	2334	1080	501	415
铁合金冶炼	64	20	10	16
有色金属冶炼和压延加工业	3125	1374	750	571
常用有色金属冶炼	135	61	28	22
贵金属冶炼	10	1	1	2
稀有稀土金属冶炼	16	9	3	2
有色金属合金制造	705	345	185	113
有色金属压延加工	2259	958	533	432
金属制品业	40141	22066	9673	5199
结构性金属制品制造	8492	5112	1902	988
金属工具制造	4573	2410	1215	579

50-99人	100-299人	300-499人	500-999人	1000-4999人	5000-9999人	10000人及以上
13	20	5	6	1		
103	72	8	11	1		
98	83	23	16	12		
149	82	10	4	1		
2	3	1	1			
80	61	11	6	2		
145	186	59	41	24	1	
21	40	26	16	14		
14	34	13	10	5	1	
14	18		1			
14	20	7	4	3		
5	13					
22	25	3	8	2		
27	23	8	1			
28	13	2	1			
114	124	30	16	25	1	
2	5		1	1		
111	117	30	15	24	1	
1	2					
1387	805	105	48	18	1	
178	103	16	4	9	1	
1209	702	89	44	9		
993	441	49	21	3	1	
67	49	13	2			
450	212	11	4			
175	33	2	1			
38	15	4	1	2		
110	46	9	5			
40	17	1	2		1	
48	27	5	1	1		
28	21		3			
37	21	4	2			
203	117	18	15	5	1	
1			1	1		
193	110	17	13	4	1	
9	7	1	1			
245	143	18	15	9		
12	7	2	1	2		
2	3		1			
2						
40	17	1		4		
189	116	15	13	3		
1941	982	167	88	24	1	
314	135	20	13	7	1	
201	129	31	8			

1-17 续表 4

行业中类	法人单位数（个）	7人及以下	8-19人	20-49人
集装箱及金属包装容器制造	699	288	155	127
金属丝绳及其制品制造	999	555	266	117
建筑、安全用金属制品制造	11824	6682	3084	1425
金属表面处理及热处理加工	2592	1016	635	495
搪瓷制品制造	425	248	89	55
金属制日用品制造	3863	2134	768	514
铸造及其他金属制品制造	6674	3621	1559	899
通用设备制造业	53354	28329	13363	7071
锅炉及原动设备制造	600	258	137	86
金属加工机械制造	5287	2836	1374	696
物料搬运设备制造	1909	804	410	332
泵、阀门、压缩机及类似机械制造	12175	6025	3010	1769
轴承、齿轮和传动部件制造	5279	2239	1396	877
烘炉、风机、包装等设备制造	5948	2954	1485	879
文化、办公用机械制造	449	227	93	54
通用零部件制造	19471	11505	4998	2165
其他通用设备制造业	2236	1481	460	213
专用设备制造业	26404	14228	6389	3527
采矿、冶金、建筑专用设备制造	1020	504	246	144
化工、木材、非金属加工专用设备制造	10801	6393	2637	1112
食品、饮料、烟草及饲料生产专用设备制造	784	416	194	113
印刷、制药、日化及日用品生产专用设备制造	1092	546	270	150
纺织、服装和皮革加工专用设备制造	3391	1752	865	424
电子和电工机械专用设备制造	749	404	172	92
农、林、牧、渔专用机械制造	982	521	200	132
医疗仪器设备及器械制造	3341	1194	839	867
环保、邮政、社会公共服务及其他专用设备制造	4244	2498	966	493
汽车制造业	17194	7952	4125	2627
汽车整车制造	84	28	8	17
汽车用发动机制造	40	10	6	7
改装汽车制造	25	6	3	4
低速汽车制造	1	1		
电车制造	11	9	2	
汽车车身、挂车制造	141	50	23	27
汽车零部件及配件制造	16892	7848	4083	2572
铁路、船舶、航空航天和其他运输设备制造业	4335	2084	1014	661
铁路运输设备制造	156	65	32	28
城市轨道交通设备制造	25	9	4	7
船舶及相关装置制造	886	427	208	116
航空、航天器及设备制造	56	27	8	9
摩托车制造	1344	574	352	225
自行车和残疾人座车制造	630	336	129	87
助动车制造	709	393	158	96
非公路休闲车及零配件制造	429	205	102	75
潜水救捞及其他未列明运输设备制造	100	48	21	18
电气机械和器材制造业	38251	20757	8837	4697

50-99人	100-299人	300-499人	500-999人	1000-4999人	5000-9999人	10000人及以上
73	38	9	7	2		
36	19	2	3	1		
411	169	32	20	1		
287	134	15	7	3		
20	11	2				
230	166	24	18	9		
369	181	32	12	1		
2646	1518	249	129	48	1	
56	48	10	2	3		
236	112	20	10	3		
190	119	30	18	5	1	
795	470	71	23	12		
403	276	50	26	12		
329	221	36	34	10		
40	28	5	1	1		
542	220	24	15	2		
55	24	3				
1329	754	108	54	14	1	
69	47	6	3	1		
371	227	35	22	4		
42	17	1	1			
72	49	5				
208	120	14	5	2	1	
51	25	4	1			
65	50	7	5	2		
275	127	23	11	5		
176	92	13	6			
1258	888	167	116	60	1	
9	5	5	5	7		
5	5	1	3	3		
5	7					
20	18	1		2		
1219	853	160	108	48	1	
319	197	34	18	8		
19	10	1	1			
2	3					
79	41	8	3	4		
10	1	1				
104	66	14	6	3		
40	29	6	3			
35	20	3	4			
25	19	1	1	1		
5	8					
2001	1397	285	188	84	4	1

1-17 续表 5

行业中类	法人单位数(个)	7人及以下	8-19人	20-49人
电机制造	3465	1460	888	560
输配电及控制设备制造	16368	9573	3782	1738
电线、电缆、光缆及电工器材制造	3162	1428	811	519
电池制造	467	188	79	71
家用电力器具制造	7088	4049	1418	802
非电力家用器具制造	848	490	167	103
照明器具制造	5616	2762	1464	779
其他电气机械及器材制造	1237	807	228	125
计算机、通信和其他电子设备制造业	11110	5653	2456	1449
计算机制造	440	247	77	44
通信设备制造	1011	492	206	127
广播电视设备制造	213	85	51	17
雷达及配套设备制造	11	7	2	
非专业视听设备制造	534	232	131	92
智能消费设备制造	462	232	77	55
电子器件制造	1486	695	322	196
电子元件及电子专用材料制造	6206	3192	1454	843
其他电子设备制造	747	471	136	75
仪器仪表制造业	5738	3120	1270	700
通用仪器仪表制造	4236	2344	959	487
专用仪器仪表制造	651	327	134	94
钟表与计时仪器制造	152	81	25	21
光学仪器制造	259	118	49	44
衡器制造	196	86	51	36
其他仪器仪表制造业	244	164	52	18
其他制造业	7050	4661	1290	698
日用杂品制造	5079	3147	989	574
核辐射加工	4	4		
其他未列明制造业	1967	1510	301	124
废弃资源综合利用业	715	411	135	88
金属废料和碎屑加工处理	290	153	43	37
非金属废料和碎屑加工处理	425	258	92	51
金属制品、机械和设备修理业	2127	1386	335	220
金属制品修理	46	32	9	5
通用设备修理	282	193	63	23
专用设备修理	267	224	26	14
铁路、船舶、航空航天等运输设备修理	922	444	149	157
电气设备修理	153	126	18	6
仪器仪表修理	21	15	5	1
其他机械和设备修理业	436	352	65	14
电力、热力、燃气及水生产和供应业	**5240**	**3263**	**974**	**450**
电力、热力生产和供应业	3712	2600	603	191
电力生产	3388	2468	545	159
电力供应	187	87	17	13
热力生产和供应	137	45	41	19

50-99人	100-299人	300-499人	500-999人	1000-4999人	5000-9999人	10000人及以上
258	198	48	34	19		
666	463	74	53	18		1
233	130	24	15	2		
46	45	19	10	9		
373	292	77	46	27	4	
42	34	6	6			
335	212	33	22	9		
48	23	4	2			
643	597	143	109	49	7	4
25	32	5	5	4	1	
71	67	19	14	9	3	3
24	24	6	2	4		
	2					
30	38	5	5	1		
31	39	13	10	5		
100	100	33	28	10	2	
326	273	59	41	16	1	1
36	22	3	4			
303	249	40	37	19		
199	186	27	21	13		
50	33	2	7	4		
15	4	1	5			
22	13	7	4	2		
11	10	2				
6	3	1				
262	103	29	3	3	1	
241	96	25	3	3	1	
21	7	4				
45	28	6	2			
33	19	4	1			
12	9	2	1			
109	60	10	7			
1	2					
1	2					
105	51	10	6			
	2		1			
2	3					
234	**222**	**56**	**31**	**10**		
116	132	38	23	9		
90	93	15	12	6		
4	29	23	11	3		
22	10					

1-17 续表 6

行业中类	法人单位数(个)	7人及以下	8-19人	20-49人
燃气生产和供应业	279	102	54	60
燃气生产和供应业	269	96	50	60
生物质燃气生产和供应业	10	6	4	
水的生产和供应业	1249	561	317	199
自来水生产和供应	549	219	125	87
污水处理及其再生利用	582	276	144	108
海水淡化处理	3	2		1
其他水的处理、利用与分配	115	64	48	3
建筑业	**51741**	**35699**	**6643**	**3205**
房屋建筑业	7820	3826	869	568
住宅房屋建筑	6733	3306	768	485
体育场馆建筑	14	7		1
其他房屋建筑业	1073	513	101	82
土木工程建筑业	12024	7041	1640	1048
铁路、道路、隧道和桥梁工程建筑	5322	2560	699	543
水利和水运工程建筑	757	371	83	80
海洋工程建筑	52	37	7	6
工矿工程建筑	198	90	30	20
架线和管道工程建筑	898	485	165	81
节能环保工程施工	365	284	49	20
电力工程施工	359	261	42	24
其他土木工程建筑	4073	2953	565	274
建筑安装业	6829	4715	1110	525
电气安装	2428	1659	376	205
管道和设备安装	1969	1410	333	120
其他建筑安装业	2432	1646	401	200
建筑装饰、装修和其他建筑业	25068	20117	3024	1064
建筑装饰和装修业	19138	15455	2301	767
建筑物拆除和场地准备活动	3832	3074	461	182
提供施工设备服务	209	142	31	21
其他未列明建筑业	1889	1446	231	94
批发和零售业	**465896**	**403982**	**45427**	**11731**
批发业	294814	250970	33215	8139
农、林、牧、渔产品批发	6641	5621	800	167
食品、饮料及烟草制品批发	22408	18726	2650	725
纺织、服装及家庭用品批发	91923	78415	10014	2688
文化、体育用品及器材批发	15802	13798	1524	377
医药及医疗器材批发	7037	5331	1107	371
矿产品、建材及化工产品批发	66889	55993	8632	1815
机械设备、五金产品及电子产品批发	56775	48228	6506	1594
贸易经纪与代理	6890	6166	592	106
其他批发业	20449	18692	1390	296
零售业	171082	153012	12212	3592
综合零售	3790	2890	373	181
食品、饮料及烟草制品专门零售	16996	15375	1256	278

50–99人	100–299人	300–499人	500–999人	1000–4999人	5000–9999人	10000人及以上
37	20	5	1			
37	20	5	1			
81	70	13	7	1		
48	51	11	7	1		
33	19	2				
1745	**1735**	**754**	**727**	**924**	**175**	**134**
415	591	343	366	595	131	116
349	462	288	320	530	117	108
	4	1		1		
66	125	54	46	64	14	8
739	688	296	273	260	29	10
445	471	199	192	190	14	9
82	66	26	31	18		
1	1					
13	7	5	5	17	11	
66	58	22	15	5	1	
9	1	1			1	
16	7	4	1	4		
107	77	39	29	26	2	1
212	186	37	24	14	5	1
85	76	13	9	3	2	
41	48	10	2	4	1	
86	62	14	13	7	2	1
379	270	78	64	55	10	7
287	187	54	43	35	6	3
49	32	13	9	10	1	1
3	5	2	1	3	1	
40	46	9	11	7	2	3
3049	**1349**	**186**	**119**	**48**	**4**	**1**
1668	661	83	49	26	2	1
30	18	3	2			
189	81	13	14	9	1	
559	200	26	12	8		1
66	32	3	2			
137	73	7	8	3		
321	107	14	5	1	1	
298	127	13	5	4		
17	7	2				
51	16	2	1	1		
1381	688	103	70	22	2	
123	150	31	30	10	2	
60	20	1	6			

1-17 续表 7

行业中类	法人单位数（个）	7人及以下	8-19人	20-49人
纺织、服装及日用品专门零售	26375	24078	1681	416
文化、体育用品及器材专门零售	9088	8047	723	230
医药及医疗器材专门零售	12691	11649	683	189
汽车、摩托车、零配件和燃料及其他动力销售	15130	11698	1529	925
家用电器及电子产品专门零售	14354	12245	1539	432
五金、家具及室内装饰材料专门零售	20242	18611	1377	226
货摊、无店铺及其他零售业	52416	48419	3051	715
交通运输、仓储和邮政业	**32133**	**21425**	**5807**	**2948**
铁路运输业	13	1	4	5
铁路旅客运输	8		4	2
铁路货物运输	4	1		2
铁路运输辅助活动	1			1
道路运输业	19530	13325	3527	1682
城市公共交通运输	581	264	105	66
公路旅客运输	483	153	77	98
道路货物运输	17217	12212	3175	1339
道路运输辅助活动	1249	696	170	179
水上运输业	1338	592	228	248
水上旅客运输	91	36	16	14
水上货物运输	836	342	132	182
水上运输辅助活动	411	214	80	52
航空运输业	135	75	23	13
航空客货运输	56	37	11	2
通用航空服务	40	22	9	7
航空运输辅助活动	39	16	3	4
管道运输业	4	2	1	
海底管道运输	1		1	
陆地管道运输	3	2		
多式联运和运输代理业	6919	5065	1253	432
多式联运	19	11	4	2
运输代理业	6900	5054	1249	430
装卸搬运和仓储业	2680	1676	453	312
装卸搬运	1286	879	194	121
通用仓储	576	336	102	70
低温仓储	102	68	22	8
危险品仓储	74	22	16	22
谷物、棉花等农产品仓储	149	51	30	47
中药材仓储	1			
其他仓储业	492	320	89	44
邮政业	1514	689	318	256
邮政基本服务	35	13	3	3
快递服务	1467	668	313	253
其他寄递服务	12	8	2	
住宿和餐饮业	**24951**	**16163**	**4995**	**2294**
住宿业	9207	5766	1847	853

50-99人	100-299人	300-499人	500-999人	1000-4999人	5000-9999人	10000人及以上
104	58	17	14	7		
57	25	4	2			
81	63	19	5	2		
710	256	9	2	1		
80	45	7	5	1		
16	8	3	1			
150	63	12	5	1		
1054	**627**	**123**	**88**	**57**	**2**	**2**
1	1			1		
1				1		
	1					
522	318	66	53	34	1	2
38	49	19	18	21		1
66	54	19	12	3	1	
324	133	16	10	7		1
94	82	12	13	3		
159	87	12	11	1		
6	12	3	4			
119	56	3	2			
34	19	6	5	1		
6	9	5		4		
2	2	1		1		
2						
2	7	4		3		
1						
1						
96	61	6	5	1		
	2					
96	59	6	5	1		
135	75	25	2	2		
50	28	12	1	1		
41	23	4				
4						
9	4	1				
15	6					
1						
15	14	8	1	1		
134	76	9	17	14	1	
2	2	2	5	5		
132	73	7	12	9		
	1				1	
736	**620**	**101**	**29**	**10**	**2**	**1**
304	349	68	17	3		

1-17 续表 8

行业中类	法人单位数(个)	7人及以下	8-19人	20-49人
旅游饭店	2000	728	334	323
一般旅馆	5998	4038	1356	493
民宿服务	982	827	123	29
露营地服务	9	7	1	1
其他住宿业	218	166	33	7
餐饮业	15744	10397	3148	1441
正餐服务	12110	7577	2584	1277
快餐服务	1113	780	226	68
饮料及冷饮服务	768	612	102	42
餐饮配送及外卖送餐服务	360	259	56	22
其他餐饮业	1393	1169	180	32
信息传输、软件和信息技术服务业	**55067**	**45024**	**6076**	**2420**
电信、广播电视和卫星传输服务	1053	640	150	94
电信	759	511	100	71
广播电视传输服务	280	122	48	18
卫星传输服务	14	7	2	5
互联网和相关服务	5549	4351	671	315
互联网接入及相关服务	338	269	47	15
互联网信息服务	2994	2447	325	135
互联网平台	767	489	124	80
互联网安全服务	64	47	9	7
互联网数据服务	218	144	29	18
其他互联网服务	1168	955	137	60
软件和信息技术服务业	48465	40033	5255	2011
软件开发	34244	28024	3863	1502
集成电路设计	260	198	36	18
信息系统集成和物联网技术服务	1871	1414	258	101
运行维护服务	321	240	42	18
信息处理和存储支持服务	337	229	50	26
信息技术咨询服务	7740	6700	702	229
数字内容服务	542	409	79	39
其他信息技术服务业	3150	2819	225	78
金融业	**16965**	**14589**	**959**	**381**
货币金融服务	1978	1025	318	157
中央银行服务	11			
货币银行服务	917	367	40	78
非货币银行服务	1050	658	278	79
银行理财服务				
银行监管服务				
资本市场服务	13087	12542	429	72
证券市场服务	6		1	
公开募集证券投资基金	2		1	1
非公开募集证券投资基金	1923	1553	324	34
期货市场服务	14			2
证券期货监管服务	2			1

50-99人	100-299人	300-499人	500-999人	1000-4999人	5000-9999人	10000人及以上
221	308	66	17	3		
73	37	1				
3						
7	4	1				
432	271	33	12	7	2	1
389	240	27	9	7		
18	15	3			2	1
7	3	2				
13	9	1				
5	4		3			
767	**545**	**111**	**69**	**50**	**5**	
47	69	22	16	15		
24	17	6	16	14		
23	52	16		1		
101	73	15	14	6	3	
5	2					
46	27	6	4	1	3	
33	26	6	6	3		
		1				
10	10	2	3	2		
7	8		1			
619	403	74	39	29	2	
449	295	57	31	21	2	
4	4					
49	35	9	2	3		
13	7		1			
18	14					
61	35	6	4	3		
8	4	1	1	1		
17	9	1		1		
233	**336**	**137**	**170**	**135**	**20**	**5**
106	148	70	98	54	2	
	6	3	2			
83	133	65	96	53	2	
23	9	2		1		
23	12	5	2	2		
1	2			2		
10	2					
1	5	4	2			
	1					

1-17 续表 9

行业中类	法人单位数（个）	7人及以下	8-19人	20-49人
资本投资服务	1546	1461	55	22
其他资本市场服务	9594	9528	48	12
保险业	797	185	67	90
人身保险	251	7	9	16
财产保险	313	59	33	39
再保险				
商业养老金	11		1	6
保险中介服务	132	37	20	27
保险资产管理	1			1
保险监管服务				
其他保险活动	89	82	4	1
其他金融业	1103	837	145	62
金融信托与管理服务	73	58	7	3
控股公司服务	345	303	27	8
非金融机构支付服务	13		1	3
金融信息服务	260	206	30	11
金融资产管理公司	10	5	1	2
其他未列明金融业	402	265	79	35
房地产业	**46052**	**32956**	**7301**	**3828**
房地产业	46052	32956	7301	3828
房地产开发经营	10707	5503	2830	1843
物业管理	8675	4922	1648	1014
房地产中介服务	16055	13844	1561	475
房地产租赁经营	9849	8136	1137	430
其他房地产业	766	551	125	66
租赁和商务服务业	**157725**	**130423**	**20062**	**4867**
租赁业	9232	7746	1104	293
机械设备经营租赁	8748	7334	1051	280
文体设备和用品出租	415	357	45	9
日用品出租	69	55	8	4
商务服务业	148493	122677	18958	4574
组织管理服务	60177	50179	8249	1268
综合管理服务	3854	2521	708	366
法律服务	2453	1233	836	303
咨询与调查	38322	33184	3721	1109
广告业	19680	16927	2266	375
人力资源服务	6251	4412	844	427
安全保护服务	1393	829	197	106
会议、展览及相关服务	2474	2059	304	89
其他商务服务业	13889	11333	1833	531
科学研究和技术服务业	**61583**	**48322**	**8176**	**3375**
研究和试验发展	10019	8021	1351	462
自然科学研究和试验发展	390	324	45	16
工程和技术研究和试验发展	7410	5959	1004	333
农业科学研究和试验发展	540	440	62	16

50-99人	100-299人	300-499人	500-999人	1000-4999人	5000-9999人	10000人及以上
7		1				
4	2					
76	151	58	69	78	18	5
27	56	30	40	49	13	4
34	76	23	26	21	2	
1	2	1				
13	16	4	3	8	3	1
1	1					
28	25	4	1	1		
1	2	2				
1	4		1	1		
2	5	2				
9	4					
1	1					
14	9					
1196	**540**	**107**	**77**	**42**	**4**	**1**
1196	540	107	77	42	4	1
433	90	7	1			
524	368	86	70	38	4	1
119	41	7	5	3		
101	38	6	1			
19	3	1		1		
1272	**672**	**135**	**132**	**144**	**10**	**8**
49	36	1	2	1		
48	32	1	1	1		
1	2		1			
	2					
1223	636	134	130	143	10	8
310	134	17	13	6		1
173	79	5	1		1	
62	18	1				
205	86	7	8	2		
79	28	2	2	1		
208	163	50	58	73	9	7
46	66	42	46	61		
12	7	2	1			
128	55	8	1			
1039	**526**	**81**	**39**	**24**	**1**	
108	59	5	7	5	1	
1	3		1			
68	34	3	6	2	1	
14	6	1		1		

1-17 续表 10

行业中类	法人单位数（个）	7人及以下	8-19人	20-49人
医学研究和试验发展	1433	1118	202	74
社会人文科学研究	246	180	38	23
专业技术服务业	30312	22183	4586	2225
气象服务	306	187	87	24
地震服务	29	22	2	4
海洋服务	73	48	10	12
测绘地理信息服务	581	240	177	124
质检技术服务	2845	1462	605	500
环境与生态监测检测服务	695	450	117	84
地质勘查	123	64	22	19
工程技术与设计服务	14276	10200	2173	1089
工业与专业设计及其他专业技术服务	11384	9510	1393	369
科技推广和应用服务业	21252	18118	2239	688
技术推广服务	16081	13620	1757	528
知识产权服务	1751	1452	216	74
科技中介服务	616	518	73	19
创业空间服务	208	178	22	4
其他科技推广服务业	2596	2350	171	63
水利、环境和公共设施管理业	**8556**	**5621**	**1442**	**834**
水利管理业	956	607	203	103
防洪除涝设施管理	207	149	33	19
水资源管理	250	159	56	23
天然水收集与分配	165	80	38	32
水文服务	64	38	19	6
其他水利管理业	270	181	57	23
生态保护和环境治理业	1294	864	227	130
生态保护	138	67	31	25
环境治理业	1156	797	196	105
公共设施管理业	5782	3781	932	548
市政设施管理	830	528	127	104
环境卫生管理	1513	918	247	123
城乡市容管理	117	79	13	13
绿化管理	1958	1368	333	176
城市公园管理	90	46	16	13
游览景区管理	1274	842	196	119
土地管理业	524	369	80	53
土地整治服务	346	260	46	29
土地调查评估服务	52	31	12	7
土地登记服务	21	13	2	1
土地登记代理服务	26	17	4	5
其他土地管理服务	79	48	16	11
居民服务、修理和其他服务业	**26474**	**20097**	**4408**	**1439**
居民服务业	12496	9796	1748	695
家庭服务	2380	1871	303	130
托儿所服务	257	191	51	14

50-99人	100-299人	300-499人	500-999人	1000-4999人	5000-9999人	10000人及以上
21	15	1		2		
4	1					
791	414	70	28	15		
8						
1						
1	2					
27	11	2				
191	74	9	3	1		
33	11					
10	4	4				
438	287	52	25	12		
82	25	3		2		
140	53	6	4	4		
117	48	5	4	2		
8	1					
5	1					
4						
6	3	1		2		
330	**213**	**55**	**43**	**17**	**1**	
33	9	1				
4	2					
10	2					
13	2					
1						
5	3	1				
43	29	1				
8	6	1				
35	23					
242	166	53	43	17		
41	18	6	5	1		
82	70	26	33	14		
5	5	2				
42	28	7	4			
8	6	1				
64	39	11	1	2		
12	9				1	
7	4					
2						
2	3					
1	2				1	
327	**146**	**29**	**19**	**9**		
174	61	12	6	4		
49	20	3	2	2		
1						

1-17 续表 11

行业中类	法人单位数（个）			
		7人及以下	8-19人	20-49人
洗染服务	444	259	111	52
理发及美容服务	2068	1610	343	84
洗浴和保健养生服务	2026	1349	410	221
摄影扩印服务	1348	1123	169	43
婚姻服务	1057	906	125	25
殡葬服务	605	404	96	82
其他居民服务业	2311	2083	140	44
机动车、电子产品和日用产品修理业	9340	6873	1946	455
汽车、摩托车等修理与维护	7292	5124	1717	395
计算机和办公设备维修	838	732	77	25
家用电器修理	1014	840	137	32
其他日用产品修理业	196	177	15	3
其他服务业	4638	3428	714	289
清洁服务	3421	2414	577	234
宠物服务	199	138	50	9
其他未列明服务业	1018	876	87	46
教育	**37929**	**19369**	**7538**	**5607**
教育	37929	19369	7538	5607
学前教育	9103	1902	3317	2864
初等教育	3448	200	386	1055
中等教育	2799	265	122	430
高等教育	274	74	39	31
特殊教育	143	28	46	50
技能培训、教育辅助及其他教育	22162	16900	3628	1177
卫生和社会工作	**12391**	**6941**	**1985**	**1435**
卫生	6622	2504	1143	1121
医院	1338	174	92	221
基层医疗卫生服务	4642	2075	986	769
专业公共卫生服务	459	155	47	114
其他卫生活动	183	100	18	17
社会工作	5769	4437	842	314
提供住宿社会工作	3251	2236	628	244
不提供住宿社会工作	2518	2201	214	70
文化、体育和娱乐业	**36470**	**30520**	**3916**	**1498**
新闻和出版业	342	159	52	56
新闻业	74	25	12	20
出版业	268	134	40	36
广播、电视、电影和录音制作业	7346	6196	729	302
广播	216	185	17	4
电视	174	126	10	9
影视节目制作	5894	5364	401	91
广播电视集成播控	16	5	2	2
电影和广播电视节目发行	245	219	20	3
电影放映	726	228	275	192
录音制作	75	69	4	1

50-99人	100-299人	300-499人	500-999人	1000-4999人	5000-9999人	10000人及以上
15	6	1				
24	3	4				
37	8	1				
4	6	2		1		
1						
18	5					
25	13	1	4	1		
51	14			1		
46	10					
2	2					
3	1			1		
	1					
102	71	17	13	4		
95	67	17	13	4		
2						
5	4					
3019	**2172**	**131**	**59**	**33**		**1**
3019	2172	131	59	33		1
799	220	1				
1149	632	21	5			
713	1177	79	13			
15	27	23	35	29		1
15	4					
328	112	7	6	4		
964	**717**	**127**	**125**	**93**	**4**	
832	677	124	124	93	4	
248	295	104	111	89	4	
475	324	6	5	2		
81	40	12	8	2		
28	18	2				
132	40	3	1			
106	36	1				
26	4	2	1			
349	**150**	**21**	**9**	**6**	**1**	
40	30	4		1		
11	6					
29	24	4		1		
64	39	9	2	4	1	
3	4	1	1	1		
5	17	4	1	2		
30	7	1				
1	4	1		1		
1	1	1				
23	6	1			1	
1						

1-17 续表 12

行业中类	法人单位数（个）	7人及以下	8-19人	20-49人
文化艺术业	8201	6599	968	485
文艺创作与表演	2891	2318	312	191
艺术表演场馆	75	37	17	14
图书馆与档案馆	515	260	135	90
文物及非物质文化遗产保护	234	168	42	17
博物馆	370	250	66	42
烈士陵园、纪念馆	63	47	12	3
群众文体活动	1508	1216	185	90
其他文化艺术业	2545	2303	199	38
体育	3766	3004	529	169
体育组织	917	783	91	33
体育场地设施管理	256	179	47	19
健身休闲活动	2492	1951	382	116
其他体育	101	91	9	1
娱乐业	16815	14562	1638	486
室内娱乐活动	7776	6625	814	282
游乐园	213	132	35	23
休闲观光活动	892	756	95	33
彩票活动	77	33	25	13
文化体育娱乐活动与经纪代理服务	7778	6956	659	129
其他娱乐业	79	60	10	6
公共管理、社会保障和社会组织	**77570**	**56362**	**14080**	**3723**
中国共产党机关	950	267	259	330
中国共产党机关	950	267	259	330
国家机构	15330	6859	2603	2699
国家权力机构	133	27	5	81
国家行政机构	14745	6678	2550	2589
人民法院和人民检察院	270	46	9	12
其他国家机构	182	108	39	17
人民政协、民主党派	299	181	29	77
人民政协	120	25	11	72
民主党派	179	156	18	5
社会保障	159	72	25	39
基本保险	105	41	20	26
补充保险				
其他社会保障	54	31	5	13
群众团体、社会团体和其他成员组织	29414	26386	2569	387
群众团体	628	329	244	52
社会团体	18622	17448	1078	72
基金会	517	475	36	5
宗教组织	9647	8134	1211	258
基层群众自治组织	31418	22597	8595	191
社区居民自治组织	4514	2398	1995	89
村民自治组织	26904	20199	6600	102

50-99人	100-299人	300-499人	500-999人	1000-4999人	5000-9999人	10000人及以上
107	37	4	1			
52	16	1	1			
5	2					
23	7					
3	4					
7	5					
1						
12	2	3				
4	1					
44	18	1		1		
9	1					
7	4					
28	13	1		1		
94	26	3	6			
45	7	1	2			
11	8	2	2			
5	3					
6						
25	7		2			
2	1					
1736	**1302**	**201**	**109**	**57**		
77	16	1				
77	16	1				
1548	1257	199	109	56		
16	4					
1453	1124	186	109	56		
73	117	13				
6	12					
9	3					
9	3					
13	10					
11	7					
2	3					
56	14	1		1		
1	2					
19	5					
1						
35	7	1		1		
33	2					
30	2					
3						

1-18 按行业(大类)、从业人员组距

行业大类	从业人员期末人数(人)	7人及以下	8-19人	20-49人
总　计	**28741022**	**2659607**	**2801546**	**3198672**
农、林、牧、渔业	**11964**	**4722**	**4003**	**2315**
农业				
林业				
畜牧业				
渔业				
农、林、牧、渔专业及辅助性活动	11964	4722	4003	2315
采矿业	**17347**	**888**	**2177**	**4404**
煤炭开采和洗选业	21	6	15	
石油和天然气开采业	1	1		
黑色金属矿采选业	1090	16	46	111
有色金属矿采选业	2247	31	68	101
非金属矿采选业	13903	805	2012	4172
开采专业及辅助性活动	25	15	10	
其他采矿业	60	14	26	20
制造业	**10598127**	**674951**	**1202486**	**1705683**
农副食品加工业	109172	7183	13476	19341
食品制造业	96947	5072	7082	10095
酒、饮料和精制茶制造业	55313	4836	5389	6389
烟草制品业	3636			
纺织业	856891	49354	98139	131272
纺织服装、服饰业	796865	38576	94651	147132
皮革、毛皮、羽毛及其制品和制鞋业	567820	21727	55762	109230
木材加工和木、竹、藤、棕、草制品业	129617	10589	20629	31531
家具制造业	266120	9427	20498	35075
造纸和纸制品业	212582	25410	35515	34691
印刷和记录媒介复制业	171546	20762	34718	38729
文教、工美、体育和娱乐用品制造业	413089	37998	60395	76351
石油、煤炭及其他燃料加工业	18194	790	1338	1524
化学原料和化学制品制造业	282587	12906	23530	35844
医药制造业	151316	1127	2456	5443
化学纤维制造业	120364	2084	5549	9882
橡胶和塑料制品业	614287	60745	95432	119674
非金属矿物制品业	289958	19627	32709	54048
黑色金属冶炼和压延加工业	87847	3314	6222	13337
有色金属冶炼和压延加工业	101948	4166	9060	17478
金属制品业	787647	67086	114502	155210
通用设备制造业	1146219	88438	158154	211347
专用设备制造业	541092	44494	76022	105420

分组的法人单位从业人员数

50-99人	100-299人	300-499人	500-999人	1000-4999人	5000-9999人	10000人及以上
2831707	**4131777**	**1751271**	**2147325**	**4156789**	**1651579**	**3410749**
431	**493**					
431	493					
2785	**4736**	**1545**	**812**			
105			812			
491	1091	465				
2189	3645	1080				
1598281	**2242542**	**897909**	**982596**	**1032412**	**197222**	**64045**
18257	29192	5021	9170	7532		
10171	17839	13012	16262	17414		
5911	12565	3376	9777	7070		
				3636		
113121	185842	90123	120780	68260		
132426	174064	56142	56551	71323	26000	
145766	128906	38330	29798	27692	10609	
21286	20382	3581	5344	16275		
35268	54462	28173	31363	45525	6329	
28772	49519	11765	16046	10864		
27770	30150	12427	6990			
62011	82012	25822	28797	33930	5773	
987	998			6661	5896	
36421	68001	30705	40217	34963		
10004	32501	23053	27395	40891	8446	
7730	20992	11213	11739	42363	8812	
94428	128610	38980	31606	36481	8331	
69552	68938	19478	14079	5810	5717	
14093	17772	7174	10301	9161	6473	
16832	22544	6553	9795	15520		
131805	156014	63339	58161	35443	6087	
181756	244103	94459	84314	76657	6991	
90268	120037	41928	35499	22376	5048	

1-18 续表 1

行业大类	从业人员期末人数（人）	7人及以下	8-19人	20-49人
汽车制造业	649634	24149	49909	79830
铁路、船舶、航空航天和其他运输设备制造业	132647	5593	12144	20427
电气机械和器材制造业	1099212	65727	104434	141959
计算机、通信和其他电子设备制造业	557111	16266	29195	43638
仪器仪表制造业	175765	9904	14836	20941
其他制造业	105253	12894	15164	20552
废弃资源综合利用业	16432	1130	1599	2656
金属制品、机械和设备修理业	41016	3577	3977	6637
电力、热力、燃气及水生产和供应业	**144738**	**8849**	**11635**	**13876**
电力、热力生产和供应业	92574	7087	7040	5736
燃气生产和供应业	11667	219	670	1923
水的生产和供应业	40497	1543	3925	6217
建筑业	**7805044**	**81132**	**77395**	**96540**
房屋建筑业	5639334	8093	10304	17214
土木工程建筑业	1418363	15748	19551	32182
建筑安装业	197336	12083	12884	15961
建筑装饰、装修和其他建筑业	550011	45208	34656	31183
批发和零售业	**2485366**	**938232**	**509213**	**337994**
批发业	1566450	605995	372971	231893
零售业	918916	332237	136242	106101
交通运输、仓储和邮政业	**656642**	**57650**	**68026**	**88981**
铁路运输业	21			21
道路运输业	382596	34882	41218	50158
水上运输业	54460	1389	2739	8163
航空运输业	16222	145	266	396
管道运输业	72	12	10	
多式联运和运输代理业	66491	15208	14439	12607
装卸搬运和仓储业	53802	3955	5440	9614
邮政业	82978	2059	3914	8022
住宿和餐饮业	**427405**	**42160**	**58822**	**67659**
住宿业	188038	16050	22045	24862
餐饮业	239367	26110	36777	42797
信息传输、软件和信息技术服务业	**580668**	**81611**	**70651**	**72171**
电信、广播电视和卫星传输服务	68695	1314	1779	2892
互联网和相关服务	94242	8638	7918	9369
软件和信息技术服务业	417731	71659	60954	59910
金融业	**28037**	**6871**	**6263**	**4999**
货币金融服务	10060	2760	3330	2104
资本市场服务	5621	2518	1163	894
保险业	445	139	44	35
其他金融业	11911	1454	1726	1966

50-99人	100-299人	300-499人	500-999人	1000-4999人	5000-9999人	10000人及以上
86766	146776	63574	80638	112784	5208	
22253	32162	13121	12180	14767		
138804	227853	109654	128434	148274	23088	10985
45545	98777	55353	75418	86830	53029	53060
21420	40832	14490	23470	29872		
17918	16275	10898	2129	4038	5385	
2974	4733	2246	1094			
7966	9691	3919	5249			
16340	**38153**	**21322**	**21990**	**12573**		
8209	23252	14244	15675	11331		
2647	3262	1970	976			
5484	11639	5108	5339	1242		
121124	**306895**	**296188**	**511614**	**1990135**	**1233512**	**3090509**
28814	107697	137262	258241	1330649	932124	2808936
51861	121580	114392	192844	526964	188060	155181
14756	31637	14004	16387	29542	36897	13185
25693	45981	30530	44142	102980	76431	113207
207674	**213398**	**69908**	**82334**	**88793**	**27789**	**10031**
112122	105920	30961	33454	46016	17087	10031
95552	107478	38947	48880	42777	10702	
72065	**101208**	**48058**	**61991**	**110257**	**12223**	**36183**
35902	50259	25994	36929	64227	6844	36183
10958	14641	4914	7590	4066		
377	1708	1974		11356		
50						
6465	9649	2367	3416	2340		
9336	12425	9140	1569	2323		
8977	12526	3669	12487	25945	5379	
51677	**105922**	**37268**	**18660**	**15841**	**13123**	**16273**
21737	61567	24882	10198	6697		
29940	44355	12386	8462	9144	13123	16273
52334	**89769**	**41923**	**48959**	**89664**	**33586**	
3252	11552	8603	12223	27080		
6841	12795	5720	9712	11031	22218	
42241	65422	27600	27024	51553	11368	
3688	**4063**	**303**	**501**	**1349**		
1214	652					
625	118	303				
64	163					
1785	3130		501	1349		

1-18 续表 2

行业大类	从业人员期末人数（人）			
		7人及以下	8-19人	20-49人
房地产业	**657481**	**68649**	**88234**	**114101**
房地产业	657481	68649	88234	114101
租赁和商务服务业	**1494194**	**260154**	**223518**	**140409**
租赁业	50808	17410	12612	8300
商务服务业	1443386	242744	210906	132109
科学研究和技术服务业	**560606**	**100444**	**95269**	**101002**
研究和试验发展	83053	16518	15666	13399
专业技术服务业	371146	50223	53959	68007
科技推广和应用服务业	106407	33703	25644	19596
水利、环境和公共设施管理业	**195834**	**11663**	**17239**	**25573**
水利管理业	10940	1348	2484	3172
生态保护和环境治理业	16173	1824	2696	4086
公共设施管理业	157404	7753	11134	16786
土地管理业	11317	738	925	1529
居民服务、修理和其他服务业	**224288**	**48435**	**50866**	**40572**
居民服务业	97319	20094	20375	19923
机动车、电子产品和日用产品修理业	62365	20744	22126	12333
其他服务业	64604	7597	8365	8316
教育	**1034907**	**49760**	**91355**	**177908**
教育	1034907	49760	91355	177908
卫生和社会工作	**587948**	**14658**	**24124**	**45436**
卫生	544110	6555	14239	36157
社会工作	43838	8103	9885	9279
文化、体育和娱乐业	**225136**	**58769**	**45974**	**43208**
新闻和出版业	13506	342	622	1883
广播、电视、电影和录音制作业	56543	9437	8808	8488
文化艺术业	52028	11452	11615	14597
体育	24048	6000	6038	4733
娱乐业	79011	31538	18891	13507
公共管理、社会保障和社会组织	**1005290**	**150009**	**154296**	**115841**
中国共产党机关	21993	384	3539	10462
国家机构	691606	8692	33221	85594
人民政协、民主党派	3982	220	411	2423
社会保障	4121	78	325	1327
群众团体、社会团体和其他成员组织	91399	43933	28810	10831
基层群众自治组织	192189	96702	87990	5204

50-99人	100-299人	300-499人	500-999人	1000-4999人	5000-9999人	10000人及以上
81018	**86950**	**40934**	**51163**	**77722**	**23724**	**24986**
81018	86950	40934	51163	77722	23724	24986
86613	**108321**	**53237**	**91075**	**306240**	**68424**	**156203**
3288	5356	401	1492	1949		
83325	102965	52836	89583	304291	68424	156203
70439	**84892**	**30541**	**27158**	**43843**	**7018**	
7312	9214	1867	4354	7705	7018	
53865	67448	26346	19891	31407		
9262	8230	2328	2913	4731		
22790	**34909**	**21126**	**29509**	**26971**	**6054**	
2234	1323	379				
2702	4472	393				
17076	27821	20354	29509	26971		
778	1293				6054	
22187	**22708**	**10754**	**12590**	**16176**		
11804	9277	4695	3501	7650		
3342	1831			1989		
7041	11600	6059	9089	6537		
211475	**339035**	**48452**	**38287**	**66116**		**12519**
211475	339035	48452	38287	66116		12519
67952	**112664**	**47887**	**86782**	**166128**	**22317**	
59240	106331	46866	86277	166128	22317	
8712	6333	1021	505			
22882	**23440**	**8180**	**6094**	**10002**	**6587**	
2768	5149	1631		1111		
4311	6389	3553	1206	7764	6587	
6841	5353	1544	626			
3027	2723	400		1127		
5935	3826	1052	4262			
119952	**211679**	**75736**	**75210**	**102567**		
5115	2170	323				
107806	205302	75024	75210	100757		
546	382					
865	1526					
3560	2066	389		1810		
2060	233					

1-19 按地区、登记注册类型

地 区	法人单位数（个）	内资企业	国有企业	集体企业	股份合作企业	联营企业	国有联营企业
全 省	**1545153**	**1527341**	**41807**	**33685**	**6291**	**441**	**29**
杭州市	**354064**	**350685**	**7616**	**3406**	**152**	**37**	**8**
上城区	13824	13676	559	80	6	4	3
下城区	23675	23515	700	125	15	3	
江干区	41831	41308	860	178	14	7	3
拱墅区	28902	28740	513	139	25	5	1
西湖区	40221	39950	1245	204	21	8	1
滨江区	24691	24224	274	56			
萧山区	59232	58486	733	522	19	5	
余杭区	55118	54590	632	349	40	2	
富阳区	21275	21161	471	334	4		
临安区	12517	12453	487	341	1	1	
桐庐县	14452	14328	360	256	2	2	
淳安县	9342	9303	380	523	1		
建德市	8984	8951	402	299	4		
宁波市	**286462**	**281649**	**5119**	**4542**	**760**	**77**	**2**
海曙区	35700	35305	641	466	130	13	
江北区	20844	20512	330	193	145	3	
北仑区	39650	38560	494	386	15	4	
镇海区	16826	16337	348	221	24	15	1
鄞州区	73204	72146	1118	610	185	8	1
奉化区	12342	12174	301	396	4	9	
象山县	13488	13327	451	688	52	2	
宁海县	13953	13728	435	490	21	7	
余姚市	24371	23920	479	474	92	3	
慈溪市	36084	35640	522	618	92	13	
温州市	**209925**	**209424**	**4847**	**6234**	**2638**	**65**	**6**
鹿城区	28944	28848	852	415	374	27	1
龙湾区	22006	21885	321	208	273	4	
瓯海区	17875	17814	389	348	444	3	
洞头区	3120	3100	224	112	44		
永嘉县	18880	18837	433	977	290	3	
平阳县	16349	16323	441	783	195	6	2
苍南县	25827	25799	466	841	209	8	
文成县	3855	3853	319	423	29	1	
泰顺县	3796	3793	307	151	24	3	
瑞安市	29772	29728	526	1112	480	6	1
乐清市	39501	39444	569	864	276	4	2
嘉兴市	**121228**	**118379**	**3538**	**1442**	**335**	**1**	
南湖区	22320	21943	700	157	130		
秀洲区	15121	14681	345	166	72		
嘉善县	15740	15245	509	214	5		
海盐县	9582	9440	458	165	60	1	
海宁市	22206	21780	521	264	8		
平湖市	15486	14954	449	201	5		
桐乡市	20773	20336	556	275	55		
湖州市	**57969**	**57139**	**2451**	**1279**	**28**	**25**	**1**
吴兴区	17284	17106	892	260	5	5	1
南浔区	8273	8181	389	270	1	1	
德清县	9291	9070	436	230	6	2	
长兴县	14006	13797	369	296	14	5	
安吉县	9115	8985	365	223	2	12	

分组的法人单位数

集体联营企业	国有与集体联营企业	其他联营企业	有限责任公司	国有独资公司	其他有限责任公司	股份有限公司	私营企业	私营独资企业
153	**43**	**216**	**70543**	**4490**	**66053**	**10305**	**1278720**	**126948**
13	**11**	**5**	**21402**	**757**	**20645**	**2305**	**303620**	**11243**
1			1567	81	1486	214	10503	105
2	1		1777	77	1700	197	19902	129
	2	2	2787	63	2724	243	36340	407
1	1	2	1234	34	1200	149	26256	305
1	5	1	3894	123	3771	333	33082	342
			2116	27	2089	272	21214	145
4	1		2648	67	2581	302	52759	3113
2			2618	58	2560	290	49234	1079
			765	42	723	61	18436	1591
1			552	44	508	69	9957	1036
1	1		568	46	522	75	12222	1669
			473	64	409	45	6709	531
			403	31	372	55	7006	791
15	**3**	**57**	**12541**	**678**	**11863**	**1755**	**247894**	**28495**
2	2	9	2373	41	2332	276	30573	3266
	1	2	869	35	834	87	18356	1147
		4	1939	75	1864	203	34989	1784
4		10	1280	47	1233	133	13971	1890
2		5	2754	106	2648	378	65593	6200
		9	384	35	349	76	10146	2829
1		1	454	147	307	56	10482	1818
3		4	460	69	391	127	11085	1910
		3	977	60	917	189	20824	3234
3		10	1051	63	988	230	31875	4417
23	**5**	**31**	**10237**	**507**	**9730**	**1645**	**166656**	**13297**
6	2	18	1742	114	1628	378	23517	893
2		2	658	80	578	138	19552	968
2		1	794	29	765	24	14862	1114
			157	32	125	30	2100	247
2	1		462	29	433	73	14669	1113
1		3	1074	36	1038	107	11957	977
4		4	1495	34	1461	222	20249	1828
		1	130	35	95	27	1928	548
1	2		142	35	107	16	2299	396
3		2	788	48	740	252	23826	3176
2			2795	35	2760	378	31697	2037
	1		**3951**	**494**	**3457**	**521**	**103517**	**11880**
			755	89	666	104	19259	1233
			499	66	433	83	13021	507
			519	40	479	80	13406	1900
	1		419	62	357	69	7835	1344
			632	81	551	78	18987	2332
			591	90	501	37	12923	3141
			536	66	470	70	18086	1423
11	**4**	**9**	**3503**	**242**	**3261**	**583**	**46147**	**10634**
2		2	1068	72	996	183	13950	3648
		1	426	31	395	98	6537	1749
1		1	668	73	595	104	7059	991
3	1	1	674	28	646	135	11502	2007
5	3	4	667	38	629	63	7099	2239

1-19 续表 1

地　区	法　人 单位数 (个)	内资企业	国有企业	集体企业	股份合作 企　　业	联营企业	国有联营 企　　业
绍兴市	**132729**	**130916**	**3385**	**2427**	**44**	**57**	**4**
越城区	23106	22843	932	467	12	10	2
柯桥区	41489	40691	525	439	3	8	
上虞区	18629	18370	507	466	1	7	
新昌县	7625	7588	283	79	5	17	
诸暨市	27846	27569	643	646	12	3	
嵊州市	14034	13855	495	330	11	12	2
金华市	**169512**	**166633**	**3607**	**4437**	**38**	**91**	**3**
婺城区	15699	15569	725	389	8	22	1
金东区	10172	10149	268	546	2	4	1
武义县	7518	7497	243	598	1	3	
浦江县	8363	8321	324	446	1	9	
磐安县	4577	4570	207	382		7	
兰溪市	8108	8076	405	380	9	5	
义乌市	76918	74407	495	793	11	16	
东阳市	14670	14597	558	685	2	6	
永康市	23487	23447	382	218	4	19	1
衢州市	**32855**	**32737**	**2188**	**1539**	**19**	**17**	
柯城区	10483	10440	566	210	1	6	
衢江区	4450	4432	294	309	6	2	
常山县	3261	3251	259	140	2	4	
开化县	3200	3196	326	271	1		
龙游县	4858	4842	355	277	2	4	
江山市	6603	6576	388	332	7	1	
舟山市	**23815**	**23655**	**1823**	**739**	**45**	**14**	**1**
定海区	13594	13513	793	259	13	4	
普陀区	6064	6019	399	281	27	6	1
岱山县	2818	2793	341	127	1		
嵊泗县	1339	1330	290	72	4	4	
台州市	**123544**	**123149**	**4091**	**4703**	**2176**	**23**	**4**
椒江区	14148	14089	888	349	360	3	1
黄岩区	14966	14917	505	466	570	2	2
路桥区	15821	15774	330	375	175	4	
三门县	6403	6384	309	313	39	1	
天台县	9881	9859	382	596	39	1	
仙居县	6529	6497	348	352	12	8	
温岭市	24814	24747	435	798	567	1	1
临海市	16941	16883	567	1085	52	3	
玉环市	14041	13999	327	369	362		
丽水市	**33050**	**32975**	**3142**	**2937**	**56**	**34**	
莲都区	6592	6571	685	288	6	2	
青田县	5898	5877	400	388	7	4	
缙云县	4535	4528	296	315	13	9	
遂昌县	3023	3015	270	252	8	3	
松阳县	2745	2743	333	427	1	1	
云和县	2586	2576	247	186	3	3	
庆元县	2446	2444	305	346	3	4	
景宁畲族自治县	1484	1483	205	266	11	3	
龙泉市	3741	3738	401	469	4	5	

集体联营企业	国有与集体联营企业	其他联营企业	有限责任公司	国有独资公司	其他有限责任公司	股份有限公司	私营企业	私营独资企业
25	**3**	**25**	**4450**	**305**	**4145**	**752**	**112325**	**11549**
2		6	1668	79	1589	285	18487	1480
3		5	939	70	869	135	37640	1898
2	1	4	763	64	699	100	15201	1992
12		5	220	47	173	59	5901	1005
3			589	25	564	107	24461	3670
3	2	5	271	20	251	66	10635	1504
39	**9**	**40**	**5074**	**344**	**4730**	**1325**	**143468**	**16425**
9		12	1050	78	972	259	11883	1130
2		1	384	16	368	84	8101	1441
2	1		133	45	88	25	5615	632
2	1	6	323	40	283	108	6364	691
3		4	357	25	332	85	2850	735
3		2	332	26	306	60	5969	1542
10		6	1613	38	1575	517	69495	3885
3		3	448	48	400	82	12045	2195
5	7	6	434	28	406	105	21146	4174
3	**2**	**12**	**1178**	**221**	**957**	**241**	**23278**	**2468**
1	1	4	420	61	359	110	8075	542
		2	153	25	128	28	3124	251
2		2	141	26	115	17	2085	364
			85	37	48	16	1883	309
		4	170	37	133	23	3356	515
	1		209	35	174	47	4755	487
4	**1**	**8**	**1583**	**210**	**1373**	**128**	**17722**	**2270**
1		3	896	95	801	104	10805	1167
1	1	3	403	56	347	13	4419	534
			166	28	138	5	1827	378
2		2	118	31	87	6	671	191
3	**3**	**13**	**5223**	**433**	**4790**	**783**	**95415**	**16035**
	1	1	1216	110	1106	119	10074	697
			363	51	312	28	11713	1798
1		3	914	36	878	152	12964	1918
	1		171	42	129	32	4658	680
1			240	32	208	48	7667	767
1		7	326	39	287	81	4438	939
			590	42	548	93	20508	4612
	1	2	531	39	492	120	12283	2240
			872	42	830	110	11110	2384
17	**1**	**16**	**1401**	**299**	**1102**	**267**	**18678**	**2652**
2			483	55	428	100	4332	403
3		1	171	36	135	28	3596	420
7		2	114	30	84	22	2931	391
1		2	153	29	124	25	1600	266
	1		88	27	61	7	1196	230
		3	108	36	72	19	1547	428
2		2	80	26	54	16	1097	96
2		1	81	22	59	28	564	66
		5	123	38	85	22	1815	352

1-19 续表 2

地区	私营合伙企业	私营有限责任公司	私营股份有限公司	其他企业	港、澳、台商投资企业	与港澳台商合资经营企业	与港澳台商合作经营企业
全省	**44052**	**1098811**	**8909**	**85549**	**7060**	**2870**	**83**
杭州市	**5709**	**285052**	**1616**	**12147**	**1528**	**602**	**21**
上城区	813	9466	119	743	61	23	1
下城区	419	19252	102	796	74	27	3
江干区	466	35337	130	879	191	67	2
拱墅区	347	25497	107	419	90	26	1
西湖区	599	31964	177	1163	129	41	4
滨江区	720	20186	163	292	164	54	1
萧山区	474	48923	249	1498	401	186	4
余杭区	1056	46834	265	1425	228	71	4
富阳区	157	16624	64	1090	48	29	
临安区	55	8798	68	1045	27	11	
桐庐县	147	10345	61	843	74	49	1
淳安县	363	5756	59	1172	20	7	
建德市	93	6070	52	782	21	11	
宁波市	**20425**	**197578**	**1396**	**8961**	**2259**	**918**	**25**
海曙区	798	26388	121	833	176	69	
江北区	1161	15941	107	529	156	58	1
北仑区	10703	22278	224	530	495	187	2
镇海区	823	11130	128	345	233	91	4
鄞州区	1776	57245	372	1500	456	173	6
奉化区	256	7000	61	858	60	28	
象山县	476	8149	39	1142	84	47	
宁海县	438	8646	91	1103	105	49	2
余姚市	1983	15499	108	882	253	101	3
慈溪市	2011	25302	145	1239	241	115	7
温州市	**4713**	**146845**	**1801**	**17102**	**210**	**117**	**5**
鹿城区	525	21826	273	1543	29	13	
龙湾区	432	17943	209	731	53	30	2
瓯海区	317	13379	52	950	16	8	
洞头区	41	1780	32	433	17	3	1
永嘉县	491	12960	105	1930	24	18	1
平阳县	497	10351	132	1760	12	10	
苍南县	1027	17171	223	2309	19	14	
文成县	41	1317	22	996			
泰顺县	89	1805	9	851	2		
瑞安市	440	19757	453	2738	11	4	
乐清市	813	28556	291	2861	27	17	1
嘉兴市	**3749**	**87343**	**545**	**5074**	**1297**	**386**	**9**
南湖区	1362	16591	73	838	162	55	1
秀洲区	116	12336	62	495	164	48	2
嘉善县	1450	10006	50	512	197	42	1
海盐县	101	6305	85	433	69	29	
海宁市	307	16239	109	1290	220	74	1
平湖市	129	9572	81	748	216	73	3
桐乡市	284	16294	85	758	269	65	1
湖州市	**1519**	**33497**	**497**	**3123**	**404**	**170**	**2**
吴兴区	214	9919	169	743	69	24	
南浔区	66	4663	59	459	53	26	
德清县	158	5845	65	565	118	62	2
长兴县	841	8502	152	802	89	26	
安吉县	240	4568	52	554	75	32	

			外商投资企业					
港澳台商独资经营企业	港澳台商投资股份有限公司	其他港澳台投资企业	外商投资企业	中外合资经营企业	中外合作经营企业	外资企业	外商投资股份有限公司	其他外商投资
3874	**127**	**106**	**10752**	**3465**	**72**	**5624**	**188**	**1403**
862	**23**	**20**	**1851**	**799**	**20**	**931**	**44**	**57**
35		2	87	43	3	30	4	7
42	1	1	86	32	2	45	2	5
117		5	332	122	5	188	7	10
55	5	3	72	30	1	39	1	1
82		2	142	41	2	88	6	5
100	8	1	303	121		169	6	7
203	5	3	345	159		176	6	4
149	1	3	300	136	1	143	6	14
19			66	40	2	22	1	1
15	1		37	24	2	8	3	
24			50	33	1	13	1	2
12	1		19	9		8	1	1
9	1		12	9	1	2		
1244	**34**	**38**	**2554**	**1040**	**23**	**1307**	**48**	**136**
99	4	4	219	74	3	125	5	12
96	1		176	74	2	87	4	9
284	9	13	595	168	4	335	10	78
132	3	3	256	76	2	165	5	8
259	7	11	602	235	3	336	11	17
31	1		108	76		31	1	
35	2		77	56		17	2	2
52	1	1	120	68	2	48		2
144	2	3	198	98	2	89	6	3
112	4	3	203	115	5	74	4	5
72	**4**	**12**	**291**	**172**	**3**	**94**	**6**	**16**
15		1	67	40		21	4	2
21			68	39	1	23		5
8			45	20	1	22		2
3	2	8	3			1		2
3		2	19	13		5	1	
2			14	12		1		1
4	1		9	7				2
			2	2				
2			1	1				
6		1	33	19		12	1	1
8	1		30	19	1	9		1
867	**21**	**14**	**1552**	**535**	**8**	**963**	**19**	**27**
103	1	2	215	69	2	138	4	2
110	3	1	276	71	3	194	4	4
147	4	3	298	74	1	210	4	9
38	2		73	31	1	39		2
139	3	3	206	113		87	1	5
137	2	1	316	106		206	3	1
193	6	4	168	71	1	89	3	4
219	**10**	**3**	**426**	**190**	**6**	**180**	**11**	**39**
42	3		109	39	2	60	2	6
23	3	1	39	32		6	1	
52	1	1	103	61	2	36	2	2
61	2		120	35		51	6	28
41	1	1	55	23	2	27		3

1-19 续表 3

地区	私营合伙企业	私营有限责任公司	私营股份有限公司	其他企业	港、澳、台商投资企业	与港澳台商合资经营企业	与港澳台商合作经营企业
绍兴市	**990**	**99056**	**730**	**7476**	**777**	**388**	**9**
越城区	129	16690	188	982	134	62	
柯桥区	233	35398	111	1002	223	84	2
上虞区	161	12968	80	1325	149	78	1
新昌县	89	4750	57	1024	13	8	
诸暨市	275	20354	162	1108	151	81	6
嵊州市	103	8896	132	2035	107	75	
金华市	**1454**	**124735**	**854**	**8593**	**243**	**104**	**6**
婺城区	238	10376	139	1233	61	28	1
金东区	72	6495	93	760	11	5	
武义县	33	4925	25	879	6	3	
浦江县	88	5542	43	746	22	7	
磐安县	70	2000	45	682	4	2	
兰溪市	131	4265	31	916	14	5	
义乌市	643	64653	314	1467	90	34	4
东阳市	60	9734	56	771	15	7	1
永康市	119	16745	108	1139	20	13	
衢州市	**291**	**20276**	**243**	**4277**	**47**	**23**	
柯城区	86	7372	75	1052	12	6	
衢江区	48	2774	51	516	5	2	
常山县	33	1651	37	603	5	3	
开化县	33	1526	15	614	3	2	
龙游县	29	2787	25	655	10	4	
江山市	62	4166	40	837	12	6	
舟山市	**573**	**14772**	**107**	**1601**	**82**	**41**	**2**
定海区	426	9135	77	639	41	17	1
普陀区	73	3798	14	471	28	21	1
岱山县	50	1392	7	326	8	2	
嵊泗县	24	447	9	165	5	1	
台州市	**4044**	**74385**	**951**	**10735**	**182**	**110**	**4**
椒江区	311	8938	128	1080	29	18	
黄岩区	323	9471	121	1270	22	10	1
路桥区	578	10354	114	860	18	11	
三门县	72	3823	83	861	5		
天台县	104	6728	68	886	13	7	1
仙居县	469	2971	59	932	20	17	1
温岭市	1175	14590	131	1755	24	18	
临海市	481	9433	129	2242	29	16	
玉环市	531	8077	118	849	22	13	1
丽水市	**585**	**15272**	**169**	**6460**	**31**	**11**	
莲都区	120	3759	50	675	9	3	
青田县	82	3045	49	1283	7	2	
缙云县	119	2396	25	828	4	2	
遂昌县	64	1263	7	704	4		
松阳县	40	921	5	690	2	1	
云和县	47	1066	6	463	2	1	
庆元县	14	982	5	593	2	2	
景宁畲族自治县	61	423	14	325			
龙泉市	38	1417	8	899	1		

港澳台商独资经营企业	港澳台商投资股份有限公司	其他港澳台投资企业	外商投资企业	中外合资经营企业	中外合作经营企业	外资企业	外商投资股份有限公司	其他外商投资
354	**19**	**7**	**1036**	**353**	**4**	**618**	**14**	**47**
66	5	1	129	61		62	3	3
127	4	6	575	79	2	448	8	38
65	5		110	68		39	1	2
5			24	18	1	4	1	
62	2		126	82	1	41		2
29	3		72	45		24	1	2
117	**8**	**8**	**2636**	**147**	**3**	**1398**	**34**	**1054**
25	5	2	69	37		29	1	2
6			12	6		6		
3			15	9		5		1
14		1	20	14		6		
2			3	3				
9			18	11		5	1	1
44	3	5	2421	45	3	1310	31	1032
7			58	12		27	1	18
7			20	10		10		
22	**2**		**71**	**45**		**15**	**3**	**8**
6			31	19		6	2	4
3			13	7		5		1
2			5	4		1		
1			1	1				
5	1		6	5			1	
5	1		15	9		3		3
38	**1**		**78**	**39**	**1**	**28**	**3**	**7**
22	1		40	18	1	13	3	5
6			17	12		4		1
6			17	7		9		1
4			4	2		2		
61	**5**	**2**	**213**	**128**	**4**	**67**	**4**	**10**
9	2		30	18		9	2	1
10	1		27	18		9		
7			29	14	2	6		7
4	1		14	4		10		
5			9	5	1	3		
1	1		12	10		2		
5		1	43	31		11	1	
12		1	29	15	1	11		2
8			20	13		6	1	
18		**2**	**44**	**17**		**23**	**2**	**2**
5		1	12	4		5	2	1
5			14	6		7		1
2			3	2		1		
4			4			4		
		1						
1			8	4		4		
			1			1		
1			2	1		1		

1-20　按行业(中类)分组的个体经营户户数及从业人员数

行业中类	户数(户)	#有工商营业执照	从业人员期末数(人)	#有工商营业执照
总　计	**3214573**	**2287344**	**8411091**	**6321281**
农、林、牧、渔业	**3919**	**1295**	**8539**	**3611**
农、林、牧、渔专业及辅助性活动	3919	1295	8539	3611
农业专业及辅助性活动	3259	978	5785	2487
林业专业及辅助性活动	178	97	914	529
畜牧专业及辅助性活动	93	60	225	149
渔业专业及辅助性活动	389	160	1615	446
采矿业	**215**	**137**	**771**	**623**
煤炭开采和洗选业	2	2	2	2
烟煤和无烟煤开采洗选				
褐煤开采洗选				
其他煤炭采选	2	2	2	2
石油和天然气开采业				
石油开采				
天然气开采				
黑色金属矿采选业	3		7	
铁矿采选	2		3	
锰矿、铬矿采选				
其他黑色金属矿采选	1		4	
有色金属矿采选业				
常用有色金属矿采选				
贵金属矿采选				
稀有稀土金属矿采选				
非金属矿采选业	208	133	757	616
土砂石开采	203	130	739	609
化学矿开采				
采盐				
石棉及其他非金属矿采选	5	3	18	7
开采专业及辅助性活动	1	1	3	3
煤炭开采和洗选专业及辅助性活动				
石油和天然气开采专业及辅助性活动	1	1	3	3
其他开采专业及辅助性活动				
其他采矿业	1	1	2	2
其他采矿业	1	1	2	2
制造业	**575547**	**340554**	**2431272**	**1602044**
农副食品加工业	10351	5175	26829	15194
谷物磨制	2472	667	4102	1471
饲料加工	280	152	815	491
植物油加工	1096	531	2726	1289
制糖业	86	70	459	393
屠宰及肉类加工	1104	728	2723	1955
水产品加工	744	289	3383	1367
蔬菜、菌类、水果和坚果加工	1121	444	4111	2134
其他农副食品加工	3448	2294	8510	6094

注：个体经营户户数及从业人员数均为清查数。

1-20　续表 1

行业中类	户数(户)	#有工商营业执照	从业人员期末数(人)	#有工商营业执照
食品制造业	6726	4375	18034	13183
焙烤食品制造	1849	1499	5112	4419
糖果、巧克力及蜜饯制造	116	80	545	464
方便食品制造	3659	2409	9793	6980
乳制品制造	11	10	26	25
罐头食品制造	16	12	53	37
调味品、发酵制品制造	63	27	163	84
其他食品制造	1012	338	2342	1174
酒、饮料和精制茶制造业	35397	6253	78798	19768
酒的制造	2065	806	3929	1755
饮料制造	103	85	376	327
精制茶加工	33229	5362	74493	17686
烟草制品业	3	3	5	5
烟叶复烤				
卷烟制造				
其他烟草制品制造	3	3	5	5
纺织业	70561	31822	242318	132630
棉纺织及印染精加工	18918	8700	60909	33720
毛纺织及染整精加工	2946	1726	14846	9091
麻纺织及染整精加工	40	25	226	161
丝绢纺织及印染精加工	2246	810	7364	3615
化纤织造及印染精加工	10507	3542	40760	16571
针织或钩针编织物及其制品制造	13027	5179	45384	23942
家用纺织制成品制造	13519	6754	44233	26736
产业用纺织制成品制造	9358	5086	28596	18794
纺织服装、服饰业	104011	41801	680319	334131
机织服装制造	38517	14587	338524	146110
针织或钩针编织服装制造	35934	10743	179179	75279
服饰制造	29560	16471	162616	112742
皮革、毛皮、羽毛及其制品和制鞋业	27506	15366	174127	119512
皮革鞣制加工	614	439	3155	2454
皮革制品制造	10368	5832	53343	39017
毛皮鞣制及制品加工	2608	1354	10727	6205
羽毛(绒)加工及制品制造	449	203	2829	1372
制鞋业	13467	7538	104073	70464
木材加工和木、竹、藤、棕、草制品业	15241	9107	66814	49174
木材加工	4628	2903	21964	15715
人造板制造	175	111	1395	1068
木质制品制造	5682	3457	21596	16154
竹、藤、棕、草等制品制造	4756	2636	21859	16237
家具制造业	9229	4685	38106	28900
木质家具制造	7184	3341	27531	20563
竹、藤家具制造	406	225	2633	2130
金属家具制造	330	267	1855	1602
塑料家具制造	57	42	419	365
其他家具制造	1252	810	5668	4240

1-20 续表 2

行业中类	户数(户)	#有工商营业执照	从业人员期末数(人)	#有工商营业执照
造纸和纸制品业	14522	10418	51760	39630
纸浆制造	3	2	11	9
造纸	3318	2166	10294	7380
纸制品制造	11201	8250	41455	32241
印刷和记录媒介复制业	6758	4537	20743	14496
印刷	3547	2081	12161	7756
装订及印刷相关服务	3209	2455	8574	6737
记录媒介复制	2	1	8	3
文教、工美、体育和娱乐用品制造业	37574	24843	169000	120751
文教办公用品制造	3646	2436	24073	14889
乐器制造	327	264	2420	2143
工艺美术及礼仪用品制造	28794	18443	114525	81403
体育用品制造	1397	1126	7822	6498
玩具制造	3187	2374	18889	14664
游艺器材及娱乐用品制造	223	200	1271	1154
石油、煤炭及其他燃料加工业	280	202	895	676
精炼石油产品制造	32	21	124	82
煤炭加工	192	129	506	354
核燃料加工	9	7	53	31
生物质燃料加工	47	45	212	209
化学原料和化学制品制造业	2505	1762	9511	7434
基础化学原料制造	254	130	1080	707
肥料制造	9	7	15	12
农药制造				
涂料、油墨、颜料及类似产品制造	679	480	2290	1782
合成材料制造	464	352	1774	1423
专用化学产品制造	340	245	1102	864
炸药、火工及焰火产品制造	62	44	155	129
日用化学产品制造	697	504	3095	2517
医药制造业	1072	65	1657	386
化学药品原料药制造	9	7	33	29
化学药品制剂制造	5	4	12	11
中药饮片加工	999	14	1212	52
中成药生产	9	4	13	6
兽用药品制造	2	2	9	9
生物药品制品制造				
卫生材料及医药用品制造	46	32	359	260
药用辅料及包装材料	2	2	19	19
化学纤维制造业	1101	791	4640	3496
纤维素纤维原料及纤维制造	37	19	117	69
合成纤维制造	1048	759	4472	3390
生物基材料制造	16	13	51	37
橡胶和塑料制品业	36076	28830	137219	115728
橡胶制品业	2964	2381	10578	8964
塑料制品业	33112	26449	126641	106764
非金属矿物制品业	11829	8735	45010	35638

1-20　续表 3

行业中类	户数（户）	#有工商营业执照	从业人员期末数（人）	#有工商营业执照
水泥、石灰和石膏制造	371	232	1124	813
石膏、水泥制品及类似制品制造	2040	1621	7895	6638
砖瓦、石材等建筑材料制造	5833	4245	20570	16188
玻璃制造	285	194	1045	769
玻璃制品制造	1340	956	5942	4575
玻璃纤维和玻璃纤维增强塑料制品制造	209	135	996	691
陶瓷制品制造	1086	826	4608	3626
耐火材料制品制造	127	107	518	443
石墨及其他非金属矿物制品制造	538	419	2312	1895
黑色金属冶炼和压延加工业	2018	1432	6719	5218
炼铁	21	8	56	14
炼钢	2	2	5	5
钢压延加工	1981	1415	6629	5185
铁合金冶炼	14	7	29	14
有色金属冶炼和压延加工业	3811	2530	11772	8675
常用有色金属冶炼	34	27	157	96
贵金属冶炼	3	3	6	6
稀有稀土金属冶炼	3	2	5	3
有色金属合金制造	2140	1341	5624	3940
有色金属压延加工	1631	1157	5980	4630
金属制品业	57810	45227	204766	172258
结构性金属制品制造	23945	17774	70434	56048
金属工具制造	4007	3030	15933	13333
集装箱及金属包装容器制造	241	187	1044	899
金属丝绳及其制品制造	1396	900	4713	3403
建筑、安全用金属制品制造	14289	12604	59691	54503
金属表面处理及热处理加工	3270	2129	10953	8090
搪瓷制品制造	940	883	4153	3890
金属制日用品制造	3562	2903	15592	13410
铸造及其他金属制品制造	6160	4817	22253	18682
通用设备制造业	43734	34922	154462	130884
锅炉及原动设备制造	80	70	285	259
金属加工机械制造	9938	6928	26768	20097
物料搬运设备制造	265	208	1263	1043
泵、阀门、压缩机及类似机械制造	4368	3733	19476	17483
轴承、齿轮和传动部件制造	2895	2497	13554	12292
烘炉、风机、包装等设备制造	1956	1642	8398	7361
文化、办公用机械制造	207	181	880	801
通用零部件制造	23704	19379	82598	70403
其他通用设备制造业	321	284	1240	1145
专用设备制造业	35995	27941	115811	96991
采矿、冶金、建筑专用设备制造	260	209	999	885
化工、木材、非金属加工专用设备制造	29615	23161	87076	72814
食品、饮料、烟草及饲料生产专用设备制造	322	229	1022	802
印刷、制药、日化及日用品生产专用设备制造	700	494	2181	1654
纺织、服装和皮革加工专用设备制造	1767	1259	6601	5088

1-20 续表 4

行业中类	户数(户)	#有工商营业执照	从业人员期末数(人)	#有工商营业执照
电子和电工机械专用设备制造	204	118	878	517
农、林、牧、渔专用机械制造	768	454	2049	1478
医疗仪器设备及器械制造	1763	1516	12368	11420
环保、邮政、社会公共服务及其他专用设备制造	596	501	2637	2333
汽车制造业	5523	4674	26268	23407
汽车整车制造	2	1	18	15
汽车用发动机制造	9	8	39	36
改装汽车制造	25	16	67	51
低速汽车制造	1		10	
电车制造	24	6	60	31
汽车车身、挂车制造	18	11	76	40
汽车零部件及配件制造	5444	4632	25998	23234
铁路、船舶、航空航天和其他运输设备制造业	1440	1178	6066	5125
铁路运输设备制造	41	25	191	114
城市轨道交通设备制造	1	1	6	6
船舶及相关装置制造	183	128	656	551
航空、航天器及设备制造	4	3	14	12
摩托车制造	601	540	2448	2248
自行车和残疾人座车制造	135	104	604	448
助动车制造	296	253	1202	1059
非公路休闲车及零配件制造	158	107	825	582
潜水救捞及其他未列明运输设备制造	21	17	120	105
电气机械和器材制造业	12032	9687	59857	51433
电机制造	981	796	4353	3746
输配电及控制设备制造	2897	2092	12399	9716
电线、电缆、光缆及电工器材制造	983	727	4289	3494
电池制造	34	23	168	136
家用电力器具制造	3616	3215	18433	16976
非电力家用器具制造	283	258	1248	1170
照明器具制造	3055	2441	18249	15571
其他电气机械及器材制造	183	135	718	624
计算机、通信和其他电子设备制造业	3429	2419	16221	12976
计算机制造	84	52	312	222
通信设备制造	115	103	533	503
广播电视设备制造	12	9	80	68
雷达及配套设备制造	3	3	9	9
非专业视听设备制造	71	62	343	311
智能消费设备制造	25	22	137	132
电子器件制造	312	243	1625	1392
电子元件及电子专用材料制造	2714	1853	12730	9989
其他电子设备制造	93	72	452	350
仪器仪表制造业	2079	1681	8586	7225
通用仪器仪表制造	1570	1270	6168	5147
专用仪器仪表制造	129	110	461	401
钟表与计时仪器制造	96	64	587	440
光学仪器制造	58	48	400	370

1-20　续表 5

行业中类	户数(户)	#有工商营业执照	从业人员期末数(人)	#有工商营业执照
衡器制造	58	40	273	222
其他仪器仪表制造业	168	149	697	645
其他制造业	8910	4080	37803	23787
日用杂品制造	8043	3518	34263	21470
核辐射加工				
其他未列明制造业	867	562	3540	2317
废弃资源综合利用业	968	523	3332	2094
金属废料和碎屑加工处理	302	130	856	412
非金属废料和碎屑加工处理	666	393	2476	1682
金属制品、机械和设备修理业	7056	5490	13824	11239
金属制品修理	347	253	601	446
通用设备修理	913	705	1945	1570
专用设备修理	1812	1394	3416	2744
铁路、船舶、航空航天等运输设备修理	277	239	767	705
电气设备修理	1535	1226	2719	2239
仪器仪表修理	30	21	46	36
其他机械和设备修理业	2142	1652	4330	3499
电力、热力、燃气及水生产和供应业	**560**	**339**	**1214**	**849**
电力、热力生产和供应业	354	217	667	482
电力生产	283	164	519	386
电力供应	16	7	45	13
热力生产和供应	55	46	103	83
燃气生产和供应业	112	56	217	105
燃气生产和供应业	110	54	214	102
生物质燃气生产和供应业	2	2	3	3
水的生产和供应业	94	66	330	262
自来水生产和供应	48	28	118	66
污水处理及其再生利用	18	11	65	51
海水淡化处理				
其他水的处理、利用与分配	28	27	147	145
建筑业	**106330**	**12847**	**204980**	**48601**
房屋建筑业	33072	1700	68416	8579
住宅房屋建筑	32105	1543	65749	7744
体育场馆建筑	2	1	4	3
其他房屋建筑业	965	156	2663	832
土木工程建筑业	3903	1983	15586	9266
铁路、道路、隧道和桥梁工程建筑	1258	748	6284	3643
水利和水运工程建筑	569	188	2075	982
海洋工程建筑				
工矿工程建筑	62	24	166	103
架线和管道工程建筑	227	103	783	468
节能环保工程施工	28	25	120	107
电力工程施工	87	54	310	181
其他土木工程建筑	1672	841	5848	3782
建筑安装业	6199	1836	13228	6077

1-20 续表 6

行业中类	户数（户）	#有工商营业执照	从业人员期末数（人）	#有工商营业执照
电气安装	2825	501	4942	1481
管道和设备安装	2257	790	5151	2873
其他建筑安装业	1117	545	3135	1723
建筑装饰、装修和其他建筑业	63156	7328	107750	24679
建筑装饰和装修业	58137	4376	92864	14009
建筑物拆除和场地准备活动	2934	2172	10085	8314
提供施工设备服务	1300	475	2598	1201
其他未列明建筑业	785	305	2203	1155
批发和零售业	**1608890**	**1284396**	**3312476**	**2700931**
批发业	325054	244600	794894	603670
农、林、牧、渔产品批发	16829	11405	40818	29078
食品、饮料及烟草制品批发	44228	34121	111476	86477
纺织、服装及家庭用品批发	133119	97427	329812	243337
文化、体育用品及器材批发	24839	20850	67722	57959
医药及医疗器材批发	1629	1483	2944	2637
矿产品、建材及化工产品批发	45720	39667	104205	90670
机械设备、五金产品及电子产品批发	33016	26667	79746	61386
贸易经纪与代理	905	568	2193	1175
其他批发业	24769	12412	55978	30951
零售业	1283836	1039796	2517582	2097261
综合零售	127591	117043	241025	223758
食品、饮料及烟草制品专门零售	515213	405203	959679	781710
纺织、服装及日用品专门零售	322084	246647	621907	492031
文化、体育用品及器材专门零售	47071	39337	97903	84871
医药及医疗器材专门零售	4861	3080	8500	5628
汽车、摩托车、零配件和燃料及其他动力销售	16769	14747	37818	33517
家用电器及电子产品专门零售	51430	47796	114230	106554
五金、家具及室内装饰材料专门零售	147702	128521	327948	290937
货摊、无店铺及其他零售业	51115	37422	108572	78255
交通运输、仓储和邮政业	**150944**	**42360**	**244365**	**84211**
铁路运输业	16	10	48	39
铁路旅客运输				
铁路货物运输	5	3	7	4
铁路运输辅助活动	11	7	41	35
道路运输业	130876	33543	191434	57785
城市公共交通运输	34148	1863	47763	2112
公路旅客运输	3831	95	4738	141
道路货物运输	91889	31061	136364	53946
道路运输辅助活动	1008	524	2569	1586
水上运输业	5628	2431	17760	7020
水上旅客运输	580	9	605	30
水上货物运输	4976	2394	16937	6887
水上运输辅助活动	72	28	218	103
航空运输业	9	8	22	21
航空客货运输	2	1	6	5

1-20　续表 7

行业中类	户数(户)	#有工商营业执照	从业人员期末数(人)	#有工商营业执照
通用航空服务	4	4	12	12
航空运输辅助活动	3	3	4	4
管道运输业	2	2	4	4
海底管道运输				
陆地管道运输	2	2	4	4
多式联运和运输代理业	3536	2485	9964	7832
多式联运	4	4	17	17
运输代理业	3532	2481	9947	7815
装卸搬运和仓储业	9065	3295	18946	9870
装卸搬运	8024	2986	15880	8921
通用仓储	604	132	1751	419
低温仓储	112	77	349	187
危险品仓储	7	4	11	6
谷物、棉花等农产品仓储	36	18	80	31
中药材仓储				
其他仓储业	282	78	875	306
邮政业	1812	586	6187	1640
邮政基本服务	37	11	129	17
快递服务	1758	571	6016	1615
其他寄递服务	17	4	42	8
住宿和餐饮业	**374310**	**322611**	**1193023**	**1075157**
住宿业	33167	31147	97353	92941
旅游饭店	617	597	2649	2602
一般旅馆	15996	15495	53946	52832
民宿服务	15644	14267	37811	34800
露营地服务	6	2	10	4
其他住宿业	904	786	2937	2703
餐饮业	341143	291464	1095670	982216
正餐服务	112385	101937	472341	442350
快餐服务	24338	21050	95963	86916
饮料及冷饮服务	12493	11125	36598	33850
餐饮配送及外卖送餐服务	1868	1212	5972	3790
其他餐饮业	190059	156140	484796	415310
信息传输、软件和信息技术服务业	**4926**	**4342**	**10971**	**9067**
电信、广播电视和卫星传输服务	1832	1631	3814	3209
电信	1809	1620	3721	3181
广播电视传输服务	23	11	93	28
卫星传输服务				
互联网和相关服务	760	603	1864	1296
互联网接入及相关服务	160	142	342	291
互联网信息服务	342	277	830	618
互联网平台	36	16	155	49
互联网安全服务	4	4	9	9
互联网数据服务	2	1	7	2
其他互联网服务	216	163	521	327

1-20 续表 8

行业中类	户数（户）	#有工商营业执照	从业人员期末数（人）	#有工商营业执照
软件和信息技术服务业	2334	2108	5293	4562
软件开发	293	249	728	535
集成电路设计	8	6	25	18
信息系统集成和物联网技术服务	31	23	77	55
运行维护服务	19	14	84	33
信息处理和存储支持服务	14	7	62	15
信息技术咨询服务	1788	1658	3822	3519
数字内容服务	64	51	167	124
其他信息技术服务业	117	100	328	263
金融业				
货币金融服务				
中央银行服务				
货币银行服务				
非货币银行服务				
银行理财服务				
银行监管服务				
资本市场服务				
证券市场服务				
公开募集证券投资基金				
非公开募集证券投资基金				
期货市场服务				
证券期货监管服务				
资本投资服务				
其他资本市场服务				
保险业				
人身保险				
财产保险				
再保险				
商业养老金				
保险中介服务				
保险资产管理				
保险监管服务				
其他保险活动				
其他金融业				
金融信托与管理服务				
控股公司服务				
非金融机构支付服务				
金融信息服务				
金融资产管理公司				
其他未列明金融业				
房地产业	**17521**	**11613**	**39101**	**27753**
房地产业	17521	11613	39101	27753
房地产开发经营	1		8	
物业管理	254	65	2125	255
房地产中介服务	13789	10924	31452	26267
房地产租赁经营	3445	613	5422	1182
其他房地产业	32	11	94	49

1-20 续表 9

行业中类	户数(户)	#有工商营业执照	从业人员期末数(人)	#有工商营业执照
租赁和商务服务业	**58856**	**41100**	**128061**	**94661**
租赁业	10508	7956	22419	18023
机械设备经营租赁	9390	7448	20194	16910
文体设备和用品出租	502	370	1066	785
日用品出租	616	138	1159	328
商务服务业	48348	33144	105642	76638
组织管理服务	659	195	1230	436
综合管理服务	196	92	874	288
法律服务	206	136	507	310
咨询与调查	9589	8879	19866	18010
广告业	11089	10132	28091	25782
人力资源服务	1701	1045	4249	2726
安全保护服务	911	756	1734	1447
会议、展览及相关服务	172	127	549	428
其他商务服务业	23825	11782	48542	27211
科学研究和技术服务业	**7793**	**5907**	**21853**	**16755**
研究和试验发展	70	32	155	85
自然科学研究和试验发展	2	2	4	4
工程和技术研究和试验发展	14	10	37	30
农业科学研究和试验发展	33	6	67	14
医学研究和试验发展	16	12	38	33
社会人文科学研究	5	2	9	4
专业技术服务业	6964	5252	19860	15243
气象服务	1		1	
地震服务				
海洋服务				
测绘地理信息服务	43	31	142	97
质检技术服务	278	141	725	368
环境与生态监测检测服务	25	21	62	52
地质勘查	21	18	91	83
工程技术与设计服务	1190	858	4058	2922
工业与专业设计及其他专业技术服务	5406	4183	14781	11721
科技推广和应用服务业	759	623	1838	1427
技术推广服务	606	506	1507	1179
知识产权服务	88	70	197	153
科技中介服务	19	18	44	39
创业空间服务	6	3	15	5
其他科技推广服务业	40	26	75	51
水利、环境和公共设施管理业	**1061**	**644**	**3542**	**2517**
水利管理业	48	16	99	39
防洪除涝设施管理	9	3	22	7
水资源管理	3		10	
天然水收集与分配	1	1	1	1

1-20 续表 10

行业中类	户数(户)	#有工商营业执照	从业人员期末数(人)	#有工商营业执照
水文服务	1		1	
其他水利管理业	34	12	65	31
生态保护和环境治理业	147	92	450	343
生态保护	13	12	52	47
环境治理业	134	80	398	296
公共设施管理业	824	514	2879	2060
市政设施管理	36	30	170	113
环境卫生管理	358	113	938	387
城乡市容管理	5	3	13	11
绿化管理	402	356	1687	1501
城市公园管理	2		2	
游览景区管理	21	12	69	48
土地管理业	42	22	114	75
土地整治服务	29	15	82	61
土地调查评估服务	1		1	
土地登记服务	1	1	1	1
土地登记代理服务	6	3	14	9
其他土地管理服务	5	3	16	4
居民服务、修理和其他服务业	**247022**	**187938**	**648985**	**546574**
居民服务业	172799	130239	476779	401801
家庭服务	5808	2530	14139	7318
托儿所服务	500	343	1935	1382
洗染服务	7282	6205	14274	12520
理发及美容服务	104250	82032	263469	226015
洗浴和保健养生服务	29163	24809	124348	114702
摄影扩印服务	6528	5810	21893	20098
婚姻服务	3093	2278	8302	6458
殡葬服务	4313	2101	7600	3691
其他居民服务业	11862	4131	20819	9617
机动车、电子产品和日用产品修理业	69450	54072	158786	133416
汽车、摩托车等修理与维护	39009	31917	106103	92881
计算机和办公设备维修	7755	6369	13977	11751
家用电器修理	12008	8979	22875	18114
其他日用产品修理业	10678	6807	15831	10670
其他服务业	4773	3627	13420	11357
清洁服务	2139	1632	7501	6560
宠物服务	1432	1280	3525	3245
其他未列明服务业	1202	715	2394	1552
教育	**12483**	**6283**	**43102**	**23566**
教育	12483	6283	43102	23566
学前教育	883	220	6709	1439
初等教育	116	27	1277	104
中等教育	14	3	95	15
高等教育	5	1	15	1
特殊教育	5	3	25	21
技能培训、教育辅助及其他教育	11460	6029	34981	21986

1-20　续表 11

行业中类	户数（户）	#有工商营业执照	从业人员期末数（人）	#有工商营业执照
卫生和社会工作	**12227**	**5506**	**30638**	**17730**
卫生	11610	5370	28836	17292
医院	392	274	1340	1117
基层医疗卫生服务	10699	4889	26255	15583
专业公共卫生服务	414	154	1013	456
其他卫生活动	105	53	228	136
社会工作	617	136	1802	438
提供住宿社会工作	484	115	1470	388
不提供住宿社会工作	133	21	332	50
文化、体育和娱乐业	**31969**	**19472**	**88198**	**66631**
新闻和出版业	8	5	23	10
新闻业				
出版业	8	5	23	10
广播、电视、电影和录音制作业	1546	1511	3270	3164
广播	2		14	
电视	1		6	
影视节目制作	1410	1397	2929	2889
广播电视集成播控	1		1	
电影和广播电视节目发行	4	4	14	14
电影放映	100	88	243	213
录音制作	28	22	63	48
文化艺术业	2159	1529	11775	10135
文艺创作与表演	1110	886	8490	7925
艺术表演场馆	10	8	139	136
图书馆与档案馆	79	69	220	201
文物及非物质文化遗产保护	49	17	163	78
博物馆	11	3	22	11
烈士陵园、纪念馆	1		2	
群众文体活动	449	232	1487	834
其他文化艺术业	450	314	1252	950
体育	18675	11092	39392	27598
体育组织	154	72	464	259
体育场地设施管理	98	90	438	416
健身休闲活动	18384	10901	38371	26839
其他体育	39	29	119	84
娱乐业	9581	5335	33738	25724
室内娱乐活动	6270	3883	25624	21169
游乐园	530	384	1593	1294
休闲观光活动	956	558	2812	1776
彩票活动	651	57	1062	93
文化体育娱乐活动与经纪代理服务	1031	385	2156	1088
其他娱乐业	143	68	491	304

1-21 按地区分组的个体经营户户数及从业人员数

地区	户数（户）	#有工商营业执照	从业人员期末数（人）	#有工商营业执照
全 省	**3214573**	**2287344**	**8411091**	**6321281**
杭州市	**390856**	**290689**	**1108548**	**805666**
上城区	12236	9382	30414	25274
下城区	14924	13054	42249	38149
江干区	46057	35462	130324	100629
拱墅区	17524	14341	42579	36782
西湖区	19235	16628	52867	47608
滨江区	6704	5202	21089	17593
萧山区	72856	49466	223745	154150
余杭区	70601	48833	244452	135371
富阳区	41608	31883	93775	78134
临安区	27628	20998	69939	55476
桐庐县	23373	19792	61071	51017
淳安县	15308	10598	39259	26184
建德市	22802	15050	56785	39299
宁波市	**432070**	**339465**	**1150807**	**973838**
海曙区	39290	32028	93492	79713
江北区	15238	12447	34710	29448
北仑区	26476	20438	68434	57427
镇海区	17712	15786	39049	36013
鄞州区	57048	47981	143390	127066
奉化区	36229	29048	82436	71053
象山县	27906	22668	63598	55766
宁海县	44714	32322	124697	99675
余姚市	66745	52604	198416	171508
慈溪市	100712	74143	302585	246169
温州市	**505425**	**354942**	**1230981**	**933215**
鹿城区	51173	41319	144103	117812
龙湾区	37829	31740	101183	87306
瓯海区	38240	27086	103737	79166
洞头区	6088	5678	16977	15899
永嘉县	40428	29235	93944	74098
平阳县	51461	35429	120273	90597
苍南县	88074	55535	200171	138529
文成县	8238	6577	15752	13814
泰顺县	13863	9866	27603	22428
瑞安市	82704	65615	199418	167802
乐清市	87327	46862	207820	125764
嘉兴市	**325611**	**197840**	**909400**	**557949**
南湖区	31074	26688	78655	70965
秀洲区	45809	20519	119283	53412
嘉善县	33987	23976	80350	59350
海盐县	21130	16003	58595	48328
海宁市	66686	40776	199046	109867
平湖市	40341	22015	90100	59659
桐乡市	86584	47863	283371	156368
湖州市	**168820**	**124456**	**644598**	**460404**
吴兴区	47200	28486	255510	144968
南浔区	27198	19199	70228	50359
德清县	22967	18138	80164	67188
长兴县	38021	33252	134877	117152
安吉县	33434	25381	103819	80737

1-21　续表

地　区	户数(户)	#有工商营业执照	从业人员期末数(人)	#有工商营业执照
绍兴市	**377059**	**206299**	**809337**	**528122**
越城区	38314	26540	75946	60064
柯桥区	67981	41456	154588	103395
上虞区	59611	31039	130991	81528
新昌县	51525	22093	110340	62051
诸暨市	107115	54833	224847	146916
嵊州市	52513	30338	112625	74168
金华市	**406756**	**333295**	**1162260**	**980495**
婺城区	31978	28475	79090	71657
金东区	17997	14881	55246	45801
武义县	19642	14090	55169	41333
浦江县	24116	19538	70337	62351
磐安县	10831	10030	23229	20407
兰溪市	21816	17984	50449	41902
义乌市	151714	130826	446304	394212
东阳市	58911	45131	168951	134566
永康市	69751	52340	213485	168266
衢州市	**137215**	**81243**	**289796**	**195803**
柯城区	23517	19501	58841	50925
衢江区	18419	11567	40210	29043
常山县	15818	8117	30355	18464
开化县	15475	10254	37209	24754
龙游县	20657	14078	44153	31005
江山市	43329	17726	79028	41612
舟山市	**50060**	**40138**	**109475**	**91838**
定海区	16396	14804	37356	35113
普陀区	19311	15084	43103	34821
岱山县	9372	5860	17935	11888
嵊泗县	4981	4390	11081	10016
台州市	**304731**	**231729**	**734251**	**581125**
椒江区	31140	24190	87033	70685
黄岩区	36524	31208	93353	81017
路桥区	45605	38984	109885	95597
三门县	16890	12323	34647	28397
天台县	20733	16425	44048	37492
仙居县	14900	10571	32201	24956
温岭市	69083	42685	169684	106914
临海市	38581	30082	86187	70663
玉环市	31275	25261	77213	65404
丽水市	**115970**	**87248**	**261638**	**212826**
莲都区	22840	19776	55104	49989
青田县	20583	13169	43664	31339
缙云县	17247	11651	35355	27359
遂昌县	10841	6663	23384	16065
松阳县	14215	11927	28748	25166
云和县	8062	4917	17600	12242
庆元县	6290	5303	16305	14229
景宁畲族自治县	3821	3700	9265	8957
龙泉市	12071	10142	32213	27480

第2篇

企业篇

2-01　按地区分组的企业法人单位数及从业人员数

地　区	法　人 单位数 (个)	单产业 法人单位	多产业 法人单位	从业人员 期末人数 (人)	#女性
全　省	**1383840**	**1353578**	**30262**	**25898115**	**8106924**
杭州市	**330701**	**320581**	**10120**	**5599562**	**1787798**
上城区	12532	11827	705	231825	81844
下城区	21992	21011	981	319036	119799
江干区	39993	38711	1282	792228	229955
拱墅区	27740	26754	986	438574	119348
西湖区	37670	36208	1462	827357	236377
滨江区	24008	23218	790	506860	165632
萧山区	56361	55153	1208	998159	302593
余杭区	52649	51160	1489	715584	266122
富阳区	19325	18946	379	277739	89801
临安区	10653	10419	234	188747	66236
桐庐县	12988	12779	209	144546	49541
淳安县	7287	7063	224	66027	28265
建德市	7503	7332	171	92880	32285
宁波市	**267769**	**262840**	**4929**	**4756371**	**1680377**
海曙区	33760	32929	831	484586	200120
江北区	19807	19399	408	375891	103328
北仑区	38228	37632	596	595060	208028
镇海区	15977	15724	253	291436	91855
鄞州区	70024	68499	1525	972097	319260
奉化区	10756	10560	196	242596	100980
象山县	11265	11050	215	387398	99233
宁海县	11886	11705	181	254429	102907
余姚市	22513	22177	336	448092	188960
慈溪市	33553	33165	388	704786	265706
温州市	**182268**	**177773**	**4495**	**2960366**	**899655**
鹿城区	26419	25396	1023	506182	159444
龙湾区	20761	20200	561	386993	114103
瓯海区	16234	15811	423	347485	102198
洞头区	2367	2301	66	29606	8898
永嘉县	15584	15371	213	186819	54525
平阳县	13325	13069	256	200373	57770
苍南县	22169	21717	452	289883	74528
文成县	2155	2095	60	35085	9839
泰顺县	2527	2458	69	88093	13629
瑞安市	25506	24818	688	392345	127894
乐清市	35221	34537	684	497502	176827
嘉兴市	**111444**	**109004**	**2440**	**2004387**	**771455**
南湖区	20688	20055	633	315351	118855
秀洲区	14118	13778	340	268774	110191
嘉善县	14562	14396	166	260094	100857
海盐县	8532	8326	206	164524	63490
海宁市	20205	19712	493	399169	149099
平湖市	14104	13835	269	266506	112669
桐乡市	19235	18902	333	329969	116294
湖州市	**51152**	**50167**	**985**	**965313**	**344163**
吴兴区	15388	14971	417	325112	101273
南浔区	7161	7068	93	122953	45705
德清县	8095	7884	211	172463	66398
长兴县	12543	12404	139	192068	70648
安吉县	7965	7840	125	152717	60139

2-01 续表

地 区	法人单位数（个）	单产业法人单位	多产业法人单位	从业人员期末人数（人）	#女性
绍兴市	**119197**	**117637**	**1560**	**3412777**	**789823**
越城区	20710	20245	465	519825	127930
柯桥区	39521	39227	294	912596	214942
上虞区	16341	16139	202	707698	150729
新昌县	6216	6074	142	170806	52514
诸暨市	25157	24908	249	848677	167058
嵊州市	11252	11044	208	253175	76650
金华市	**152140**	**150341**	**1799**	**2489419**	**748596**
婺城区	13203	12814	389	242404	83517
金东区	8565	8463	102	137042	49446
武义县	5776	5656	120	137084	52223
浦江县	6830	6775	55	95474	37448
磐安县	3301	3269	32	111589	31766
兰溪市	6341	6238	103	127939	54130
义乌市	73930	73325	605	554945	221093
东阳市	12578	12340	238	801003	123802
永康市	21616	21461	155	281939	95171
衢州市	**24692**	**24051**	**641**	**491588**	**154537**
柯城区	8648	8328	320	140539	41616
衢江区	3300	3227	73	68627	23446
常山县	2188	2148	40	56907	17165
开化县	1995	1945	50	49171	13833
龙游县	3548	3489	59	81513	24435
江山市	5013	4914	99	94831	34042
舟山市	**19774**	**18952**	**822**	**357293**	**98286**
定海区	11946	11496	450	179250	51841
普陀区	4934	4681	253	113488	30338
岱山县	2045	1982	63	52537	12845
嵊泗县	849	793	56	12018	3262
台州市	**104217**	**102445**	**1772**	**2400809**	**677682**
椒江区	11919	11534	385	320410	92745
黄岩区	12815	12597	218	252442	77256
路桥区	14296	14017	279	233051	71469
三门县	4948	4873	75	111905	29977
天台县	8036	7912	124	116275	33501
仙居县	4867	4800	67	101485	36002
温岭市	21844	21519	325	583601	138679
临海市	12990	12811	179	424946	102930
玉环市	12502	12382	120	256694	95123
丽水市	**20486**	**19787**	**699**	**460230**	**154552**
莲都区	4924	4693	231	150337	46517
青田县	3825	3726	99	55133	19070
缙云县	3083	3012	71	66189	23260
遂昌县	1805	1742	63	32408	9957
松阳县	1292	1237	55	35345	10825
云和县	1692	1666	26	34596	13167
庆元县	1202	1164	38	24532	10741
景宁畲族自治县	690	651	39	18111	5613
龙泉市	1973	1896	77	43579	15402

2-02 按控股情况、运营状态、开业(成立)时间分组的企业法人单位数及从业人员数

分 组	法 人 单位数 (个)	单产业 法人单位	多产业 法人单位	从业人员 期末人数 (人)	#女性
总 计	**1383840**	**1353578**	**30262**	**25898115**	**8106924**
按企业控股情况分组					
国有控股	12488	10496	1992	1155445	327663
集体控股	11986	11206	780	509693	131025
私人控股	1332943	1306896	26047	22278862	6886188
港澳台商控股	5662	5349	313	694096	306275
外商控股	8181	7849	332	609036	252056
其他	12580	11782	798	650983	203717
按运营状态分组					
正常运营	1120578	1092372	28206	25562716	7998908
停业(歇业)	144370	142960	1410	184307	56075
筹建	75933	75607	326	74737	24289
当年关闭	18019	17838	181	37210	12805
当年破产	717	705	12	3467	1447
当年注销	22852	22743	109	31197	12018
当年吊销	1209	1197	12	1226	483
其他	162	156	6	3255	899
按开业(成立)时间分组					
1949年以前	71	46	25	184148	15681
1950-1977年	893	647	246	1203433	99829
1978-1991年	9011	8125	886	1244656	200900
1992-2000年	65059	59988	5071	4873794	1360518
2001年	17659	16538	1121	1069649	313683
2002年	22777	21600	1177	999523	336777
2003年	26220	24971	1249	1130603	377145
2004年	23220	22150	1070	1007633	327573
2005年	24048	23004	1044	907111	279157
2006年	29413	28361	1052	1013477	328206
2007年	29077	28095	982	917354	301030
2008年	29951	28909	1042	768676	271569
2009年	37691	36549	1142	808236	289890
2010年	50273	48909	1364	1063248	361973
2011年	52055	50892	1163	892565	314956
2012年	52971	51803	1168	835785	303745
2013年	89927	88542	1385	1039094	382386
2014年	107031	105333	1698	1133651	430686
2015年	112595	110790	1805	1100356	420436
2016年	161265	159115	2150	1289929	488475
2017年	216320	214169	2151	1458369	540143
2018年	224031	222762	1269	954838	361440
无开业年份	2282	2280	2	1987	726

2-03 按行业(中类)分组的企业法人单位数及从业人员数

行业中类	法 人 单位数 (个)	单产业 法人单位	多产业 法人单位	从业人员 期末人数 (人)	#女性
总 计	**1383840**	**1353578**	**30262**	**25898115**	**8106924**
农、林、牧、渔业	**982**	**903**	**79**	**4345**	**1375**
农业	35		35		
谷物种植	1		1		
豆类、油料和薯类种植					
棉、麻、糖、烟草种植					
蔬菜、食用菌及园艺作物种植	18		18		
水果种植	5		5		
坚果、含油果、香料和饮料作物种植	3		3		
中药材种植	7		7		
草种植及割草					
其他农业	1		1		
林业	4		4		
林木育种和育苗	2		2		
造林和更新					
森林经营、管护和改培	2		2		
木材和竹材采运					
林产品采集					
畜牧业	14		14		
牲畜饲养	9		9		
家禽饲养	4		4		
狩猎和捕捉动物					
其他畜牧业	1		1		
渔业	18		18		
水产养殖	17		17		
水产捕捞	1		1		
农、林、牧、渔专业及辅助性活动	911	903	8	4345	1375
农业专业及辅助性活动	623	618	5	2650	895
林业专业及辅助性活动	161	158	3	757	185
畜牧专业及辅助性活动	41	41		228	85
渔业专业及辅助性活动	86	86		710	210
采矿业	**841**	**827**	**14**	**17347**	**2986**
煤炭开采和洗选业	7	7		21	5
烟煤和无烟煤开采洗选	5	5		5	1
褐煤开采洗选	1	1		1	
其他煤炭采选	1	1		15	4
石油和天然气开采业	1	1		1	
石油开采	1	1		1	
天然气开采					
黑色金属矿采选业	18	17	1	1090	177
铁矿采选	18	17	1	1090	177
锰矿、铬矿采选					
其他黑色金属矿采选					
有色金属矿采选业	47	46	1	2247	496
常用有色金属矿采选	32	31	1	1670	412
贵金属矿采选	3	3		57	12
稀有稀土金属矿采选	12	12		520	72

2-03　续表 1

行业中类	法人单位数(个)	单产业法人单位	多产业法人单位	从业人员期末人数(人)	#女性
非金属矿采选业	748	736	12	13903	2289
土砂石开采	695	687	8	12659	2076
化学矿开采	3	2	1	169	30
采盐	5	5		34	5
石棉及其他非金属矿采选	45	42	3	1041	178
开采专业及辅助性活动	10	10		25	5
煤炭开采和洗选专业及辅助性活动	1	1		3	1
石油和天然气开采专业及辅助性活动	3	3		11	2
其他开采专业及辅助性活动	6	6		11	2
其他采矿业	10	10		60	14
其他采矿业	10	10		60	14
制造业	**423841**	**418510**	**5331**	**10591520**	**4395301**
农副食品加工业	4496	4320	176	106422	51251
谷物磨制	208	202	6	2794	905
饲料加工	388	368	20	12563	4345
植物油加工	163	157	6	3472	1079
制糖业	39	38	1	448	144
屠宰及肉类加工	709	652	57	17127	7033
水产品加工	1347	1314	33	39397	20638
蔬菜、菌类、水果和坚果加工	949	919	30	19435	11296
其他农副食品加工	693	670	23	11186	5811
食品制造业	2983	2837	146	96181	53613
焙烤食品制造	904	854	50	19683	11713
糖果、巧克力及蜜饯制造	184	175	9	7007	3536
方便食品制造	480	461	19	13588	7430
乳制品制造	38	33	5	5895	2231
罐头食品制造	198	190	8	22915	17656
调味品、发酵制品制造	211	200	11	4505	2021
其他食品制造	968	924	44	22588	9026
酒、饮料和精制茶制造业	2201	2100	101	53005	20684
酒的制造	537	511	26	17860	6380
饮料制造	595	570	25	22906	8288
精制茶加工	1069	1019	50	12239	6016
烟草制品业	1		1	3636	1099
烟叶复烤					
卷烟制造	1		1	3636	1099
其他烟草制品制造					
纺织业	32685	32310	375	856837	440389
棉纺织及印染精加工	9148	9059	89	363741	179783
毛纺织及染整精加工	1082	1060	22	38394	19244
麻纺织及染整精加工	74	72	2	6255	3877
丝绢纺织及印染精加工	1072	1053	19	37135	21507
化纤织造及印染精加工	4494	4412	82	103217	51719
针织或钩针编织物及其制品制造	8186	8136	50	128758	68241
家用纺织制成品制造	4740	4688	52	91945	55221
产业用纺织制成品制造	3889	3830	59	87392	40797
纺织服装、服饰业	30657	30287	370	796865	524290
机织服装制造	13677	13494	183	389637	250335

2-03 续表 2

行业中类	法人单位数(个)	单产业法人单位	多产业法人单位	从业人员期末人数(人)	#女性
针织或钩针编织服装制造	7210	7111	99	237257	164142
服饰制造	9770	9682	88	169971	109813
皮革、毛皮、羽毛及其制品和制鞋业	19732	19498	234	567820	265258
皮革鞣制加工	554	547	7	17363	6012
皮革制品制造	5199	5133	66	117845	64736
毛皮鞣制及制品加工	1227	1217	10	11383	5743
羽毛(绒)加工及制品制造	354	352	2	12353	7408
制鞋业	12398	12249	149	408876	181359
木材加工和木、竹、藤、棕、草制品业	6821	6757	64	129147	49699
木材加工	1138	1131	7	14531	5122
人造板制造	583	566	17	19671	7029
木质制品制造	3616	3587	29	71070	25473
竹、藤、棕、草等制品制造	1484	1473	11	23875	12075
家具制造业	7205	7095	110	266117	97471
木质家具制造	4547	4477	70	112417	35225
竹、藤家具制造	185	183	2	5436	2378
金属家具制造	1170	1147	23	81326	33097
塑料家具制造	164	162	2	7686	3209
其他家具制造	1139	1126	13	59252	23562
造纸和纸制品业	12851	12759	92	212582	76881
纸浆制造	15	15		315	124
造纸	1747	1728	19	68618	19860
纸制品制造	11089	11016	73	143649	56897
印刷和记录媒介复制业	11037	10874	163	171546	67818
印刷	10302	10151	151	164796	65288
装订及印刷相关服务	725	713	12	6638	2491
记录媒介复制	10	10		112	39
文教、工美、体育和娱乐用品制造业	22083	21867	216	413086	211512
文教办公用品制造	3655	3614	41	83836	44400
乐器制造	255	251	4	10520	5387
工艺美术及礼仪用品制造	12135	12007	128	181626	96601
体育用品制造	2317	2301	16	53912	24803
玩具制造	2813	2798	15	65748	33779
游艺器材及娱乐用品制造	908	896	12	17444	6542
石油、煤炭及其他燃料加工业	440	430	10	18194	3417
精炼石油产品制造	235	227	8	16277	3014
煤炭加工	47	47		534	118
核燃料加工	1	1		18	4
生物质燃料加工	157	155	2	1365	281
化学原料和化学制品制造业	8603	8444	159	282567	87152
基础化学原料制造	999	974	25	51366	12512
肥料制造	243	238	5	4070	1110
农药制造	90	84	6	12755	3631
涂料、油墨、颜料及类似产品制造	2116	2080	36	47927	13686
合成材料制造	1267	1244	23	71510	19444
专用化学产品制造	2544	2503	41	54338	15297
炸药、火工及焰火产品制造	17	16	1	1935	544
日用化学产品制造	1327	1305	22	38666	20928

2-03 续表 3

行业中类	法 人单位数(个)	单产业法人单位	多产业法人单位	从业人员期末人数(人)	#女性
医药制造业	1270	1224	46	151298	65727
化学药品原料药制造	239	227	12	55792	17975
化学药品制剂制造	122	114	8	36554	17483
中药饮片加工	107	102	5	5695	3133
中成药生产	97	94	3	15323	7231
兽用药品制造	63	63		3019	1151
生物药品制品制造	225	214	11	16491	8131
卫生材料及医药用品制造	323	318	5	12342	7326
药用辅料及包装材料	94	92	2	6082	3297
化学纤维制造业	1820	1800	20	120364	46411
纤维素纤维原料及纤维制造	63	62	1	3424	1307
合成纤维制造	1702	1683	19	116105	44844
生物基材料制造	55	55		835	260
橡胶和塑料制品业	33974	33684	290	614283	262529
橡胶制品业	3988	3944	44	98443	36003
塑料制品业	29986	29740	246	515840	226526
非金属矿物制品业	13032	12855	177	289958	79197
水泥、石灰和石膏制造	520	510	10	24277	5516
石膏、水泥制品及类似制品制造	2849	2782	67	91660	17193
砖瓦、石材等建筑材料制造	4113	4066	47	49007	12458
玻璃制造	444	438	6	15137	4528
玻璃制品制造	2011	1993	18	41551	16447
玻璃纤维和玻璃纤维增强塑料制品制造	466	461	5	17786	5797
陶瓷制品制造	1061	1051	10	21017	7956
耐火材料制品制造	620	612	8	13401	3940
石墨及其他非金属矿物制品制造	948	942	6	16122	5362
黑色金属冶炼和压延加工业	2422	2383	39	87847	17202
炼铁	10	10		92	18
炼钢	14	14		1931	320
钢压延加工	2334	2297	37	82338	16118
铁合金冶炼	64	62	2	3486	746
有色金属冶炼和压延加工业	3125	3086	39	101948	28995
常用有色金属冶炼	135	132	3	7462	1398
贵金属冶炼	10	10		1166	225
稀有稀土金属冶炼	16	15	1	256	107
有色金属合金制造	705	699	6	18328	5621
有色金属压延加工	2259	2230	29	74736	21644
金属制品业	40139	39754	385	787509	283278
结构性金属制品制造	8492	8427	65	140869	40835
金属工具制造	4572	4533	39	90890	38327
集装箱及金属包装容器制造	699	685	14	28392	8966
金属丝绳及其制品制造	999	987	12	17892	5467
建筑、安全用金属制品制造	11824	11729	95	179301	72671
金属表面处理及热处理加工	2592	2553	39	79569	28281
搪瓷制品制造	425	417	8	7326	2862
金属制日用品制造	3863	3822	41	110922	46184
铸造及其他金属制品制造	6673	6601	72	132348	39685

2-03 续表 4

行业中类	法人单位数(个)	单产业法人单位	多产业法人单位	从业人员期末人数(人)	#女性
通用设备制造业	53354	52729	625	1146219	370612
锅炉及原动设备制造	600	588	12	27135	5873
金属加工机械制造	5287	5250	37	97795	26019
物料搬运设备制造	1909	1834	75	89646	21470
泵、阀门、压缩机及类似机械制造	12175	12019	156	300946	98662
轴承、齿轮和传动部件制造	5279	5240	39	175653	60327
烘炉、风机、包装等设备制造	5948	5869	79	164614	60073
文化、办公用机械制造	449	441	8	14795	6580
通用零部件制造	19471	19265	206	251026	85663
其他通用设备制造业	2236	2223	13	24609	5945
专用设备制造业	26402	26109	293	541079	165963
采矿、冶金、建筑专用设备制造	1020	1001	19	26830	5750
化工、木材、非金属加工专用设备制造	10801	10732	69	183329	42321
食品、饮料、烟草及饲料生产专用设备制造	784	776	8	13297	2641
印刷、制药、日化及日用品生产专用设备制造	1092	1072	20	23073	5172
纺织、服装和皮革加工专用设备制造	3391	3353	38	77589	25606
电子和电工机械专用设备制造	749	738	11	15781	5055
农、林、牧、渔专用机械制造	980	965	15	30055	10463
医疗仪器设备及器械制造	3341	3293	48	100833	49209
环保、邮政、社会公共服务及其他专用设备制造	4244	4179	65	70292	19746
汽车制造业	17194	17003	191	649634	225053
汽车整车制造	84	79	5	23057	2619
汽车用发动机制造	40	40		11965	2526
改装汽车制造	25	23	2	1500	282
低速汽车制造	1	1		1	1
电车制造	11	11		53	17
汽车车身、挂车制造	141	138	3	8841	3288
汽车零部件及配件制造	16892	16711	181	604217	216320
铁路、船舶、航空航天和其他运输设备制造业	4335	4264	71	132647	42965
铁路运输设备制造	156	149	7	5190	1523
城市轨道交通设备制造	25	25		1030	196
船舶及相关装置制造	886	869	17	31780	5962
航空、航天器及设备制造	56	55	1	1687	411
摩托车制造	1344	1316	28	46846	16704
自行车和残疾人座车制造	630	629	1	16833	7083
助动车制造	709	695	14	15474	5546
非公路休闲车及零配件制造	429	428	1	11333	4471
潜水救捞及其他未列明运输设备制造	100	98	2	2474	1069
电气机械和器材制造业	38251	37707	544	1099212	488763
电机制造	3465	3412	53	156500	67124
输配电及控制设备制造	16368	16107	261	358695	150896
电线、电缆、光缆及电工器材制造	3162	3074	88	90898	37843
电池制造	467	459	8	44464	17952
家用电力器具制造	7088	7032	56	259769	118017
非电力家用器具制造	848	826	22	21818	8603
照明器具制造	5616	5574	42	149303	81355
其他电气机械及器材制造	1237	1223	14	17765	6973

2-03 续表 5

行业中类	法人单位数(个)	单产业法人单位	多产业法人单位	从业人员期末人数(人)	#女性
计算机、通信和其他电子设备制造业	11110	10923	187	557111	236524
计算机制造	440	437	3	29504	10937
通信设备制造	1011	976	35	124093	40334
广播电视设备制造	213	208	5	17114	8019
雷达及配套设备制造	11	10	1	460	150
非专业视听设备制造	534	522	12	21083	10469
智能消费设备制造	462	446	16	33152	12777
电子器件制造	1486	1455	31	105132	45242
电子元件及电子专用材料制造	6206	6131	75	211665	102274
其他电子设备制造	747	738	9	14908	6322
仪器仪表制造业	5738	5631	107	175765	69601
通用仪器仪表制造	4236	4162	74	118263	44384
专用仪器仪表制造	651	630	21	27594	10247
钟表与计时仪器制造	152	150	2	6537	4109
光学仪器制造	259	252	7	15646	7366
衡器制造	196	194	2	4880	2121
其他仪器仪表制造业	244	243	1	2845	1374
其他制造业	7046	6984	62	105208	51521
日用杂品制造	5077	5021	56	91087	46488
核辐射加工	4	4		7	3
其他未列明制造业	1965	1959	6	14114	5030
废弃资源综合利用业	713	705	8	16418	4603
金属废料和碎屑加工处理	290	286	4	9371	2559
非金属废料和碎屑加工处理	423	419	4	7047	2044
金属制品、机械和设备修理业	2121	2091	30	41015	5823
金属制品修理	46	46		363	68
通用设备修理	282	274	8	2262	510
专用设备修理	264	262	2	1640	331
铁路、船舶、航空航天等运输设备修理	922	905	17	32216	3789
电气设备修理	150	148	2	1752	568
仪器仪表修理	21	21		137	53
其他机械和设备修理业	436	435	1	2645	504
电力、热力、燃气及水生产和供应业	**5238**	**5055**	**183**	**144656**	**34644**
电力、热力生产和供应业	3711	3631	80	92502	19393
电力生产	3387	3335	52	60048	12942
电力供应	187	162	25	28015	5556
热力生产和供应	137	134	3	4439	895
燃气生产和供应业	279	235	44	11667	3083
燃气生产和供应业	269	225	44	11611	3067
生物质燃气生产和供应业	10	10		56	16
水的生产和供应业	1248	1189	59	40487	12168
自来水生产和供应	549	499	50	27750	8926
污水处理及其再生利用	582	574	8	11834	3084
海水淡化处理	3	3		34	5
其他水的处理、利用与分配	114	113	1	869	153
建筑业	**51741**	**49397**	**2344**	**7805044**	**732322**
房屋建筑业	7820	7028	792	5639334	457442

2-03 续表 6

行业中类	法人单位数（个）	单产业法人单位	多产业法人单位	从业人员期末人数（人）	#女性
住宅房屋建筑	6733	6045	688	5109922	402667
体育场馆建筑	14	11	3	4735	747
其他房屋建筑业	1073	972	101	524677	54028
土木工程建筑业	12024	11162	862	1418363	172318
铁路、道路、隧道和桥梁工程建筑	5322	4858	464	980530	116501
水利和水运工程建筑	757	637	120	84690	11040
海洋工程建筑	52	49	3	557	64
工矿工程建筑	198	168	30	123978	5743
架线和管道工程建筑	898	814	84	51733	7999
节能环保工程施工	365	356	9	11997	1501
电力工程施工	359	338	21	13354	2012
其他土木工程建筑	4073	3942	131	151524	27458
建筑安装业	6829	6572	257	197336	28211
电气安装	2428	2305	123	72248	9439
管道和设备安装	1969	1918	51	42874	5301
其他建筑安装业	2432	2349	83	82214	13471
建筑装饰、装修和其他建筑业	25068	24635	433	550011	74351
建筑装饰和装修业	19138	18791	347	346880	51786
建筑物拆除和场地准备活动	3832	3777	55	71836	7857
提供施工设备服务	209	204	5	18171	1300
其他未列明建筑业	1889	1863	26	113124	13408
批发和零售业	**457484**	**449477**	**8007**	**2442646**	**1103096**
批发业	288563	284888	3675	1533420	648480
农、林、牧、渔产品批发	4785	4679	106	24339	8889
食品、饮料及烟草制品批发	18295	17793	502	139789	56512
纺织、服装及家庭用品批发	91920	91137	783	488451	243145
文化、体育用品及器材批发	15800	15619	181	75329	36128
医药及医疗器材批发	6864	6705	159	71371	33294
矿产品、建材及化工产品批发	66829	65887	942	344576	121856
机械设备、五金产品及电子产品批发	56763	55991	772	293436	111363
贸易经纪与代理	6879	6790	89	24438	10867
其他批发业	20428	20287	141	71691	26426
零售业	168921	164589	4332	909226	454616
综合零售	3785	3404	381	116109	77487
食品、饮料及烟草制品专门零售	15050	14514	536	56728	28065
纺织、服装及日用品专门零售	26322	25636	686	121231	71551
文化、体育用品及器材专门零售	9085	8832	253	43180	23036
医药及医疗器材专门零售	12605	11642	963	74182	49791
汽车、摩托车、零配件和燃料及其他动力销售	15130	14475	655	166453	62280
家用电器及电子产品专门零售	14353	13929	424	80569	35824
五金、家具及室内装饰材料专门零售	20238	20084	154	66948	26154
货摊、无店铺及其他零售业	52353	52073	280	183826	80428
交通运输、仓储和邮政业	**31866**	**30397**	**1469**	**641758**	**172436**
铁路运输业	13	13		21	3
铁路旅客运输	8	8			
铁路货物运输	4	4			
铁路运输辅助活动	1	1		21	3

2-03 续表 7

行业中类	法人单位数（个）	单产业法人单位	多产业法人单位	从业人员期末人数（人）	#女性
道路运输业	19336	18762	574	371104	94042
城市公共交通运输	574	532	42	84863	17202
公路旅客运输	482	388	94	44757	10716
道路货物运输	17210	16834	376	205762	54257
道路运输辅助活动	1070	1008	62	35722	11867
水上运输业	1301	1217	84	52380	8244
水上旅客运输	91	81	10	6735	2108
水上货物运输	836	781	55	28347	3431
水上运输辅助活动	374	355	19	17298	2705
航空运输业	130	121	9	15295	4740
航空客货运输	56	50	6	5090	1615
通用航空服务	40	39	1	467	114
航空运输辅助活动	34	32	2	9738	3011
管道运输业	4	4		72	15
海底管道运输	1	1		10	1
陆地管道运输	3	3		62	14
多式联运和运输代理业	6919	6669	250	66491	26468
多式联运	19	18	1	383	104
运输代理业	6900	6651	249	66108	26364
装卸搬运和仓储业	2657	2573	84	53605	13913
装卸搬运	1285	1268	17	22678	4568
通用仓储	576	564	12	12116	4151
低温仓储	98	95	3	927	268
危险品仓储	72	67	5	2480	460
谷物、棉花等农产品仓储	137	104	33	3698	706
中药材仓储	1	1		96	21
其他仓储业	488	474	14	11610	3739
邮政业	1506	1038	468	82790	25011
邮政基本服务	29	17	12	14662	7248
快递服务	1465	1010	455	62414	17173
其他寄递服务	12	11	1	5714	590
住宿和餐饮业	**24928**	**23463**	**1465**	**426558**	**233500**
住宿业	9186	8824	362	187198	106669
旅游饭店	1995	1810	185	128058	69374
一般旅馆	5988	5826	162	52749	33567
民宿服务	977	964	13	4155	2361
露营地服务	9	9		60	32
其他住宿业	217	215	2	2176	1335
餐饮业	15742	14639	1103	239360	126831
正餐服务	12109	11278	831	180064	91880
快餐服务	1113	1013	100	40731	25759
饮料及冷饮服务	768	701	67	5427	2840
餐饮配送及外卖送餐服务	359	341	18	4805	1987
其他餐饮业	1393	1306	87	8333	4365
信息传输、软件和信息技术服务业	**54689**	**53790**	**899**	**573353**	**207712**
电信、广播电视和卫星传输服务	894	784	110	63613	27472
电信	755	664	91	48187	22118

2-03 续表 8

行业中类	法 人单位数（个）	单产业法人单位	多产业法人单位	从业人员期末人数（人）	#女性
广播电视传输服务	127	108	19	15233	5287
卫星传输服务	12	12		193	67
互联网和相关服务	5487	5402	85	93573	37430
互联网接入及相关服务	331	330	1	2147	787
互联网信息服务	2957	2914	43	48961	18755
互联网平台	764	749	15	24068	9969
互联网安全服务	62	61	1	424	124
互联网数据服务	212	201	11	10404	5037
其他互联网服务	1161	1147	14	7569	2758
软件和信息技术服务业	48308	47604	704	416167	142810
软件开发	34218	33704	514	305142	102635
集成电路设计	258	253	5	2367	688
信息系统集成和物联网技术服务	1864	1811	53	33023	9962
运行维护服务	313	304	9	4281	1302
信息处理和存储支持服务	320	306	14	5286	1970
信息技术咨询服务	7661	7584	77	44802	17406
数字内容服务	536	525	11	7809	3608
其他信息技术服务业	3138	3117	21	13457	5239
金融业	**16574**	**15467**	**1107**	**26611**	**11411**
货币金融服务	1591	1093	498	8647	3829
中央银行服务					
货币银行服务	541	110	431	5	3
非货币银行服务	1050	983	67	8642	3826
银行理财服务					
银行监管服务					
资本市场服务	13084	12992	92	5613	2226
证券市场服务	6		6		
公开募集证券投资基金	2	2			
非公开募集证券投资基金	1923	1862	61		
期货市场服务	14	3	11		
证券期货监管服务					
资本投资服务	1545	1539	6	2949	1291
其他资本市场服务	9594	9586	8	2664	935
保险业	797	325	472	445	181
人身保险	251	72	179		
财产保险	313	99	214		
再保险					
商业养老金	11	10	1		
保险中介服务	132	57	75		
保险资产管理	1	1			
保险监管服务					
其他保险活动	89	86	3	445	181
其他金融业	1102	1057	45	11906	5175
金融信托与管理服务	73	70	3	308	128
控股公司服务	345	343	2	3727	1504
非金融机构支付服务	13	11	2		
金融信息服务	260	253	7	2204	956
金融资产管理公司	10	9	1	406	155
其他未列明金融业	401	371	30	5261	2432

2-03 续表 9

行业中类	法人单位数(个)	单产业法人单位	多产业法人单位	从业人员期末人数(人)	#女性
房地产业	**45826**	**43658**	**2168**	**654110**	**264492**
房地产业	45826	43658	2168	654110	264492
房地产开发经营	10707	10293	414	148646	59091
物业管理	8636	8021	615	354262	146833
房地产中介服务	16037	15156	881	89523	37127
房地产租赁经营	9796	9548	248	56245	19892
其他房地产业	650	640	10	5434	1549
租赁和商务服务业	**126824**	**123640**	**3184**	**1317238**	**433935**
租赁业	9160	8959	201	50600	13638
机械设备经营租赁	8680	8488	192	47379	12469
文体设备和用品出租	411	403	8	2497	940
日用品出租	69	68	1	724	229
商务服务业	117664	114681	2983	1266638	420297
组织管理服务	33306	32811	495	178219	66605
综合管理服务	3700	3607	93	53677	18763
法律服务	425	416	9	6095	2699
咨询与调查	37713	36698	1015	170413	83644
广告业	19669	19525	144	89135	35724
人力资源服务	5588	5300	288	482272	145217
安全保护服务	1344	1228	116	195322	21069
会议、展览及相关服务	2329	2309	20	13299	6018
其他商务服务业	13590	12787	803	78206	40558
科学研究和技术服务业	**58019**	**56544**	**1475**	**510755**	**162563**
研究和试验发展	9275	9185	90	70545	22910
自然科学研究和试验发展	355	350	5	1304	401
工程和技术研究和试验发展	7208	7146	62	55052	16119
农业科学研究和试验发展	396	393	3	1797	735
医学研究和试验发展	1284	1264	20	12276	5607
社会人文科学研究	32	32		116	48
专业技术服务业	28678	27530	1148	341920	103532
气象服务	39	39		163	50
地震服务	5	5		1	
海洋服务	54	54		388	122
测绘地理信息服务	520	474	46	8664	2422
质检技术服务	2406	2255	151	48213	16769
环境与生态监测检测服务	566	546	20	6896	2538
地质勘查	79	75	4	1422	332
工程技术与设计服务	13778	12949	829	213503	59616
工业与专业设计及其他专业技术服务	11231	11133	98	62670	21683
科技推广和应用服务业	20066	19829	237	98290	36121
技术推广服务	15104	14918	186	76487	26623
知识产权服务	1718	1684	34	8477	4132
科技中介服务	541	539	2	2452	1001
创业空间服务	180	180		920	406
其他科技推广服务业	2523	2508	15	9954	3959

2-03 续表 10

行业中类	法 人 单位数 (个)	单产业 法人单位	多产业 法人单位	从业人员 期末人数 (人)	#女性
水利、环境和公共设施管理业	**7142**	**6928**	**214**	**144857**	**54005**
水利管理业	367	354	13	4577	1362
防洪除涝设施管理	74	72	2	867	284
水资源管理	104	99	5	1331	419
天然水收集与分配	42	40	2	880	233
水文服务	12	12		46	18
其他水利管理业	135	131	4	1453	408
生态保护和环境治理业	1173	1135	38	14261	3706
生态保护	58	53	5	1610	614
环境治理业	1115	1082	33	12651	3092
公共设施管理业	5167	5017	150	115788	46346
市政设施管理	688	673	15	13894	4111
环境卫生管理	1285	1245	40	51546	23278
城乡市容管理	76	76		1544	604
绿化管理	1862	1810	52	21790	6485
城市公园管理	56	53	3	764	280
游览景区管理	1200	1160	40	26250	11588
土地管理业	435	422	13	10231	2591
土地整治服务	330	326	4	2887	786
土地调查评估服务	47	42	5	506	224
土地登记服务	5	4	1	5	1
土地登记代理服务	22	21	1	196	86
其他土地管理服务	31	29	2	6637	1494
居民服务、修理和其他服务业	**24665**	**23861**	**804**	**214591**	**96320**
居民服务业	10827	10327	500	88830	48379
家庭服务	2322	2260	62	22499	13728
托儿所服务	179	168	11	949	774
洗染服务	444	398	46	5697	3177
理发及美容服务	2057	1878	179	13525	9170
洗浴和保健养生服务	1997	1872	125	18009	10990
摄影扩印服务	1339	1299	40	10513	5607
婚姻服务	1009	1000	9	4008	2055
殡葬服务	388	374	14	3340	949
其他居民服务业	1092	1078	14	10290	1929
机动车、电子产品和日用产品修理业	9322	9108	214	62194	15521
汽车、摩托车等修理与维护	7282	7097	185	50949	11520
计算机和办公设备维修	834	824	10	3601	1066
家用电器修理	1011	998	13	6902	2740
其他日用产品修理业	195	189	6	742	195
其他服务业	4516	4426	90	63567	32420
清洁服务	3376	3321	55	57527	30129
宠物服务	196	172	24	1234	548
其他未列明服务业	944	933	11	4806	1743
教育	**16860**	**16148**	**712**	**115483**	**59382**
教育	16860	16148	712	115483	59382
学前教育	604	580	24	5297	4342
初等教育	39	39		699	476

2-03 续表 11

行业中类	法人单位数(个)	单产业法人单位	多产业法人单位	从业人员期末人数(人)	#女性
中等教育	35	35		615	346
高等教育					
特殊教育	6	6		76	57
技能培训、教育辅助及其他教育	16176	15488	688	108796	54161
卫生和社会工作	**3930**	**3667**	**263**	**96901**	**64081**
卫生	3338	3101	237	90593	59989
医院	616	593	23	54732	37574
基层医疗卫生服务	2538	2342	196	29996	18701
专业公共卫生服务	37	32	5	492	291
其他卫生活动	147	134	13	5373	3423
社会工作	592	566	26	6308	4092
提供住宿社会工作	541	518	23	6067	3957
不提供住宿社会工作	51	48	3	241	135
文化、体育和娱乐业	**32390**	**31846**	**544**	**170342**	**77363**
新闻和出版业	179	175	4	5674	3102
新闻业	16	16		287	166
出版业	163	159	4	5387	2936
广播、电视、电影和录音制作业	7261	7148	113	42416	20835
广播	193	193		2939	1446
电视	142	141	1	1073	466
影视节目制作	5885	5839	46	18394	7537
广播电视集成播控	8	8		165	68
电影和广播电视节目发行	244	236	8	810	342
电影放映	714	656	58	18803	10871
录音制作	75	75		232	105
文化艺术业	5609	5554	55	26625	12761
文艺创作与表演	2405	2380	25	14487	6970
艺术表演场馆	52	49	3	1010	434
图书馆与档案馆	232	232		2061	1411
文物及非物质文化遗产保护	47	46	1	450	200
博物馆	29	28	1	308	188
烈士陵园、纪念馆	4	4		23	2
群众文体活动	493	483	10	1812	800
其他文化艺术业	2347	2332	15	6474	2756
体育	2987	2814	173	19886	7943
体育组织	496	484	12	2356	799
体育场地设施管理	202	184	18	1813	714
健身休闲活动	2200	2058	142	15456	6315
其他体育	89	88	1	261	115
娱乐业	16354	16155	199	75741	32722
室内娱乐活动	7754	7656	98	39796	16864
游乐园	207	201	6	5378	2626
休闲观光活动	755	749	6	3937	1580
彩票活动	12	12		61	27
文化体育娱乐活动与经纪代理服务	7548	7459	89	25922	11365
其他娱乐业	78	78		647	260

2-04 按行业(中类)、地区分组的

行业中类	法人单位数(个)	杭州市	宁波市	温州市
总　计	**1383840**	**330701**	**267769**	**182268**
农、林、牧、渔业	**982**	**92**	**118**	**237**
农业	35	6	7	3
谷物种植	1			
豆类、油料和薯类种植				
棉、麻、糖、烟草种植				
蔬菜、食用菌及园艺作物种植	18	5	1	2
水果种植	5		3	
坚果、含油果、香料和饮料作物种植	3			1
中药材种植	7	1	3	
草种植及割草				
其他农业	1			
林业	4	2		
林木育种和育苗	2	1		
造林和更新				
森林经营、管护和改培	2	1		
木材和竹材采运				
林产品采集				
畜牧业	14	3	3	2
牲畜饲养	9	1	1	2
家禽饲养	4	2	2	
狩猎和捕捉动物				
其他畜牧业	1			
渔业	18	3	6	5
水产养殖	17	3	5	5
水产捕捞	1		1	
农、林、牧、渔专业及辅助性活动	911	78	102	227
农业专业及辅助性活动	623	51	61	166
林业专业及辅助性活动	161	20	14	38
畜牧专业及辅助性活动	41	7	7	9
渔业专业及辅助性活动	86		20	14
采矿业	**841**	**148**	**78**	**75**
煤炭开采和洗选业	7	3		1
烟煤和无烟煤开采洗选	5	1		1
褐煤开采洗选	1	1		
其他煤炭采选	1	1		
石油和天然气开采业	1			
石油开采	1			
天然气开采				
黑色金属矿采选业	18	3		1
铁矿采选	18	3		1
锰矿、铬矿采选				
其他黑色金属矿采选				
有色金属矿采选业	47	10		1
常用有色金属矿采选	32	10		1
贵金属矿采选	3			
稀有稀土金属矿采选	12			

企业法人单位数

嘉兴市	湖州市	绍兴市	金华市	衢州市	舟山市	台州市	丽水市
111444	**51152**	**119197**	**152140**	**24692**	**19774**	**104217**	**20486**
48	**52**	**81**	**138**	**66**	**24**	**59**	**67**
3		1	4	1	3	3	4
							1
2		1	2	1	1	2	1
					1		1
			1		1		
			1			1	1
1							
			1	1			
			1				
				1			
2		1	1	1			1
2		1		1			1
			1				
1	1					2	
1	1					2	
42	51	79	132	63	21	54	62
24	33	60	91	43	8	38	48
2	5	12	40	14	2	2	12
6	2	2	1	4	1	1	1
10	11	5		2	10	13	1
5	**112**	**66**	**81**	**65**	**36**	**58**	**117**
1		1	1				
1		1	1				
	1						
	1						
		3	1	3		1	6
		3	1	3		1	6
		10	1	3		3	19
		8	1	3		3	6
		2					1
							12

2-04 续表 1

行业中类	法人单位数（个）	杭州市	宁波市	温州市
非金属矿采选业	748	127	77	69
土砂石开采	695	123	74	63
化学矿开采	3			
采盐	5		2	
石棉及其他非金属矿采选	45	4	1	6
开采专业及辅助性活动	10	4	1	1
煤炭开采和洗选专业及辅助性活动	1	1		
石油和天然气开采专业及辅助性活动	3	1		
其他开采专业及辅助性活动	6	2	1	1
其他采矿业	10	1		2
其他采矿业	10	1		2
制造业	**423841**	**49183**	**87863**	**78449**
农副食品加工业	4496	746	662	689
谷物磨制	208	19	30	25
饲料加工	388	42	33	68
植物油加工	163	31	13	18
制糖业	39	4	1	5
屠宰及肉类加工	709	123	43	192
水产品加工	1347	24	319	235
蔬菜、菌类、水果和坚果加工	949	367	136	38
其他农副食品加工	693	136	87	108
食品制造业	2983	659	394	429
焙烤食品制造	904	206	112	121
糖果、巧克力及蜜饯制造	184	73	15	27
方便食品制造	480	104	61	71
乳制品制造	38	8	4	6
罐头食品制造	198	32	52	7
调味品、发酵制品制造	211	34	31	37
其他食品制造	968	202	119	160
酒、饮料和精制茶制造业	2201	423	250	212
酒的制造	537	67	71	64
饮料制造	595	137	73	95
精制茶加工	1069	219	106	53
烟草制品业	1	1		
烟叶复烤				
卷烟制造	1	1		
其他烟草制品制造				
纺织业	32685	4218	2678	2563
棉纺织及印染精加工	9148	1547	691	873
毛纺织及染整精加工	1082	83	249	20
麻纺织及染整精加工	74	10	5	2
丝绢纺织及印染精加工	1072	206	16	12
化纤织造及印染精加工	4494	586	110	49
针织或钩针编织物及其制品制造	8186	413	660	200
家用纺织制成品制造	4740	897	494	658
产业用纺织制成品制造	3889	476	453	749
纺织服装、服饰业	30657	4412	4901	2731
机织服装制造	13677	2402	1407	1645

嘉兴市	湖州市	绍兴市	金华市	衢州市	舟山市	台州市	丽水市
3	110	50	75	59	35	54	89
3	108	44	71	51	32	52	74
			1	1		1	
					3		
	2	6	3	7		1	15
	1	1	1		1		
			1		1		
	1	1					
1		1	2				3
1		1	2				3
42179	**18375**	**42031**	**43338**	**5658**	**3414**	**47103**	**6248**
367	212	292	321	196	466	419	126
39	23	15	13	28	1	7	8
72	64	23	19	29	12	24	2
17	13	12	8	28	3	6	14
4			20	2		2	1
69	32	48	113	31	9	22	27
13	13	22	1	4	423	292	1
79	25	115	61	41	2	23	62
74	42	57	86	33	16	43	11
323	175	235	334	151	45	177	61
120	40	55	108	51	15	57	19
12	16	6	17	3		15	
69	26	45	39	21	3	25	16
3	3	1	12	1			
8	21	12	16	23	1	19	7
26	9	27	27	9	2	7	2
85	60	89	115	43	24	54	17
115	229	323	178	113	30	114	214
32	39	102	55	27	7	47	26
46	55	23	58	33	16	40	19
37	135	198	65	53	7	27	169
6294	2571	10250	2897	196	27	911	80
1657	480	2801	895	73	6	110	15
290	226	143	43	3	2	21	2
30	13	4	3		2	5	
202	440	174	10	4	2	6	
1769	900	939	79	8		51	3
1150	142	5208	352	17	2	40	2
648	156	698	941	35	4	193	16
548	214	283	574	56	9	485	42
5794	3087	4520	3616	200	40	1252	104
2369	2627	1366	1140	104	25	546	46

2-04 续表 2

行业中类	法人单位数（个）	杭州市	宁波市	温州市
针织或钩针编织服装制造	7210	477	2271	306
服饰制造	9770	1533	1223	780
皮革、毛皮、羽毛及其制品和制鞋业	19732	1009	717	8165
皮革鞣制加工	554	23	18	374
皮革制品制造	5199	288	353	947
毛皮鞣制及制品加工	1227	17	27	27
羽毛(绒)加工及制品制造	354	234	33	11
制鞋业	12398	447	286	6806
木材加工和木、竹、藤、棕、草制品业	6821	950	682	338
木材加工	1138	185	84	48
人造板制造	583	95	33	12
木质制品制造	3616	507	360	232
竹、藤、棕、草等制品制造	1484	163	205	46
家具制造业	7205	958	1011	530
木质家具制造	4547	631	616	392
竹、藤家具制造	185	18	40	1
金属家具制造	1170	138	149	44
塑料家具制造	164	19	47	10
其他家具制造	1139	152	159	83
造纸和纸制品业	12851	2174	2348	2221
纸浆制造	15	4	2	8
造纸	1747	490	141	260
纸制品制造	11089	1680	2205	1953
印刷和记录媒介复制业	11037	1243	2009	3260
印刷	10302	1126	1897	3049
装订及印刷相关服务	725	110	111	210
记录媒介复制	10	7	1	1
文教、工美、体育和娱乐用品制造业	22083	2166	3240	4282
文教办公用品制造	3655	625	1034	666
乐器制造	255	64	60	8
工艺美术及礼仪用品制造	12135	1042	1060	2251
体育用品制造	2317	298	556	134
玩具制造	2813	72	468	563
游艺器材及娱乐用品制造	908	65	62	660
石油、煤炭及其他燃料加工业	440	79	97	18
精炼石油产品制造	235	53	59	15
煤炭加工	47	5	12	1
核燃料加工	1			
生物质燃料加工	157	21	26	2
化学原料和化学制品制造业	8603	1697	1445	739
基础化学原料制造	999	176	153	86
肥料制造	243	54	31	18
农药制造	90	19	4	16
涂料、油墨、颜料及类似产品制造	2116	408	371	196
合成材料制造	1267	209	298	168
专用化学产品制造	2544	603	385	157
炸药、火工及焰火产品制造	17	5		2
日用化学产品制造	1327	223	203	96

嘉兴市	湖州市	绍兴市	金华市	衢州市	舟山市	台州市	丽水市
2518	76	412	915	21	11	199	4
907	384	2742	1561	75	4	507	54
3589	210	314	1283	56	8	4158	223
59	15	15	23	3	1	12	11
2009	70	72	1137	26	1	271	25
1126	14	4	7	1		2	2
34	3	25	4	5		1	4
361	108	198	112	21	6	3872	181
625	1650	276	858	527	21	486	408
135	319	47	74	130	10	55	51
186	133	13	28	46	3	19	15
298	778	166	642	284	7	252	90
6	420	50	114	67	1	160	252
762	1146	390	1351	200	22	603	232
449	539	302	919	175	22	388	114
5	28	7	17	2		38	29
124	299	24	228	7		73	84
13	13	5	17	1		38	1
171	267	52	170	15		66	4
1369	509	838	1733	226	29	1297	107
			1				
175	65	128	252	75	6	129	26
1194	444	710	1480	151	23	1168	81
934	256	954	1348	109	75	724	125
898	233	902	1250	105	72	662	108
35	23	52	98	4	3	62	17
1							
786	395	1986	5170	253	71	2741	993
60	87	119	810	51	3	80	120
14	82	4	5	7	1	9	1
411	171	1690	2669	118	13	2457	253
71	31	90	1001	49	8	60	19
221	13	57	645	28	46	108	592
9	11	26	40			27	8
58	47	35	42	15	5	27	17
21	22	22	20	6	4	12	1
1	8	5	4	3	1	5	2
						1	
36	17	8	18	6		9	14
862	638	829	1026	553	54	585	175
92	66	100	63	173	18	54	18
30	23	8	32	24	4	13	6
7	8	11	11	4	1	6	3
195	192	199	199	95	18	196	47
145	83	85	100	58	1	98	22
325	212	332	172	168	7	124	59
1	1	1	3	1	1	1	1
67	53	93	446	30	4	93	19

2-04 续表 3

行业中类	法人单位数（个）	杭州市	宁波市	温州市
医药制造业	1270	278	153	85
化学药品原料药制造	239	24	18	12
化学药品制剂制造	122	39	9	6
中药饮片加工	107	24	13	14
中成药生产	97	29	9	3
兽用药品制造	63	15	7	6
生物药品制品制造	225	74	41	14
卫生材料及医药用品制造	323	66	51	26
药用辅料及包装材料	94	7	5	4
化学纤维制造业	1820	328	169	60
纤维素纤维原料及纤维制造	63	11	11	6
合成纤维制造	1702	312	147	32
生物基材料制造	55	5	11	22
橡胶和塑料制品业	33974	3162	9765	4687
橡胶制品业	3988	321	1060	494
塑料制品业	29986	2841	8705	4193
非金属矿物制品业	13032	2293	1812	1339
水泥、石灰和石膏制造	520	181	35	30
石膏、水泥制品及类似制品制造	2849	514	504	282
砖瓦、石材等建筑材料制造	4113	763	489	605
玻璃制造	444	107	99	38
玻璃制品制造	2011	227	225	90
玻璃纤维和玻璃纤维增强塑料制品制造	466	82	93	38
陶瓷制品制造	1061	268	141	142
耐火材料制品制造	620	67	39	19
石墨及其他非金属矿物制品制造	948	84	187	95
黑色金属冶炼和压延加工业	2422	252	502	701
炼铁	10	3	2	1
炼钢	14	2	5	2
钢压延加工	2334	235	480	689
铁合金冶炼	64	12	15	9
有色金属冶炼和压延加工业	3125	326	741	552
常用有色金属冶炼	135	21	39	20
贵金属冶炼	10	1		
稀有稀土金属冶炼	16	2	7	2
有色金属合金制造	705	96	171	128
有色金属压延加工	2259	206	524	402
金属制品业	40139	5300	10492	5889
结构性金属制品制造	8492	1399	2173	1022
金属工具制造	4572	691	906	404
集装箱及金属包装容器制造	699	163	123	67
金属丝绳及其制品制造	999	279	210	112
建筑、安全用金属制品制造	11824	1454	3639	2114
金属表面处理及热处理加工	2592	310	697	675
搪瓷制品制造	425	52	64	142
金属制日用品制造	3863	164	499	334
铸造及其他金属制品制造	6673	788	2181	1019

嘉兴市	湖州市	绍兴市	金华市	衢州市	舟山市	台州市	丽水市
114	105	167	149	31	9	148	31
8	18	34	18	8	2	90	7
15	6	16	13	4	2	8	4
11	4	10	17	8		4	2
6	7	10	15	4	1	6	7
6	6	8	6	3	1	4	1
16	28	18	16	1	2	13	2
40	22	32	58	3	1	20	4
12	14	39	6			3	4
304	46	654	203	20	5	21	10
8	4	15	5	1		1	1
290	42	638	193	18	5	16	9
6		1	5	1		4	
3094	826	1766	3692	360	92	6322	208
319	75	162	308	36	19	1174	20
2775	751	1604	3384	324	73	5148	188
1091	1305	1032	2060	365	165	1141	429
45	72	43	30	42	7	29	6
380	237	244	203	99	67	254	65
248	361	399	331	132	70	568	147
52	30	38	31	14	2	21	12
102	75	78	1057	16	3	117	21
121	29	30	29	6	4	21	13
51	91	67	82	23	3	72	121
30	297	100	31	8	5	12	12
62	113	33	266	25	4	47	32
209	127	105	190	31	8	158	139
1		2	1				
1	1	1	1				1
197	125	99	182	31	8	156	132
10	1	3	6			2	6
195	122	397	412	41	14	280	45
3	3	11	21	3	1	10	3
1		4		2		1	1
2			2			1	
49	23	37	134	8	6	42	11
140	96	345	255	28	7	226	30
2819	1040	2694	7628	368	161	3117	631
647	300	647	1560	147	57	419	121
174	52	165	1541	16	9	443	171
80	28	79	77	19	1	58	4
75	44	56	111	6	4	92	10
930	272	1153	1144	74	13	936	95
242	56	95	135	19	26	288	49
23	3	21	23	3		94	
174	43	114	2234	26	5	193	77
474	242	364	803	58	46	594	104

2-04 续表 4

行业中类	法人单位数（个）	杭州市	宁波市	温州市
通用设备制造业	53354	5326	13843	10998
锅炉及原动设备制造	600	137	110	60
金属加工机械制造	5287	561	1212	877
物料搬运设备制造	1909	360	393	81
泵、阀门、压缩机及类似机械制造	12175	526	1846	5301
轴承、齿轮和传动部件制造	5279	623	1655	327
烘炉、风机、包装等设备制造	5948	628	1134	789
文化、办公用机械制造	449	67	103	109
通用零部件制造	19471	2203	6383	3126
其他通用设备制造业	2236	221	1007	328
专用设备制造业	26402	2629	6800	4526
采矿、冶金、建筑专用设备制造	1020	138	137	229
化工、木材、非金属加工专用设备制造	10801	663	4067	1237
食品、饮料、烟草及饲料生产专用设备制造	784	62	149	259
印刷、制药、日化及日用品生产专用设备制造	1092	181	101	536
纺织、服装和皮革加工专用设备制造	3391	263	582	296
电子和电工机械专用设备制造	749	145	169	177
农、林、牧、渔专用机械制造	980	92	190	75
医疗仪器设备及器械制造	3341	388	416	1063
环保、邮政、社会公共服务及其他专用设备制造	4244	697	989	654
汽车制造业	17194	1706	4759	3861
汽车整车制造	84	22	6	12
汽车用发动机制造	40	5	8	7
改装汽车制造	25	9	3	2
低速汽车制造	1			
电车制造	11	2	1	2
汽车车身、挂车制造	141	31	64	7
汽车零部件及配件制造	16892	1637	4677	3831
铁路、船舶、航空航天和其他运输设备制造业	4335	466	821	533
铁路运输设备制造	156	25	44	24
城市轨道交通设备制造	25	8	7	2
船舶及相关装置制造	886	53	208	62
航空、航天器及设备制造	56	9	14	1
摩托车制造	1344	48	144	388
自行车和残疾人座车制造	630	231	248	10
助动车制造	709	63	83	36
非公路休闲车及零配件制造	429	17	52	4
潜水救捞及其他未列明运输设备制造	100	12	21	6
电气机械和器材制造业	38251	2942	10454	13703
电机制造	3465	219	686	436
输配电及控制设备制造	16368	948	2109	11135
电线、电缆、光缆及电工器材制造	3162	555	856	666
电池制造	467	61	143	18
家用电力器具制造	7088	308	3814	564
非电力家用器具制造	848	86	213	39
照明器具制造	5616	625	2183	497
其他电气机械及器材制造	1237	140	450	348

嘉兴市	湖州市	绍兴市	金华市	衢州市	舟山市	台州市	丽水市
4142	1359	6116	2469	473	224	7573	831
41	34	64	50	6	7	73	18
255	129	763	385	46	33	903	123
351	336	75	65	21		216	11
209	74	409	133	102	21	3283	271
487	121	956	266	106	5	501	232
252	196	1168	989	40	17	695	40
16	9	111	14	3	1	15	1
2418	384	2431	443	132	109	1726	116
113	76	139	124	17	31	161	19
1528	646	2349	1410	325	545	5332	312
94	50	133	77	65	2	83	12
593	139	360	470	61	465	2704	42
40	6	73	46	26	21	85	17
78	18	35	59	13	4	59	8
216	60	940	174	12	19	678	151
68	27	52	50	5	4	49	3
42	38	84	133	14	9	288	15
109	54	85	122	13	5	1064	22
288	254	587	279	116	16	322	42
826	221	868	591	79	97	3977	209
6	8	2	11	2		15	
5			6			8	1
2	4		3	1		1	
						1	
			5				1
6	4	3	13	5		5	3
807	205	863	553	71	97	3947	204
137	70	144	645	26	265	1171	57
12	1	12	8	4		26	
1	2	2	2			1	
31	22	34	11		259	205	1
12	7	3	4		3	3	
14	8	23	113	10		560	36
17	11	36	58	1		16	2
26	18	24	111	10		336	2
6	1	9	310			14	16
18		1	28	1	3	10	
2684	755	2492	1384	428	130	3048	231
102	98	537	165	19	58	1104	41
560	178	352	278	230	31	459	88
303	158	115	103	59	6	321	20
43	89	22	44	13	1	23	10
672	62	891	482	27	24	218	26
269	23	118	68	2	1	26	3
684	119	389	192	71	3	820	33
51	28	68	52	7	6	77	10

2-04 续表 5

行业中类	法人单位数（个）	杭州市	宁波市	温州市
计算机、通信和其他电子设备制造业	11110	1662	3705	2143
计算机制造	440	106	135	67
通信设备制造	1011	340	421	77
广播电视设备制造	213	56	53	13
雷达及配套设备制造	11	3	3	4
非专业视听设备制造	534	53	213	19
智能消费设备制造	462	82	127	68
电子器件制造	1486	274	391	344
电子元件及电子专用材料制造	6206	650	2080	1425
其他电子设备制造	747	98	282	126
仪器仪表制造业	5738	924	1604	1542
通用仪器仪表制造	4236	650	1098	1319
专用仪器仪表制造	651	161	162	138
钟表与计时仪器制造	152	30	54	22
光学仪器制造	259	33	139	23
衡器制造	196	26	36	6
其他仪器仪表制造业	244	24	115	34
其他制造业	7046	416	1233	1462
日用杂品制造	5077	252	528	974
核辐射加工	4	2		1
其他未列明制造业	1965	162	705	487
废弃资源综合利用业	713	136	131	47
金属废料和碎屑加工处理	290	57	77	13
非金属废料和碎屑加工处理	423	79	54	34
金属制品、机械和设备修理业	2121	302	445	144
金属制品修理	46	2	29	3
通用设备修理	282	68	60	27
专用设备修理	264	79	48	16
铁路、船舶、航空航天等运输设备修理	922	15	119	47
电气设备修理	150	44	34	11
仪器仪表修理	21	6	6	1
其他机械和设备修理业	436	88	149	39
电力、热力、燃气及水生产和供应业	**5238**	**632**	**621**	**803**
电力、热力生产和供应业	3711	396	403	587
电力生产	3387	343	354	539
电力供应	187	28	24	34
热力生产和供应	137	25	25	14
燃气生产和供应业	279	55	40	42
燃气生产和供应业	269	55	37	40
生物质燃气生产和供应业	10		3	2
水的生产和供应业	1248	181	178	174
自来水生产和供应	549	66	108	98
污水处理及其再生利用	582	112	68	72
海水淡化处理	3			
其他水的处理、利用与分配	114	3	2	4
建筑业	**51741**	**14920**	**10449**	**5427**
房屋建筑业	7820	1750	1591	965

嘉兴市	湖州市	绍兴市	金华市	衢州市	舟山市	台州市	丽水市
1109	317	840	664	157	34	403	76
59	14	13	23	2	1	19	1
69	21	38	15	5	6	17	2
37	4	19	4	18		8	1
1							
67	11	140	16	1		13	1
77	14	23	19	6	2	40	4
149	44	111	82	21	3	54	13
595	195	435	445	96	20	221	44
55	14	61	60	8	2	31	10
302	103	316	365	42	64	427	49
226	88	236	169	31	33	353	33
45	7	40	36	8	6	36	12
3	1	8	29	1		2	2
15	5	5	10	1	1	26	1
5	2	3	116	1		1	
8		24	5		24	9	1
1524	87	738	1200	67	9	222	88
1437	48	649	879	59	2	187	62
1							
86	39	89	321	8	7	35	26
60	61	37	58	21	12	135	15
19	12	14	16	7	3	67	5
41	49	23	42	14	9	68	10
163	60	74	61	29	687	134	22
8	1	2		1			
38	7	21	14	5	12	22	8
38	10	16	19	7	7	19	5
15	17	2	2	1	636	68	
17	4	8	4	6	11	8	3
1		1	2		2	2	
46	21	24	20	9	19	15	6
367	**233**	**384**	**387**	**314**	**119**	**584**	**794**
232	117	273	279	266	44	374	740
185	98	253	249	257	38	346	725
23	10	12	17	7	3	16	13
24	9	8	13	2	3	12	2
25	14	28	14	13	13	24	11
24	14	26	14	13	13	22	11
1		2				2	
110	102	83	94	35	62	186	43
35	43	33	45	19	14	67	21
71	59	47	47	16	12	56	22
					3		
4		3	2		33	63	
4212	**1928**	**4053**	**3724**	**1395**	**1709**	**3104**	**820**
459	260	782	966	221	136	501	189

2-04 续表 6

行业中类	法人单位数（个）	杭州市	宁波市	温州市
住宅房屋建筑	6733	1433	1276	871
体育场馆建筑	14	7	3	2
其他房屋建筑业	1073	310	312	92
土木工程建筑业	12024	3400	2177	1311
铁路、道路、隧道和桥梁工程建筑	5322	1544	718	578
水利和水运工程建筑	757	145	129	77
海洋工程建筑	52		12	4
工矿工程建筑	198	30	48	61
架线和管道工程建筑	898	232	159	110
节能环保工程施工	365	128	93	27
电力工程施工	359	65	47	28
其他土木工程建筑	4073	1256	971	426
建筑安装业	6829	1861	1598	640
电气安装	2428	706	453	248
管道和设备安装	1969	528	501	138
其他建筑安装业	2432	627	644	254
建筑装饰、装修和其他建筑业	25068	7909	5083	2511
建筑装饰和装修业	19138	6058	4170	1946
建筑物拆除和场地准备活动	3832	1360	433	292
提供施工设备服务	209	41	32	27
其他未列明建筑业	1889	450	448	246
批发和零售业	**457484**	**110669**	**79149**	**51299**
批发业	288563	70978	59614	25216
农、林、牧、渔产品批发	4785	1343	666	390
食品、饮料及烟草制品批发	18295	5504	3538	1891
纺织、服装及家庭用品批发	91920	19073	11927	5735
文化、体育用品及器材批发	15800	2896	2794	1283
医药及医疗器材批发	6864	3606	1018	556
矿产品、建材及化工产品批发	66829	16813	17734	6979
机械设备、五金产品及电子产品批发	56763	17999	14068	6979
贸易经纪与代理	6879	559	2380	286
其他批发业	20428	3185	5489	1117
零售业	168921	39691	19535	26083
综合零售	3785	1115	532	448
食品、饮料及烟草制品专门零售	15050	5473	1726	1791
纺织、服装及日用品专门零售	26322	8509	2579	5057
文化、体育用品及器材专门零售	9085	2257	963	1795
医药及医疗器材专门零售	12605	1919	2162	2588
汽车、摩托车、零配件和燃料及其他动力销售	15130	2879	2501	2491
家用电器及电子产品专门零售	14353	4381	2520	2285
五金、家具及室内装饰材料专门零售	20238	5770	2597	2904
货摊、无店铺及其他零售业	52353	7388	3955	6724
交通运输、仓储和邮政业	**31866**	**6719**	**7887**	**3470**
铁路运输业	13	4	4	2
铁路旅客运输	8	4	1	2
铁路货物运输	4		3	
铁路运输辅助活动	1			

嘉兴市	湖州市	绍兴市	金华市	衢州市	舟山市	台州市	丽水市
386	207	718	910	208	130	435	159
	1						1
73	52	64	56	13	6	66	29
875	641	991	824	424	252	874	255
355	337	555	432	232	66	402	103
78	35	45	48	16	75	86	23
3					26	7	
5	12	15	5	7	4	7	4
65	30	59	76	36	15	78	38
31	8	23	11	13	4	19	8
54	23	21	28	26	7	44	16
284	196	273	224	94	55	231	63
748	263	556	357	144	127	431	104
325	88	156	109	40	63	188	52
207	70	206	83	54	35	130	17
216	105	194	165	50	29	113	35
2130	764	1724	1577	606	1194	1298	272
1754	631	1268	1351	531	266	951	212
214	74	152	56	40	896	278	37
38	6	23	5	3	7	26	1
124	53	281	165	32	25	43	22
33491	**13019**	**47380**	**71791**	**8616**	**6224**	**30151**	**5695**
22342	6529	38901	39107	4975	4662	14226	2013
698	424	430	296	256	49	154	79
1420	505	1743	1182	555	409	1137	411
8371	1774	25611	16180	427	230	2309	283
575	109	784	6541	154	46	534	84
287	115	399	373	151	52	250	57
5266	1947	5255	2786	2127	2944	4449	529
4467	895	3357	3602	945	583	3603	265
185	241	584	1509	81	106	881	67
1073	519	738	6638	279	243	909	238
11149	6490	8479	32684	3641	1562	15925	3682
245	187	335	344	96	71	233	179
831	648	948	867	440	214	1666	446
1907	874	1290	3326	339	185	1962	294
357	207	430	1731	172	83	778	312
1235	695	816	1114	447	156	1049	424
903	670	1232	2040	560	124	1362	368
1055	441	794	1068	387	204	968	250
1643	1327	1327	1921	551	309	1478	411
2973	1441	1307	20273	649	216	6429	998
2554	**1479**	**1707**	**3121**	**1034**	**1276**	**2162**	**457**
		1		2			
				1			
				1			
		1					

2-04 续表 7

行业中类	法人单位数(个)	杭州市	宁波市	温州市
道路运输业	19336	4929	3835	2245
城市公共交通运输	574	137	98	75
公路旅客运输	482	96	71	97
道路货物运输	17210	4470	3568	1857
道路运输辅助活动	1070	226	98	216
水上运输业	1301	94	296	115
水上旅客运输	91	17	14	13
水上货物运输	836	55	196	73
水上运输辅助活动	374	22	86	29
航空运输业	130	54	20	10
航空客货运输	56	32	8	4
通用航空服务	40	12	6	3
航空运输辅助活动	34	10	6	3
管道运输业	4	2		1
海底管道运输	1			
陆地管道运输	3	2		1
多式联运和运输代理业	6919	738	2880	551
多式联运	19	4	7	2
运输代理业	6900	734	2873	549
装卸搬运和仓储业	2657	529	676	363
装卸搬运	1285	171	284	271
通用仓储	576	180	176	29
低温仓储	98	19	14	9
危险品仓储	72	8	23	5
谷物、棉花等农产品仓储	137	19	17	15
中药材仓储	1			1
其他仓储业	488	132	162	33
邮政业	1506	369	176	183
邮政基本服务	29	5	4	2
快递服务	1465	363	170	180
其他寄递服务	12	1	2	1
住宿和餐饮业	**24928**	**9059**	**3702**	**3107**
住宿业	9186	3088	1256	1120
旅游饭店	1995	795	231	138
一般旅馆	5988	1853	896	898
民宿服务	977	383	66	72
露营地服务	9	4	3	
其他住宿业	217	53	60	12
餐饮业	15742	5971	2446	1987
正餐服务	12109	4517	1787	1674
快餐服务	1113	448	190	78
饮料及冷饮服务	768	373	109	46
餐饮配送及外卖送餐服务	359	69	97	22
其他餐饮业	1393	564	263	167
信息传输、软件和信息技术服务业	**54689**	**29665**	**8424**	**4580**
电信、广播电视和卫星传输服务	894	446	118	68
电信	755	412	98	54

嘉兴市	湖州市	绍兴市	金华市	衢州市	舟山市	台州市	丽水市
1772	1156	1083	1275	859	517	1357	308
45	29	32	37	18	20	67	16
21	17	26	24	38	18	50	24
1650	1021	973	1114	757	462	1128	210
56	89	52	100	46	17	112	58
87	42	29	26	4	461	141	6
1		3	2	2	23	13	3
46	30	22	21	1	299	91	2
40	12	4	3	1	139	37	1
6	8	6	15	1	5	4	1
1		4	5		1	1	
4	5	1	7			1	1
1	3	1	3	1	4	2	
					1		
					1		
265	122	401	1361	42	155	374	30
1	1		3			1	
264	121	401	1358	42	155	373	30
290	107	113	211	62	118	150	38
154	42	79	108	34	56	74	12
76	31	9	36	2	7	24	6
4	7	6	8	4	6	20	1
5	1	1	6	1	20	2	
12	8	4	13	12	8	17	12
39	18	14	40	9	21	13	7
134	44	74	233	64	19	136	74
2	1	5	2	3	1	1	3
129	43	69	227	60	18	135	71
3			4	1			
1557	**1305**	**1373**	**1643**	**348**	**540**	**1638**	**656**
596	645	394	648	118	316	634	371
113	146	108	155	39	87	116	67
423	306	254	444	49	179	461	225
52	160	26	32	28	37	55	66
	1		1				
8	32	6	16	2	13	2	13
961	660	979	995	230	224	1004	285
665	541	824	764	187	190	747	213
82	42	62	78	5	14	96	18
73	32	30	32	3	9	44	17
62	11	14	20	26	2	18	18
79	34	49	101	9	9	99	19
2377	**1088**	**2178**	**3210**	**731**	**523**	**1398**	**515**
39	26	25	52	22	23	47	28
28	19	20	41	15	16	35	17

2-04 续表 8

行业中类	法人单位数（个）	杭州市	宁波市	温州市
广播电视传输服务	127	30	19	12
卫星传输服务	12	4	1	2
互联网和相关服务	5487	2482	645	746
互联网接入及相关服务	331	144	59	32
互联网信息服务	2957	1138	306	534
互联网平台	764	532	72	18
互联网安全服务	62	27	10	1
互联网数据服务	212	138	25	9
其他互联网服务	1161	503	173	152
软件和信息技术服务业	48308	26737	7661	3766
软件开发	34218	19826	5415	2570
集成电路设计	258	125	58	12
信息系统集成和物联网技术服务	1864	847	288	192
运行维护服务	313	156	48	16
信息处理和存储支持服务	320	159	30	25
信息技术咨询服务	7661	3596	1178	755
数字内容服务	536	251	102	63
其他信息技术服务业	3138	1777	542	133
金融业	**16574**	**3715**	**9466**	**550**
货币金融服务	1591	359	284	181
中央银行服务				
货币银行服务	541	90	81	58
非货币银行服务	1050	269	203	123
银行理财服务				
银行监管服务				
资本市场服务	13084	2709	8992	183
证券市场服务	6	6		
公开募集证券投资基金	2	2		
非公开募集证券投资基金	1923	1369	280	47
期货市场服务	14	13		
证券期货监管服务				
资本投资服务	1545	714	430	50
其他资本市场服务	9594	605	8282	86
保险业	797	227	88	76
人身保险	251	49	19	24
财产保险	313	62	37	34
再保险				
商业养老金	11	3	1	1
保险中介服务	132	79	21	4
保险资产管理	1		1	
保险监管服务				
其他保险活动	89	34	9	13
其他金融业	1102	420	102	110
金融信托与管理服务	73	30	15	6
控股公司服务	345	128	8	3
非金融机构支付服务	13	10	2	
金融信息服务	260	107	21	52
金融资产管理公司	10	4	1	2
其他未列明金融业	401	141	55	47

嘉兴市	湖州市	绍兴市	金华市	衢州市	舟山市	台州市	丽水市
10	7	5	11	7	3	12	11
1					4		
216	105	260	463	143	65	240	122
16	9	14	24	7	3	17	6
120	60	163	260	94	37	153	92
33	10	8	52	8	6	17	8
3	3	1	8	3	1	3	2
12		7	5	2	5	6	3
32	23	67	114	29	13	44	11
2122	957	1893	2695	566	435	1111	365
1383	557	1330	1777	281	235	627	217
31	5	11	9		3	4	
89	38	101	87	36	32	135	19
33	3	4	18	12	3	12	8
34	26	8	11	2	8	14	3
405	220	341	520	188	94	270	94
38	7	21	30	9	4	7	4
109	101	77	243	38	56	42	20
768	**240**	**596**	**378**	**142**	**208**	**377**	**134**
122	83	111	109	53	79	139	71
44	34	42	50	31	26	49	36
78	49	69	59	22	53	90	35
538	82	203	143	32	84	98	20
60	46	45	28	8	3	30	7
		1					
28	19	44	105	15	71	60	9
450	17	113	10	9	10	8	4
64	53	70	72	39	25	58	25
25	17	24	28	21	11	24	9
30	23	28	33	16	11	27	12
1	1	1	1			1	1
3	9	3	4	2	1	5	1
5	3	14	6		2	1	2
44	22	212	54	18	20	82	18
3	3	5	7	1	1	1	1
2	3	182	8	3	1	5	2
					1		
9	6	12	15		5	29	4
			1			2	
30	10	13	23	14	12	45	11

2-04 续表 9

行业中类	法人单位数（个）	杭州市	宁波市	温州市
房地产业	**45826**	**13560**	**6186**	**6119**
房地产业	45826	13560	6186	6119
房地产开发经营	10707	2508	1533	1436
物业管理	8636	2982	1424	813
房地产中介服务	16037	5716	1948	2324
房地产租赁经营	9796	2151	1160	1484
其他房地产业	650	203	121	62
租赁和商务服务业	**126824**	**44070**	**28871**	**12092**
租赁业	9160	2867	1929	931
机械设备经营租赁	8680	2692	1823	878
文体设备和用品出租	411	129	103	50
日用品出租	69	46	3	3
商务服务业	117664	41203	26942	11161
组织管理服务	33306	11014	9088	2680
综合管理服务	3700	754	922	369
法律服务	425	122	102	48
咨询与调查	37713	15079	8305	3762
广告业	19669	6886	3736	2125
人力资源服务	5588	1410	1437	428
安全保护服务	1344	396	222	131
会议、展览及相关服务	2329	1214	415	125
其他商务服务业	13590	4328	2715	1493
科学研究和技术服务业	**58019**	**23930**	**10644**	**5195**
研究和试验发展	9275	2578	2484	729
自然科学研究和试验发展	355	67	165	48
工程和技术研究和试验发展	7208	1771	2042	550
农业科学研究和试验发展	396	88	98	52
医学研究和试验发展	1284	644	173	74
社会人文科学研究	32	8	6	5
专业技术服务业	28678	12683	5213	2490
气象服务	39	13	4	5
地震服务	5	3	1	
海洋服务	54	8	18	5
测绘地理信息服务	520	134	63	75
质检技术服务	2406	722	577	221
环境与生态监测检测服务	566	198	84	46
地质勘查	79	40	4	11
工程技术与设计服务	13778	6201	2244	1214
工业与专业设计及其他专业技术服务	11231	5364	2218	913
科技推广和应用服务业	20066	8669	2947	1976
技术推广服务	15104	6671	2025	1404
知识产权服务	1718	501	298	295
科技中介服务	541	144	116	66
创业空间服务	180	71	64	18
其他科技推广服务业	2523	1282	444	193

嘉兴市	湖州市	绍兴市	金华市	衢州市	舟山市	台州市	丽水市
5402	**2082**	**3325**	**3870**	**799**	**637**	**3193**	**653**
5402	2082	3325	3870	799	637	3193	653
1164	664	1239	657	288	284	663	271
788	400	827	471	182	113	494	142
2138	818	792	1344	259	83	476	139
1267	135	395	1351	67	145	1554	87
45	65	72	47	3	12	6	14
8367	**4668**	**7138**	**8054**	**2435**	**3075**	**6208**	**1846**
465	213	691	832	161	222	676	173
441	209	678	781	156	204	649	169
18	4	10	47	5	18	24	3
6		3	4			3	1
7902	4455	6447	7222	2274	2853	5532	1673
2821	1809	1552	1485	561	867	937	492
270	143	280	360	105	92	322	83
34	11	35	21	10	3	27	12
1976	1073	2033	2322	677	520	1665	301
1209	567	1342	1332	407	306	1370	389
603	174	450	343	142	156	378	67
94	50	96	95	55	27	131	47
125	56	88	158	20	29	88	11
770	572	571	1106	297	853	614	271
3981	**1911**	**4067**	**3474**	**1201**	**776**	**2262**	**578**
1000	540	952	456	157	135	196	48
10	9	16	27		3	7	3
884	365	833	341	134	96	161	31
19	25	39	36	7	16	8	8
87	138	58	50	16	19	20	5
	3	6	2		1		1
1743	675	1902	1562	402	397	1252	359
5	1	2	5	1		2	1
			1				
1					20	2	
30	39	29	38	28	15	43	26
222	65	164	145	48	55	144	43
62	25	38	39	24	9	31	10
2	2	6	4	3	1	1	5
755	309	1063	733	195	167	672	225
666	234	600	597	103	130	357	49
1238	696	1213	1456	642	244	814	171
940	590	943	1036	550	191	618	136
166	32	84	169	21	11	129	12
53	17	39	43	19	8	27	9
5	3	7	4	1	1	5	1
74	54	140	204	51	33	35	13

2-04 续表 10

行业中类	法人单位数（个）	杭州市	宁波市	温州市
水利、环境和公共设施管理业	**7142**	**1590**	**900**	**763**
水利管理业	367	88	50	19
防洪除涝设施管理	74	18	17	1
水资源管理	104	24	17	6
天然水收集与分配	42	6	7	5
水文服务	12	3	1	3
其他水利管理业	135	37	8	4
生态保护和环境治理业	1173	331	171	139
生态保护	58	16	5	4
环境治理业	1115	315	166	135
公共设施管理业	5167	1117	657	588
市政设施管理	688	160	57	44
环境卫生管理	1285	250	158	232
城乡市容管理	76	19	11	6
绿化管理	1862	535	268	173
城市公园管理	56	6	6	21
游览景区管理	1200	147	157	112
土地管理业	435	54	22	17
土地整治服务	330	27	6	4
土地调查评估服务	47	11	9	6
土地登记服务	5		2	1
土地登记代理服务	22	9	1	3
其他土地管理服务	31	7	4	3
居民服务、修理和其他服务业	**24665**	**8037**	**4220**	**2911**
居民服务业	10827	3944	1856	1331
家庭服务	2322	774	504	199
托儿所服务	179	34	22	76
洗染服务	444	140	66	57
理发及美容服务	2057	861	290	255
洗浴和保健养生服务	1997	576	334	284
摄影扩印服务	1339	568	209	134
婚姻服务	1009	342	181	127
殡葬服务	388	64	101	76
其他居民服务业	1092	585	149	123
机动车、电子产品和日用产品修理业	9322	2777	1506	1222
汽车、摩托车等修理与维护	7282	1934	1149	1048
计算机和办公设备维修	834	339	143	71
家用电器修理	1011	411	178	90
其他日用产品修理业	195	93	36	13
其他服务业	4516	1316	858	358
清洁服务	3376	787	650	338
宠物服务	196	72	48	13
其他未列明服务业	944	457	160	7
教育	**16860**	**4622**	**2446**	**3075**
教育	16860	4622	2446	3075
学前教育	604	209	77	144
初等教育	39	11	7	10

嘉兴市	湖州市	绍兴市	金华市	衢州市	舟山市	台州市	丽水市
659	**481**	**579**	**548**	**277**	**193**	**836**	**316**
38	17	33	35	26	7	30	24
8		8	1	5	1	10	5
7	5	11	11	6	3	8	6
3		2	8	3	2	3	3
		2	3				
20	12	10	12	12	1	9	10
135	54	73	78	18	23	115	36
3	6	3	3	2	4	8	4
132	48	70	75	16	19	107	32
468	399	466	422	221	159	485	185
95	121	68	48	17	13	45	20
118	49	128	84	60	31	142	33
4	5	5	12	4	2	2	6
167	101	194	158	48	70	108	40
1	3	3	8	1		5	2
83	120	68	112	91	43	183	84
18	11	7	13	12	4	206	71
8	7	3	3	7	3	192	70
7	1	3	4	3		3	
	1					1	
1			2	1		5	
2	2	1	4	1	1	5	1
1804	**867**	**1711**	**1854**	**566**	**427**	**1808**	**460**
671	342	600	804	180	144	746	209
145	69	106	184	54	37	188	62
26	2	7	1		4	7	
36	12	29	34	18	15	32	5
84	45	158	145	20	19	161	19
165	124	137	133	42	20	132	50
89	38	38	144	11	10	65	33
58	19	54	111	14	12	78	13
19	11	33	16	10	13	32	13
49	22	38	36	11	14	51	14
774	376	707	652	233	171	758	146
601	330	618	538	188	121	641	114
81	24	38	37	18	24	40	19
82	18	42	68	22	22	68	10
10	4	9	9	5	4	9	3
359	149	404	398	153	112	304	105
293	116	344	288	133	90	259	78
9	8	8	28	7	2	1	
57	25	52	82	13	20	44	27
1144	**536**	**808**	**1836**	**382**	**144**	**1456**	**411**
1144	536	808	1836	382	144	1456	411
41	13	17	55	9	7	28	4
		3	3		2	1	2

2-04 续表 11

行业中类	法人单位数（个）	杭州市	宁波市	温州市
中等教育	35	13	3	3
高等教育				
特殊教育	6	2		
技能培训、教育辅助及其他教育	16176	4387	2359	2918
卫生和社会工作	**3930**	**1261**	**645**	**565**
卫生	3338	1125	564	452
医院	616	144	85	104
基层医疗卫生服务	2538	907	454	324
专业公共卫生服务	37	11	5	8
其他卫生活动	147	63	20	16
社会工作	592	136	81	113
提供住宿社会工作	541	121	80	103
不提供住宿社会工作	51	15	1	10
文化、体育和娱乐业	**32390**	**8829**	**6100**	**3551**
新闻和出版业	179	118	20	4
新闻业	16	8	3	
出版业	163	110	17	4
广播、电视、电影和录音制作业	7261	1389	906	273
广播	193	64	82	13
电视	142	56	12	2
影视节目制作	5885	1009	681	147
广播电视集成播控	8	5		
电影和广播电视节目发行	244	57	25	5
电影放映	714	172	87	101
录音制作	75	26	19	5
文化艺术业	5609	1634	1779	489
文艺创作与表演	2405	467	1095	210
艺术表演场馆	52	11	13	8
图书馆与档案馆	232	71	19	29
文物及非物质文化遗产保护	47	11	4	5
博物馆	29	9	5	3
烈士陵园、纪念馆	4		1	1
群众文体活动	493	135	163	47
其他文化艺术业	2347	930	479	186
体育	2987	948	531	446
体育组织	496	110	93	74
体育场地设施管理	202	41	49	30
健身休闲活动	2200	755	370	335
其他体育	89	42	19	7
娱乐业	16354	4740	2864	2339
室内娱乐活动	7754	1499	1377	1140
游乐园	207	28	23	52
休闲观光活动	755	214	43	198
彩票活动	12	2		6
文化体育娱乐活动与经纪代理服务	7548	2987	1400	927
其他娱乐业	78	10	21	16

嘉兴市	湖州市	绍兴市	金华市	衢州市	舟山市	台州市	丽水市
2	2	1	4			7	
1		1				1	1
1100	521	786	1774	373	135	1419	404
262	**260**	**121**	**180**	**95**	**85**	**358**	**98**
209	232	71	150	69	81	309	76
41	33	34	37	42	18	58	20
157	191	30	104	24	60	236	51
2		1	3	2		4	1
9	8	6	6	1	3	11	4
53	28	50	30	26	4	49	22
42	27	46	25	25	4	48	20
11	1	4	5	1		1	2
2267	**2516**	**1599**	**4513**	**568**	**364**	**1462**	**621**
6	3	8	8	5	1	3	3
1	1		1	1		1	
5	2	8	7	4	1	2	3
643	982	132	2574	62	35	209	56
14	2	7	7		1	3	
6	2	7	54	1	1	1	
544	940	65	2312	36	15	116	20
			2			1	
21	1	3	127		1	3	1
54	36	50	54	25	16	84	35
4	1		18		1	1	
213	315	327	359	98	43	204	148
55	147	86	150	27	6	101	61
4	1	5	1		1	6	2
16	6	17	17	4	2	26	25
5	1	8	6	1	1	2	3
3	3	1	2		1	2	
			1			1	
16	17	32	27	18	6	17	15
114	140	178	155	48	26	49	42
199	107	172	222	63	53	184	62
23	25	36	60	19	7	38	11
20	5	12	20	2	6	12	5
155	77	121	131	39	39	132	46
1		3	11	3	1	2	
1206	1109	960	1350	340	232	862	352
730	357	464	892	224	125	681	265
21	19	9	22	2	5	10	16
20	40	86	25	34	32	51	12
			4				
433	687	397	402	80	63	116	56
2	6	4	5		7	4	3

2-05 按行业(大类)、地区分组的

行业大类	从业人员期末人数(人)	杭州市	宁波市	温州市
总　计	**25898115**	**5599562**	**4756371**	**2960366**
农、林、牧、渔业	**4345**	**213**	**697**	**1074**
农业				
林业				
畜牧业				
渔业				
农、林、牧、渔专业及辅助性活动	4345	213	697	1074
采矿业	**17347**	**2522**	**1810**	**1065**
煤炭开采和洗选业	21	16		1
石油和天然气开采业	1			
黑色金属矿采选业	1090	5		
有色金属矿采选业	2247	573		1
非金属矿采选业	13903	1918	1806	1029
开采专业及辅助性活动	25	6	4	2
其他采矿业	60	4		32
制造业	**10591520**	**1427720**	**2339480**	**1482973**
农副食品加工业	106422	13170	16351	12634
食品制造业	96181	25785	18995	7149
酒、饮料和精制茶制造业	53005	16503	3650	2067
烟草制品业	3636	3636		
纺织业	856837	134450	78291	33034
纺织服装、服饰业	796865	88089	204060	73331
皮革、毛皮、羽毛及其制品和制鞋业	567820	28826	12034	311625
木材加工和木、竹、藤、棕、草制品业	129147	10866	7642	3190
家具制造业	266117	33712	33666	8432
造纸和纸制品业	212582	45987	30331	23221
印刷和记录媒介复制业	171546	21521	31668	48076
文教、工美、体育和娱乐用品制造业	413086	32764	103287	46620
石油、煤炭及其他燃料加工业	18194	1296	9757	339
化学原料和化学制品制造业	282567	61286	42268	15651
医药制造业	151298	41771	9149	3807
化学纤维制造业	120364	26534	9524	2256
橡胶和塑料制品业	614283	74633	159503	74243
非金属矿物制品业	289958	49217	38498	21737
黑色金属冶炼和压延加工业	87847	6772	16154	10505
有色金属冶炼和压延加工业	101948	9149	28847	11615
金属制品业	787509	90061	205083	93158
通用设备制造业	1146219	145857	282275	154990
专用设备制造业	541079	58794	141223	81107
汽车制造业	649634	69534	220830	91227
铁路、船舶、航空航天和其他运输设备制造业	132647	11114	24014	11586
电气机械和器材制造业	1099212	109048	384493	243895
计算机、通信和其他电子设备制造业	557111	159692	147628	47621
仪器仪表制造业	175765	46197	52183	31182
其他制造业	105208	6523	20698	16939
废弃资源综合利用业	16418	3423	2649	487
金属制品、机械和设备修理业	41015	1510	4729	1249
电力、热力、燃气及水生产和供应业	**144656**	**20858**	**19154**	**19069**
电力、热力生产和供应业	92502	11511	11413	12556
燃气生产和供应业	11667	2778	1665	1277
水的生产和供应业	40487	6569	6076	5236
建筑业	**7805044**	**1627062**	**929258**	**772912**
房屋建筑业	5639334	1095207	592670	436885
土木工程建筑业	1418363	231073	207966	263891
建筑安装业	197336	62171	49155	9578
建筑装饰、装修和其他建筑业	550011	238611	79467	62558

企业法人单位从业人员数

嘉兴市	湖州市	绍兴市	金华市	衢州市	舟山市	台州市	丽水市
2004387	**965313**	**3412777**	**2489419**	**491588**	**357293**	**2400809**	**460230**
222	**356**	**435**	**483**	**293**	**72**	**307**	**193**
222	356	435	483	293	72	307	193
81	**2657**	**2199**	**1428**	**893**	**1056**	**903**	**2733**
			4				
	1						
		829	14	36		6	200
		716	4	7		87	859
81	2654	652	1391	850	1046	810	1666
	2		1		10		
		2	14				8
1213179	**542144**	**959434**	**951518**	**193183**	**117619**	**1155788**	**208482**
10375	6474	5353	5450	4137	18735	11376	2367
11926	5947	2886	7594	3359	1013	10798	729
2865	5728	9394	2502	3297	490	2452	4057
181715	68717	243686	80702	10051	1455	20492	4244
137440	62322	100441	104007	7541	1069	14850	3715
77214	4853	7082	23345	3340	93	84681	14727
22830	33144	2691	14651	14349	232	7309	12243
45510	59495	11977	29726	5955	367	32295	4982
33035	8222	9914	26651	14117	684	18221	2199
16823	3626	13544	18138	1403	797	13909	2041
21735	14841	33303	75977	4652	988	55726	23193
773	372	270	541	140	4363	202	141
33098	18459	38966	24555	20339	1643	16529	9773
6758	8776	26551	13126	1970	1156	35146	3088
32302	13310	25890	8600	1220	188	319	221
58510	15386	35128	51960	6250	1631	126777	10262
43259	35096	20694	37208	11677	4316	19387	8869
9608	9271	4318	5786	8545	82	3347	13459
4329	7628	13004	10027	3632	224	11078	2415
69448	21542	40179	170330	12866	2313	66884	15645
99112	42689	121909	60198	15743	5035	192375	26036
34834	15156	43857	24793	6533	13464	113572	7746
43624	13961	27338	34489	3299	6237	130731	8364
3465	2001	4425	18731	968	16372	35894	4077
86467	43853	73897	41240	16186	3091	79901	17141
101414	13658	25411	34233	7038	460	16517	3439
9719	3159	4312	8982	1075	1491	16491	974
12378	2791	11215	16871	1481	58	14170	2084
1794	1303	1149	732	1012	187	3505	177
819	364	650	373	1008	29385	854	74
12685	**11158**	**13397**	**10891**	**7793**	**3837**	**16159**	**9655**
7299	7535	7390	6909	6440	1646	11518	8285
989	1199	1305	665	276	579	722	212
4397	2424	4702	3317	1077	1612	3919	1158
216216	**176990**	**1950849**	**924402**	**165465**	**98349**	**825061**	**118480**
138864	138912	1607626	749592	103085	70073	631617	74803
41772	26925	238417	143042	53868	16624	159190	35595
8691	4337	40822	7372	2049	2060	8867	2234
26889	6816	63984	24396	6463	9592	25387	5848

2-05 续表

行业大类	从业人员期末人数（人）	杭州市	宁波市	温州市
批发和零售业	**2442646**	**695209**	**467685**	**246088**
批发业	1533420	437108	339123	133218
零售业	909226	258101	128562	112870
交通运输、仓储和邮政业	**641758**	**175962**	**161791**	**68028**
铁路运输业	21			
道路运输业	371104	121394	78885	40239
水上运输业	52380	3497	18528	3764
航空运输业	15295	9822	1797	2083
管道运输业	72	56		6
多式联运和运输代理业	66491	6838	32366	4639
装卸搬运和仓储业	53605	12282	16987	5278
邮政业	82790	22073	13228	12019
住宿和餐饮业	**426558**	**158496**	**62387**	**47002**
住宿业	187198	62498	29373	18461
餐饮业	239360	95998	33014	28541
信息传输、软件和信息技术服务业	**573353**	**397246**	**55086**	**25991**
电信、广播电视和卫星传输服务	63613	21561	7615	6510
互联网和相关服务	93573	74180	3780	3259
软件和信息技术服务业	416167	301505	43691	16222
金融业	**26611**	**12905**	**2874**	**2032**
货币金融服务	8647	3362	901	910
资本市场服务	5613	2380	1308	253
保险业	445	336	7	33
其他金融业	11906	6827	658	836
房地产业	**654110**	**240128**	**123239**	**69401**
房地产业	654110	240128	123239	69401
租赁和商务服务业	**1317238**	**374694**	**380282**	**95664**
租赁业	50600	18485	11035	4392
商务服务业	1266638	356209	369247	91272
科学研究和技术服务业	**510755**	**235865**	**96965**	**39865**
研究和试验发展	70545	26355	23069	2788
专业技术服务业	341920	159244	59781	29461
科技推广和应用服务业	98290	50266	14115	7616
水利、环境和公共设施管理业	**144857**	**41041**	**16673**	**14264**
水利管理业	4577	1063	708	198
生态保护和环境治理业	14261	4513	2476	1346
公共设施管理业	115788	27901	13334	12566
土地管理业	10231	7564	155	154
居民服务、修理和其他服务业	**214591**	**70712**	**43267**	**18922**
居民服务业	88830	31126	17440	8809
机动车、电子产品和日用产品修理业	62194	16379	12190	7293
其他服务业	63567	23207	13637	2820
教育	**115483**	**36284**	**10748**	**22292**
教育	115483	36284	10748	22292
卫生和社会工作	**96901**	**34747**	**16104**	**12164**
卫生	90593	32553	14991	11605
社会工作	6308	2194	1113	559
文化、体育和娱乐业	**170342**	**47898**	**28871**	**21560**
新闻和出版业	5674	3160	751	218
广播、电视、电影和录音制作业	42416	11996	4334	2557
文化艺术业	26625	6706	6429	3443
体育	19886	6504	4100	1998
娱乐业	75741	19532	13257	13344

嘉兴市	湖州市	绍兴市	金华市	衢州市	舟山市	台州市	丽水市
148996	**79121**	**258771**	**289465**	**40444**	**26757**	**151458**	**38652**
93782	41336	195806	157615	21314	16799	79331	17988
55214	37785	62965	131850	19130	9958	72127	20664
37721	**20554**	**29576**	**47558**	**14893**	**38262**	**37679**	**9734**
		21					
22746	14274	17801	23568	11231	11657	22165	7144
1880	1251	555	240	27	18670	3924	44
31	36	49	760	112	366	233	6
					10		
2453	877	5596	8471	307	1855	2924	165
3988	1572	2049	2196	1052	4377	3313	511
6623	2544	3505	12323	2164	1327	5120	1864
24850	**24492**	**25308**	**27563**	**7272**	**12041**	**26665**	**10482**
12173	11901	11833	12462	2770	7581	11930	6216
12677	12591	13475	15101	4502	4460	14735	4266
18040	**9860**	**14112**	**24441**	**5639**	**4182**	**11434**	**7322**
4883	3309	3151	4369	2656	1943	4697	2919
1847	1017	1758	4652	813	347	1252	668
11310	5534	9203	15420	2170	1892	5485	3735
1211	**862**	**2136**	**1364**	**431**	**391**	**1904**	**501**
634	491	498	449	153	203	812	234
239	181	270	282	172	96	352	80
7	6	22	29			1	4
331	184	1346	604	106	92	739	183
63653	**21602**	**36682**	**33881**	**8517**	**12087**	**33326**	**11594**
63653	21602	36682	33881	8517	12087	33326	11594
166876	**31646**	**53468**	**84606**	**24062**	**23102**	**67910**	**14928**
2134	1137	3645	3670	570	1376	3580	576
164742	30509	49823	80936	23492	21726	64330	14352
35821	**13239**	**26262**	**22639**	**7305**	**5686**	**18678**	**8430**
5683	2181	4758	1992	795	754	1968	202
25399	7634	16201	14898	4083	4188	13397	7634
4739	3424	5303	5749	2427	744	3313	594
20902	**7660**	**9103**	**11302**	**3518**	**4630**	**9900**	**5864**
800	132	562	363	169	151	200	231
902	493	1249	1031	345	223	1209	474
18960	6980	7172	9786	2819	4155	7715	4400
240	55	120	122	185	101	776	759
16917	**7232**	**12333**	**16000**	**4093**	**3976**	**17108**	**4031**
6141	2999	4068	6191	1113	972	8249	1722
4733	2412	4319	4570	1659	1342	6332	965
6043	1821	3946	5239	1321	1662	2527	1344
9090	**4172**	**5879**	**11871**	**2334**	**1020**	**8854**	**2939**
9090	4172	5879	11871	2334	1020	8854	2939
7719	**3954**	**3811**	**5584**	**2933**	**2145**	**6353**	**1387**
7168	3635	3492	5205	2810	2133	5803	1198
551	319	319	379	123	12	550	189
10208	**7614**	**9022**	**24423**	**2520**	**2081**	**11322**	**4823**
509	57	198	253	34	3	454	37
2010	2250	1691	14516	462	375	1798	427
1188	858	1222	2498	333	266	1941	1741
1659	1045	1322	1177	297	164	1151	469
4842	3404	4589	5979	1394	1273	5978	2149

2-06 按地区、登记注册类型

地　区	法　人单位数（个）	内资企业	国有企业	集体企业	股份合作企　业	联营企业	国有联营企　业
全　省	**1383840**	**1366028**	**1982**	**4791**	**6169**	**151**	**23**
杭州市	**330701**	**327322**	**511**	**820**	**151**	**32**	**8**
上城区	12532	12384	69	70	6	4	3
下城区	21992	21832	66	56	15	3	
江干区	39993	39470	72	85	14	5	3
拱墅区	27740	27578	46	41	25	5	1
西湖区	37670	37399	138	54	21	8	1
滨江区	24008	23541	11	5			
萧山区	56361	55615	35	272	19	2	
余杭区	52649	52121	14	70	40	2	
富阳区	19325	19211	9	29	4		
临安区	10653	10589	10	32	1	1	
桐庐县	12988	12864	10	38	2	2	
淳安县	7287	7248	15	36			
建德市	7503	7470	16	32	4		
宁波市	**267769**	**262956**	**268**	**986**	**756**	**25**	**2**
海曙区	33760	33365	37	120	130	4	
江北区	19807	19475	20	42	145	2	
北仑区	38228	37138	19	59	15	1	
镇海区	15977	15488	26	108	23	6	1
鄞州区	70024	68966	67	141	185	5	1
奉化区	10756	10588	16	60	4		
象山县	11265	11104	37	94	52	1	
宁海县	11886	11661	21	38	18	3	
余姚市	22513	22062	13	161	92		
慈溪市	33553	33109	12	163	92	3	
温州市	**182268**	**181767**	**343**	**943**	**2606**	**30**	**6**
鹿城区	26419	26323	117	276	370	8	1
龙湾区	20761	20640	14	52	273	1	
瓯海区	16234	16173	19	86	444	3	
洞头区	2367	2347	3	30	42		
永嘉县	15584	15541	32	74	290	1	
平阳县	13325	13299	17	49	195	3	2
苍南县	22169	22141	15	48	188	4	
文成县	2155	2153	30	20	27		
泰顺县	2527	2524	26	27	22	2	
瑞安市	25506	25462	16	179	479	4	1
乐清市	35221	35164	54	102	276	4	2
嘉兴市	**111444**	**108595**	**125**	**345**	**334**	**1**	
南湖区	20688	20311	43	67	130		
秀洲区	14118	13678	11	34	72		
嘉善县	14562	14067	17	67	5		
海盐县	8532	8390	15	24	59	1	
海宁市	20205	19779	21	69	8		
平湖市	14104	13572	8	25	5		
桐乡市	19235	18798	10	59	55		
湖州市	**51152**	**50322**	**95**	**176**	**23**	**5**	
吴兴区	15388	15210	41	34	4		
南浔区	7161	7069	14	29			
德清县	8095	7874	18	48	4		
长兴县	12543	12334	8	37	14	2	
安吉县	7965	7835	14	28	1	3	

分组的企业法人单位数

集体联营企业	国有与集体联营企业	其他联营企业	有限责任公司	国有独资公司	其他有限责任公司	股份有限公司	私营企业	私营独资企业
73	**29**	**26**	**70529**	**4490**	**66039**	**10302**	**1272102**	**122378**
11	**10**	**3**	**21402**	**757**	**20645**	**2305**	**302099**	**10466**
1			1567	81	1486	214	10454	95
2	1		1777	77	1700	197	19717	114
	2		2787	63	2724	243	36264	379
1	1	2	1234	34	1200	149	26078	177
1	5	1	3894	123	3771	333	32950	309
			2116	27	2089	272	21137	128
2			2648	67	2581	302	52337	2779
2			2618	58	2560	290	49087	1029
			765	42	723	61	18343	1533
1			552	44	508	69	9924	1020
1	1		568	46	522	75	12169	1641
			473	64	409	45	6679	509
			403	31	372	55	6960	753
14	**3**	**6**	**12541**	**678**	**11863**	**1755**	**246625**	**27512**
2	2		2373	41	2332	276	30425	3147
	1	1	869	35	834	87	18310	1117
		1	1939	75	1864	203	34902	1712
3		2	1280	47	1233	133	13912	1846
2		2	2754	106	2648	378	65436	6102
			384	35	349	76	10048	2743
1			454	147	307	56	10410	1765
3			460	69	391	127	10994	1831
			977	60	917	189	20630	3082
3			1051	63	988	230	31558	4167
15	**5**	**4**	**10236**	**507**	**9729**	**1644**	**165965**	**12915**
5	2		1742	114	1628	377	23433	861
		1	658	80	578	138	19504	940
2		1	794	29	765	24	14803	1073
			157	32	125	30	2085	236
	1		462	29	433	73	14609	1076
1			1074	36	1038	107	11854	952
2		2	1494	34	1460	222	20170	1786
			130	35	95	27	1919	543
	2		142	35	107	16	2289	389
3			788	48	740	252	23744	3126
2			2795	35	2760	378	31555	1933
	1		**3951**	**494**	**3457**	**521**	**103318**	**11763**
			755	89	666	104	19212	1210
			499	66	433	83	12979	487
			519	40	479	80	13379	1884
	1		419	62	357	69	7803	1321
			632	81	551	78	18971	2322
			591	90	501	37	12906	3129
			536	66	470	70	18068	1410
2	**3**		**3502**	**242**	**3260**	**583**	**45938**	**10484**
			1068	72	996	183	13880	3600
			425	31	394	98	6503	1722
			668	73	595	104	7032	975
1	1		674	28	646	135	11464	1977
1	2		667	38	629	63	7059	2210

2-06 续表 1

地 区	法人单位数(个)	内资企业	国有企业	集体企业	股份合作企业	联营企业	国有联营企业
绍兴市	**119197**	**117384**	**108**	**506**	**36**	**24**	**2**
越城区	20710	20447	38	71	11	3	2
柯桥区	39521	38723	5	76	2	1	
上虞区	16341	16082	12	49		4	
新昌县	6216	6179	10	60	2	10	
诸暨市	25157	24880	19	102	11	2	
嵊州市	11252	11073	24	148	10	4	
金华市	**152140**	**149261**	**145**	**233**	**19**	**14**	**1**
婺城区	13203	13073	45	41	3	6	1
金东区	8565	8542	5	16	1		
武义县	5776	5755	8	28		1	
浦江县	6830	6788	10	21		2	
磐安县	3301	3294	9	6		2	
兰溪市	6341	6309	10	22	3	1	
义乌市	73930	71419	11	26	8	2	
东阳市	12578	12505	26	36	1		
永康市	21616	21576	21	37	3		
衢州市	**24692**	**24574**	**73**	**64**	**15**	**2**	
柯城区	8648	8605	17	10	1		
衢江区	3300	3282	8	8	4	1	
常山县	2188	2178	3	9	2		
开化县	1995	1991	14	11			
龙游县	3548	3532	10	7	1		
江山市	5013	4986	21	19	7	1	
舟山市	**19774**	**19614**	**64**	**158**	**41**	**5**	
定海区	11946	11865	29	56	13		
普陀区	4934	4889	13	46	23	3	
岱山县	2045	2020	8	30	1		
嵊泗县	849	840	14	26	4	2	
台州市	**104217**	**103822**	**144**	**434**	**2160**	**8**	**4**
椒江区	11919	11860	38	66	357	2	1
黄岩区	12815	12766	20	72	568	2	2
路桥区	14296	14249	7	43	174	2	
三门县	4948	4929	7	29	39		
天台县	8036	8014	12	19	37	1	
仙居县	4867	4835	10	26	11		
温岭市	21844	21777	18	87	567	1	1
临海市	12990	12932	28	42	47		
玉环市	12502	12460	4	50	360		
丽水市	**20486**	**20411**	**106**	**126**	**28**	**5**	
莲都区	4924	4903	19	23	3	1	
青田县	3825	3804	16	10	5		
缙云县	3083	3076	9	32	6	1	
遂昌县	1805	1797	12	23	4		
松阳县	1292	1290	10	5	1	1	
云和县	1692	1682	7	7			
庆元县	1202	1200	11	7	1		
景宁畲族自治县	690	689	9	8	8	1	
龙泉市	1973	1970	13	11		1	

集体联营企业	国有与集体联营企业	其他联营企业	有限责任公司	国有独资公司	其他有限责任公司	股份有限公司	私营企业	私营独资企业
15	**3**	**4**	**4447**	**305**	**4142**	**751**	**111512**	**10880**
1			1667	79	1588	284	18373	1409
1			939	70	869	135	37565	1844
1	1	2	762	64	698	100	15155	1964
8		2	219	47	172	59	5819	941
2			589	25	564	107	24050	3291
2	2		271	20	251	66	10550	1431
9	**1**	**3**	**5070**	**344**	**4726**	**1324**	**142456**	**15622**
4		1	1050	78	972	259	11669	986
			384	16	368	84	8052	1399
1			133	45	88	25	5560	584
1	1		323	40	283	108	6324	658
2			357	25	332	85	2835	727
		1	332	26	306	60	5881	1472
1		1	1610	38	1572	516	69246	3686
			447	48	399	82	11913	2081
			434	28	406	105	20976	4029
	1	**1**	**1176**	**221**	**955**	**241**	**23003**	**2243**
			420	61	359	110	8047	525
		1	153	25	128	28	3080	210
			141	26	115	17	2006	295
			83	37	46	16	1867	297
			170	37	133	23	3321	487
	1		209	35	174	47	4682	429
2	**1**	**2**	**1583**	**210**	**1373**	**128**	**17635**	**2205**
			896	95	801	104	10767	1142
1	1	1	403	56	347	13	4388	508
			166	28	138	5	1810	365
1		1	118	31	87	6	670	190
2		**2**	**5223**	**433**	**4790**	**783**	**95070**	**15794**
		1	1216	110	1106	119	10062	690
			363	51	312	28	11713	1798
1		1	914	36	878	152	12957	1911
			171	42	129	32	4651	675
1			240	32	208	48	7657	761
			326	39	287	81	4381	893
			590	42	548	93	20421	4573
			531	39	492	120	12164	2142
			872	42	830	110	11064	2351
3	**1**	**1**	**1398**	**299**	**1099**	**267**	**18481**	**2494**
1			483	55	428	100	4274	355
			168	36	132	28	3577	403
1			114	30	84	22	2892	358
			153	29	124	25	1580	250
	1		88	27	61	7	1178	217
			108	36	72	19	1541	424
			80	26	54	16	1085	88
1			81	22	59	28	554	60
		1	123	38	85	22	1800	339

2-06 续表 2

地区	私营合伙企业	私营有限责任公司	私营股份有限公司	其他企业	港、澳、台商投资企业	与港澳台商合资经营企业	与港澳台商合作经营企业
全　省	**42061**	**1098760**	**8903**	**2**	**7060**	**2870**	**83**
杭州市	**4967**	**285052**	**1614**	**2**	**1528**	**602**	**21**
上城区	774	9466	119		61	23	1
下城区	249	19252	102	1	74	27	3
江干区	419	35337	129		191	67	2
拱墅区	298	25497	106		90	26	1
西湖区	500	31964	177	1	129	41	4
滨江区	660	20186	163		164	54	1
萧山区	386	48923	249		401	186	4
余杭区	959	46834	265		228	71	4
富阳区	122	16624	64		48	29	
临安区	38	8798	68		27	11	
桐庐县	122	10345	61		74	49	1
淳安县	355	5756	59		20	7	
建德市	85	6070	52		21	11	
宁波市	**20143**	**197574**	**1396**		**2259**	**918**	**25**
海曙区	769	26388	121		176	69	
江北区	1145	15941	107		156	58	1
北仑区	10688	22278	224		495	187	2
镇海区	810	11128	128		233	91	4
鄞州区	1718	57244	372		456	173	6
奉化区	244	7000	61		60	28	
象山县	457	8149	39		84	47	
宁海县	427	8645	91		105	49	2
余姚市	1941	15499	108		253	101	3
慈溪市	1944	25302	145		241	115	7
温州市	**4418**	**146832**	**1800**		**210**	**117**	**5**
鹿城区	478	21821	273		29	13	
龙湾区	413	17942	209		53	30	2
瓯海区	300	13378	52		16	8	
洞头区	37	1780	32		17	3	1
永嘉县	468	12960	105		24	18	1
平阳县	420	10350	132		12	10	
苍南县	991	17171	222		19	14	
文成县	37	1317	22				
泰顺县	86	1805	9		2		
瑞安市	409	19756	453		11	4	
乐清市	779	28552	291		27	17	1
嘉兴市	**3670**	**87340**	**545**		**1297**	**386**	**9**
南湖区	1340	16589	73		162	55	1
秀洲区	95	12335	62		164	48	2
嘉善县	1439	10006	50		197	42	1
海盐县	92	6305	85		69	29	
海宁市	301	16239	109		220	74	1
平湖市	124	9572	81		216	73	3
桐乡市	279	16294	85		269	65	1
湖州市	**1462**	**33495**	**497**		**404**	**170**	**2**
吴兴区	192	9919	169		69	24	
南浔区	60	4662	59		53	26	
德清县	148	5844	65		118	62	2
长兴县	833	8502	152		89	26	
安吉县	229	4568	52		75	32	

港澳台商独资经营企　业	港澳台商投资股份有限公司	其他港澳台投资企业	外商投资企　业	中外合资经营企业	中外合作经营企业	外资企业	外商投资股份有限公　司	其他外商投　资
3874	**127**	**106**	**10752**	**3465**	**72**	**5624**	**188**	**1403**
862	**23**	**20**	**1851**	**799**	**20**	**931**	**44**	**57**
35		2	87	43	3	30	4	7
42	1	1	86	32	2	45	2	5
117		5	332	122	5	188	7	10
55	5	3	72	30	1	39	1	1
82		2	142	41	2	88	6	5
100	8	1	303	121		169	6	7
203	5	3	345	159		176	6	4
149	1	3	300	136	1	143	6	14
19			66	40	2	22	1	1
15	1		37	24	2	8	3	
24			50	33	1	13	1	2
12	1		19	9		8	1	1
9	1		12	9	1	2		
1244	**34**	**38**	**2554**	**1040**	**23**	**1307**	**48**	**136**
99	4	4	219	74	3	125	5	12
96	1		176	74	2	87	4	9
284	9	13	595	168	4	335	10	78
132	3	3	256	76	2	165	5	8
259	7	11	602	235	3	336	11	17
31	1		108	76		31	1	
35	2		77	56		17	2	2
52	1	1	120	68	2	48		2
144	2	3	198	98	2	89	6	3
112	4	3	203	115	5	74	4	5
72	**4**	**12**	**291**	**172**	**3**	**94**	**6**	**16**
15		1	67	40		21	4	2
21			68	39	1	23		5
8			45	20	1	22		2
3	2	8	3			1		2
3		2	19	13		5	1	
2			14	12		1		1
4	1		9	7				2
			2	2				
2			1	1				
6		1	33	19		12	1	1
8	1		30	19	1	9		1
867	**21**	**14**	**1552**	**535**	**8**	**963**	**19**	**27**
103	1	2	215	69	2	138	4	2
110	3	1	276	71	3	194	4	4
147	4	3	298	74	1	210	4	9
38	2		73	31	1	39		2
139	3	3	206	113		87	1	5
137	2	1	316	106		206	3	1
193	6	4	168	71	1	89	3	4
219	**10**	**3**	**426**	**190**	**6**	**180**	**11**	**39**
42	3		109	39	2	60	2	6
23	3	1	39	32		6	1	
52	1	1	103	61	2	36	2	2
61	2		120	35		51	6	28
41	1	1	55	23	2	27		3

2-06 续表 3

地区	私营合伙企业	私营有限责任公司	私营股份有限公司	其他企业	港、澳、台商投资企业	与港澳台商合资经营企业	与港澳台商合作经营企业
绍兴市	**852**	**99050**	**730**		**777**	**388**	**9**
越城区	88	16688	188		134	62	
柯桥区	214	35396	111		223	84	2
上虞区	144	12967	80		149	78	1
新昌县	71	4750	57		13	8	
诸暨市	244	20353	162		151	81	6
嵊州市	91	8896	132		107	75	
金华市	**1264**	**124717**	**853**		**243**	**104**	**6**
婺城区	174	10371	138		61	28	1
金东区	68	6492	93		11	5	
武义县	27	4924	25		6	3	
浦江县	81	5542	43		22	7	
磐安县	63	2000	45		4	2	
兰溪市	114	4264	31		14	5	
义乌市	597	64649	314		90	34	4
东阳市	44	9732	56		15	7	1
永康市	96	16743	108		20	13	
衢州市	**243**	**20275**	**242**		**47**	**23**	
柯城区	75	7372	75		12	6	
衢江区	45	2774	51		5	2	
常山县	24	1651	36		5	3	
开化县	30	1525	15		3	2	
龙游县	22	2787	25		10	4	
江山市	47	4166	40		12	6	
舟山市	**553**	**14771**	**106**		**82**	**41**	**2**
定海区	415	9134	76		41	17	1
普陀区	68	3798	14		28	21	1
岱山县	46	1392	7		8	2	
嵊泗县	24	447	9		5	1	
台州市	**3943**	**74382**	**951**		**182**	**110**	**4**
椒江区	306	8938	128		29	18	
黄岩区	323	9471	121		22	10	1
路桥区	578	10354	114		18	11	
三门县	70	3823	83		5		
天台县	103	6725	68		13	7	1
仙居县	458	2971	59		20	17	1
温岭市	1127	14590	131		24	18	
临海市	460	9433	129		29	16	
玉环市	518	8077	118		22	13	1
丽水市	**546**	**15272**	**169**		**31**	**11**	
莲都区	110	3759	50		9	3	
青田县	80	3045	49		7	2	
缙云县	113	2396	25		4	2	
遂昌县	60	1263	7		4		
松阳县	35	921	5		2	1	
云和县	45	1066	6		2	1	
庆元县	10	982	5		2	2	
景宁畲族自治县	57	423	14				
龙泉市	36	1417	8		1		

港澳台商独资经营企业	港澳台商投资股份有限公司	其他港澳台投资企业	外商投资企业	中外合资经营企业	中外合作经营企业	外资企业	外商投资股份有限公司	其他外商投资
354	**19**	**7**	**1036**	**353**	**4**	**618**	**14**	**47**
66	5	1	129	61		62	3	3
127	4	6	575	79	2	448	8	38
65	5		110	68		39	1	2
5			24	18	1	4	1	
62	2		126	82	1	41		2
29	3		72	45		24	1	2
117	**8**	**8**	**2636**	**147**	**3**	**1398**	**34**	**1054**
25	5	2	69	37		29	1	2
6			12	6		6		
3			15	9		5		1
14		1	20	14		6		
2			3	3				
9			18	11		5	1	1
44	3	5	2421	45	3	1310	31	1032
7			58	12		27	1	18
7			20	10		10		
22	**2**		**71**	**45**		**15**	**3**	**8**
6			31	19		6	2	4
3			13	7		5		1
2			5	4		1		
1			1	1				
5	1		6	5			1	
5	1		15	9		3		3
38	**1**		**78**	**39**	**1**	**28**	**3**	**7**
22	1		40	18	1	13	3	5
6			17	12		4		1
6			17	7		9		1
4			4	2		2		
61	**5**	**2**	**213**	**128**	**4**	**67**	**4**	**10**
9	2		30	18		9	2	1
10	1		27	18		9		
7			29	14	2	6		7
4	1		14	4		10		
5			9	5	1	3		
1	1		12	10		2		
5		1	43	31		11	1	
12		1	29	15	1	11		2
8			20	13		6	1	
18		**2**	**44**	**17**		**23**	**2**	**2**
5		1	12	4		5	2	1
5			14	6		7		1
2			3	2		1		
4			4			4		
		1						
1			8	4		4		
			1			1		
1			2	1		1		

2-07　按地区、登记注册类型分组的

地　区	从业人员期末人数(人)	内资企业	国有企业	集体企业	股份合作企业	联营企业	国有联营企业
全　省	**25898115**	**24164987**	**151770**	**125987**	**90865**	**6600**	**363**
杭州市	**5599562**	**5126736**	**42391**	**9675**	**2520**	**5456**	**142**
上城区	231825	225763	8518	1404	44	4881	115
下城区	319036	300824	11158	1428	106	40	
江干区	792228	691930	997	2221	634	32	
拱墅区	438574	427057	6054	266	238	292	22
西湖区	827357	759836	11696	660	304	184	5
滨江区	506860	424447	545	27			
萧山区	998159	909225	1458	2018	303	24	
余杭区	715584	652611	779	278	735	3	
富阳区	277739	265924	270	371	99		
临安区	188747	183197	134	166	26		
桐庐县	144546	130488	354	421	26		
淳安县	66027	64149	156	161			
建德市	92880	91285	272	254	5		
宁波市	**4756371**	**4222395**	**20624**	**7890**	**13912**	**169**	**20**
海曙区	484586	446096	2169	1018	999	17	
江北区	375891	350994	4789	295	2342	18	
北仑区	595060	425837	1704	546	420	9	
镇海区	291436	257553	621	1256	3724	74	13
鄞州区	972097	897074	8605	1375	2316	22	7
奉化区	242596	220583	246	434	98		
象山县	387398	371290	1421	613	838		
宁海县	254429	236127	293	166	418	12	
余姚市	448092	378448	691	942	1122		
慈溪市	704786	638393	85	1245	1635	17	
温州市	**2960366**	**2914499**	**29383**	**36210**	**31887**	**291**	**74**
鹿城区	506182	498681	7541	3013	6524	110	2
龙湾区	386993	373146	3614	3003	3677	8	
瓯海区	347485	342765	2391	10304	4097	2	
洞头区	29606	29180	20	134	219		
永嘉县	186819	185077	1949	2406	2343	24	
平阳县	200373	198882	386	3738	2346	29	28
苍南县	289883	288308	2137	430	2034	17	
文成县	35085	35014	337	194	237		
泰顺县	88093	88090	436	326	288	33	
瑞安市	392345	384640	3359	2588	6719	44	23
乐清市	497502	490716	7213	10074	3403	24	21
嘉兴市	**2004387**	**1694717**	**6778**	**3104**	**7086**	**36**	
南湖区	315351	288160	2639	921	2581		
秀洲区	268774	211869	555	104	1879		
嘉善县	260094	198339	114	918	109		
海盐县	164524	152609	108	116	884	36	
海宁市	399169	361903	2792	492	144		
平湖市	266506	198437	114	122	63		
桐乡市	329969	283400	456	431	1426		
湖州市	**965313**	**883337**	**7995**	**1828**	**163**	**23**	
吴兴区	325112	312769	5711	188	51		
南浔区	122953	111213	169	161			
德清县	172463	145006	867	361	26		
长兴县	192068	174342	376	996	73	1	
安吉县	152717	140007	872	122	13	22	

企业法人单位从业人员数

集体联营企业	国有与集体联营企业	其他联营企业	有限责任公司	国有独资公司	其他有限责任公司	股份有限公司	私营企业	私营独资企业
5232	**368**	**637**	**4790256**	**373111**	**4417145**	**1333832**	**17665650**	**830166**
4842	**154**	**318**	**1510261**	**119764**	**1390497**	**299194**	**3257212**	**60867**
4766			76293	13508	62785	19568	115055	563
30	10		115323	25647	89676	10929	161840	408
	32		180996	7049	173947	17433	489617	1813
1	12	257	98838	1991	96847	19578	301791	686
18	100	61	356787	31564	325223	76713	313465	1161
			122070	4232	117838	48138	253667	470
24			280211	11793	268418	39000	586211	17144
3			121608	11636	109972	32842	496366	6143
			67087	1123	65964	7853	190244	10411
			38500	4130	34370	12054	132317	8832
			16349	2306	14043	2248	111090	7069
			17003	2216	14787	5944	40885	1718
			19196	2569	16627	6894	64664	4449
95	**1**	**53**	**474246**	**50394**	**423852**	**231127**	**3474427**	**194680**
16	1		60574	5149	55425	17433	363886	22719
		18	42949	4128	38821	9934	290667	8147
		9	72074	4819	67255	16565	334519	15623
41		20	42042	3192	38850	13464	196372	14190
9		6	128049	11083	116966	35547	721160	44839
			12962	4714	8248	5833	201010	21935
			19108	6093	13015	104581	244729	11800
12			17014	3495	13519	9785	208439	13306
			33518	4031	29487	8651	333524	20565
17			45956	3690	42266	9334	580121	21556
124	**75**	**18**	**577052**	**55918**	**521134**	**119050**	**2120626**	**78951**
90	18		82300	34102	48198	7230	391963	8933
		8	38306	6212	32094	15494	309044	5146
2			45429	2085	43344	31506	249036	6396
			3371	907	2464	818	24618	871
	24		45779	1048	44731	10332	122244	3941
1			73738	2443	71295	6922	111723	5486
7		10	114626	3078	111548	8469	160595	9728
			9329	1178	8151	390	24527	4448
	33		27442	1130	26312	1901	57664	2345
21			31851	724	31127	9246	330833	16928
3			104881	3011	101870	26742	338379	14729
	36		**196532**	**30385**	**166147**	**84777**	**1396404**	**72713**
			47677	7272	40405	17876	216466	6519
			22094	1606	20488	10758	176479	3698
			23662	3051	20611	6227	167309	11990
	36		27577	7420	20157	5838	118050	9055
			23948	2490	21458	16032	318495	13227
			23998	2922	21076	6309	167831	20415
			27576	5624	21952	21737	231774	7809
5	**18**		**247857**	**9936**	**237921**	**41462**	**584009**	**72401**
			126251	2199	124052	8802	171766	33297
			19097	947	18150	7727	84059	13867
			34020	2791	31229	10660	99072	5420
1			36131	2871	33260	8699	128066	7689
4	18		32358	1128	31230	5574	101046	12128

2-07 续表 1

地区	从业人员期末人数(人)	内资企业	国有企业	集体企业	股份合作企业	联营企业	国有联营企业
绍兴市	**3412777**	**3248481**	**4586**	**5118**	**638**	**199**	**62**
越城区	519825	486421	3498	1329	161	64	62
柯桥区	912596	853707	71	494	1		
上虞区	707698	677843	493	501		59	
新昌县	170806	163906	92	1226	15	33	
诸暨市	848677	829330	230	646	300	27	
嵊州市	253175	237274	202	922	161	16	
金华市	**2489419**	**2439459**	**10332**	**5649**	**2207**	**196**	
婺城区	242404	226205	7319	1036	63	19	
金东区	137042	133362	49	70	2		
武义县	137084	135568	120	310		4	
浦江县	95474	92926	609	151		5	
磐安县	111589	110656	178	20		7	
兰溪市	127939	124435	118	212	103	3	
义乌市	554945	539232	445	1039	1995	158	
东阳市	801003	798541	631	1939			
永康市	281939	278534	863	872	44		
衢州市	**491588**	**476018**	**3460**	**283**	**94**	**37**	
柯城区	140539	136090	654	18	30		
衢江区	68627	64246	1101	20	13	2	
常山县	56907	56063	14	17	4		
开化县	49171	48777	540	42			
龙游县	81513	78663	233	58	11		
江山市	94831	92179	918	128	36	35	
舟山市	**357293**	**348931**	**6738**	**1652**	**534**	**59**	
定海区	179250	175830	5758	784	116		
普陀区	113488	111035	490	445	343	52	
岱山县	52537	50415	61	255	12		
嵊泗县	12018	11651	429	168	63	7	
台州市	**2400809**	**2354492**	**14726**	**53264**	**31677**	**99**	**65**
椒江区	320410	310825	4118	465	3569	48	45
黄岩区	252442	249521	570	500	7857	6	6
路桥区	233051	226315	774	2360	2724	31	
三门县	111905	110819	886	129	829		
天台县	116275	115140	326	66	1678		
仙居县	101485	99466	109	147	61		
温岭市	583601	574951	3015	4599	7297	14	14
临海市	424946	417800	4892	44356	1352		
玉环市	256694	249655	36	642	6310		
丽水市	**460230**	**455922**	**4757**	**1314**	**147**	**35**	
莲都区	150337	148906	1478	194	16	4	
青田县	55133	53736	642	54	48		
缙云县	66189	65634	508	255	23	8	
遂昌县	32408	32282	306	151	13		
松阳县	35345	34994	94	64		10	
云和县	34596	34431	384	314			
庆元县	24532	24437	522	107	3		
景宁畲族自治县	18111	18079	147	106	44	9	
龙泉市	43579	43423	676	69		4	

集体联营企业	国有与集体联营企业	其他联营企业	有限责任公司	国有独资公司	其他有限责任公司	股份有限公司	私营企业	私营独资企业
90	**16**	**31**	**624352**	**23662**	**600690**	**215559**	**2398029**	**69995**
2			197920	9134	188786	15391	268058	7995
			202230	4122	198108	11916	638995	9251
18	15	26	41036	2641	38395	117170	518584	12828
28		5	20210	2323	17887	28938	113392	5222
27			154785	3920	150865	36294	637048	24820
15	1		8171	1522	6649	5850	221952	9879
41		**155**	**569171**	**30153**	**539018**	**63847**	**1788057**	**108632**
5		14	55154	6771	48383	5899	156715	7980
			12398	651	11747	4999	115844	12192
4			7864	2115	5749	1807	125463	4511
5			5134	1915	3219	969	86058	5397
7			36572	550	36022	2866	71013	6386
		3	22756	2300	20456	4961	96282	10874
20		138	45148	7111	38037	7687	482760	21614
			369545	5155	364390	24453	401973	12093
			14600	3585	11015	10206	251949	27585
	35	**2**	**63358**	**12620**	**50738**	**20639**	**388147**	**11603**
			30077	5437	24640	8006	97305	1872
		2	5652	2070	3582	6293	51165	1304
			4162	894	3268	1958	49908	1738
			3060	759	2301	777	44358	1382
			12655	1545	11110	975	64731	2562
	35		7752	1915	5837	2630	80680	2745
7	**23**	**29**	**90987**	**14310**	**76677**	**7555**	**241406**	**9232**
			52394	5781	46613	3300	113478	3768
	23	29	22516	5304	17212	856	86333	2438
			12120	1740	10380	2620	35347	2070
7			3957	1485	2472	779	6248	956
7		**27**	**388442**	**16961**	**371481**	**234897**	**1631387**	**133079**
		3	65999	3270	62729	71452	165174	5384
			45257	4481	40776	10580	184751	13288
7		24	42173	735	41438	21373	156880	15514
			14764	1199	13565	2340	91871	3653
			36429	796	35633	9049	67592	4521
			16671	870	15801	11987	70491	13385
			81521	2050	79471	13613	464892	39499
			30188	2789	27399	79502	257510	17722
			55440	771	54669	15001	172226	20113
21	**10**	**4**	**47998**	**9008**	**38990**	**15725**	**385946**	**18013**
4			17701	2995	14706	3868	125645	1764
			5220	988	4232	6213	41559	2919
8			3388	728	2660	1739	59713	3458
			9004	1612	7392	1060	21748	858
	10		2955	726	2229	435	31436	1331
			2133	573	1560	996	30604	4539
			2101	426	1675	359	21345	658
9			2764	222	2542	616	14393	354
		4	2732	738	1994	439	39503	2132

2-07 续表 2

地 区							
					港、澳、台商投资企业	与港澳台商合资经营企业	与港澳台商合作经营企业
	私营合伙企业	私营有限责任公司	私营股份有限公司	其他企业			
全 省	**185686**	**16214622**	**435176**	**27**	**914793**	**395411**	**13626**
杭州市	**10867**	**3114476**	**71002**	**27**	**255822**	**75300**	**3121**
上城区	613	112679	1200		3340	2575	22
下城区	530	158660	2242		15998	2364	1764
江干区	1720	480214	5870		25945	14336	18
拱墅区	657	298766	1682		6065	1715	278
西湖区	1887	299031	11386	27	39718	5017	486
滨江区	695	235867	16635		58712	3049	6
萧山区	1726	559106	8235		46085	25479	38
余杭区	1539	479703	8981		42373	10694	509
富阳区	511	170823	8499		3728	3086	
临安区	302	120335	2848		3121	1936	
桐庐县	166	103032	823		9095	4383	
淳安县	380	38331	456		585	177	
建德市	141	57929	2145		1057	489	
宁波市	**60043**	**3149433**	**70271**		**314265**	**150461**	**5197**
海曙区	4654	330451	6062		26399	18735	
江北区	1130	272902	8488		14592	10167	5
北仑区	4103	308336	6457		100679	33958	109
镇海区	5793	172780	3609		17930	7628	471
鄞州区	7060	655961	13300		45805	20803	508
奉化区	1946	172889	4240		10493	3253	
象山县	1978	226825	4126		6756	4337	
宁海县	4691	185032	5410		10145	4104	267
余姚市	14700	292189	6070		52425	31589	607
慈溪市	13988	532068	12509		29041	15887	3230
温州市	**28100**	**1960033**	**53542**		**13649**	**8794**	**71**
鹿城区	4430	374383	4217		2329	1589	
龙湾区	3147	287333	13418		3781	2126	63
瓯海区	1926	238262	2452		927	594	
洞头区	86	22895	766		420	298	
永嘉县	1408	114680	2215		815	472	3
平阳县	1826	100812	3599		812	506	
苍南县	5082	143500	2285		994	678	
文成县	198	19588	293				
泰顺县	530	54414	375		1		
瑞安市	3010	297785	13110		1770	1455	
乐清市	6457	306381	10812		1800	1076	5
嘉兴市	**16496**	**1253951**	**53244**		**143147**	**48495**	**3266**
南湖区	3522	184858	21567		12495	6223	23
秀洲区	875	168478	3428		19947	8122	789
嘉善县	7982	142735	4602		21787	2620	1935
海盐县	1095	101155	6745		6673	2273	
海宁市	671	301142	3455		18512	9990	75
平湖市	678	137518	9220		27938	14061	411
桐乡市	1673	218065	4227		35795	5206	33
湖州市	**5838**	**475918**	**29852**		**40584**	**20139**	**145**
吴兴区	927	131740	5802		4903	1319	
南浔区	301	67945	1946		4638	2559	
德清县	721	90633	2298		17481	11269	145
长兴县	2243	108070	10064		6389	1516	
安吉县	1646	77530	9742		7173	3476	

港澳台商独资经营企业	港澳台商投资股份有限公司	其他港澳台投资企业	外商投资企业	中外合资经营企业	中外合作经营企业	外资企业	外商投资股份有限公司	其他外商投资
434837	**63693**	**7226**	**818335**	**393417**	**7458**	**369962**	**26045**	**21453**
151065	**24384**	**1952**	**217004**	**105193**	**4080**	**100340**	**5695**	**1696**
718		25	2722	1370		929	251	172
11821	5	44	2214	493	390	1304	20	7
10982		609	74353	30020	2531	37495	3947	360
3756	2	314	5452	3701	50	1684	17	
34162		53	27803	20464	3	7166	132	38
32244	23409	4	23701	7372		15274	1019	36
19637	842	89	42849	18825		23726	76	222
30355	1	814	20600	10129	800	8796	64	811
642			8087	5922		2062	53	50
1153	32		2429	1225	32	1100	72	
4712			4963	4149	242	544	28	
365	43		1293	1020		257	16	
518	50		538	503	32	3		
150949	**5482**	**2176**	**219711**	**100115**	**2048**	**100733**	**10356**	**6459**
7358	239	67	12091	6526	185	4901	172	307
4406	14		10305	2905	108	4350	201	2741
64989	1044	579	68544	23379	236	42675	1322	932
8059	1633	139	15953	4920	165	10295	61	512
23837	39	618	29218	13848	99	14421	338	512
7231	9		11520	7298		4205	17	
1571	848		9352	8065		883	267	137
5733	36	5	8157	5739	191	2211		16
19320	331	578	17219	9076	53	7242	429	419
8445	1289	190	37352	18359	1011	9550	7549	883
4693	**71**	**20**	**32218**	**26627**	**34**	**5185**	**123**	**249**
730		10	5172	3568		1498	66	40
1592			10066	8726	15	1237		88
333			3793	3191		506		96
73	48	1	6			1		5
331		9	927	836		36	55	
306			679	663		8		8
313	3		581	578				3
			71	71				
1			2	2				
315			5935	4423		1506	2	4
699	20		4986	4569	19	393		5
66335	**24328**	**723**	**166523**	**53788**	**627**	**104448**	**2739**	**4921**
6039	203	7	14696	3125	75	8651	1558	1287
10142	893	1	36958	7480	88	27783	171	1436
14725	2099	408	39968	7877	131	30521	224	1215
4070	330		5242	1646	288	3222		86
8251	159	37	18754	14006		4200	116	432
12871	588	7	40131	15177		24711	243	
10237	20056	263	10774	4477	45	5360	427	465
19532	**643**	**125**	**41392**	**20878**	**234**	**16123**	**3549**	**608**
3309	275		7440	3703	11	3514	3	209
1780	291	8	7102	3212		748	3142	
6025	42		9976	5530	98	4219	122	7
4844	29		11337	5652		5050	282	353
3574	6	117	5537	2781	125	2592		39

2-07 续表 3

地 区							
					港、澳、台商投资企业		
	私营合伙企业	私营有限责任公司	私营股份有限公司	其他企业		与港澳台商合资经营企业	与港澳台商合作经营企业
绍兴市	**3596**	**2288879**	**35559**		**90668**	**62891**	**921**
越城区	679	255983	3401		19565	11847	
柯桥区	120	624905	4719		31880	23982	116
上虞区	550	500218	4988		18947	13399	142
新昌县	407	105442	2321		1903	724	
诸暨市	1197	597959	13072		6967	4342	663
嵊州市	643	204372	7058		11406	8597	
金华市	**6859**	**1641310**	**31256**		**26112**	**12231**	**725**
婺城区	1218	144123	3394		11561	5339	669
金东区	722	102026	904		3136	274	
武义县	189	118194	2569		125	20	
浦江县	527	79237	897		1550	263	
磐安县	213	62684	1730		141	140	
兰溪市	460	83702	1246		494	141	
义乌市	2467	451838	6841		5017	3646	41
东阳市	197	388560	1123		1404	1111	15
永康市	866	210946	12552		2684	1297	
衢州市	**1417**	**361312**	**13815**		**5064**	**1089**	
柯城区	388	88933	6112		390	95	
衢江区	174	48016	1671		2250	53	
常山县	236	44605	3329		614	21	
开化县	143	42573	260		390	287	
龙游县	119	60894	1156		788	428	
江山市	357	76291	1287		632	205	
舟山市	**1909**	**226834**	**3431**		**2543**	**2076**	**3**
定海区	1009	106522	2179		811	511	3
普陀区	325	82535	1035		1405	1347	
岱山县	379	32743	155		131	28	
嵊泗县	196	5034	62		196	190	
台州市	**46620**	**1388525**	**63163**		**20871**	**12970**	**177**
椒江区	3151	151179	5460		2654	1061	
黄岩区	3431	155340	12692		2185	872	120
路桥区	7246	124461	9659		2519	787	
三门县	498	81293	6427		489		
天台县	536	60966	1569		399	267	
仙居县	6505	47579	3022		1401	1391	10
温岭市	13819	404975	6599		5021	4311	
临海市	5457	228225	6106		3685	2352	
玉环市	5977	134507	11629		2518	1929	47
丽水市	**3941**	**353951**	**10041**		**2068**	**965**	
莲都区	643	119892	3346		815	178	
青田县	371	37697	572		440	338	
缙云县	1218	51407	3630		178	112	
遂昌县	214	20439	237		61		
松阳县	382	28765	958		351	237	
云和县	427	25214	424		35	5	
庆元县	59	20168	460		95	95	
景宁畲族自治县	382	13565	92				
龙泉市	245	36804	322		93		

港澳台商独资经营企业	港澳台商投资股份有限公司	其他港澳台投资企业	外商投资企业	中外合资经营企业	中外合作经营企业	外资企业	外商投资股份有限公司	其他外商投资
19957	**6065**	**834**	**73628**	**52217**	**274**	**19586**	**1380**	**171**
6869	316	533	13839	4208		8919	677	35
4430	3051	301	27009	22670	4	4257	40	38
3363	2043		10908	8041		2187	650	30
1179			4997	3571	85	1340	1	
1608	354		12380	10007	185	2132		56
2508	301		4495	3720		751	12	12
10651	**2024**	**481**	**23848**	**8368**	**18**	**10608**	**206**	**4648**
3090	2003	460	4638	2252		2146		240
2862			544	116		428		
105			1391	443		902		46
1287			998	676		322		
1			792	792				
353			3010	2267		566	110	67
1288	21	21	10696	617	18	5702	94	4265
278			1058	700		326	2	30
1387			721	505		216		
3867	**108**		**10506**	**6708**		**1331**	**84**	**2383**
295			4059	1469		714	1	1875
2197			2131	1773		344		14
593			230	227		3		
103			4	4				
315	45		2062	1979			83	
364	63		2020	1256		270		494
463	**1**		**5819**	**3965**	**23**	**1755**	**8**	**68**
296	1		2609	2107	23	466	8	5
58			1048	795		230		23
103			1991	900		1051		40
6			171	163		8		
6589	**587**	**548**	**25446**	**14705**	**120**	**8566**	**1823**	**232**
1439	154		6931	6341		522	64	4
1185	8		736	456		280		
1732			4217	1353	30	2748		86
64	425		597	146		451		
132			736	354		382		
			618	559		59		
658		52	3629	1258		2365	6	
837		496	3461	2327	90	902		142
542			4521	1911		857	1753	
736		**367**	**2240**	**853**		**1287**	**82**	**18**
384		253	616	313		220	82	1
102			957	417		523		17
66			377	17		360		
61			65			65		
		114						
30			130	83		47		
			32			32		
93			63	23		40		

2-08 按行业(中类)、登记注册类型

行业中类	法人单位数(个)	内资企业	国有企业	集体企业	股份合作企业	联营企业
总　计	**1383840**	**1366028**	**1982**	**4791**	**6169**	**151**
农、林、牧、渔业	**982**	**975**	**18**	**17**	**4**	**1**
农业	35	32				
谷物种植	1	1				
豆类、油料和薯类种植						
棉、麻、糖、烟草种植						
蔬菜、食用菌及园艺作物种植	18	16				
水果种植	5	5				
坚果、含油果、香料和饮料作物种植	3	3				
中药材种植	7	6				
草种植及割草						
其他农业	1	1				
林业	4	4	2			
林木育种和育苗	2	2				
造林和更新						
森林经营、管护和改培	2	2	2			
木材和竹材采运						
林产品采集						
畜牧业	14	14				
牲畜饲养	9	9				
家禽饲养	4	4				
狩猎和捕捉动物						
其他畜牧业	1	1				
渔业	18	18	1			
水产养殖	17	17	1			
水产捕捞	1	1				
农、林、牧、渔专业及辅助性活动	911	907	15	17	4	1
农业专业及辅助性活动	623	619	7	12	1	1
林业专业及辅助性活动	161	161	5	1		
畜牧专业及辅助性活动	41	41	3	1	2	
渔业专业及辅助性活动	86	86		3	1	
采矿业	**841**	**836**	**3**	**15**	**5**	**1**
煤炭开采和洗选业	7	7				
烟煤和无烟煤开采洗选	5	5				
褐煤开采洗选	1	1				
其他煤炭采选	1	1				
石油和天然气开采业	1	1				
石油开采	1	1				
天然气开采						
黑色金属矿采选业	18	18			1	
铁矿采选	18	18			1	
锰矿、铬矿采选						
其他黑色金属矿采选						

分组的企业法人单位数

国有联营企业	集体联营企业	国有与集体联营企业	其他联营企业	有限责任公司	国有独资公司	其他有限责任公司	股份有限公司	私营企业	私营独资企业
23	**73**	**29**	**26**	**70529**	**4490**	**66039**	**10302**	**1272102**	**122378**
	1			**80**	**12**	**68**	**11**	**844**	**73**
				2		2		30	4
								1	
				2		2		14	2
								5	1
								3	1
								6	
								1	
								2	
								2	
				2		2		12	1
				2		2		7	
								4	
								1	1
								17	1
								16	1
								1	
	1			76	12	64	11	783	67
	1			64	9	55	9	525	36
				6	1	5		149	5
				2		2		33	8
				4	2	2	2	76	18
		1		**72**	**13**	**59**	**12**	**728**	**118**
				2	1	1		5	
				1	1			4	
				1		1			
								1	
				1		1			
				1		1			
				2	2			15	
				2	2			15	

2-08 续表 1

行业中类	法人单位数（个）	内资企业	国有企业	集体企业	股份合作企业	联营企业
有色金属矿采选业	47	47				
常用有色金属矿采选	32	32				
贵金属矿采选	3	3				
稀有稀土金属矿采选	12	12				
非金属矿采选业	748	743	3	15	4	1
土砂石开采	695	690	2	10	3	1
化学矿开采	3	3				
采盐	5	5		4		
石棉及其他非金属矿采选	45	45	1	1	1	
开采专业及辅助性活动	10	10				
煤炭开采和洗选专业及辅助性活动	1	1				
石油和天然气开采专业及辅助性活动	3	3				
其他开采专业及辅助性活动	6	6				
其他采矿业	10	10				
其他采矿业	10	10				
制造业	**423841**	**415068**	**104**	**786**	**4394**	**22**
农副食品加工业	4496	4406	10	20	101	1
谷物磨制	208	207	1	1	8	
饲料加工	388	374		1	9	
植物油加工	163	158			1	
制糖业	39	39		1		
屠宰及肉类加工	709	685	7	3	12	
水产品加工	1347	1322	1	10	62	
蔬菜、菌类、水果和坚果加工	949	934		3	6	
其他农副食品加工	693	687	1	1	3	1
食品制造业	2983	2839	5	12	31	
焙烤食品制造	904	878	1	3	1	
糖果、巧克力及蜜饯制造	184	174		1	3	
方便食品制造	480	461	1	1	1	
乳制品制造	38	34	2			
罐头食品制造	198	180		1	3	
调味品、发酵制品制造	211	203	1	1	2	
其他食品制造	968	909		5	21	
酒、饮料和精制茶制造业	2201	2131	10	16	19	1
酒的制造	537	518	1	7	12	1
饮料制造	595	553	2	2	3	
精制茶加工	1069	1060	7	7	4	
烟草制品业	1	1				
烟叶复烤						
卷烟制造	1	1				
其他烟草制品制造						
纺织业	32685	31913	4	31	103	
棉纺织及印染精加工	9148	8871	1	6	27	
毛纺织及染整精加工	1082	1037		3	9	

国有联营企业	集体联营企业	国有与集体联营企业	其他联营企业	有限责任公司	国有独资公司	其他有限责任公司	股份有限公司	私营企业	私营独资企业
				6	1	5	2	39	4
				4	1	3	2	26	4
								3	
				2		2		10	
		1		60	9	51	10	650	112
		1		58	8	50	9	607	107
				1	1			2	
								1	
				1		1	1	40	5
								10	
								1	
								3	
								6	
				1		1		9	2
				1		1		9	2
1	**16**	**2**	**3**	**15500**	**115**	**15385**	**3459**	**390803**	**73579**
	1			246	8	238	50	3978	935
				11	1	10	3	183	49
				32		32	13	319	17
				19		19	5	133	18
				1		1	1	36	13
				61	5	56	10	592	107
				50	2	48	11	1188	246
				41		41	3	881	301
	1			31		31	4	646	184
				123	4	119	36	2632	435
				24	1	23	6	843	190
				11		11	2	157	24
				13	1	12	5	440	71
				6		6	1	25	1
				17		17	3	156	25
				10		10	2	187	40
				42	2	40	17	824	84
1				117	4	113	19	1949	582
1				35	2	33	7	455	104
				36		36	4	506	101
				46	2	44	8	988	377
				1	1				
				1	1				
				913	3	910	183	30679	4778
				315	2	313	51	8471	1746
				28		28	7	990	157

2-08 续表 2

行业中类	法人单位数(个)	内资企业				
			国有企业	集体企业	股份合作企业	联营企业
麻纺织及染整精加工	74	67				
丝绢纺织及印染精加工	1072	1027	1	4	8	
化纤织造及印染精加工	4494	4420		2	9	
针织或钩针编织物及其制品制造	8186	8062		8	9	
家用纺织制成品制造	4740	4627	1	6	10	
产业用纺织制成品制造	3889	3802	1	2	31	
纺织服装、服饰业	30657	29675	6	11	124	1
机织服装制造	13677	13181	4	6	44	
针织或钩针编织服装制造	7210	6951	1	2	44	
服饰制造	9770	9543	1	3	36	1
皮革、毛皮、羽毛及其制品和制鞋业	19732	19502	2	15	202	1
皮革鞣制加工	554	528		2	31	
皮革制品制造	5199	5095	2	5	21	
毛皮鞣制及制品加工	1227	1211			1	
羽毛(绒)加工及制品制造	354	333				
制鞋业	12398	12335		8	149	1
木材加工和木、竹、藤、棕、草制品业	6821	6735	1	17	15	
木材加工	1138	1133	1	6	4	
人造板制造	583	561		1	3	
木质制品制造	3616	3586		2	3	
竹、藤、棕、草等制品制造	1484	1455		8	5	
家具制造业	7205	7028		1	18	
木质家具制造	4547	4477		1	9	
竹、藤家具制造	185	179			1	
金属家具制造	1170	1120			5	
塑料家具制造	164	157			1	
其他家具制造	1139	1095			2	
造纸和纸制品业	12851	12731		16	139	
纸浆制造	15	15		1		
造纸	1747	1703		1	16	
纸制品制造	11089	11013		14	123	
印刷和记录媒介复制业	11037	10985	7	49	221	1
印刷	10302	10253	6	48	207	1
装订及印刷相关服务	725	722	1	1	14	
记录媒介复制	10	10				
文教、工美、体育和娱乐用品制造业	22083	21688	2	27	175	
文教办公用品制造	3655	3578		4	15	
乐器制造	255	241		1		
工艺美术及礼仪用品制造	12135	11977	2	19	143	
体育用品制造	2317	2252		2	4	
玩具制造	2813	2743		1	11	
游艺器材及娱乐用品制造	908	897			2	
石油、煤炭及其他燃料加工业	440	427			5	
精炼石油产品制造	235	222			3	

国有联营企业	集体联营企业	国有与集体联营企业	其他联营企业	有限责任公司	国有独资公司	其他有限责任公司	股份有限公司	私营企业	私营独资企业
				6		6	3	58	12
				58	1	57	10	946	190
				80		80	11	4318	555
				145		145	50	7850	767
				150		150	21	4439	551
				131		131	30	3607	800
	1			715	8	707	148	28670	5582
				324	6	318	83	12720	3200
				129	1	128	19	6756	853
	1			262	1	261	46	9194	1529
	1			481		481	86	18715	3539
				35		35	7	453	59
				131		131	25	4911	798
				12		12		1198	286
				12		12	4	317	39
	1			291		291	50	11836	2357
				175		175	53	6474	1768
				24		24	9	1089	336
				22		22	4	531	109
				88		88	24	3469	843
				41		41	16	1385	480
				271		271	56	6682	1030
				164		164	32	4271	675
				4		4	2	172	34
				49		49	14	1052	164
				10		10		146	25
				44		44	8	1041	132
				429	1	428	87	12060	2969
								14	
				97		97	20	1569	296
				332	1	331	67	10477	2673
			1	441	5	436	76	10190	2800
			1	422	5	417	72	9497	2546
				18		18	4	684	251
				1		1		9	3
				556	2	554	144	20784	4121
				119		119	23	3417	605
				7		7	4	229	31
				308	2	306	79	11426	2512
				47		47	21	2178	262
				56		56	16	2659	677
				19		19	1	875	34
				25		25	7	390	36
				15		15	6	198	21

2-08 续表 3

行业中类	法人单位数（个）					
		内资企业				
			国有企业	集体企业	股份合作企业	联营企业
煤炭加工	47	47			2	
核燃料加工	1	1				
生物质燃料加工	157	157				
化学原料和化学制品制造业	8603	8166	4	26	105	1
基础化学原料制造	999	923		7	15	
肥料制造	243	239	1		3	
农药制造	90	79		1	1	
涂料、油墨、颜料及类似产品制造	2116	2035	1	4	20	1
合成材料制造	1267	1188		3	14	
专用化学产品制造	2544	2413	1	7	37	
炸药、火工及焰火产品制造	17	17				
日用化学产品制造	1327	1272	1	4	15	
医药制造业	1270	1157	2	2	18	
化学药品原料药制造	239	217	1		4	
化学药品制剂制造	122	106				
中药饮片加工	107	101			2	
中成药生产	97	89				
兽用药品制造	63	56	1		3	
生物药品制品制造	225	197			2	
卫生材料及医药用品制造	323	303		1	6	
药用辅料及包装材料	94	88		1	1	
化学纤维制造业	1820	1742		1	4	
纤维素纤维原料及纤维制造	63	59				
合成纤维制造	1702	1629		1	4	
生物基材料制造	55	54				
橡胶和塑料制品业	33974	33505	2	57	514	2
橡胶制品业	3988	3932		13	68	
塑料制品业	29986	29573	2	44	446	2
非金属矿物制品业	13032	12839	3	101	126	1
水泥、石灰和石膏制造	520	516	1	5	4	
石膏、水泥制品及类似制品制造	2849	2808		21	22	
砖瓦、石材等建筑材料制造	4113	4083		46	51	1
玻璃制造	444	436			3	
玻璃制品制造	2011	1974	1	3	13	
玻璃纤维和玻璃纤维增强塑料制品制造	466	441		4	5	
陶瓷制品制造	1061	1034	1	4	8	
耐火材料制品制造	620	611		13	11	
石墨及其他非金属矿物制品制造	948	936		5	9	
黑色金属冶炼和压延加工业	2422	2368		4	43	1
炼铁	10	10		1		
炼钢	14	14				
钢压延加工	2334	2280		3	41	
铁合金冶炼	64	64			2	1
有色金属冶炼和压延加工业	3125	3058		11	46	

国有联营企业	集体联营企业	国有与集体联营企业	其他联营企业	有限责任公司	国有独资公司	其他有限责任公司	股份有限公司	私营企业	私营独资企业
				5		5		40	11
				1		1			
				4		4	1	152	4
	1			502	7	495	158	7370	1138
				82	4	78	32	787	88
				17		17	4	214	20
				13		13	9	55	4
	1			95		95	24	1890	352
				92	1	91	34	1045	108
				143	2	141	41	2184	419
				7		7		10	1
				53		53	14	1185	146
				169	2	167	81	885	60
				48		48	25	139	7
				32		32	11	63	3
				18	2	16	4	77	6
				17		17	14	58	4
				5		5	1	46	3
				28		28	15	152	3
				15		15	9	272	27
				6		6	2	78	7
				78	2	76	22	1637	237
							1	58	7
				77	2	75	20	1527	213
				1		1	1	52	17
	2			1122	3	1119	195	31613	8064
				114	1	113	24	3713	968
	2			1008	2	1006	171	27900	7096
		1		673	18	655	115	11820	2106
				76	8	68	10	420	66
				259	8	251	29	2477	484
		1		138	2	136	32	3815	714
				19		19	3	411	26
				54		54	10	1893	191
				20		20	3	409	88
				41		41	6	974	165
				18		18	11	558	140
				48		48	11	863	232
			1	109	1	108	23	2188	271
				1		1		8	3
				2		2		12	1
				104	1	103	22	2110	263
			1	2		2	1	58	4
				171	1	170	47	2783	494

2-08 续表 4

行业中类	法人单位数（个）	内资企业	国有企业	集体企业	股份合作企业	联营企业
常用有色金属冶炼	135	132			7	
贵金属冶炼	10	10				
稀有稀土金属冶炼	16	15				
有色金属合金制造	705	685		4	5	
有色金属压延加工	2259	2216		7	34	
金属制品业	40139	39583	6	75	412	2
结构性金属制品制造	8492	8414	3	20	51	
金属工具制造	4572	4486	1	6	19	
集装箱及金属包装容器制造	699	666	1	2	5	
金属丝绳及其制品制造	999	986		1	14	
建筑、安全用金属制品制造	11824	11671		15	94	1
金属表面处理及热处理加工	2592	2553	1	14	88	
搪瓷制品制造	425	420				
金属制日用品制造	3863	3803		4	22	
铸造及其他金属制品制造	6673	6584		13	119	1
通用设备制造业	53354	52380	9	98	706	4
锅炉及原动设备制造	600	574	1	1	12	1
金属加工机械制造	5287	5181	2	18	71	
物料搬运设备制造	1909	1813	1	1	20	
泵、阀门、压缩机及类似机械制造	12175	11973		21	226	1
轴承、齿轮和传动部件制造	5279	5132		9	51	2
烘炉、风机、包装等设备制造	5948	5807		5	52	
文化、办公用机械制造	449	437			6	
通用零部件制造	19471	19256	5	39	256	
其他通用设备制造业	2236	2207		4	12	
专用设备制造业	26402	25816	5	51	364	3
采矿、冶金、建筑专用设备制造	1020	993	1	8	29	
化工、木材、非金属加工专用设备制造	10801	10614	1	6	124	1
食品、饮料、烟草及饲料生产专用设备制造	784	769		2	37	
印刷、制药、日化及日用品生产专用设备制造	1092	1078		4	14	
纺织、服装和皮革加工专用设备制造	3391	3307	1	8	59	1
电子和电工机械专用设备制造	749	728		2	6	
农、林、牧、渔专用机械制造	980	941	1	6	12	
医疗仪器设备及器械制造	3341	3242		10	58	1
环保、邮政、社会公共服务及其他专用设备制造	4244	4144	1	5	25	
汽车制造业	17194	16673	1	17	243	
汽车整车制造	84	72				
汽车用发动机制造	40	31				
改装汽车制造	25	23				
低速汽车制造	1	1				
电车制造	11	10				
汽车车身、挂车制造	141	130				
汽车零部件及配件制造	16892	16406	1	17	243	
铁路、船舶、航空航天和其他运输设备制造业	4335	4254	4	10	88	

国有联营企业	集体联营企业	国有与集体联营企业	其他联营企业	有限责任公司	国有独资公司	其他有限责任公司	股份有限公司	私营企业	私营独资企业
				11		11	3	111	11
				4	1	3		6	1
				3		3		12	1
				29		29	12	635	99
				124		124	32	2019	382
	2			1227	12	1215	249	37612	8361
				256	5	251	63	8021	1388
				135		135	30	4295	1034
				49	1	48	1	608	77
				36		36	4	931	274
	1			294	3	291	62	11205	2930
				86		86	14	2350	589
				17		17	3	400	37
				131		131	27	3619	525
	1			223	3	220	45	6183	1507
	3	1		1725	6	1719	428	49410	10231
	1			29		29	18	512	77
				168		168	50	4872	862
				111		111	30	1650	311
	1			492	3	489	106	11127	1400
	1	1		195	2	193	54	4821	1040
				196	1	195	55	5499	818
				27		27	3	401	73
				399		399	93	18464	5458
				108		108	19	2064	192
	3			886	9	877	257	24250	3993
				60		60	14	881	132
	1			271	3	268	67	10144	2072
				17		17	6	707	108
				59		59	10	991	122
	1			91		91	34	3113	680
				40		40	11	669	50
				46		46	16	860	123
	1			105		105	36	3032	476
				197	6	191	63	3853	230
				814	4	810	153	15445	2770
				16		16		56	
				2		2	2	27	1
				3		3	1	19	
								1	
								10	1
				10		10	4	116	26
				783	4	779	146	15216	2742
				197	4	193	32	3923	583

2-08 续表 5

行业中类	法人单位数(个)	内资企业				
			国有企业	集体企业	股份合作企业	联营企业
铁路运输设备制造	156	154		2	4	
城市轨道交通设备制造	25	24				
船舶及相关装置制造	886	864	4	4	20	
航空、航天器及设备制造	56	52				
摩托车制造	1344	1332		2	57	
自行车和残疾人座车制造	630	606		1	3	
助动车制造	709	703		1	2	
非公路休闲车及零配件制造	429	422				
潜水救捞及其他未列明运输设备制造	100	97			2	
电气机械和器材制造业	38251	37469	6	60	328	3
电机制造	3465	3376		6	45	
输配电及控制设备制造	16368	16142	3	25	162	1
电线、电缆、光缆及电工器材制造	3162	3074		10	48	1
电池制造	467	425	1		6	
家用电力器具制造	7088	6947		11	32	
非电力家用器具制造	848	831		1		
照明器具制造	5616	5464	1	6	21	
其他电气机械及器材制造	1237	1210	1	1	14	1
计算机、通信和其他电子设备制造业	11110	10636	1	20	59	
计算机制造	440	401		1	1	
通信设备制造	1011	970		1	3	
广播电视设备制造	213	196				
雷达及配套设备制造	11	10			1	
非专业视听设备制造	534	493		3	3	
智能消费设备制造	462	440			1	
电子器件制造	1486	1384		2	6	
电子元件及电子专用材料制造	6206	6019	1	11	39	
其他电子设备制造	747	723		2	5	
仪器仪表制造业	5738	5585	6	16	95	
通用仪器仪表制造	4236	4138	3	12	66	
专用仪器仪表制造	651	624	3	1	11	
钟表与计时仪器制造	152	146		1	4	
光学仪器制造	259	244			5	
衡器制造	196	192		1	3	
其他仪器仪表制造业	244	241		1	6	
其他制造业	7046	6974	1	2	57	
日用杂品制造	5077	5022		1	40	
核辐射加工	4	4				
其他未列明制造业	1965	1948	1	1	17	
废弃资源综合利用业	713	696			2	
金属废料和碎屑加工处理	290	277				
非金属废料和碎屑加工处理	423	419			2	
金属制品、机械和设备修理业	2121	2106	7	20	31	
金属制品修理	46	46				

国有联营企业	集体联营企业	国有与集体联营企业	其他联营企业	有限责任公司	国有独资公司	其他有限责任公司	股份有限公司	私营企业	私营独资企业
				13	1	12	3	132	12
				4	2	2		20	1
				40	1	39	7	789	88
				3		3	1	48	2
				80		80	11	1182	265
				14		14	3	585	88
				29		29	4	667	85
				12		12	3	407	28
				2		2		93	14
	2		1	2069	3	2066	463	34540	3793
				130		130	48	3147	559
	1			1182		1182	222	14547	1157
			1	206		206	43	2766	382
				43	1	42	16	359	15
				222	2	220	60	6622	692
				26		26	9	795	101
				207		207	48	5181	808
	1			53		53	17	1123	79
				582	5	577	151	9823	1090
				27		27	8	364	25
				60	2	58	18	888	76
				14		14	2	180	22
				1		1		8	
				14		14	7	466	123
				46	1	45	11	382	4
				81	1	80	26	1269	63
				299	1	298	75	5594	738
				40		40	4	672	39
				332	1	331	90	5046	683
				263	1	262	74	3720	466
				35		35	8	566	64
				4		4	1	136	33
				18		18	5	216	28
				8		8		180	27
				4		4	2	228	65
				209	1	208	36	6669	825
				132	1	131	24	4825	654
								4	1
				77		77	12	1840	170
				69		69	5	620	95
				45		45	2	230	38
				24		24	3	390	57
				73		73	9	1966	210
				3		3		43	5

2-08 续表 6

行业中类	法人单位数（个）					
		内资企业	国有企业	集体企业	股份合作企业	联营企业
通用设备修理	282	282	1	1		
专用设备修理	264	262	3	6	4	
铁路、船舶、航空航天等运输设备修理	922	912	3	10	22	
电气设备修理	150	149		3	2	
仪器仪表修理	21	21				
其他机械和设备修理业	436	434			3	
电力、热力、燃气及水生产和供应业	**5238**	**5084**	**107**	**493**	**181**	**15**
电力、热力生产和供应业	3711	3632	71	355	150	15
电力生产	3387	3312	53	341	149	15
电力供应	187	186	18	14	1	
热力生产和供应	137	134				
燃气生产和供应业	279	234	1	4	2	
燃气生产和供应业	269	225	1	4	2	
生物质燃气生产和供应业	10	9				
水的生产和供应业	1248	1218	35	134	29	
自来水生产和供应	549	545	31	130	5	
污水处理及其再生利用	582	556	4	2		
海水淡化处理	3	3				
其他水的处理、利用与分配	114	114		2	24	
建筑业	**51741**	**51665**	**52**	**128**	**34**	**1**
房屋建筑业	7820	7804	5	49	5	1
住宅房屋建筑	6733	6724	5	45	4	1
体育场馆建筑	14	14				
其他房屋建筑业	1073	1066		4	1	
土木工程建筑业	12024	11999	35	39	6	
铁路、道路、隧道和桥梁工程建筑	5322	5315	16	17	4	
水利和水运工程建筑	757	756	12	5	2	
海洋工程建筑	52	51	1			
工矿工程建筑	198	197		2		
架线和管道工程建筑	898	895	1	6		
节能环保工程施工	365	362				
电力工程施工	359	354				
其他土木工程建筑	4073	4069	5	9		
建筑安装业	6829	6813	5	18	11	
电气安装	2428	2424	3	9	3	
管道和设备安装	1969	1965	1	7	6	
其他建筑安装业	2432	2424	1	2	2	
建筑装饰、装修和其他建筑业	25068	25049	7	22	12	
建筑装饰和装修业	19138	19122	2	11	7	
建筑物拆除和场地准备活动	3832	3831	5	8	2	
提供施工设备服务	209	208			1	
其他未列明建筑业	1889	1888		3	2	
批发和零售业	**457484**	**452538**	**270**	**795**	**634**	**39**
批发业	288563	284089	176	454	383	9

国有联营企业	集体联营企业	国有与集体联营企业	其他联营企业	有限责任公司	国有独资公司	其他有限责任公司	股份有限公司	私营企业	私营独资企业
				11		11	3	266	17
				12		12	1	236	32
				20		20	1	856	95
				12		12		132	24
				1		1		20	2
				14		14	4	413	35
	11	**1**	**3**	**1037**	**249**	**788**	**73**	**3178**	**356**
	11	1	3	563	99	464	49	2429	285
	11	1	3	450	63	387	41	2263	283
				61	31	30	7	85	2
				52	5	47	1	81	
				76	15	61	6	145	18
				76	15	61	6	136	15
								9	3
				398	135	263	18	604	53
				235	90	145	7	137	20
				160	43	117	10	380	8
				1	1			2	
				2	1	1	1	85	25
			1	**3055**	**212**	**2843**	**334**	**48061**	**438**
			1	694	23	671	94	6956	67
			1	578	20	558	77	6014	63
				3		3	1	10	
				113	3	110	16	932	4
				1066	148	918	90	10763	90
				534	80	454	47	4697	21
				108	30	78	9	620	10
				8	1	7		42	
				35	2	33	1	159	3
				133	11	122	7	748	6
				17		17		345	1
				23	2	21	6	325	4
				208	22	186	20	3827	45
				421	17	404	39	6319	84
				153	3	150	9	2247	22
				115	10	105	9	1827	32
				153	4	149	21	2245	30
				874	24	850	111	24023	197
				628	1	627	85	18389	81
				138	20	118	13	3665	102
				11		11	3	193	4
				97	3	94	10	1776	10
3	**17**	**12**	**7**	**17252**	**343**	**16909**	**2363**	**431185**	**25832**
	4	3	2	10787	219	10568	1341	270939	10225

2-08 续表 7

行业中类	法人单位数（个）	内资企业				
			国有企业	集体企业	股份合作企业	联营企业
农、林、牧、渔产品批发	4785	4768	26	37	3	1
食品、饮料及烟草制品批发	18295	18174	47	31	24	1
纺织、服装及家庭用品批发	91920	89166	10	46	31	
文化、体育用品及器材批发	15800	15528	6	10	19	
医药及医疗器材批发	6864	6801	4	3	6	
矿产品、建材及化工产品批发	66829	66531	43	257	171	5
机械设备、五金产品及电子产品批发	56763	56077	31	39	104	2
贸易经纪与代理	6879	6727	4	3	1	
其他批发业	20428	20317	5	28	24	
零售业	168921	168449	94	341	251	30
综合零售	3785	3695	13	76	13	4
食品、饮料及烟草制品专门零售	15050	15014	26	60	20	1
纺织、服装及日用品专门零售	26322	26222	3	51	16	6
文化、体育用品及器材专门零售	9085	9055	19	21	12	1
医药及医疗器材专门零售	12605	12601	18	45	54	1
汽车、摩托车、零配件和燃料及其他动力销售	15130	15048	8	32	60	13
家用电器及电子产品专门零售	14353	14334	1	9	17	
五金、家具及室内装饰材料专门零售	20238	20207	3	29	44	3
货摊、无店铺及其他零售业	52353	52273	3	18	15	1
交通运输、仓储和邮政业	**31866**	**31626**	**100**	**246**	**124**	**6**
铁路运输业	13	13	1			
铁路旅客运输	8	8				
铁路货物运输	4	4	1			
铁路运输辅助活动	1	1				
道路运输业	19336	19292	43	152	79	3
城市公共交通运输	574	569	6	18	6	
公路旅客运输	482	482	10	16	1	1
道路货物运输	17210	17178	7	46	63	1
道路运输辅助活动	1070	1063	20	72	9	1
水上运输业	1301	1277	11	12	1	
水上旅客运输	91	91	5	6		
水上货物运输	836	834	3	3	1	
水上运输辅助活动	374	352	3	3		
航空运输业	130	124	1			
航空客货运输	56	53				
通用航空服务	40	38				
航空运输辅助活动	34	33	1			
管道运输业	4	3				
海底管道运输	1					
陆地管道运输	3	3				
多式联运和运输代理业	6919	6879	6	9	29	1
多式联运	19	19				
运输代理业	6900	6860	6	9	29	1
装卸搬运和仓储业	2657	2536	26	68	15	2

国有联营企业	集体联营企业	国有与集体联营企业	其他联营企业	有限责任公司	国有独资公司	其他有限责任公司	股份有限公司	私营企业	私营独资企业
			1	235	37	198	21	4445	630
		1		876	50	826	116	17079	1244
				2465	10	2455	365	86249	1892
				448	6	442	88	14957	794
				499	3	496	49	6240	165
	3	2		3006	81	2925	356	62693	2888
	1		1	2309	13	2296	245	53347	1411
				257	9	248	27	6435	100
				692	10	682	74	19494	1101
3	13	9	5	6465	124	6341	1022	160246	15607
	4			293	2	291	36	3260	383
1				651	16	635	106	14150	1827
	2	4		962		962	149	25035	2201
	1			474	63	411	102	8426	424
	1			485	7	478	102	11896	4983
2	1	5	5	1298	22	1276	143	13494	849
				616	4	612	85	13606	554
	3			540	3	537	77	19511	3456
	1			1146	7	1139	222	50868	930
2		**1**	**3**	**2506**	**348**	**2158**	**219**	**28425**	**986**
				11		11		1	
				8		8			
				3		3			
								1	
2		1		1397	192	1205	132	17486	565
				204	74	130	12	323	2
1				176	26	150	13	265	1
		1		773	22	751	92	16196	529
1				244	70	174	15	702	33
				200	33	167	12	1041	19
				34	11	23	2	44	1
				89	8	81	8	730	12
				77	14	63	2	267	6
				32	14	18	1	90	
				10	3	7		43	
				6	2	4	1	31	
				16	9	7		16	
				1		1		2	
				1		1		2	
			1	398	31	367	40	6396	305
				4	1	3		15	
			1	394	30	364	40	6381	305
			2	357	76	281	21	2047	83

2-08 续表 8

行业中类	法人单位数（个）	内资企业	国有企业	集体企业	股份合作企业	联营企业
装卸搬运	1285	1274	3	63	8	1
通用仓储	576	525	1	2		1
低温仓储	98	96	1		1	
危险品仓储	72	56				
谷物、棉花等农产品仓储	137	135	21		4	
中药材仓储	1	1				
其他仓储业	488	449		3	2	
邮政业	1506	1502	12	5		
邮政基本服务	29	29	12	5		
快递服务	1465	1461				
其他寄递服务	12	12				
住宿和餐饮业	**24928**	**24667**	**102**	**93**	**70**	**7**
住宿业	9186	9087	79	67	56	5
旅游饭店	1995	1929	42	21	8	3
一般旅馆	5988	5960	35	36	43	1
民宿服务	977	972	1	9		
露营地服务	9	9				
其他住宿业	217	217	1	1	5	1
餐饮业	15742	15580	23	26	14	2
正餐服务	12109	11992	21	19	9	2
快餐服务	1113	1102	1	2	2	
饮料及冷饮服务	768	752	1	1		
餐饮配送及外卖送餐服务	359	356				
其他餐饮业	1393	1378		4	3	
信息传输、软件和信息技术服务业	**54689**	**54106**	**19**	**34**	**1**	**1**
电信、广播电视和卫星传输服务	894	876	10	20		
电信	755	737	5	20		
广播电视传输服务	127	127	5			
卫星传输服务	12	12				
互联网和相关服务	5487	5448	1	3		
互联网接入及相关服务	331	331				
互联网信息服务	2957	2945		2		
互联网平台	764	755				
互联网安全服务	62	62				
互联网数据服务	212	202				
其他互联网服务	1161	1153	1	1		
软件和信息技术服务业	48308	47782	8	11	1	1
软件开发	34218	33827	4	3	1	1
集成电路设计	258	239				
信息系统集成和物联网技术服务	1864	1843				
运行维护服务	313	312		1		
信息处理和存储支持服务	320	316				
信息技术咨询服务	7661	7590	3	7		
数字内容服务	536	533				
其他信息技术服务业	3138	3122	1			

国有联营企业	集体联营企业	国有与集体联营企业	其他联营企业	有限责任公司	国有独资公司	其他有限责任公司	股份有限公司	私营企业	私营独资企业
			1	84	2	82	8	1107	63
			1	83	6	77	4	434	6
				9		9	2	83	6
				27	2	25	1	28	1
				75	58	17	2	33	
				1	1				
				78	7	71	4	362	7
				110	2	108	13	1362	14
				7	1	6		5	2
				99		99	12	1350	11
				4	1	3	1	7	1
1	**2**	**2**	**2**	**1601**	**62**	**1539**	**192**	**22602**	**4072**
1	2	1	1	745	43	702	87	8048	2040
1		1	1	373	30	343	32	1450	101
	1			311	10	301	38	5496	1836
				47	1	46	16	899	67
								9	
	1			14	2	12	1	194	36
		1	1	856	19	837	105	14554	2032
		1	1	693	17	676	88	11160	1615
				46		46	7	1044	139
				41	1	40	4	705	133
				18	1	17	2	336	8
				58		58	4	1309	137
	1			**3160**	**65**	**3095**	**462**	**50429**	**304**
				159	37	122	30	657	15
				75	10	65	26	611	13
				81	27	54	4	37	2
				3		3		9	
				406	5	401	53	4985	39
				15		15	3	313	
				217	2	215	33	2693	22
				71	3	68	8	676	
				1		1		61	
				33		33	5	164	
				69		69	4	1078	17
	1			2595	23	2572	379	44787	250
	1			1822	13	1809	276	31720	84
				15		15	4	220	2
				121	2	119	22	1700	9
				20		20	3	288	
				31	2	29	4	281	
				387	4	383	50	7143	101
				33	1	32	5	495	3
				166	1	165	15	2940	51

2-08 续表 9

行业中类	法人单位数（个）	内资企业	国有企业	集体企业	股份合作企业	联营企业
金融业	**16574**	**16271**	**141**	**13**	**13**	**3**
货币金融服务	1591	1469	48	5	12	
中央银行服务						
货币银行服务	541	520	44	5	11	
非货币银行服务	1050	949	4		1	
银行理财服务						
银行监管服务						
资本市场服务	13084	12994	17	1	1	3
证券市场服务	6	6	1			
公开募集证券投资基金	2	2				
非公开募集证券投资基金	1923	1909	3			
期货市场服务	14	14	4			
证券期货监管服务						
资本投资服务	1545	1540	8		1	1
其他资本市场服务	9594	9523	1	1		2
保险业	797	712	71	3		
人身保险	251	188	10			
财产保险	313	294	56	3		
再保险						
商业养老金	11	11				
保险中介服务	132	130	4			
保险资产管理	1					
保险监管服务						
其他保险活动	89	89	1			
其他金融业	1102	1096	5	4		
金融信托与管理服务	73	73	1	1		
控股公司服务	345	343		1		
非金融机构支付服务	13	13	2			
金融信息服务	260	259		1		
金融资产管理公司	10	10				
其他未列明金融业	401	398	2	1		
房地产业	**45826**	**45036**	**218**	**470**	**430**	**13**
房地产业	45826	45036	218	470	430	13
房地产开发经营	10707	10302	45	25	4	2
物业管理	8636	8578	30	39	1	
房地产中介服务	16037	16022	9	10	10	
房地产租赁经营	9796	9493	123	385	414	10
其他房地产业	650	641	11	11	1	1
租赁和商务服务业	**126824**	**126107**	**309**	**1201**	**106**	**25**
租赁业	9160	9123	1	10	2	1
机械设备经营租赁	8680	8644	1	9	2	

国有联营企业	集体联营企业	国有与集体联营企业	其他联营企业	有限责任公司	国有独资公司	其他有限责任公司	股份有限公司	私营企业	私营独资企业
3				**905**	**54**	**851**	**977**	**14218**	**81**
				203	1	202	564	637	28
				11	1	10	446	3	
				192		192	118	634	28
3				427	14	413	30	12515	13
				2		2	2	1	
								2	1
				192		192	11	1703	5
				6		6	3	1	
1				107	10	97	7	1416	2
2				120	4	116	7	9392	5
				117	11	106	359	161	39
				28		28	150		
				44	11	33	191		
							11		
				43		43	5	78	1
				2		2	2	83	38
				158	28	130	24	905	1
				6		6	5	60	
				29	7	22	4	309	
				7		7		4	
				20		20	8	230	
				6	3	3	1	3	
				90	18	72	6	299	1
4	**6**	**3**		**6321**	**468**	**5853**	**371**	**37213**	**1940**
4	6	3		6321	468	5853	371	37213	1940
1		1		3505	253	3252	132	6589	
				1241	80	1161	81	7186	24
				603	9	594	81	15309	901
3	5	2		862	97	765	75	7624	1007
	1			110	29	81	2	505	8
3	**13**	**5**	**4**	**10082**	**1645**	**8437**	**804**	**113579**	**2324**
			1	421	28	393	56	8632	141
				393	24	369	52	8187	133

2-08 续表 10

行业中类	法人单位数(个)	内资企业	国有企业	集体企业	股份合作企业	联营企业
文体设备和用品出租	411	410				1
日用品出租	69	69		1		
商务服务业	117664	116984	308	1191	104	24
组织管理服务	33306	33059	121	580	19	9
综合管理服务	3700	3673	31	430	15	10
法律服务	425	424	3	2		
咨询与调查	37713	37419	38	55	17	1
广告业	19669	19652	13	12	12	1
人力资源服务	5588	5579	22	40	5	1
安全保护服务	1344	1340	27	2	1	
会议、展览及相关服务	2329	2321	9	1	1	
其他商务服务业	13590	13517	44	69	34	2
科学研究和技术服务业	**58019**	**57303**	**316**	**163**	**48**	**8**
研究和试验发展	9275	8985	10	8	17	1
自然科学研究和试验发展	355	350		1	2	
工程和技术研究和试验发展	7208	7016	7	4	9	1
农业科学研究和试验发展	396	389		3	2	
医学研究和试验发展	1284	1198	1		4	
社会人文科学研究	32	32	2			
专业技术服务业	28678	28498	262	92	28	4
气象服务	39	39	5	1		
地震服务	5	5				
海洋服务	54	54	2			
测绘地理信息服务	520	520	25	20	1	
质检技术服务	2406	2370	44	31	9	2
环境与生态监测检测服务	566	566	2			
地质勘查	79	79	9	3		
工程技术与设计服务	13778	13737	162	26	11	2
工业与专业设计及其他专业技术服务	11231	11128	13	11	7	
科技推广和应用服务业	20066	19820	44	63	3	3
技术推广服务	15104	14879	38	55	3	2
知识产权服务	1718	1715	2	3		
科技中介服务	541	539	3	2		1
创业空间服务	180	178	1			
其他科技推广服务业	2523	2509		3		
水利、环境和公共设施管理业	**7142**	**7106**	**47**	**79**	**4**	**2**
水利管理业	367	365	20	15		1
防洪除涝设施管理	74	74	1	6		1
水资源管理	104	103	4	4		
天然水收集与分配	42	42	6	3		
水文服务	12	12	2			
其他水利管理业	135	134	7	2		
生态保护和环境治理业	1173	1163	6	2	1	

国有联营企业	集体联营企业	国有与集体联营企业	其他联营企业	有限责任公司	国有独资公司	其他有限责任公司	股份有限公司	私营企业	私营独资企业
			1	25	3	22	2	382	6
				3	1	2	2	63	2
3	13	5	3	9661	1617	8044	748	104947	2183
2	5	2		4316	1228	3088	259	27755	129
	7	1	2	710	78	632	54	2423	28
				14		14	1	403	27
			1	1969	56	1913	174	35165	824
		1		879	49	830	95	18640	363
	1			333	34	299	33	5145	31
				161	57	104	9	1140	8
				193	17	176	17	2100	30
1		1		1086	98	988	106	12176	743
4	**1**	**2**	**1**	**3905**	**302**	**3603**	**403**	**52460**	**609**
	1			546	20	526	72	8331	66
				22		22	3	322	2
	1			409	16	393	54	6532	22
				26	4	22	6	352	16
				88		88	9	1096	25
				1		1		29	1
3		1		2180	214	1966	188	25744	294
				10		10		23	
								5	
				7		7	2	43	
				57	10	47	4	413	1
1		1		340	51	289	18	1926	13
				36	7	29	4	524	2
				15	4	11	1	51	
2				1126	127	999	104	12306	107
				589	15	574	55	10453	171
1		1	1	1179	68	1111	143	18385	249
		1	1	903	49	854	117	13761	211
				83	6	77	8	1619	27
1				33	5	28	4	496	5
				24	2	22	2	151	1
				136	6	130	12	2358	5
	2			**1357**	**399**	**958**	**96**	**5521**	**70**
	1			146	71	75	5	178	4
	1			33	17	16		33	
				45	23	22	1	49	1
				24	9	15	2	7	
				2		2	1	7	
				42	22	20	1	82	3
				147	27	120	11	996	16

2-08 续表 11

行业中类	法人单位数（个）	内资企业	国有企业	集体企业	股份合作企业	联营企业
生态保护	58	58	5	1		
环境治理业	1115	1105	1	1	1	
公共设施管理业	5167	5143	20	60		1
市政设施管理	688	685	6	6		
环境卫生管理	1285	1284	4	33		
城乡市容管理	76	76		2		
绿化管理	1862	1861	9	6		
城市公园管理	56	56		1		
游览景区管理	1200	1181	1	12		1
土地管理业	435	435	1	2	3	
土地整治服务	330	330		1		
土地调查评估服务	47	47			1	
土地登记服务	5	5		1		
土地登记代理服务	22	22	1		2	
其他土地管理服务	31	31				
居民服务、修理和其他服务业	**24665**	**24621**	**40**	**151**	**75**	**3**
居民服务业	10827	10800	27	97	13	3
家庭服务	2322	2321	2	4		
托儿所服务	179	179				
洗染服务	444	444		2		
理发及美容服务	2057	2049	1			
洗浴和保健养生服务	1997	1992		1	5	
摄影扩印服务	1339	1336	2	3	3	
婚姻服务	1009	1005	2		1	
殡葬服务	388	384	17	79	3	3
其他居民服务业	1092	1090	3	8	1	
机动车、电子产品和日用产品修理业	9322	9312	8	29	55	
汽车、摩托车等修理与维护	7282	7275	7	26	47	
计算机和办公设备维修	834	833			2	
家用电器修理	1011	1009	1	3	5	
其他日用产品修理业	195	195			1	
其他服务业	4516	4509	5	25	7	
清洁服务	3376	3375	2	21		
宠物服务	196	196		1	1	
其他未列明服务业	944	938	3	3	6	
教育	**16860**	**16826**	**38**	**34**	**11**	**1**
教育	16860	16826	38	34	11	1
学前教育	604	601	2			
初等教育	39	39				
中等教育	35	35	1			
高等教育						
特殊教育	6	6				
技能培训、教育辅助及其他教育	16176	16145	35	34	11	1

国有联营企业	集体联营企业	国有与集体联营企业	其他联营企业	有限责任公司	国有独资公司	其他有限责任公司	股份有限公司	私营企业	私营独资企业
				13	4	9	1	38	
				134	23	111	10	958	16
	1			982	256	726	76	4004	49
				334	121	213	8	331	3
				134	22	112	17	1096	8
				20	9	11	1	53	
				145	17	128	18	1683	28
				17	1	16	1	37	1
	1			332	86	246	31	804	9
				82	45	37	4	343	1
				50	30	20	4	275	1
				11	2	9		35	
								4	
				1	1			18	
				20	12	8		11	
	2		**1**	**1028**	**47**	**981**	**132**	**23192**	**2653**
	2		1	420	21	399	52	10188	1127
				80	2	78	16	2219	50
				7		7		172	4
				20	1	19	3	419	45
				86		86	11	1951	214
				61	1	60	9	1916	480
				43	1	42	2	1283	65
				34		34	2	966	26
	2		1	43	10	33	2	237	16
				46	6	40	7	1025	227
				383	12	371	54	8783	1409
				295	10	285	44	6856	1296
				38	1	37	5	788	21
				47	1	46	4	949	75
				3		3	1	190	17
				225	14	211	26	4221	117
				139	9	130	15	3198	59
				14	1	13	3	177	25
				72	4	68	8	846	33
1				**828**	**23**	**805**	**138**	**15776**	**304**
1				828	23	805	138	15776	304
				36		36	3	560	8
				3		3		36	1
				4		4		30	2
								6	
1				785	23	762	135	15144	293

2-08 续表 12

行业中类	法人单位数(个)	内资企业	国有企业	集体企业	股份合作企业	联营企业
卫生和社会工作	**3930**	**3910**	**13**	**10**	**4**	**1**
卫生	3338	3329	2	4	4	
医院	616	608	1		2	
基层医疗卫生服务	2538	2538	1	3	2	
专业公共卫生服务	37	37				
其他卫生活动	147	146		1		
社会工作	592	581	11	6		1
提供住宿社会工作	541	532	5	5		1
不提供住宿社会工作	51	49	6	1		
文化、体育和娱乐业	**32390**	**32283**	**85**	**63**	**31**	**2**
新闻和出版业	179	179	24	4		
新闻业	16	16	3			
出版业	163	163	21	4		
广播、电视、电影和录音制作业	7261	7243	30	10	2	1
广播	193	193	1			
电视	142	142	3	1		
影视节目制作	5885	5872			2	
广播电视集成播控	8	8				
电影和广播电视节目发行	244	244	3			
电影放映	714	709	23	9		1
录音制作	75	75				
文化艺术业	5609	5589	21	20	4	1
文艺创作与表演	2405	2391	4	4	1	
艺术表演场馆	52	52	9	3		
图书馆与档案馆	232	232	4	8	1	
文物及非物质文化遗产保护	47	47				1
博物馆	29	29	1	1		
烈士陵园、纪念馆	4	4		2		
群众文体活动	493	492	3	2	1	
其他文化艺术业	2347	2342			1	
体育	2987	2959	6	10	2	
体育组织	496	492				
体育场地设施管理	202	199	3	4	1	
健身休闲活动	2200	2179	3	6	1	
其他体育	89	89				
娱乐业	16354	16313	4	19	23	
室内娱乐活动	7754	7747	1	11	23	
游乐园	207	204	1	1		
休闲观光活动	755	752		3		
彩票活动	12	12	1			
文化体育娱乐活动与经纪代理服务	7548	7521	1	3		
其他娱乐业	78	77		1		

国有联营企　业	集体联营企　业	国有与集体联营企业	其他联营企　业	有限责任公　　司	国有独资公　　司	其他有限责任公司	股份有限公　　司	私营企业	私营独资企　　业
	1			**305**	**8**	**297**	**37**	**3540**	**826**
				250	2	248	23	3046	779
				93		93	10	502	57
				139		139	12	2381	717
				2		2		35	3
				16	2	14	1	128	2
	1			55	6	49	14	494	47
	1			52	6	46	14	455	46
				3		3		39	1
1			**1**	**1535**	**125**	**1410**	**219**	**30348**	**7813**
				77	19	58	1	73	3
				2		2		11	
				75	19	56	1	62	3
1				368	35	333	73	6759	2014
				13	1	12	1	178	6
				10	2	8		128	30
				192	8	184	61	5617	1908
				2		2		6	
				13	3	10	2	226	51
1				136	21	115	9	531	7
				2		2		73	12
			1	326	31	295	50	5167	510
				111	15	96	16	2255	407
				15	5	10	2	23	2
				13		13	4	202	7
			1	15	5	10		31	1
				5	1	4	1	21	4
				1	1			1	
				36		36	4	446	13
				130	4	126	23	2188	76
				175	19	156	25	2741	221
				31	3	28	5	456	9
				27	6	21	3	161	10
				111	9	102	16	2042	202
				6	1	5	1	82	
				589	21	568	70	15608	5065
				171	1	170	16	7525	4452
				21	4	17	3	178	9
				47	5	42	11	691	27
				6	5	1		5	
				336	6	330	39	7142	575
				8		8	1	67	2

2-08 续表 13

行业中类	私营合伙企业	私营有限责任公司	私营股份有限公司	其他企业	港、澳、台商投资企业	与港澳台商合资经营企业
总　计	**42061**	**1098760**	**8903**	**2**	**7060**	**2870**
农、林、牧、渔业	**7**	**745**	**19**		**5**	**2**
农业	2	24			2	
谷物种植		1				
豆类、油料和薯类种植						
棉、麻、糖、烟草种植						
蔬菜、食用菌及园艺作物种植	2	10			2	
水果种植		4				
坚果、含油果、香料和饮料作物种植		2				
中药材种植		6				
草种植及割草						
其他农业		1				
林业		2				
林木育种和育苗		2				
造林和更新						
森林经营、管护和改培						
木材和竹材采运						
林产品采集						
畜牧业	1	10				
牲畜饲养	1	6				
家禽饲养		4				
狩猎和捕捉动物						
其他畜牧业						
渔业	2	14				
水产养殖	2	13				
水产捕捞		1				
农、林、牧、渔专业及辅助性活动	2	695	19		3	2
农业专业及辅助性活动		473	16		3	2
林业专业及辅助性活动		143	1			
畜牧专业及辅助性活动	1	23	1			
渔业专业及辅助性活动	1	56	1			
采矿业	**32**	**572**	**6**		**1**	**1**
煤炭开采和洗选业		5				
烟煤和无烟煤开采洗选		4				
褐煤开采洗选						
其他煤炭采选		1				
石油和天然气开采业						
石油开采						
天然气开采						
黑色金属矿采选业	1	14				
铁矿采选	1	14				
锰矿、铬矿采选						
其他黑色金属矿采选						

与港澳台商合作经营企业	港澳台商独资经营企业	港澳台商投资股份有限公司	其他港澳台投资企业	外商投资企业	中外合资经营企业	中外合作经营企业	外资企业	外商投资股份有限公司	其他外商投资
83	**3874**	**127**	**106**	**10752**	**3465**	**72**	**5624**	**188**	**1403**
	2		**1**	**2**	**1**		**1**		
	2			1	1				
	2								
				1	1				
			1	1			1		
			1	1			1		
				4	**2**		**2**		

2-08 续表 14

行业中类	私营合伙企业	私营有限责任公司	私营股份有限公司	其他企业	港、澳、台商投资企业	与港澳台商合资经营企业
有色金属矿采选业	1	34				
常用有色金属矿采选	1	21				
贵金属矿采选		3				
稀有稀土金属矿采选		10				
非金属矿采选业	30	502	6		1	1
土砂石开采	28	466	6		1	1
化学矿开采		2				
采盐		1				
石棉及其他非金属矿采选	2	33				
开采专业及辅助性活动		10				
煤炭开采和洗选专业及辅助性活动		1				
石油和天然气开采专业及辅助性活动		3				
其他开采专业及辅助性活动		6				
其他采矿业		7				
其他采矿业		7				
制造业	**12931**	**300909**	**3384**		**4282**	**1977**
农副食品加工业	90	2905	48		33	17
谷物磨制	9	125			1	1
饲料加工	5	288	9		5	1
植物油加工	1	110	4		2	
制糖业	1	22				
屠宰及肉类加工	16	458	11		13	6
水产品加工	39	893	10		8	5
蔬菜、菌类、水果和坚果加工	4	567	9		2	2
其他农副食品加工	15	442	5		2	2
食品制造业	42	2114	41		52	26
焙烤食品制造	10	636	7		14	5
糖果、巧克力及蜜饯制造	3	128	2		2	2
方便食品制造	2	362	5		11	6
乳制品制造		21	3			
罐头食品制造	2	126	3		1	1
调味品、发酵制品制造	2	144	1		2	
其他食品制造	23	697	20		22	12
酒、饮料和精制茶制造业	46	1296	25		22	6
酒的制造	17	331	3		7	1
饮料制造	11	385	9		10	3
精制茶加工	18	580	13		5	2
烟草制品业						
烟叶复烤						
卷烟制造						
其他烟草制品制造						
纺织业	401	25331	169		462	235
棉纺织及印染精加工	127	6551	47		171	104
毛纺织及染整精加工	16	814	3		33	14

与港澳台商合作经营企业	港澳台商独资经营企业	港澳台商投资股份有限公司	其他港澳台投资企业	外商投资企业	中外合资经营企业	中外合作经营企业	外资企业	外商投资股份有限公司	其他外商投资
				4	2		2		
				4	2		2		
53	**2143**	**68**	**41**	**4491**	**2159**	**41**	**2144**	**66**	**81**
	14	2		57	36		20		1
	4			9	7		2		
	2			3	2		1		
	5	2		11	6		5		
	3			17	12		4		1
				13	7		6		
				4	2		2		
	25	1		92	38	2	49	1	2
	9			12	3	1	7		1
				8	1		7		
	5			8	2		5		1
				4	2		2		
				17	11		6		
	2			6	3	1	2		
	9	1		37	16		20	1	
	16			48	27		19		2
	6			12	3		9		
	7			32	22		8		2
	3			4	2		2		
4	212	8	3	310	164	1	135	4	6
	63	3	1	106	53		48	1	4
	19			12	8		4		

2-08 续表 15

行业中类	私营合伙企业	私营有限责任公司	私营股份有限公司	其他企业	港、澳、台商投资企业	与港澳台商合资经营企业
麻纺织及染整精加工	3	43			5	
丝绢纺织及印染精加工	12	737	7		25	19
化纤织造及印染精加工	36	3701	26		44	21
针织或钩针编织物及其制品制造	73	6976	34		79	38
家用纺织制成品制造	51	3807	30		57	22
产业用纺织制成品制造	83	2702	22		48	17
纺织服装、服饰业	321	22578	189		567	273
机织服装制造	129	9287	104		286	123
针织或钩针编织服装制造	96	5784	23		149	66
服饰制造	96	7507	62		132	84
皮革、毛皮、羽毛及其制品和制鞋业	482	14585	109		93	53
皮革鞣制加工	10	381	3		7	6
皮革制品制造	52	4025	36		45	21
毛皮鞣制及制品加工	7	902	3		9	1
羽毛(绒)加工及制品制造	8	270			12	11
制鞋业	405	9007	67		20	14
木材加工和木、竹、藤、棕、草制品业	132	4524	50		39	16
木材加工	13	736	4		2	
人造板制造	13	402	7		16	8
木质制品制造	61	2536	29		12	5
竹、藤、棕、草等制品制造	45	850	10		9	3
家具制造业	94	5504	54		85	35
木质家具制造	56	3513	27		33	11
竹、藤家具制造	3	133	2		3	2
金属家具制造	21	857	10		25	15
塑料家具制造	1	119	1		6	2
其他家具制造	13	882	14		18	5
造纸和纸制品业	482	8527	82		65	40
纸浆制造		14				
造纸	33	1222	18		27	18
纸制品制造	449	7291	64		38	22
印刷和记录媒介复制业	419	6915	56		29	17
印刷	395	6506	50		29	17
装订及印刷相关服务	23	404	6			
记录媒介复制	1	5				
文教、工美、体育和娱乐用品制造业	501	16014	148		209	88
文教办公用品制造	71	2717	24		39	19
乐器制造	5	192	1		4	3
工艺美术及礼仪用品制造	357	8472	85		90	37
体育用品制造	28	1866	22		23	4
玩具制造	39	1929	14		44	24
游艺器材及娱乐用品制造	1	838	2		9	1
石油、煤炭及其他燃料加工业	4	342	8		9	5
精炼石油产品制造	3	166	8		9	5

与港澳台商合作经营企业	港澳台商独资经营企业	港澳台商投资股份有限公司	其他港澳台投资企业	外商投资企业	中外合资经营企业	中外合作经营企业	外资企业	外商投资股份有限公司	其他外商投资
	5			2	1		1		
1	5			20	14		5	1	
1	20	2		30	20	1	9		
	40	1		45	23		22		
1	31	2	1	56	31		23	1	1
1	29		1	39	14		23	1	1
6	277	8	3	415	216	2	186	4	7
2	159	1	1	210	111		93	2	4
2	73	6	2	110	52	1	55	1	1
2	45	1		95	53	1	38	1	2
2	35	1	2	137	86	1	49	1	
	1			19	12		7		
1	21	1	1	59	31		28		
	8			7	4		3		
	1			9	7		2		
1	4		1	43	32	1	9	1	
	20	3		47	23	3	19		2
	2			3			3		
	6	2		6	2		4		
	6	1		18	11		7		
	6			20	10	3	5		2
	49		1	92	38		50	1	3
	21		1	37	18		18		1
	1			3	1		2		
	10			25	5		19		1
	4			1	1				
	13			26	13		11	1	1
	25			55	30	1	23		1
	9			17	13		4		
	16			38	17	1	19		1
1	11			23	13		10		
1	11			20	11		9		
				3	2		1		
4	107	6	4	186	90	3	86	2	5
2	15	2	1	38	20		18		
	1			10	4		6		
1	47	3	2	68	37		28	1	2
	19			42	21	1	19		1
1	18		1	26	7	2	14	1	2
	7	1		2	1		1		
	4			4	1		1	1	1
	4			4	1		1	1	1

2-08 续表 16

行业中类						
	私营合伙企业	私营有限责任公司	私营股份有限公司	其他企业	港、澳、台商投资企业	与港澳台商合资经营企业
煤炭加工	1	28				
核燃料加工						
生物质燃料加工		148				
化学原料和化学制品制造业	193	5928	111		187	95
基础化学原料制造	26	658	15		38	23
肥料制造	3	190	1		1	1
农药制造		49	2		5	3
涂料、油墨、颜料及类似产品制造	57	1459	22		42	20
合成材料制造	24	895	18		31	16
专用化学产品制造	61	1668	36		55	23
炸药、火工及焰火产品制造		9				
日用化学产品制造	22	1000	17		15	9
医药制造业	15	777	33		39	25
化学药品原料药制造	5	119	8		10	10
化学药品制剂制造		58	2		3	
中药饮片加工		69	2		1	1
中成药生产		50	4		3	2
兽用药品制造		40	3		2	2
生物药品制品制造	1	143	5		8	4
卫生材料及医药用品制造	6	231	8		10	4
药用辅料及包装材料	3	67	1		2	2
化学纤维制造业	37	1355	8		47	27
纤维素纤维原料及纤维制造	1	50			1	
合成纤维制造	35	1271	8		45	27
生物基材料制造	1	34			1	
橡胶和塑料制品业	1757	21530	262		228	103
橡胶制品业	257	2443	45		19	10
塑料制品业	1500	19087	217		209	93
非金属矿物制品业	298	9295	121		91	42
水泥、石灰和石膏制造	9	339	6		1	1
石膏、水泥制品及类似制品制造	70	1899	24		30	14
砖瓦、石材等建筑材料制造	110	2955	36		17	6
玻璃制造	8	374	3		5	2
玻璃制品制造	31	1658	13		11	4
玻璃纤维和玻璃纤维增强塑料制品制造	16	300	5		10	4
陶瓷制品制造	11	788	10		14	10
耐火材料制品制造	20	382	16		1	
石墨及其他非金属矿物制品制造	23	600	8		2	1
黑色金属冶炼和压延加工业	100	1796	21		34	22
炼铁	1	4				
炼钢	1	10				
钢压延加工	95	1732	20		34	22
铁合金冶炼	3	50	1			
有色金属冶炼和压延加工业	100	2151	38		31	13

与港澳台商合作经营企业	港澳台商独资经营企业	港澳台商投资股份有限公司	其他港澳台投资企业	外商投资企业	中外合资经营企业	中外合作经营企业	外资企业	外商投资股份有限公司	其他外商投资
5	82	3	2	250	114	1	122	8	5
2	12	1		38	20		16	2	
				3	2		1		
	1	1		6	4		2		
2	20			39	26		12	1	
1	14			48	19		26	1	2
	30		2	76	32		39	4	1
	5	1		40	11	1	26		2
	14			74	47		26	1	
				12	8		3	1	
	3			13	9		4		
				5	4		1		
	1			5	3		2		
				5	4		1		
	4			20	12		8		
	6			10	5		5		
				4	2		2		
1	19			31	19		11		1
	1			3	3				
1	17			28	16		11		1
	1								
5	118	1	1	241	113	4	117	2	5
	9			37	13		24		
5	109	1	1	204	100	4	93	2	5
	47	1	1	102	49	2	48	2	1
				3			3		
	16			11	6		5		
	10		1	13	6		6	1	
	3			3	1		1		1
	7			26	12	1	13		
	6			15	7		7	1	
	4			13	7		6		
		1		8	6	1	1		
	1			10	4		6		
	12			20	13		7		
	12			20	13		7		
	16		2	36	16	2	17		1

2-08 续表 17

行业中类	私营合伙企业	私营有限责任公司	私营股份有限公司	其他企业	港、澳、台商投资企业	与港澳台商合资经营企业
常用有色金属冶炼	4	96			2	
贵金属冶炼		5				
稀有稀土金属冶炼		11			1	1
有色金属合金制造	20	507	9		9	3
有色金属压延加工	76	1532	29		19	9
金属制品业	1604	27403	244		279	125
结构性金属制品制造	202	6381	50		42	16
金属工具制造	122	3106	33		41	22
集装箱及金属包装容器制造	13	508	10		23	10
金属丝绳及其制品制造	37	617	3		9	4
建筑、安全用金属制品制造	686	7523	66		66	28
金属表面处理及热处理加工	186	1563	12		17	9
搪瓷制品制造	9	350	4		3	3
金属制日用品制造	56	3010	28		33	14
铸造及其他金属制品制造	293	4345	38		45	19
通用设备制造业	1995	36737	447		425	189
锅炉及原动设备制造	13	419	3		12	5
金属加工机械制造	138	3811	61		48	14
物料搬运设备制造	39	1282	18		51	19
泵、阀门、压缩机及类似机械制造	314	9283	130		89	43
轴承、齿轮和传动部件制造	315	3440	26		55	32
烘炉、风机、包装等设备制造	110	4501	70		66	28
文化、办公用机械制造	7	318	3		3	2
通用零部件制造	1022	11861	123		94	44
其他通用设备制造业	37	1822	13		7	2
专用设备制造业	807	19215	235		279	101
采矿、冶金、建筑专用设备制造	27	708	14		13	7
化工、木材、非金属加工专用设备制造	392	7626	54		95	34
食品、饮料、烟草及饲料生产专用设备制造	6	583	10		7	3
印刷、制药、日化及日用品生产专用设备制造	22	833	14		7	5
纺织、服装和皮革加工专用设备制造	194	2204	35		50	15
电子和电工机械专用设备制造	13	595	11		9	2
农、林、牧、渔专用机械制造	32	696	9		13	3
医疗仪器设备及器械制造	80	2444	32		44	14
环保、邮政、社会公共服务及其他专用设备制造	41	3526	56		41	18
汽车制造业	636	11855	184		224	88
汽车整车制造		54	2		6	1
汽车用发动机制造		25	1		4	4
改装汽车制造		19				
低速汽车制造	1					
电车制造		9				
汽车车身、挂车制造	7	83			5	1
汽车零部件及配件制造	628	11665	181		209	82
铁路、船舶、航空航天和其他运输设备制造业	123	3177	40		25	11

与港澳台商合作经营企业	港澳台商独资经营企业	港澳台商投资股份有限公司	其他港澳台投资企业	外商投资企业	中外合资经营企业	中外合作经营企业	外资企业	外商投资股份有限公司	其他外商投资
	2			1					1
	5		1	11	5	1	5		
	9		1	24	11	1	12		
3	144	4	3	277	123	5	137	6	6
	25	1		36	19	1	15		1
	18	1		45	21		22	1	1
1	12			10	5		5		
	4	1		4	2		2		
1	35	1	1	87	36	2	45	2	2
1	6		1	22	8	1	11	1	1
				2	1				1
	19			27	15	1	10	1	
	25		1	44	16		27	1	
3	221	8	4	549	242	3	291	7	6
2	5			14	8		6		
	33	1		58	12		44	2	
	30	1	1	45	18	1	24	1	1
	43	2	1	113	53		58	1	1
	23			92	51	1	38	1	1
	37	1		75	31	1	43		
	1			9	4		5		
1	44	3	2	121	55		62	2	2
	5			22	10		11		1
6	167	2	3	307	128	2	166	7	4
	6			14	6	1	7		
1	57	1	2	92	36		54	2	
2	2			8	5		3		
	1		1	7	5		2		
	34	1		34	10		23		1
1	6			12	5		6	1	
1	9			26	8		15	3	
1	29			55	27		26	1	1
	23			59	26	1	30		2
	128	4	4	297	121	5	160	4	7
	3	1	1	6	2		3	1	
				5	2		2		1
				2	1		1		
				1			1		
	4			6	1		5		
	121	3	3	277	115	5	148	3	6
1	9	1	3	56	29	1	24	1	1

2-08 续表 18

行业中类	私营合伙企业	私营有限责任公司	私营股份有限公司	其他企业	港、澳、台商投资企业	与港澳台商合资经营企业
铁路运输设备制造	1	114	5		1	1
城市轨道交通设备制造		19				
船舶及相关装置制造	21	668	12		4	1
航空、航天器及设备制造	1	45			1	1
摩托车制造	63	846	8		3	
自行车和残疾人座车制造	16	479	2		11	5
助动车制造	18	556	8		2	1
非公路休闲车及零配件制造	3	371	5		2	2
潜水救捞及其他未列明运输设备制造		79			1	
电气机械和器材制造业	836	29532	379		396	190
电机制造	98	2436	54		39	18
输配电及控制设备制造	257	12974	159		118	62
电线、电缆、光缆及电工器材制造	77	2268	39		38	16
电池制造	2	334	8		15	7
家用电力器具制造	230	5650	50		74	37
非电力家用器具制造	5	681	8		8	2
照明器具制造	152	4170	51		95	41
其他电气机械及器材制造	15	1019	10		9	7
计算机、通信和其他电子设备制造业	195	8392	146		223	92
计算机制造	4	331	4		17	3
通信设备制造	16	783	13		21	9
广播电视设备制造	1	151	6		5	3
雷达及配套设备制造	1	7			1	1
非专业视听设备制造	9	334			18	7
智能消费设备制造	3	359	16		10	2
电子器件制造	14	1163	29		42	21
电子元件及电子专用材料制造	140	4643	73		97	43
其他电子设备制造	7	621	5		12	3
仪器仪表制造业	132	4169	62		68	31
通用仪器仪表制造	89	3114	51		43	17
专用仪器仪表制造	12	482	8		9	4
钟表与计时仪器制造	5	97	1		3	1
光学仪器制造	14	173	1		11	9
衡器制造	2	150	1		1	
其他仪器仪表制造业	10	153			1	
其他制造业	1038	4756	50		33	8
日用杂品制造	1006	3140	25		27	7
核辐射加工		3				
其他未列明制造业	32	1613	25		6	1
废弃资源综合利用业	11	506	8		2	1
金属废料和碎屑加工处理	1	189	2		2	1
非金属废料和碎屑加工处理	10	317	6			
金属制品、机械和设备修理业	40	1700	16		6	3
金属制品修理		38				

与港澳台商合作经营企业	港澳台商独资经营企业	港澳台商投资股份有限公司	其他港澳台投资企业	外商投资企业	中外合资经营企业	中外合作经营企业	外资企业	外商投资股份有限公司	其他外商投资
				1			1		
				1	1				
	3			18	9		7	1	1
				3	1		2		
	1	1	1	9	5		4		
1	3		2	13	7	1	5		
	1			4	3		1		
				5	2		3		
	1			2	1		1		
6	189	7	4	386	205	3	165	6	7
	19	2		50	24		26		
2	53		1	108	60		44	2	2
	19	3		50	23	2	22	2	1
	8			27	16		9		2
2	33		2	67	37		30		
	6			9	2		7		
2	50	1	1	57	33	1	20	1	2
	1	1		18	10		7	1	
3	119	8	1	251	102		141	5	3
1	12	1		22	5		16	1	
	11	1		20	6		14		
	1	1		12	3		9		
	11			23	9		13		1
	7	1		12	4		7		1
	19	2		60	29		29	1	1
2	49	2	1	90	39		48	3	
	9			12	7		5		
3	34			85	40		42	1	2
2	24			55	27		26	1	1
1	4			18	6		12		
	2			3	2		1		
	2			4	3		1		
	1			3	1		1		1
	1			2	1		1		
	25			39	18		17	2	2
	20			28	14		11	2	1
	5			11	4		6		1
	1			15	10		5		
	1			11	7		4		
				4	3		1		
	3			9	8		1		

2-08 续表 19

行业中类	私营合伙企业	私营有限责任公司	私营股份有限公司	其他企业	港、澳、台商投资企业	与港澳台商合资经营企业
通用设备修理	2	241	6			
专用设备修理	1	200	3			
铁路、船舶、航空航天等运输设备修理	33	725	3		4	3
电气设备修理	1	106	1		1	
仪器仪表修理		18				
其他机械和设备修理业	3	372	3		1	
电力、热力、燃气及水生产和供应业	**564**	**2205**	**53**		**69**	**41**
电力、热力生产和供应业	513	1593	38		38	22
电力生产	511	1435	34		36	21
电力供应	2	78	3			
热力生产和供应		80	1		2	1
燃气生产和供应业	9	118			24	15
燃气生产和供应业	8	113			23	15
生物质燃气生产和供应业	1	5			1	
水的生产和供应业	42	494	15		7	4
自来水生产和供应	17	93	7		1	1
污水处理及其再生利用	5	361	6		6	3
海水淡化处理		2				
其他水的处理、利用与分配	20	38	2			
建筑业	**55**	**47214**	**354**		**39**	**19**
房屋建筑业	3	6822	64		11	8
住宅房屋建筑	3	5891	57		7	5
体育场馆建筑		10				
其他房屋建筑业		921	7		4	3
土木工程建筑业	9	10580	84		13	6
铁路、道路、隧道和桥梁工程建筑	2	4638	36		4	2
水利和水运工程建筑	1	604	5		1	1
海洋工程建筑		42				
工矿工程建筑		155	1		1	
架线和管道工程建筑	1	737	4		2	1
节能环保工程施工		340	4		1	1
电力工程施工	1	317	3		2	1
其他土木工程建筑	4	3747	31		2	
建筑安装业	13	6169	53		7	2
电气安装	6	2208	11		1	
管道和设备安装	2	1775	18		1	
其他建筑安装业	5	2186	24		5	2
建筑装饰、装修和其他建筑业	30	23643	153		8	3
建筑装饰和装修业	19	18175	114		6	2
建筑物拆除和场地准备活动	8	3528	27			
提供施工设备服务		189			1	
其他未列明建筑业	3	1751	12		1	1
批发和零售业	**1703**	**401512**	**2138**		**892**	**197**
批发业	709	258714	1291		690	146

与港澳台商合作经营企业	港澳台商独资经营企业	港澳台商投资股份有限公司	其他港澳台投资企业	外商投资企业	中外合资经营企业	中外合作经营企业	外资企业	外商投资股份有限公司	其他外商投资
				2	2				
	1			6	6				
	1								
	1			1			1		
2	**26**			**85**	**44**	**4**	**33**	**2**	**2**
2	14			41	21	2	16		2
2	13			39	19	2	16		2
				1	1				
	1			1	1				
	9			21	14		6	1	
	8			21	14		6	1	
	1								
	3			23	9	2	11	1	
				3		2	1		
	3			20	9		10	1	
	19	**1**		**37**	**18**		**18**	**1**	
	2	1		5	2		3		
	1	1		2	1		1		
	1			3	1		2		
	7			12	7		5		
	2			3	1		2		
				1			1		
	1								
	1			1	1				
				2	2				
	1			3	1		2		
	2			2	2				
	5			9	3		6		
	1			3			3		
	1			3	2		1		
	3			3	1		2		
	5			11	6		4	1	
	4			10	6		4		
				1				1	
	1								
9	**642**	**24**	**20**	**4054**	**405**	**8**	**2469**	**65**	**1107**
8	505	15	16	3784	343	7	2305	56	1073

2-08 续表 20

行业中类	私营合伙企业	私营有限责任公司	私营股份有限公司	其他企业	港、澳、台商投资企业	与港澳台商合资经营企业
农、林、牧、渔产品批发	33	3757	25		6	1
食品、饮料及烟草制品批发	64	15647	124		40	11
纺织、服装及家庭用品批发	127	83872	358		243	46
文化、体育用品及器材批发	30	14056	77		37	6
医药及医疗器材批发	7	6032	36		22	8
矿产品、建材及化工产品批发	228	59280	297		123	33
机械设备、五金产品及电子产品批发	128	51553	255		159	30
贸易经纪与代理	9	6286	40		29	4
其他批发业	83	18231	79		31	7
零售业	994	142798	847		202	51
综合零售	21	2835	21		54	8
食品、饮料及烟草制品专门零售	48	12188	87		14	4
纺织、服装及日用品专门零售	77	22603	154		38	12
文化、体育用品及器材专门零售	26	7922	54		9	2
医药及医疗器材专门零售	460	6382	71		2	1
汽车、摩托车、零配件和燃料及其他动力销售	80	12472	93		38	11
家用电器及电子产品专门零售	36	12951	65		9	1
五金、家具及室内装饰材料专门零售	83	15880	92		13	4
货摊、无店铺及其他零售业	163	49565	210		25	8
交通运输、仓储和邮政业	**334**	**26899**	**206**		**133**	**57**
铁路运输业		1				
铁路旅客运输						
铁路货物运输						
铁路运输辅助活动		1				
道路运输业	144	16651	126		26	9
城市公共交通运输	2	308	11		3	2
公路旅客运输	4	258	2			
道路货物运输	121	15437	109		20	5
道路运输辅助活动	17	648	4		3	2
水上运输业	1	1012	9		13	13
水上旅客运输		41	2			
水上货物运输	1	712	5		1	1
水上运输辅助活动		259	2		12	12
航空运输业		88	2		4	3
航空客货运输		42	1		2	1
通用航空服务		30	1		1	1
航空运输辅助活动		16			1	1
管道运输业		2				
海底管道运输						
陆地管道运输		2				
多式联运和运输代理业	120	5926	45		20	10
多式联运		14	1			
运输代理业	120	5912	44		20	10
装卸搬运和仓储业	66	1885	13		69	22

与港澳台商合作经营企业	港澳台商独资经营企业	港澳台商投资股份有限公司	其他港澳台投资企业	外商投资企业	中外合资经营企业	中外合作经营企业	外资企业	外商投资股份有限公司	其他外商投资
1	4			11	2		7		2
1	26	1	1	81	29		43	1	8
3	181	4	9	2511	105	3	1527	34	842
	31			235	17	1	133	2	82
	14			41	19		18		4
1	86	1	2	175	49	1	113	4	8
1	117	7	4	527	90	1	318	11	107
1	23	1		123	15		98	3	7
	23	1		80	17	1	48	1	13
1	137	9	4	270	62	1	164	9	34
1	41	2	2	36	10		25		1
	8	1	1	22	6		12	1	3
	25	1		62	10		41	3	8
	6		1	21	6		13		2
	1			2	1		1		
	25	2		44	7		28	2	7
	8			10			9	1	
	7	2		18	3	1	13	1	
	16	1		55	19		22	1	13
1	**71**	**1**	**3**	**107**	**46**	**3**	**52**	**1**	**5**
1	15		1	18	8	1	9		
1				2		1	1		
	14		1	12	5		7		
	1			4	3		1		
				11	7	1	3		
				1			1		
				10	7	1	2		
	1			2	2				
	1			1	1				
				1	1				
				1	1				
				1	1				
	8		2	20	4		13		3
	8		2	20	4		13		3
	46	1		52	24	1	24	1	2

2-08 续表 21

行业中类	私营合伙企业	私营有限责任公司	私营股份有限公司	其他企业	港、澳、台商投资企业	与港澳台商合资经营企业
装卸搬运	61	975	8		6	4
通用仓储		425	3		29	5
低温仓储	2	74	1		2	1
危险品仓储		27			8	6
谷物、棉花等农产品仓储		33				
中药材仓储						
其他仓储业	3	351	1		24	6
邮政业	3	1334	11		1	
邮政基本服务		3				
快递服务	3	1327	9		1	
其他寄递服务		4	2			
住宿和餐饮业	**537**	**17821**	**172**		**107**	**43**
住宿业	333	5610	65		55	22
旅游饭店	31	1304	14		37	16
一般旅馆	289	3332	39		16	6
民宿服务	8	813	11		2	
露营地服务		9				
其他住宿业	5	152	1			
餐饮业	204	12211	107		52	21
正餐服务	161	9302	82		33	13
快餐服务	12	889	4		5	1
饮料及冷饮服务	22	545	5		8	4
餐饮配送及外卖送餐服务		326	2		1	1
其他餐饮业	9	1149	14		5	2
信息传输、软件和信息技术服务业	**363**	**49360**	**402**		**250**	**53**
电信、广播电视和卫星传输服务	4	632	6		10	
电信	4	588	6		10	
广播电视传输服务		35				
卫星传输服务		9				
互联网和相关服务	26	4875	45		25	3
互联网接入及相关服务	2	310	1			
互联网信息服务	12	2632	27		7	
互联网平台	2	668	6		6	
互联网安全服务	1	60				
互联网数据服务	2	158	4		7	2
其他互联网服务	7	1047	7		5	1
软件和信息技术服务业	333	43853	351		215	50
软件开发	214	31169	253		154	38
集成电路设计	1	214	3		7	3
信息系统集成和物联网技术服务	6	1666	19		9	2
运行维护服务	3	283	2		1	
信息处理和存储支持服务		278	3		1	1
信息技术咨询服务	88	6905	49		31	2
数字内容服务		486	6		2	
其他信息技术服务业	21	2852	16		10	4

与港澳台商合作经营企业	港澳台商独资经营企业	港澳台商投资股份有限公司	其他港澳台投资企业	外商投资企业	中外合资经营企业	中外合作经营企业	外资企业	外商投资股份有限公司	其他外商投资
	2			5	1		4		
	24			22	8		13	1	
	1								
	2			8	7		1		
				2	1	1			
	17	1		15	7		6		2
	1			3			3		
	1			3			3		
2	**57**	**3**	**2**	**154**	**30**	**1**	**101**	**4**	**18**
2	29	1	1	44	15		26	2	1
	19	1	1	29	12		16	1	
2	8			12	2		8	1	1
	2			3	1		2		
	28	2	1	110	15	1	75	2	17
	19	1		84	12	1	56	2	13
	4			6	1		5		
	3	1		8			7		1
				2			1		1
	2		1	10	2		6		2
2	**184**	**5**	**6**	**333**	**135**		**182**	**5**	**11**
	9	1		8			7		1
	9	1		8			7		1
	22			14	6		7		1
	7			5	2		2		1
	6			3	2		1		
	5			3	1		2		
	4			3	1		2		
2	153	4	6	311	129		168	5	9
1	109	2	4	237	100		130	2	5
	4			12	7		5		
	6	1		12	1		9		2
	1								
				3	2		1		
	27	1	1	40	16		20	2	2
	2			1	1				
1	4		1	6	2		3	1	

2-08 续表 22

行业中类	私营合伙企业	私营有限责任公司	私营股份有限公司	其他企业	港、澳、台商投资企业	与港澳台商合资经营企业
金融业	**8803**	**5240**	**94**	**1**	**121**	**70**
货币金融服务	6	542	61		92	58
中央银行服务						
货币银行服务	1	2			9	
非货币银行服务	5	540	61		83	58
银行理财服务						
银行监管服务						
资本市场服务	8663	3820	19		17	6
证券市场服务		1				
公开募集证券投资基金		1				
非公开募集证券投资基金	154	1537	7		4	4
期货市场服务		1				
证券期货监管服务						
资本投资服务	856	548	10		4	1
其他资本市场服务	7653	1732	2		9	1
保险业	1	117	4	1	8	6
人身保险					6	4
财产保险					1	1
再保险						
商业养老金						
保险中介服务	1	72	4		1	1
保险资产管理						
保险监管服务						
其他保险活动		45		1		
其他金融业	133	761	10		4	
金融信托与管理服务	16	43	1			
控股公司服务	105	202	2		1	
非金融机构支付服务		4				
金融信息服务	7	220	3		1	
金融资产管理公司		3				
其他未列明金融业	5	289	4		2	
房地产业	**1176**	**33816**	**281**		**469**	**176**
房地产业	1176	33816	281		469	176
房地产开发经营	2	6509	78		261	103
物业管理	19	7083	60		27	5
房地产中介服务	905	13417	86		7	1
房地产租赁经营	244	6319	54		170	67
其他房地产业	6	488	3		4	
租赁和商务服务业	**13696**	**96788**	**771**	**1**	**319**	**99**
租赁业	42	8398	51		26	13
机械设备经营租赁	34	7975	45		25	12

与港澳台商合作经营企业	港澳台商独资经营企业	港澳台商投资股份有限公司	其他港澳台投资企业	外商投资企业	中外合资经营企业	中外合作经营企业	外资企业	外商投资股份有限公司	其他外商投资
	45	**2**	**4**	**182**	**79**	**3**	**45**	**13**	**42**
	31	2	1	30	15		15		
	9			12	3		9		
	22	2	1	18	12		6		
	11			73	9	3	19		42
				10	3	3	4		
	3			1					1
	8			62	6		15		41
			2	77	54		10	13	
			2	57	46			11	
				18	7		9	2	
				1	1				
				1			1		
	3		1	2	1		1		
	1			1	1				
			1						
	2			1			1		
6	**273**	**10**	**4**	**321**	**126**	**4**	**165**	**6**	**20**
6	273	10	4	321	126	4	165	6	20
2	145	10	1	144	67	1	60	5	11
3	18		1	31	6		21		4
1	4		1	8	3	1	4		
	102		1	133	48	2	77	1	5
	4			5	2		3		
3	**199**	**5**	**13**	**398**	**121**	**4**	**182**	**8**	**83**
	12		1	11	5		5		1
	12		1	11	5		5		1

2-08 续表 23

行业中类	私营合伙企业	私营有限责任公司	私营股份有限公司	其他企业	港、澳、台商投资企业	与港澳台商合资经营企业
文体设备和用品出租	8	363	5		1	1
日用品出租		60	1			
商务服务业	13654	88390	720	1	293	86
组织管理服务	10454	16970	202		113	40
综合管理服务	52	2317	26		13	3
法律服务	97	278	1	1		
咨询与调查	2777	31353	211		126	26
广告业	37	18125	115		6	4
人力资源服务	66	5011	37		4	3
安全保护服务	4	1116	12			
会议、展览及相关服务	14	2047	9		4	1
其他商务服务业	153	11173	107		27	9
科学研究和技术服务业	**403**	**50975**	**473**		**251**	**84**
研究和试验发展	67	8115	83		97	38
自然科学研究和试验发展	4	315	1		3	2
工程和技术研究和试验发展	38	6409	63		73	24
农业科学研究和试验发展	5	325	6		3	1
医学研究和试验发展	19	1039	13		18	11
社会人文科学研究	1	27				
专业技术服务业	162	25080	208		70	21
气象服务		23				
地震服务		5				
海洋服务		43				
测绘地理信息服务	3	406	3			
质检技术服务	18	1880	15		7	3
环境与生态监测检测服务	2	518	2			
地质勘查		51				
工程技术与设计服务	53	12031	115		19	6
工业与专业设计及其他专业技术服务	86	10123	73		44	12
科技推广和应用服务业	174	17780	182		84	25
技术推广服务	58	13362	130		78	25
知识产权服务	79	1504	9		1	
科技中介服务	5	478	8		1	
创业空间服务	12	136	2		1	
其他科技推广服务业	20	2300	33		3	
水利、环境和公共设施管理业	**23**	**5365**	**63**		**19**	**10**
水利管理业	2	171	1			
防洪除涝设施管理	2	30	1			
水资源管理		48				
天然水收集与分配		7				
水文服务		7				
其他水利管理业		79				
生态保护和环境治理业	2	960	18		2	2

与港澳台商合作经营企业	港澳台商独资经营企业	港澳台商投资股份有限公司	其他港澳台投资企业	外商投资企业	中外合资经营企业	中外合作经营企业	外资企业	外商投资股份有限公司	其他外商投资
3	187	5	12	387	116	4	177	8	82
1	64	3	5	134	41	2	49	2	40
	9		1	14	8		4		2
				1	1				
1	93	2	4	168	45	2	89	2	30
	2			11	1		8		2
1				5	2		2	1	
				4	2		1		1
	2		1	4	2		1		1
	17		1	46	14		23	3	6
2	**152**	**5**	**8**	**465**	**255**	**2**	**186**	**13**	**9**
	57		2	193	115		73	5	
	1			2	2				
	48		1	119	71		46	2	
	2			4	2		2		
	6		1	68	40		25	3	
1	47	1		110	46	1	56	4	3
	4			29	16	1	11	1	
1	12			22	13		8	1	
	31	1		59	17		37	2	3
1	48	4	6	162	94	1	57	4	6
1	45	3	4	147	86	1	51	3	6
			1	2	1		1		
	1			1	1				
	1			1				1	
	1	1	1	11	6		5		
1	**6**		**2**	**17**	**10**		**6**		**1**
				2	1				1
				1	1				
				1					1
				8	5		3		

2-08 续表 24

行业中类	私营合伙企业	私营有限责任公司	私营股份有限公司	其他企业	港、澳、台商投资企业	与港澳台商合资经营企业
生态保护		38				
环境治理业	2	922	18		2	2
公共设施管理业	10	3902	43		17	8
市政设施管理		327	1		1	1
环境卫生管理		1080	8		1	
城乡市容管理		53				
绿化管理	1	1640	14		1	
城市公园管理	1	34	1			
游览景区管理	8	768	19		14	7
土地管理业	9	332	1			
土地整治服务		274				
土地调查评估服务	6	29				
土地登记服务	1	3				
土地登记代理服务	1	16	1			
其他土地管理服务	1	10				
居民服务、修理和其他服务业	**346**	**20069**	**124**		**17**	**6**
居民服务业	162	8845	54		14	5
家庭服务	7	2154	8			
托儿所服务	3	163	2			
洗染服务	7	365	2			
理发及美容服务	30	1698	9		1	
洗浴和保健养生服务	69	1356	11		3	1
摄影扩印服务	8	1200	10		2	1
婚姻服务	28	904	8		4	1
殡葬服务	4	214	3		3	2
其他居民服务业	6	791	1		1	
机动车、电子产品和日用产品修理业	169	7156	49		2	1
汽车、摩托车等修理与维护	154	5370	36		1	1
计算机和办公设备维修	5	755	7		1	
家用电器修理	9	861	4			
其他日用产品修理业	1	170	2			
其他服务业	15	4068	21		1	
清洁服务	8	3114	17			
宠物服务	3	149				
其他未列明服务业	4	805	4		1	
教育	**108**	**15254**	**110**		**21**	**5**
教育	108	15254	110		21	5
学前教育	5	538	9		2	1
初等教育		34	1			
中等教育		27	1			
高等教育						
特殊教育		6				
技能培训、教育辅助及其他教育	103	14649	99		19	4

与港澳台商合作经营企业	港澳台商独资经营企业	港澳台商投资股份有限公司	其他港澳台投资企业	外商投资企业	中外合资经营企业	中外合作经营企业	外资企业	外商投资股份有限公司	其他外商投资
				8	5		3		
1	6		2	7	4		3		
				2	1		1		
			1						
			1						
1	6			5	3		2		
	11			**27**	**10**		**11**	**1**	**5**
	9			13	5		5		3
				1			1		
	1			7	3		2		2
	2			2			1		1
	1			1	1				
	3								
	1			1	1				
	1			1			1		
	1			8	4		2	1	1
				6	3		1	1	1
	1								
				2	1		1		
	1			6	1		4		1
				1					1
	1			5	1		4		
	14	**2**		**13**	**6**		**5**	**1**	**1**
	14	2		13	6		5	1	1
	1			1	1				
	13	2		12	5		5	1	1

2-08 续表 25

行业中类	私营合伙企业	私营有限责任公司	私营股份有限公司	其他企业	港、澳、台商投资企业	与港澳台商合资经营企业
卫生和社会工作	**265**	**2411**	**38**		**15**	**10**
卫生	254	1983	30		6	6
医院	36	396	13		5	5
基层医疗卫生服务	212	1440	12			
专业公共卫生服务	1	28	3			
其他卫生活动	5	119	2		1	1
社会工作	11	428	8		9	4
提供住宿社会工作	9	392	8		7	4
不提供住宿社会工作	2	36			2	
文化、体育和娱乐业	**715**	**21605**	**215**		**50**	**20**
新闻和出版业		69	1			
新闻业		11				
出版业		58	1			
广播、电视、电影和录音制作业	42	4640	63		7	5
广播	3	168	1			
电视		97	1			
影视节目制作	28	3630	51		3	3
广播电视集成播控		6				
电影和广播电视节目发行	2	171	2			
电影放映	8	508	8		4	2
录音制作	1	60				
文化艺术业	63	4559	35		10	2
文艺创作与表演	42	1791	15		5	2
艺术表演场馆	2	19				
图书馆与档案馆	2	193				
文物及非物质文化遗产保护	2	27	1			
博物馆	1	15	1			
烈士陵园、纪念馆		1				
群众文体活动	3	427	3		1	
其他文化艺术业	11	2086	15		4	
体育	35	2468	17		13	7
体育组织	4	437	6		1	1
体育场地设施管理	5	145	1		3	1
健身休闲活动	25	1805	10		9	5
其他体育	1	81				
娱乐业	575	9869	99		20	6
室内娱乐活动	522	2527	24		2	
游乐园	2	163	4		1	
休闲观光活动	2	654	8		3	
彩票活动		5				
文化体育娱乐活动与经纪代理服务	49	6455	63		14	6
其他娱乐业		65				

与港澳台商合作经营企业	港澳台商独资经营企业	港澳台商投资股份有限公司	其他港澳台投资企业	外商投资企业	中外合资经营企业	中外合作经营企业	外资企业	外商投资股份有限公司	其他外商投资
	5			**5**	**3**	**2**			
				3	2	1			
				3	2	1			
	5			2	1	1			
	3			2	1	1			
	2								
2	**25**	**1**	**2**	**57**	**15**		**22**	**2**	**18**
	1		1	11	1				10
				10					10
	1		1	1	1				
	7		1	10			3		7
	3			9			2		7
	1								
	3		1	1			1		
1	4	1		15	6		8		1
				3			2		1
	2								
1	2	1		12	6		6		
1	13			21	8		11	2	
1	1			5	2		2	1	
	1			2	1		1		
	3								
	8			13	5		8		
				1				1	

2-09 按行业(大类)、登记注册类型

行业大类	从业人员期末人数（人）	内资企业	国有企业	集体企业	股份合作企业	联营企业
总　计	**25898115**	**24164987**	**151770**	**125987**	**90865**	**6600**
农、林、牧、渔业	**4345**	**4341**	**38**	**36**	**75**	**3**
农业						
林业						
畜牧业						
渔业						
农、林、牧、渔专业及辅助性活动	4345	4341	38	36	75	3
采矿业	**17347**	**16895**	**356**	**175**	**28**	
煤炭开采和洗选业	21	21				
石油和天然气开采业	1	1				
黑色金属矿采选业	1090	1090				
有色金属矿采选业	2247	2247				
非金属矿采选业	13903	13451	356	175	28	
开采专业及辅助性活动	25	25				
其他采矿业	60	60				
制造业	**10591520**	**9264956**	**6334**	**8092**	**72105**	**283**
农副食品加工业	106422	94864	450	155	1364	
食品制造业	96181	72523	525	96	263	
酒、饮料和精制茶制造业	53005	39652	211	222	101	56
烟草制品业	3636	3636				
纺织业	856837	733719	40	173	2102	
纺织服装、服饰业	796865	635294	151	166	1709	11
皮革、毛皮、羽毛及其制品和制鞋业	567820	541538	8	106	3455	1
木材加工和木、竹、藤、棕、草制品业	129147	121959	5	84	195	
家具制造业	266117	224011		5	297	
造纸和纸制品业	212582	196713		199	2339	
印刷和记录媒介复制业	171546	164418	133	501	2758	8
文教、工美、体育和娱乐用品制造业	413086	362089	15	232	3089	
石油、煤炭及其他燃料加工业	18194	16699			48	
化学原料和化学制品制造业	282567	239231	33	288	1233	1
医药制造业	151298	126801	26	7	291	
化学纤维制造业	120364	103768			550	
橡胶和塑料制品业	614283	558259	2	513	8581	5
非金属矿物制品业	289958	269512	50	886	1418	35
黑色金属冶炼和压延加工业	87847	81519		62	535	4
有色金属冶炼和压延加工业	101948	88871		110	1088	

分组的企业法人单位从业人员数

国有联营企业	集体联营企业	国有与集体联营企业	其他联营企业	有限责任公司	国有独资公司	其他有限责任公司	股份有限公司	私营企业	私营独资企业
363	**5232**	**368**	**637**	**4790256**	**373111**	**4417145**	**1333832**	**17665650**	**830166**
	3			**339**	**89**	**250**	**87**	**3763**	**397**
	3			339	89	250	87	3763	397
				3914	**2038**	**1876**	**407**	**12015**	**906**
				1		1		20	
				1		1			
				812	812			278	
				803	465	338	235	1209	55
				2285	761	1524	172	10435	847
								25	
				12		12		48	4
56	**156**	**35**	**36**	**1122540**	**19603**	**1102937**	**630414**	**7425188**	**652053**
				14915	819	14096	7943	70037	6665
				13361	138	13223	8155	50123	2540
56				7490	465	7025	3373	28199	3210
				3636	3636				
				65048	7	65041	20153	646203	41969
	11			43352	3090	40262	20066	569839	67679
	1			31275		31275	21134	485559	45406
				5390		5390	3887	112398	16207
				30421		30421	14936	178352	11457
				20849	3	20846	10783	162543	20986
			8	18038	268	17770	5730	137250	20797
				23375	13	23362	9665	325713	40825
				6431		6431	6215	4005	209
	1			61022	1217	59805	30934	145720	6862
				40504	355	40149	41166	44807	548
				15432	148	15284	20054	67732	2424
	5			59861	745	59116	25266	464031	59290
		35		50379	3133	47246	8298	208446	15124
			4	13372	6	13366	5092	62454	2644
				13740	531	13209	4213	69720	4683

2-09 续表 1

行业大类	从业人员期末人数（人）	内资企业	国有企业	集体企业	股份合作企业	联营企业
金属制品业	787509	731258	49	1551	10657	25
通用设备制造业	1146219	1027619	623	742	10890	41
专用设备制造业	541079	475604	193	389	4908	67
汽车制造业	649634	543421		121	4920	
铁路、船舶、航空航天和其他运输设备制造业	132647	125949	1747	60	1517	
电气机械和器材制造业	1099212	978865	191	916	4465	29
计算机、通信和其他电子设备制造业	557111	408623	8	195	591	
仪器仪表制造业	175765	148139	753	116	1906	
其他制造业	105208	96552	6	20	468	
废弃资源综合利用业	16418	15115			6	
金属制品、机械和设备修理业	41015	38735	1115	177	361	
电力、热力、燃气及水生产和供应业	**144656**	**134060**	**10329**	**4422**	**1103**	**63**
电力、热力生产和供应业	92502	86869	9283	2420	876	63
燃气生产和供应业	11667	7494	49	120	4	
水的生产和供应业	40487	39697	997	1882	223	
建筑业	**7805044**	**7749418**	**17494**	**82764**	**7544**	**138**
房屋建筑业	5639334	5593070	360	73857	5483	138
土木工程建筑业	1418363	1411051	14036	8390	1317	
建筑安装业	197336	196269	561	339	430	
建筑装饰、装修和其他建筑业	550011	549028	2537	178	314	
批发和零售业	**2442646**	**2347854**	**11498**	**5543**	**4171**	**378**
批发业	1533420	1488157	10052	2565	2168	61
零售业	909226	859697	1446	2978	2003	317
交通运输、仓储和邮政业	**641758**	**607995**	**20414**	**4062**	**677**	**43**
铁路运输业	21	21				
道路运输业	371104	355776	4748	1817	449	23
水上运输业	52380	44023	1103	440		
航空运输业	15295	10716	13			
管道运输业	72	62				
多式联运和运输代理业	66491	65846	63	150	134	3
装卸搬运和仓储业	53605	48765	770	1583	94	17
邮政业	82790	82786	13717	72		
住宿和餐饮业	**426558**	**377265**	**8091**	**1604**	**851**	**399**
住宿业	187198	169558	6949	1364	546	360
餐饮业	239360	207707	1142	240	305	39
信息传输、软件和信息技术服务业	**573353**	**500642**	**4431**	**695**		**7**
电信、广播电视和卫星传输服务	63613	56634	4314	672		
互联网和相关服务	93573	63973	4	6		
软件和信息技术服务业	416167	380035	113	17		7

国有联营企业	集体联营企业	国有与集体联营企业	其他联营企业	有限责任公司	国有独资公司	其他有限责任公司	股份有限公司	私营企业	私营独资企业
	25			59315	1532	57783	21368	638293	72951
	41			113275	914	112361	66209	835839	85565
	67			39691	444	39247	28214	402142	33494
				91380	153	91227	35525	411475	26739
				19846	412	19434	8410	94369	5892
	5		24	146814	443	146371	97623	728827	33268
				74559	982	73577	75775	257495	10081
				25686	91	25595	23106	96572	6605
				7339	58	7281	6799	81920	6422
				4172		4172	280	10657	470
				2572		2572	42	34468	1041
	46	**10**	**7**	**86567**	**33693**	**52874**	**4899**	**26677**	**1240**
	46	10	7	51591	16363	35228	3761	18875	894
				5388	1165	4223	328	1605	63
				29588	16165	13423	810	6197	283
			138	**2188104**	**29230**	**2158874**	**482952**	**4970422**	**1689**
			138	1727471	8412	1719059	389902	3395859	231
				324153	19243	304910	69071	994084	318
				43503	916	42587	6042	145394	485
				92977	659	92318	17937	435085	655
50	**128**	**139**	**61**	**292618**	**16390**	**276228**	**67104**	**1966542**	**74060**
	20	35	6	150145	9217	140928	40230	1282936	30972
50	108	104	55	142473	7173	135300	26874	683606	43088
23			**20**	**208324**	**79117**	**129207**	**14147**	**360328**	**4344**
								21	
23				140882	64510	76372	9953	197904	2617
				16030	4999	11031	1456	24994	63
				5654	4326	1328	22	5027	
				50		50		12	
			3	13942	1226	12716	864	50690	1242
			17	17153	3739	13414	777	28371	387
				14613	317	14296	1075	53309	35
45	**6**	**94**	**254**	**81439**	**8005**	**73434**	**9708**	**275173**	**30228**
45	6	58	251	49376	5797	43579	4226	106737	10642
		36	3	32063	2208	29855	5482	168436	19586
	7			**119883**	**11654**	**108229**	**44610**	**331016**	**509**
				29123	9165	19958	16038	6487	55
				16146	98	16048	3348	44469	106
	7			74614	2391	72223	25224	280060	348

2-09 续表 2

行业大类	从业人员期末人数(人)	内资企业	国有企业	集体企业	股份合作企业	联营企业
金融业	**26611**	**26027**	**14**	**15**		
货币金融服务	8647	8138				
资本市场服务	5613	5553		5		
保险业	445	445				
其他金融业	11906	11891	14	10		
房地产业	**654110**	**609610**	**6240**	**3992**	**1094**	**97**
房地产业	654110	609610	6240	3992	1094	97
租赁和商务服务业	**1317238**	**1300201**	**42478**	**9095**	**1321**	**5026**
租赁业	50600	48023	242	115	17	
商务服务业	1266638	1252178	42236	8980	1304	5026
科学研究和技术服务业	**510755**	**490406**	**14920**	**1387**	**720**	**73**
研究和试验发展	70545	60291	588	8	93	
专业技术服务业	341920	336983	14213	1273	621	58
科技推广和应用服务业	98290	93132	119	106	6	15
水利、环境和公共设施管理业	**144857**	**144379**	**1728**	**959**	**30**	**1**
水利管理业	4577	4538	256	102		1
生态保护和环境治理业	14261	14041	173	65	7	
公共设施管理业	115788	115569	1293	792		
土地管理业	10231	10231	6		23	
居民服务、修理和其他服务业	**214591**	**213429**	**809**	**2028**	**630**	**54**
居民服务业	88830	87837	543	968	132	54
机动车、电子产品和日用产品修理业	62194	62090	97	308	488	
其他服务业	63567	63502	169	752	10	
教育	**115483**	**114927**	**4732**	**718**	**130**	**14**
教育	115483	114927	4732	718	130	14
卫生和社会工作	**96901**	**95002**	**123**	**53**	**156**	**4**
卫生	90593	88783	89	24	156	
社会工作	6308	6219	34	29		4
文化、体育和娱乐业	**170342**	**167580**	**1741**	**347**	**230**	**17**
新闻和出版业	5674	5674	911	32		
广播、电视、电影和录音制作业	42416	42104	541	103	16	11
文化艺术业	26625	26592	162	118	13	6
体育	19886	18247	84	33	8	
娱乐业	75741	74963	43	61	193	

国有联营企业	集体联营企业	国有与集体联营企业	其他联营企业	有限责任公司	国有独资公司	其他有限责任公司	股份有限公司	私营企业	私营独资企业
				5924	**796**	**5128**	**2656**	**17418**	**118**
				1473		1473	1421	5244	19
				1085	196	889	49	4414	3
				5		5	163	277	95
				3361	600	2761	1023	7483	1
26	**24**	**47**		**191000**	**23277**	**167723**	**20692**	**386495**	**3960**
26	24	47		191000	23277	167723	20692	386495	3960
97	**4832**	**18**	**79**	**249193**	**100058**	**149135**	**19841**	**973220**	**5971**
				5240	794	4446	1863	40546	682
97	4832	18	79	243953	99264	144689	17978	932674	5289
41		**25**	**7**	**107992**	**22352**	**85640**	**12503**	**352811**	**1866**
				9910	979	8931	999	48693	143
34		24		85330	19563	65767	9953	225535	1010
7		1	7	12752	1810	10942	1551	78583	713
	1			**57104**	**16932**	**40172**	**7871**	**76686**	**407**
	1			2710	1636	1074	120	1349	36
				4313	917	3396	370	9113	128
				41998	12960	29038	7375	64111	242
				8083	1419	6664	6	2113	1
	25		**29**	**21855**	**1915**	**19940**	**1749**	**186304**	**17074**
	25		29	9367	623	8744	377	76396	7903
				4073	479	3594	652	56472	8308
				8415	813	7602	720	53436	863
14				**10031**	**859**	**9172**	**1659**	**97643**	**3552**
14				10031	859	9172	1659	97643	3552
	4			**18761**	**355**	**18406**	**3338**	**72567**	**7213**
				17300	3	17297	3312	67902	6969
	4			1461	352	1109	26	4665	244
11			**6**	**24668**	**6748**	**17920**	**9195**	**131382**	**24579**
				3948	1153	2795	178	605	14
11				8406	3583	4823	7246	25781	3085
			6	4010	946	3064	694	21589	4870
				2382	637	1745	256	15484	551
				5922	429	5493	821	67923	16059

2-09 续表 3

行业大类	私营合伙企业	私营有限责任公司	私营股份有限公司	其他企业	港、澳、台商投资企业	与港澳台商合资经营企业
总　计	**185686**	**16214622**	**435176**	**27**	**914793**	**395411**
农、林、牧、渔业	**14**	**3263**	**89**		**4**	**4**
农业						
林业						
畜牧业						
渔业						
农、林、牧、渔专业及辅助性活动	14	3263	89		4	4
采矿业	**215**	**10798**	**96**		**205**	**205**
煤炭开采和洗选业		20				
石油和天然气开采业						
黑色金属矿采选业	5	273				
有色金属矿采选业		1154				
非金属矿采选业	210	9282	96		205	205
开采专业及辅助性活动		25				
其他采矿业		44				
制造业	**128355**	**6394188**	**250592**		**663104**	**329200**
农副食品加工业	585	59867	2920		3715	2185
食品制造业	308	43760	3515		6277	4723
酒、饮料和精制茶制造业	282	22229	2478		2691	589
烟草制品业						
纺织业	5168	590320	8746		86155	49093
纺织服装、服饰业	4582	485424	12154		102202	42112
皮革、毛皮、羽毛及其制品和制鞋业	7990	427411	4752		12201	7352
木材加工和木、竹、藤、棕、草制品业	1361	89764	5066		1946	507
家具制造业	1480	156635	8780		17008	5206
造纸和纸制品业	4278	133319	3960		8741	7712
印刷和记录媒介复制业	3667	111214	1572		4132	3027
文教、工美、体育和娱乐用品制造业	6726	273153	5009		26020	9064
石油、煤炭及其他燃料加工业	16	3344	436		1337	1161
化学原料和化学制品制造业	1613	128154	9091		19490	11578
医药制造业	150	37601	6508		8141	6560
化学纤维制造业	342	62826	2140		7667	5260
橡胶和塑料制品业	14871	377558	12312		31167	19991
非金属矿物制品业	3263	183418	6641		10090	6897
黑色金属冶炼和压延加工业	941	55969	2900		4175	3107
有色金属冶炼和压延加工业	1432	57021	6584		6337	3745

与港澳台商合作经营企业	港澳台商独资经营企业	港澳台商投资股份有限公司	其他港澳台投资企业	外商投资企业	中外合资经营企业	中外合作经营企业	外资企业	外商投资股份有限公司	其他外商投资
13626	**434837**	**63693**	**7226**	**818335**	**393417**	**7458**	**369962**	**26045**	**21453**
				247	**63**		**184**		
				247	63		184		
8665	**282493**	**37956**	**4790**	**663460**	**309464**	**4799**	**320114**	**17559**	**11524**
	919	611		7843	5545		2095		203
	1425	129		17381	9511	834	6525	26	485
	2102			10662	6785		3640		237
335	31396	4713	618	36963	17115	43	18539	788	478
701	57768	1530	91	59369	33640	53	23978	594	1104
673	3558	203	415	14081	9762	185	4024	110	
	704	735		5242	1823	123	3279		17
	11240		562	25098	10263		11635	3065	135
	1029			7128	5987	242	884		15
	1105			2996	1853		1143		
799	13577	2511	69	24977	9131	427	14140	528	751
	176			158	2		86	58	12
673	6072	602	565	23846	8686	157	12738	1703	562
	1581			16356	7837		8422	97	
33	2374			8929	7297		1622		10
716	10445	15		24857	8254	222	16119	49	213
	3168	25		10356	3388	136	5320	183	1329
	1068			2153	1549		604		
	2463		129	6740	3247	177	1458		1858

2-09 续表 4

行业大类	私营合伙企业	私营有限责任公司	私营股份有限公司	其他企业	港、澳、台商投资企业	与港澳台商合资经营企业
金属制品业	17541	536961	10840		31663	18011
通用设备制造业	19605	699758	30911		49603	22157
专用设备制造业	8016	347339	13293		32288	14632
汽车制造业	7455	359011	18270		41738	24962
铁路、船舶、航空航天和其他运输设备制造业	1425	83758	3294		1432	822
电气机械和器材制造业	7646	650621	37292		55501	26173
计算机、通信和其他电子设备制造业	1658	224334	21422		73424	23607
仪器仪表制造业	987	81375	7605		12665	5263
其他制造业	4581	69282	1635		4015	2608
废弃资源综合利用业	67	9752	368		235	115
金属制品、机械和设备修理业	319	33010	98		1048	981
电力、热力、燃气及水生产和供应业	**2695**	**22143**	**599**		**4111**	**3327**
电力、热力生产和供应业	2298	15233	450		2704	2334
燃气生产和供应业	42	1500			1235	864
水的生产和供应业	355	5410	149		172	129
建筑业	**385**	**4872227**	**96121**		**37295**	**11842**
房屋建筑业	7	3327160	68461		29019	10807
土木工程建筑业	50	976327	17389		7247	117
建筑安装业	51	138144	6714		941	878
建筑装饰、装修和其他建筑业	277	430596	3557		88	40
批发和零售业	**7164**	**1865943**	**19375**		**44272**	**8824**
批发业	3373	1236519	12072		18820	3385
零售业	3791	629424	7303		25452	5439
交通运输、仓储和邮政业	**1677**	**349133**	**5174**		**25242**	**13920**
铁路运输业		21				
道路运输业	617	191627	3043		11238	1097
水上运输业	6	24624	301		6638	6638
航空运输业		5013	14		4563	4558
管道运输业		12				
多式联运和运输代理业	630	47529	1289		364	294
装卸搬运和仓储业	422	27321	241		2435	1333
邮政业	2	52986	286		4	
住宿和餐饮业	**5995**	**236248**	**2702**		**22773**	**6508**
住宿业	3043	91551	1501		9774	4299
餐饮业	2952	144697	1201		12999	2209
信息传输、软件和信息技术服务业	**480**	**312105**	**17922**		**56958**	**3634**
电信、广播电视和卫星传输服务	6	6277	149		3914	
互联网和相关服务	74	43143	1146		27709	905
软件和信息技术服务业	400	262685	16627		25335	2729

与港澳台商合作经营企业	港澳台商独资经营企业	港澳台商投资股份有限公司	其他港澳台投资企业	外商投资企业	中外合资经营企业	中外合作经营企业	外资企业	外商投资股份有限公司	其他外商投资
78	13363	93	118	24588	11533	961	9680	1940	474
453	22973	3872	148	68997	36952	26	27511	3690	818
538	16612	6	500	33187	14131	78	17766	1034	178
	14562	1284	930	64475	35558	1015	26479	669	754
	487	63	60	5266	951		4008	267	40
2429	25871	918	110	64846	31937	120	31335	197	1257
885	27811	20646	475	75064	14808		57648	2403	205
352	7050			14961	7988		6572	57	344
	1407			4641	1751		2744	101	45
	120			1068	968		100		
	67			1232	1212		20		
34	**750**			**6485**	**4681**	**142**	**1496**	**136**	**30**
34	336			2929	2034	21	844		30
	371			2938	2483		409	46	
	43			618	164	121	243	90	
	7268	**18185**		**18331**	**18183**		**148**		
	27	18185		17245	17194		51		
	7130			65	61		4		
	63			126	53		73		
	48			895	875		20		
361	**33094**	**978**	**1015**	**50520**	**18369**	**91**	**24135**	**763**	**7162**
83	15033	59	260	26443	7254	41	12088	431	6629
278	18061	919	755	24077	11115	50	12047	332	533
1747	**9570**		**5**	**8521**	**4591**	**2140**	**1105**		**685**
1747	8393		1	4090	1727	2128	235		
				1719	1549	11	159		
	5			16	16				
				10	10				
	66		4	281	143		129		9
	1102			2405	1146	1	582		676
	4								
61	**15068**	**839**	**297**	**26520**	**23235**	**5**	**3094**	**42**	**144**
61	4331	789	294	7866	6194		1649		23
	10737	50	3	18654	17041	5	1445	42	121
426	**46728**	**5342**	**828**	**15753**	**4565**		**9788**	**33**	**1367**
	3593	321		3065			1778		1287
	26804			1891	1868		17		6
426	16331	5021	828	10797	2697		7993	33	74

2-09 续表 5

行业大类	私营合伙企业	私营有限责任公司	私营股份有限公司	其他企业	港、澳、台商投资企业	与港澳台商合资经营企业
金融业	**1371**	**15073**	**856**		**491**	**320**
货币金融服务	36	4530	659		430	319
资本市场服务	1164	3163	84		47	1
保险业		182				
其他金融业	171	7198	113		14	
房地产业	**2892**	**373664**	**5979**		**39705**	**7095**
房地产业	2892	373664	5979		39705	7095
租赁和商务服务业	**19757**	**928057**	**19435**	**27**	**13459**	**6630**
租赁业	62	38932	870		2155	164
商务服务业	19695	889125	18565	27	11304	6466
科学研究和技术服务业	**1921**	**341760**	**7264**		**3403**	**1134**
研究和试验发展	174	47478	898		722	356
专业技术服务业	745	218456	5324		1335	662
科技推广和应用服务业	1002	75826	1042		1346	116
水利、环境和公共设施管理业	**161**	**72699**	**3419**		**332**	**271**
水利管理业	9	1302	2			
生态保护和环境治理业	10	8862	113		174	174
公共设施管理业	91	60487	3291		158	97
土地管理业	51	2048	13			
居民服务、修理和其他服务业	**3054**	**165160**	**1016**		**769**	**676**
居民服务业	1792	66235	466		740	673
机动车、电子产品和日用产品修理业	1183	46630	351		11	3
其他服务业	79	52295	199		18	
教育	**1249**	**92003**	**839**		**325**	**151**
教育	1249	92003	839		325	151
卫生和社会工作	**3917**	**60298**	**1139**		**906**	**891**
卫生	3892	56092	949		817	817
社会工作	25	4206	190		89	74
文化、体育和娱乐业	**4384**	**99860**	**2559**		**1439**	**779**
新闻和出版业		527	64			
广播、电视、电影和录音制作业	120	21942	634		257	114
文化艺术业	464	15983	272		23	7
体育	137	14684	112		1016	644
娱乐业	3663	46724	1477		143	14

与港澳台商合作经营企业	港澳台商独资经营企业	港澳台商投资股份有限公司	其他港澳台投资企业	外商投资企业	中外合资经营企业	中外合作经营企业	外资企业	外商投资股份有限公司	其他外商投资
	115	**30**	**26**	**93**	**70**		**19**		**4**
	65	30	16	79	68		11		
	46			13	1		8		4
	4		10	1	1				
270	**31983**	**338**	**19**	**4795**	**1725**	**50**	**2598**	**144**	**278**
270	31983	338	19	4795	1725	50	2598	144	278
1951	**4790**	**9**	**79**	**3578**	**985**	**5**	**2275**	**155**	**158**
	1966		25	422	142		276		4
1951	2824	9	54	3156	843	5	1999	155	154
3	**2164**	**15**	**87**	**16946**	**5236**	**226**	**4307**	**7126**	**51**
	317		49	9532	1129		1355	7048	
1	672			3602	2399	198	962	14	29
2	1175	15	38	3812	1708	28	1990	64	22
10	**7**		**44**	**146**	**76**		**65**		**5**
				39	34				5
				46	31		15		
10	7		44	61	11		50		
	93			**393**	**158**		**194**	**9**	**32**
	67			253	77		145		31
	8			93	78		6	9	
	18			47	3		43		1
	173	**1**		**231**	**100**		**118**	**13**	
	173	1		231	100		118	13	
	15			**993**	**993**				
				993	993				
	15								
98	**526**		**36**	**1323**	**923**		**322**	**65**	**13**
	107		36	55	49				6
	16			10			4		6
98	274			623	539		83		1
	129			635	335		235	65	

2-10 按地区、控股情况分组的企业法人单位数

地 区	法人单位数（个）	国有控股	集体控股	私人控股	港澳台商控股	外商控股	其他
全 省	**1383840**	**12488**	**11986**	**1332943**	**5662**	**8181**	**12580**
杭州市	**330701**	**3147**	**1612**	**319537**	**1323**	**1571**	**3511**
上城区	12532	407	124	11409	52	76	464
下城区	21992	451	153	20972	70	81	265
江干区	39993	392	173	38513	158	299	458
拱墅区	27740	213	105	27061	83	53	225
西湖区	37670	523	141	36167	120	132	587
滨江区	24008	153	69	22889	147	275	475
萧山区	56361	250	378	54943	354	270	166
余杭区	52649	196	169	51335	217	273	459
富阳区	19325	131	55	18964	31	48	96
临安区	10653	112	58	10384	17	21	61
桐庐县	12988	100	64	12696	43	23	62
淳安县	7287	121	65	6966	18	12	105
建德市	7503	98	58	7238	13	8	88
宁波市	**267769**	**1776**	**2075**	**258104**	**1769**	**1729**	**2316**
海曙区	33760	190	314	32440	139	161	516
江北区	19807	131	209	19038	139	131	159
北仑区	38228	237	107	36801	394	419	270
镇海区	15977	172	176	14970	183	204	272
鄞州区	70024	388	362	68010	354	417	493
奉化区	10756	75	85	10424	44	43	85
象山县	11265	217	166	10746	58	30	48
宁海县	11886	126	75	11444	85	75	81
余姚市	22513	120	288	21498	206	130	271
慈溪市	33553	120	293	32733	167	119	121
温州市	**182268**	**1242**	**3397**	**175254**	**156**	**155**	**2064**
鹿城区	26419	391	671	24873	29	42	413
龙湾区	20761	119	333	20139	40	34	96
瓯海区	16234	72	541	15462	13	29	117
洞头区	2367	61	82	2194	15	1	14
永嘉县	15584	77	326	15140	9	10	22
平阳县	13325	79	259	12897	7	5	78
苍南县	22169	70	260	21740	11	1	87
文成县	2155	78	47	2021			9
泰顺县	2527	74	59	2372	2	2	18
瑞安市	25506	102	432	24840	8	17	107
乐清市	35221	119	387	33576	22	14	1103
嘉兴市	**111444**	**1388**	**873**	**106244**	**1099**	**1220**	**620**
南湖区	20688	325	228	19724	138	173	100
秀洲区	14118	191	110	13352	141	226	98
嘉善县	14562	113	109	13799	175	262	104
海盐县	8532	145	84	8118	59	49	77
海宁市	20205	208	140	19443	184	137	93
平湖市	14104	239	54	13321	169	253	68
桐乡市	19235	167	148	18487	233	120	80
湖州市	**51152**	**706**	**378**	**48664**	**332**	**270**	**802**
吴兴区	15388	251	99	14646	65	74	253
南浔区	7161	108	51	6857	41	19	85
德清县	8095	165	92	7553	85	63	137
长兴县	12543	89	84	12020	76	72	202
安吉县	7965	93	52	7588	65	42	125

2-10　续表

地　区	法人单位数(个)	国有控股	集体控股	私人控股	港澳台商控股	外商控股	其他
绍兴市	**119197**	**741**	**819**	**115538**	**540**	**736**	**823**
越城区	20710	292	166	19626	100	89	437
柯桥区	39521	124	125	38429	183	493	167
上虞区	16341	129	121	15821	95	58	117
新昌县	6216	76	85	6006	11	7	31
诸暨市	25157	62	138	24763	93	57	44
嵊州市	11252	58	184	10893	58	32	27
金华市	**152140**	**829**	**456**	**147339**	**194**	**2266**	**1056**
婺城区	13203	231	74	12563	46	49	240
金东区	8565	42	26	8373	9	6	109
武义县	5776	75	34	5637	4	10	16
浦江县	6830	79	36	6628	19	8	60
磐安县	3301	51	21	3134	4		91
兰溪市	6341	56	40	6174	11	10	50
义乌市	73930	113	60	71193	74	2124	366
东阳市	12578	101	115	12217	16	46	83
永康市	21616	81	50	21420	11	13	41
衢州市	**24692**	**499**	**127**	**23777**	**40**	**37**	**212**
柯城区	8648	204	29	8300	11	14	90
衢江区	3300	48	19	3207	5	10	11
常山县	2188	39	16	2066	4	2	61
开化县	1995	58	17	1914	1		5
龙游县	3548	71	14	3440	10	3	10
江山市	5013	79	32	4850	9	8	35
舟山市	**19774**	**604**	**345**	**18427**	**58**	**44**	**296**
定海区	11946	288	117	11289	31	23	198
普陀区	4934	167	132	4576	14	6	39
岱山县	2045	88	51	1852	8	13	33
嵊泗县	849	61	45	710	5	2	26
台州市	**104217**	**994**	**1646**	**100677**	**123**	**122**	**655**
椒江区	11919	326	374	11000	20	18	181
黄岩区	12815	103	85	12575	18	18	16
路桥区	14296	73	235	13895	13	11	69
三门县	4948	61	66	4801	5	11	4
天台县	8036	68	67	7859	9	6	27
仙居县	4867	76	57	4670	9	6	49
温岭市	21844	97	255	21421	8	22	41
临海市	12990	116	95	12706	23	16	34
玉环市	12502	74	412	11750	18	14	234
丽水市	**20486**	**562**	**258**	**19382**	**28**	**31**	**225**
莲都区	4924	136	41	4641	9	9	88
青田县	3825	62	22	3699	8	9	25
缙云县	3083	51	51	2962	3	2	14
遂昌县	1805	57	48	1669	4	4	23
松阳县	1292	45	16	1220	1		10
云和县	1692	56	17	1594	2	5	18
庆元县	1202	46	18	1124			14
景宁畲族自治县	690	42	24	613		1	10
龙泉市	1973	67	21	1860	1	1	23

2-11 按地区、控股情况分组的企业法人单位从业人员数

地区	从业人员期末人数（人）						
		国有控股	集体控股	私人控股	港澳台商控股	外商控股	其他
全 省	**25898115**	**1155445**	**509693**	**22278862**	**694096**	**609036**	**650983**
杭州市	**5599562**	**447946**	**106111**	**4432818**	**195316**	**164449**	**252922**
上城区	231825	54623	9327	149036	2706	2444	13689
下城区	319036	76610	23768	190937	14567	2056	11098
江干区	792228	50495	7944	604217	16300	63342	49930
拱墅区	438574	24053	11700	364168	4865	1985	31803
西湖区	827357	78947	7164	623446	38558	9622	69620
滨江区	506860	51897	8823	367983	38482	22306	17369
萧山区	998159	41934	17386	845476	30028	36504	26831
余杭区	715584	25658	5107	608812	38354	18502	19151
富阳区	277739	15490	4251	250199	1518	3504	2777
临安区	188747	8614	2759	171793	1343	1319	2919
桐庐县	144546	9011	1157	123684	7566	2316	812
淳安县	66027	4757	396	54286	453	380	5755
建德市	92880	5857	6329	78781	576	169	1168
宁波市	**4756371**	**171756**	**68076**	**3994550**	**240115**	**167503**	**114371**
海曙区	484586	17310	9843	410356	20903	6991	19183
江北区	375891	16444	20155	313347	15221	7191	3533
北仑区	595060	35994	8327	392043	85918	62060	10718
镇海区	291436	22515	9408	223598	12067	13198	10650
鄞州区	972097	39289	5636	825775	30659	23268	47470
奉化区	242596	6083	1393	218530	8370	5738	2482
象山县	387398	11865	3722	364825	4441	1941	604
宁海县	254429	6522	918	230910	8641	5736	1702
余姚市	448092	6852	4622	382888	29615	13149	10966
慈溪市	704786	8882	4052	632278	24280	28231	7063
温州市	**2960366**	**115907**	**73024**	**2719797**	**9369**	**12661**	**29608**
鹿城区	506182	56269	11454	425778	2478	4002	6201
龙湾区	386993	13603	8606	355012	2947	2993	3832
瓯海区	347485	5886	14701	321757	659	1969	2513
洞头区	29606	1857	693	26429	317	1	309
永嘉县	186819	3606	5083	176478	556	528	568
平阳县	200373	3719	7390	186898	531	510	1325
苍南县	289883	5724	3113	279275	385	36	1350
文成县	35085	1776	679	31662			968
泰顺县	88093	1755	1040	85125	1	25	147
瑞安市	392345	7677	6701	373094	384	1995	2494
乐清市	497502	14035	13564	458289	1111	602	9901
嘉兴市	**2004387**	**78769**	**19803**	**1602746**	**120392**	**141246**	**41431**
南湖区	315351	25629	7421	244447	7876	15872	14106
秀洲区	268774	7779	2570	203796	18540	31438	4651
嘉善县	260094	5553	1741	185502	20664	36597	10037
海盐县	164524	9861	1391	141287	6207	4039	1739
海宁市	399169	8994	2676	359828	12845	10917	3909
平湖市	266506	7360	961	198224	21738	33740	4483
桐乡市	329969	13593	3043	269662	32522	8643	2506
湖州市	**965313**	**43611**	**17367**	**781017**	**34340**	**25909**	**63069**
吴兴区	325112	18341	8379	244879	4586	4200	44727
南浔区	122953	2263	3866	105092	4136	5184	2412
德清县	172463	9075	2181	133499	13017	6245	8446
长兴县	192068	9266	2298	163096	5658	5844	5906
安吉县	152717	4666	643	134451	6943	4436	1578

2-11 续表

地 区	从业人员期末人数（人）	国有控股	集体控股	私人控股	港澳台商控股	外商控股	其他
绍兴市	**3412777**	**59006**	**83676**	**3127111**	**55091**	**50947**	**36946**
越城区	519825	25949	57513	401099	13383	13798	8083
柯桥区	912596	9610	10280	832947	18682	22680	18397
上虞区	707698	7929	4483	670462	10394	7562	6868
新昌县	170806	6978	2222	157582	1900	1542	582
诸暨市	848677	6575	6055	826200	4721	3677	1449
嵊州市	253175	1965	3123	238821	6011	1688	1567
金华市	**2489419**	**68311**	**49859**	**2268875**	**18778**	**18244**	**65352**
婺城区	242404	20709	4051	194562	8321	4569	10192
金东区	137042	4999	501	126191	2863	428	2060
武义县	137084	2477	639	132314	107	1315	232
浦江县	95474	3121	336	89560	1448	415	594
磐安县	111589	1190	286	108163	23		1927
兰溪市	127939	4394	1006	116278	562	1195	4504
义乌市	554945	16028	3953	518971	1690	9213	5090
东阳市	801003	7032	37482	714392	1407	508	40182
永康市	281939	8361	1605	268444	2357	601	571
衢州市	**491588**	**34791**	**4154**	**437414**	**4587**	**7263**	**3379**
柯城区	140539	20140	1664	113843	404	3482	1006
衢江区	68627	3815	313	60274	2213	1808	204
常山县	56907	1674	330	53339	612	43	909
开化县	49171	1368	834	46652	103		214
龙游县	81513	3203	215	76470	758	613	254
江山市	94831	4591	798	86836	497	1317	792
舟山市	**357293**	**47105**	**6227**	**292710**	**1402**	**2276**	**7573**
定海区	179250	24906	3643	143843	1021	670	5167
普陀区	113488	14751	1460	95292	82	230	1673
岱山县	52537	5051	673	45057	103	1368	285
嵊泗县	12018	2397	451	8518	196	8	448
台州市	**2400809**	**66166**	**77249**	**2195454**	**13015**	**16778**	**32147**
椒江区	320410	23066	9132	279674	2147	1705	4686
黄岩区	252442	6473	965	236864	1884	594	5662
路桥区	233051	2930	5917	214849	2664	3545	3146
三门县	111905	4230	691	105748	489	536	211
天台县	116275	2767	589	111697	557	385	280
仙居县	101485	3679	525	94158	200	507	2416
温岭市	583601	7281	7436	561644	763	3056	3421
临海市	424946	11789	45778	356238	2463	2697	5981
玉环市	256694	3951	6216	234582	1848	3753	6344
丽水市	**460230**	**22077**	**4147**	**426370**	**1691**	**1760**	**4185**
莲都区	150337	9102	875	137467	652	477	1764
青田县	55133	1825	236	51320	559	706	487
缙云县	66189	2445	652	62301	176	375	240
遂昌县	32408	2725	595	28599	61	65	363
松阳县	35345	1417	329	33429	114		56
云和县	34596	1216	683	32372	36	65	224
庆元县	24532	1026	297	23074			135
景宁畲族自治县	18111	598	286	16673		32	522
龙泉市	43579	1723	194	41135	93	40	394

2-12 按行业(中类)、控股情况分组的企业法人单位数

行业中类	法人单位数（个）	国有控股	集体控股	私人控股	港澳台商控股	外商控股	其他
总 计	**1383840**	**12488**	**11986**	**1332943**	**5662**	**8181**	**12580**
农、林、牧、渔业	**982**	**40**	**27**	**897**	**3**	**1**	**14**
农业	35		1	32	2		
谷物种植	1			1			
豆类、油料和薯类种植							
棉、麻、糖、烟草种植							
蔬菜、食用菌及园艺作物种植	18		1	15	2		
水果种植	5			5			
坚果、含油果、香料和饮料作物种植	3			3			
中药材种植	7			7			
草种植及割草							
其他农业	1			1			
林业	4	2		2			
林木育种和育苗	2			2			
造林和更新							
森林经营、管护和改培	2	2					
木材和竹材采运							
林产品采集							
畜牧业	14	2		12			
牲畜饲养	9	2		7			
家禽饲养	4			4			
狩猎和捕捉动物							
其他畜牧业	1			1			
渔业	18	1		17			
水产养殖	17	1		16			
水产捕捞	1			1			
农、林、牧、渔专业及辅助性活动	911	35	26	834	1	1	14
农业专业及辅助性活动	623	24	17	567	1	1	13
林业专业及辅助性活动	161	6	2	153			
畜牧专业及辅助性活动	41	3	3	34			1
渔业专业及辅助性活动	86	2	4	80			
采矿业	**841**	**26**	**26**	**776**		**3**	**10**
煤炭开采和洗选业	7	2		5			
烟煤和无烟煤开采洗选	5	1		4			
褐煤开采洗选	1	1					
其他煤炭采选	1			1			
石油和天然气开采业	1						1
石油开采	1						1
天然气开采							
黑色金属矿采选业	18	2	1	15			
铁矿采选	18	2	1	15			
锰矿、铬矿采选							
其他黑色金属矿采选							
有色金属矿采选业	47	2		45			
常用有色金属矿采选	32	2		30			
贵金属矿采选	3			3			
稀有稀土金属矿采选	12			12			

2-12　续表 1

行业中类	法人单位数(个)	国有控股	集体控股	私人控股	港澳台商控股	外商控股	其他
非金属矿采选业	748	20	25	691		3	9
土砂石开采	695	18	19	646		3	9
化学矿开采	3	1		2			
采盐	5		4	1			
石棉及其他非金属矿采选	45	1	2	42			
开采专业及辅助性活动	10			10			
煤炭开采和洗选专业及辅助性活动	1			1			
石油和天然气开采专业及辅助性活动	3			3			
其他开采专业及辅助性活动	6			6			
其他采矿业	10			10			
其他采矿业	10			10			
制造业	**423841**	**666**	**4385**	**409465**	**3203**	**3074**	**3048**
农副食品加工业	4496	41	102	4257	24	34	38
谷物磨制	208	5	9	193	1		
饲料加工	388		11	361	5	6	5
植物油加工	163	4	1	151	2	3	2
制糖业	39		1	38			
屠宰及肉类加工	709	17	17	647	10	6	12
水产品加工	1347	11	43	1274	4	7	8
蔬菜、菌类、水果和坚果加工	949	1	13	922		7	6
其他农副食品加工	693	3	7	671	2	5	5
食品制造业	2983	21	36	2778	45	70	33
焙烤食品制造	904	4	2	869	15	10	4
糖果、巧克力及蜜饯制造	184		4	168	1	9	2
方便食品制造	480	3	2	458	7	6	4
乳制品制造	38	3		31		2	2
罐头食品制造	198	2	3	179		10	4
调味品、发酵制品制造	211	1	2	200	2	3	3
其他食品制造	968	8	23	873	20	30	14
酒、饮料和精制茶制造业	2201	23	41	2055	18	35	29
酒的制造	537	8	19	486	7	9	8
饮料制造	595	4	5	544	8	23	11
精制茶加工	1069	11	17	1025	3	3	10
烟草制品业	1	1					
烟叶复烤							
卷烟制造	1	1					
其他烟草制品制造							
纺织业	32685	13	134	31847	334	201	156
棉纺织及印染精加工	9148	5	39	8875	116	65	48
毛纺织及染整精加工	1082	2	14	1025	26	10	5
麻纺织及染整精加工	74			65	5	2	2
丝绢纺织及印染精加工	1072	2	17	1024	8	9	12
化纤织造及印染精加工	4494		9	4416	36	17	16
针织或钩针编织物及其制品制造	8186	1	15	8051	61	34	24
家用纺织制成品制造	4740	1	16	4619	44	36	24
产业用纺织制成品制造	3889	2	24	3772	38	28	25
纺织服装、服饰业	30657	23	110	29721	404	254	145
机织服装制造	13677	14	48	13204	214	135	62

2-12 续表 2

行业中类	法人单位数(个)	国有控股	集体控股	私人控股	港澳台商控股	外商控股	其他
针织或钩针编织服装制造	7210	3	32	6965	116	72	22
服饰制造	9770	6	30	9552	74	47	61
皮革、毛皮、羽毛及其制品和制鞋业	19732	3	187	19355	64	71	52
皮革鞣制加工	554		32	506	2	10	4
皮革制品制造	5199	2	27	5078	35	36	21
毛皮鞣制及制品加工	1227		1	1213	8	4	1
羽毛(绒)加工及制品制造	354			339	9	5	1
制鞋业	12398	1	127	12219	10	16	25
木材加工和木、竹、藤、棕、草制品业	6821	1	35	6698	29	28	30
木材加工	1138	1	9	1120	2	3	3
人造板制造	583		4	562	9	4	4
木质制品制造	3616		8	3580	10	9	9
竹、藤、棕、草等制品制造	1484		14	1436	8	12	14
家具制造业	7205		19	6993	73	65	55
木质家具制造	4547		13	4442	31	23	38
竹、藤家具制造	185		1	177	2	3	2
金属家具制造	1170		5	1118	18	22	7
塑料家具制造	164			158	4	1	1
其他家具制造	1139			1098	18	16	7
造纸和纸制品业	12851	5	101	12600	49	41	55
纸浆制造	15		1	14			
造纸	1747	4	14	1692	18	11	8
纸制品制造	11089	1	86	10894	31	30	47
印刷和记录媒介复制业	11037	28	239	10670	19	17	64
印刷	10302	26	226	9958	19	16	57
装订及印刷相关服务	725	2	13	702		1	7
记录媒介复制	10			10			
文教、工美、体育和娱乐用品制造业	22083	9	108	21590	159	127	90
文教办公用品制造	3655	2	14	3566	23	28	22
乐器制造	255	1	1	238	1	11	3
工艺美术及礼仪用品制造	12135	6	78	11895	73	42	41
体育用品制造	2317		7	2252	22	25	11
玩具制造	2813		6	2744	32	19	12
游艺器材及娱乐用品制造	908		2	895	8	2	1
石油、煤炭及其他燃料加工业	440	6	3	414	8	4	5
精炼石油产品制造	235	4	2	214	7	4	4
煤炭加工	47	1	1	44			1
核燃料加工	1	1					
生物质燃料加工	157			156	1		
化学原料和化学制品制造业	8603	74	136	7988	136	181	88
基础化学原料制造	999	34	22	883	26	27	7
肥料制造	243	3	3	232		2	3
农药制造	90	2	3	75	4	4	2
涂料、油墨、颜料及类似产品制造	2116	3	28	2015	28	21	21
合成材料制造	1267	11	22	1151	26	36	21
专用化学产品制造	2544	13	41	2366	41	57	26
炸药、火工及焰火产品制造	17	5		12			
日用化学产品制造	1327	3	17	1254	11	34	8

2-12　续表 3

行业中类	法人单位数(个)	国有控股	集体控股	私人控股	港澳台商控股	外商控股	其他
医药制造业	1270	23	22	1112	27	46	40
化学药品原料药制造	239	5	4	211	6	9	4
化学药品制剂制造	122	7	2	91	3	7	12
中药饮片加工	107	5	4	92		4	2
中成药生产	97	3	1	83	3	2	5
兽用药品制造	63	2	1	54		2	4
生物药品制品制造	225	1	2	196	5	12	9
卫生材料及医药用品制造	323		7	298	8	7	3
药用辅料及包装材料	94		1	87	2	3	1
化学纤维制造业	1820	3	6	1748	33	17	13
纤维素纤维原料及纤维制造	63	1		60	1	1	
合成纤维制造	1702	2	6	1634	31	16	13
生物基材料制造	55			54	1		
橡胶和塑料制品业	33974	15	395	33051	164	169	180
橡胶制品业	3988	4	70	3844	12	31	27
塑料制品业	29986	11	325	29207	152	138	153
非金属矿物制品业	13032	101	219	12489	64	64	95
水泥、石灰和石膏制造	520	46	11	455		3	5
石膏、水泥制品及类似制品制造	2849	42	52	2697	22	7	29
砖瓦、石材等建筑材料制造	4113	7	90	3969	14	8	25
玻璃制造	444		4	434	3	1	2
玻璃制品制造	2011	2	11	1963	7	17	11
玻璃纤维和玻璃纤维增强塑料制品制造	466		8	435	10	10	3
陶瓷制品制造	1061	1	11	1026	6	8	9
耐火材料制品制造	620		19	594	1	2	4
石墨及其他非金属矿物制品制造	948	3	13	916	1	8	7
黑色金属冶炼和压延加工业	2422	11	45	2320	20	13	13
炼铁	10		1	9			
炼钢	14	1		13			
钢压延加工	2334	10	42	2236	20	13	13
铁合金冶炼	64		2	62			
有色金属冶炼和压延加工业	3125	7	46	2985	26	23	38
常用有色金属冶炼	135	1	3	127	2	1	1
贵金属冶炼	10	1		9			
稀有稀土金属冶炼	16			13	1		2
有色金属合金制造	705	2	9	670	8	8	8
有色金属压延加工	2259	3	34	2166	15	14	27
金属制品业	40139	35	402	39085	220	185	212
结构性金属制品制造	8492	10	65	8303	35	20	59
金属工具制造	4572	1	22	4466	28	33	22
集装箱及金属包装容器制造	699	6	5	659	17	7	5
金属丝绳及其制品制造	999		11	977	7	2	2
建筑、安全用金属制品制造	11824	5	106	11544	53	58	58
金属表面处理及热处理加工	2592	3	85	2464	13	13	14
搪瓷制品制造	425			419	2	1	3
金属制日用品制造	3863		23	3783	27	16	14
铸造及其他金属制品制造	6673	10	85	6470	38	35	35

2-12 续表 4

行业中类	法人单位数（个）	国有控股	集体控股	私人控股	港澳台商控股	外商控股	其他
通用设备制造业	53354	46	695	51566	316	400	331
锅炉及原动设备制造	600	8	13	556	9	8	6
金属加工机械制造	5287	2	77	5083	43	51	31
物料搬运设备制造	1909	4	13	1795	42	37	18
泵、阀门、压缩机及类似机械制造	12175	9	218	11693	65	85	105
轴承、齿轮和传动部件制造	5279	5	54	5092	38	59	31
烘炉、风机、包装等设备制造	5948	8	48	5760	46	55	31
文化、办公用机械制造	449		7	431	1	6	4
通用零部件制造	19471	8	247	18986	66	84	80
其他通用设备制造业	2236	2	18	2170	6	15	25
专用设备制造业	26402	32	315	25429	220	231	175
采矿、冶金、建筑专用设备制造	1020	2	32	954	10	11	11
化工、木材、非金属加工专用设备制造	10801	6	75	10516	78	73	53
食品、饮料、烟草及饲料生产专用设备制造	784		27	748	3	5	1
印刷、制药、日化及日用品生产专用设备制造	1092	1	18	1057	3	5	8
纺织、服装和皮革加工专用设备制造	3391	1	44	3261	41	28	16
电子和电工机械专用设备制造	749		7	719	8	9	6
农、林、牧、渔专用机械制造	980	5	16	916	10	20	13
医疗仪器设备及器械制造	3341	2	67	3178	36	37	21
环保、邮政、社会公共服务及其他专用设备制造	4244	15	29	4080	31	43	46
汽车制造业	17194	21	217	16357	178	223	198
汽车整车制造	84	4		65	5	6	4
汽车用发动机制造	40	1		31	3	4	1
改装汽车制造	25	1		23		1	
低速汽车制造	1			1			
电车制造	11			10		1	
汽车车身、挂车制造	141		1	129	4	6	1
汽车零部件及配件制造	16892	15	216	16098	166	205	192
铁路、船舶、航空航天和其他运输设备制造业	4335	14	69	4177	16	33	26
铁路运输设备制造	156	3	6	144	1	1	1
城市轨道交通设备制造	25	3		21		1	
船舶及相关装置制造	886	7	15	838	4	12	10
航空、航天器及设备制造	56	1		51		3	1
摩托车制造	1344		39	1291	2	5	7
自行车和残疾人座车制造	630		4	613	6	5	2
助动车制造	709		2	701	1	2	3
非公路休闲车及零配件制造	429		1	422	1	3	2
潜水救捞及其他未列明运输设备制造	100		2	96	1	1	
电气机械和器材制造业	38251	42	391	36643	298	257	620
电机制造	3465	5	45	3333	29	36	17
输配电及控制设备制造	16368	15	211	15536	89	72	445
电线、电缆、光缆及电工器材制造	3162	7	50	3003	31	39	32
电池制造	467	6	7	416	10	15	13
家用电力器具制造	7088	3	41	6897	53	45	49
非电力家用器具制造	848	1	1	829	6	8	3
照明器具制造	5616	2	20	5445	74	31	44
其他电气机械及器材制造	1237	3	16	1184	6	11	17

2-12　续表 5

行业中类	法人单位数（个）	国有控股	集体控股	私人控股	港澳台商控股	外商控股	其他
计算机、通信和其他电子设备制造业	11110	34	93	10511	176	180	116
计算机制造	440	1	2	395	17	19	6
通信设备制造	1011	11	7	948	16	17	12
广播电视设备制造	213			195	3	10	5
雷达及配套设备制造	11	1	1	8			1
非专业视听设备制造	534	1	7	493	15	14	4
智能消费设备制造	462	2	2	433	9	9	7
电子器件制造	1486	10	10	1377	31	40	18
电子元件及电子专用材料制造	6206	8	56	5944	74	65	59
其他电子设备制造	747		8	718	11	6	4
仪器仪表制造业	5738	11	100	5406	51	67	103
通用仪器仪表制造	4236	8	71	3991	32	44	90
专用仪器仪表制造	651	3	9	610	7	16	6
钟表与计时仪器制造	152		7	139	3	1	2
光学仪器制造	259		4	241	7	2	5
衡器制造	196		3	189	1	3	
其他仪器仪表制造业	244		6	236	1	1	
其他制造业	7046	5	61	6905	28	25	22
日用杂品制造	5077	2	42	4978	23	17	15
核辐射加工	4			4			
其他未列明制造业	1965	3	19	1923	5	8	7
废弃资源综合利用业	713	5	3	684	1	10	10
金属废料和碎屑加工处理	290	2		270	1	8	9
非金属废料和碎屑加工处理	423	3	3	414		2	1
金属制品、机械和设备修理业	2121	13	55	2031	3	3	16
金属制品修理	46	1		43			2
通用设备修理	282	2	2	276			2
专用设备修理	264	4	8	250		1	1
铁路、船舶、航空航天等运输设备修理	922	4	34	876	1	1	6
电气设备修理	150	1	7	139	1		2
仪器仪表修理	21			21			
其他机械和设备修理业	436	1	4	426	1	1	3
电力、热力、燃气及水生产和供应业	**5238**	**694**	**722**	**3609**	**49**	**52**	**112**
电力、热力生产和供应业	3711	344	539	2716	25	23	64
电力生产	3387	252	518	2513	24	23	57
电力供应	187	65	19	99			4
热力生产和供应	137	27	2	104	1		3
燃气生产和供应业	279	59	11	167	17	14	11
燃气生产和供应业	269	59	11	158	16	14	11
生物质燃气生产和供应业	10			9	1		
水的生产和供应业	1248	291	172	726	7	15	37
自来水生产和供应	549	197	158	171	2	1	20
污水处理及其再生利用	582	92	8	446	5	14	17
海水淡化处理	3	1		2			
其他水的处理、利用与分配	114	1	6	107			
建筑业	**51741**	**515**	**330**	**50395**	**35**	**30**	**436**
房屋建筑业	7820	50	79	7593	7	4	87

2-12 续表 6

行业中类	法人单位数（个）	国有控股	集体控股	私人控股	港澳台商控股	外商控股	其他
住宅房屋建筑	6733	42	69	6544	4	2	72
体育场馆建筑	14			14			
其他房屋建筑业	1073	8	10	1035	3	2	15
土木工程建筑业	12024	344	129	11417	11	10	113
铁路、道路、隧道和桥梁工程建筑	5322	180	46	5046	3	2	45
水利和水运工程建筑	757	64	12	670	1		10
海洋工程建筑	52	5		46		1	
工矿工程建筑	198	4	2	186	1		5
架线和管道工程建筑	898	40	51	797	2	1	7
节能环保工程施工	365			359	1	2	3
电力工程施工	359	6	3	344	1	2	3
其他土木工程建筑	4073	45	15	3969	2	2	40
建筑安装业	6829	53	76	6608	9	8	75
电气安装	2428	12	48	2341	2	3	22
管道和设备安装	1969	28	15	1900	3	2	21
其他建筑安装业	2432	13	13	2367	4	3	32
建筑装饰、装修和其他建筑业	25068	68	46	24777	8	8	161
建筑装饰和装修业	19138	14	23	18974	6	7	114
建筑物拆除和场地准备活动	3832	40	15	3751		1	25
提供施工设备服务	209	1	2	200	1		5
其他未列明建筑业	1889	13	6	1852	1		17
批发和零售业	**457484**	**1480**	**1797**	**446736**	**839**	**3500**	**3132**
批发业	288563	835	1083	280858	648	3284	1855
农、林、牧、渔产品批发	4785	76	51	4611	5	9	33
食品、饮料及烟草制品批发	18295	146	83	17805	38	62	161
纺织、服装及家庭用品批发	91920	76	118	88806	230	2227	463
文化、体育用品及器材批发	15800	26	32	15426	34	197	85
医药及医疗器材批发	6864	57	19	6645	21	29	93
矿产品、建材及化工产品批发	66829	321	536	65213	111	148	500
机械设备、五金产品及电子产品批发	56763	91	171	55526	152	441	382
贸易经纪与代理	6879	19	8	6671	26	112	43
其他批发业	20428	23	65	20155	31	59	95
零售业	168921	645	714	165878	191	216	1277
综合零售	3785	40	120	3480	51	31	63
食品、饮料及烟草制品专门零售	15050	59	102	14716	15	20	138
纺织、服装及日用品专门零售	26322	15	83	25912	33	52	227
文化、体育用品及器材专门零售	9085	112	37	8818	9	14	95
医药及医疗器材专门零售	12605	69	100	12333	1	1	101
汽车、摩托车、零配件和燃料及其他动力销售	15130	313	116	14372	37	35	257
家用电器及电子产品专门零售	14353	7	30	14179	10	11	116
五金、家具及室内装饰材料专门零售	20238	7	81	20026	11	15	98
货摊、无店铺及其他零售业	52353	23	45	52042	24	37	182
交通运输、仓储和邮政业	**31866**	**885**	**445**	**29933**	**111**	**81**	**411**
铁路运输业	13	12		1			
铁路旅客运输	8	8					
铁路货物运输	4	4					
铁路运输辅助活动	1			1			

2-12 续表 7

行业中类	法人单位数（个）	国有控股	集体控股	私人控股	港澳台商控股	外商控股	其他
道路运输业	19336	437	278	18335	22	17	247
城市公共交通运输	574	120	39	390	2	1	22
公路旅客运输	482	77	35	337			33
道路货物运输	17210	71	115	16829	17	11	167
道路运输辅助活动	1070	169	89	779	3	5	25
水上运输业	1301	115	22	1127	5	5	27
水上旅客运输	91	28	8	51			4
水上货物运输	836	28	7	784	1	1	15
水上运输辅助活动	374	59	7	292	4	4	8
航空运输业	130	25	1	100	3	1	
航空客货运输	56	4	1	49	2		
通用航空服务	40	3		35	1	1	
航空运输辅助活动	34	18		16			
管道运输业	4	1		2		1	
海底管道运输	1					1	
陆地管道运输	3	1		2			
多式联运和运输代理业	6919	112	46	6681	12	17	51
多式联运	19	3		15			1
运输代理业	6900	109	46	6666	12	17	50
装卸搬运和仓储业	2657	162	92	2232	68	37	66
装卸搬运	1285	21	72	1161	7	5	19
通用仓储	576	18	7	488	31	18	14
低温仓储	98	4	1	91	1		1
危险品仓储	72	14		43	8	4	3
谷物、棉花等农产品仓储	137	84	6	39		1	7
中药材仓储	1	1					
其他仓储业	488	20	6	410	21	9	22
邮政业	1506	21	6	1455	1	3	20
邮政基本服务	29	15	5	6			3
快递服务	1465	3	1	1440	1	3	17
其他寄递服务	12	3		9			
住宿和餐饮业	**24928**	**287**	**216**	**23818**	**90**	**140**	**377**
住宿业	9186	217	159	8550	42	38	180
旅游饭店	1995	144	58	1650	29	24	90
一般旅馆	5988	67	82	5743	11	12	73
民宿服务	977	3	11	944	2	2	15
露营地服务	9			9			
其他住宿业	217	3	8	204			2
餐饮业	15742	70	57	15268	48	102	197
正餐服务	12109	61	45	11722	31	81	169
快餐服务	1113	3	4	1090	5	5	6
饮料及冷饮服务	768	4	1	740	7	8	8
餐饮配送及外卖送餐服务	359	2		354	1	1	1
其他餐饮业	1393		7	1362	4	7	13
信息传输、软件和信息技术服务业	**54689**	**282**	**78**	**53339**	**224**	**290**	**476**
电信、广播电视和卫星传输服务	894	129	22	706	12	8	17
电信	755	51	21	653	12	8	10

2-12 续表 8

行业中类	法人单位数(个)	国有控股	集体控股	私人控股	港澳台商控股	外商控股	其他
广播电视传输服务	127	78	1	42			6
卫星传输服务	12			11			1
互联网和相关服务	5487	31	8	5355	22	15	56
互联网接入及相关服务	331	2	1	325		1	2
互联网信息服务	2957	12	4	2902	7	4	28
互联网平台	764	8	1	736	6	4	9
互联网安全服务	62	1		61			
互联网数据服务	212	5	1	191	5	3	7
其他互联网服务	1161	3	1	1140	4	3	10
软件和信息技术服务业	48308	122	48	47278	190	267	403
软件开发	34218	66	29	33495	138	206	284
集成电路设计	258	2		238	6	9	3
信息系统集成和物联网技术服务	1864	16	2	1803	9	10	24
运行维护服务	313	3	2	303	1		4
信息处理和存储支持服务	320	6		305		3	6
信息技术咨询服务	7661	23	12	7507	29	33	57
数字内容服务	536	2	1	519	2	1	11
其他信息技术服务业	3138	4	2	3108	5	5	14
金融业	**16574**	**891**	**71**	**15101**	**78**	**59**	**374**
货币金融服务	1591	327	53	1073	55	20	63
中央银行服务							
货币银行服务	541	300	36	163	9	9	24
非货币银行服务	1050	27	17	910	46	11	39
银行理财服务							
银行监管服务							
资本市场服务	13084	154	5	12782	15	19	109
证券市场服务	6	5		1			
公开募集证券投资基金	2			2			
非公开募集证券投资基金	1923	93		1737	3	4	86
期货市场服务	14	11	1	2			
证券期货监管服务							
资本投资服务	1545	35	3	1491	4		12
其他资本市场服务	9594	10	1	9549	8	15	11
保险业	797	343	4	251	4	19	176
人身保险	251	129		46	3	7	66
财产保险	313	202	3	11		11	86
再保险							
商业养老金	11	1		1			9
保险中介服务	132	8	1	106	1	1	15
保险资产管理	1	1					
保险监管服务							
其他保险活动	89	2		87			
其他金融业	1102	67	9	995	4	1	26
金融信托与管理服务	73	5	2	65			1
控股公司服务	345	11	2	328	1		3
非金融机构支付服务	13	3		10			
金融信息服务	260	2	2	250	1		5
金融资产管理公司	10	6		4			
其他未列明金融业	401	40	3	338	2	1	17

2-12　续表 9

行业中类	法　人 单位数 (个)	国有 控股	集体 控股	私人 控股	港澳台 商控股	外商 控股	其他
房地产业	**45826**	**1328**	**1094**	**41564**	**426**	**254**	**1160**
房地产业	45826	1328	1094	41564	426	254	1160
房地产开发经营	10707	677	177	8820	244	114	675
物业管理	8636	246	161	7925	26	26	252
房地产中介服务	16037	30	25	15883	10	8	81
房地产租赁经营	9796	325	714	8381	142	102	132
其他房地产业	650	50	17	555	4	4	20
租赁和商务服务业	**126824**	**3144**	**1853**	**119775**	**282**	**268**	**1502**
租赁业	9160	60	19	8979	14	10	78
机械设备经营租赁	8680	53	17	8515	14	10	71
文体设备和用品出租	411	6	1	398			6
日用品出租	69	1	1	66			1
商务服务业	117664	3084	1834	110796	268	258	1424
组织管理服务	33306	2068	898	29663	98	75	504
综合管理服务	3700	198	564	2809	15	7	107
法律服务	425	3	2	417			3
咨询与调查	37713	168	98	36857	119	120	351
广告业	19669	143	34	19311	5	13	163
人力资源服务	5588	89	56	5374	3	5	61
安全保护服务	1344	111	5	1204		4	20
会议、展览及相关服务	2329	53	9	2247	3	2	15
其他商务服务业	13590	251	168	12914	25	32	200
科学研究和技术服务业	**58019**	**948**	**316**	**55558**	**221**	**341**	**635**
研究和试验发展	9275	48	35	8882	78	137	95
自然科学研究和试验发展	355	1	3	343	3		5
工程和技术研究和试验发展	7208	36	20	6950	59	77	66
农业科学研究和试验发展	396	5	6	374	2	3	6
医学研究和试验发展	1284	4	5	1186	14	57	18
社会人文科学研究	32	2	1	29			
专业技术服务业	28678	735	188	27268	67	90	330
气象服务	39	12	2	24			1
地震服务	5			5			
海洋服务	54	4		47			3
测绘地理信息服务	520	47	24	440			9
质检技术服务	2406	179	52	2102	5	26	42
环境与生态监测检测服务	566	14		549			3
地质勘查	79	16	4	58			1
工程技术与设计服务	13778	417	81	13063	20	17	180
工业与专业设计及其他专业技术服务	11231	46	25	10980	42	47	91
科技推广和应用服务业	20066	165	93	19408	76	114	210
技术推广服务	15104	126	82	14553	70	104	169
知识产权服务	1718	10	4	1681	2	1	20
科技中介服务	541	15	2	520	1		3
创业空间服务	180	6		170	1	1	2
其他科技推广服务业	2523	8	5	2484	2	8	16

2-12 续表 10

行业中类	法人单位数（个）	国有控股	集体控股	私人控股	港澳台商控股	外商控股	其他
水利、环境和公共设施管理业	**7142**	**691**	**179**	**6048**	**11**	**10**	**203**
水利管理业	367	114	24	216			13
防洪除涝设施管理	74	21	11	40			2
水资源管理	104	35	7	56			6
天然水收集与分配	42	22	3	16			1
水文服务	12	2		9			1
其他水利管理业	135	34	3	95			3
生态保护和环境治理业	1173	58	8	1081	2	3	21
生态保护	58	12	1	42			3
环境治理业	1115	46	7	1039	2	3	18
公共设施管理业	5167	460	139	4391	9	7	161
市政设施管理	688	198	39	407	1	2	41
环境卫生管理	1285	47	39	1169	1		29
城乡市容管理	76	11	5	58			2
绿化管理	1862	56	11	1774		1	20
城市公园管理	56	4	2	48			2
游览景区管理	1200	144	43	935	7	4	67
土地管理业	435	59	8	360			8
土地整治服务	330	41	3	281			5
土地调查评估服务	47	2	1	43			1
土地登记服务	5		1	4			
土地登记代理服务	22	2	2	18			
其他土地管理服务	31	14	1	14			2
居民服务、修理和其他服务业	**24665**	**131**	**239**	**24057**	**16**	**22**	**200**
居民服务业	10827	68	118	10536	13	12	80
家庭服务	2322	9	6	2291		1	15
托儿所服务	179			178			1
洗染服务	444	3	2	437			2
理发及美容服务	2057	1	1	2032	1	7	15
洗浴和保健养生服务	1997	2	5	1970	3	2	15
摄影扩印服务	1339	3	6	1320	2	1	7
婚姻服务	1009	3	1	995	4		6
殡葬服务	388	34	85	257	2		10
其他居民服务业	1092	13	12	1056	1	1	9
机动车、电子产品和日用产品修理业	9322	33	77	9121	2	6	83
汽车、摩托车等修理与维护	7282	29	66	7110	1	5	71
计算机和办公设备维修	834	2	2	826	1		3
家用电器修理	1011	2	8	991		1	9
其他日用产品修理业	195		1	194			
其他服务业	4516	30	44	4400	1	4	37
清洁服务	3376	18	28	3305			25
宠物服务	196	1	2	190			3
其他未列明服务业	944	11	14	905	1	4	9
教育	**16860**	**93**	**64**	**16508**	**19**	**12**	**164**
教育	16860	93	64	16508	19	12	164
学前教育	604	3	3	592	2	1	3
初等教育	39			37			2

2-12　续表 11

行业中类	法人单位数(个)	国有控股	集体控股	私人控股	港澳台商控股	外商控股	其他
中等教育	35	1		33			1
高等教育							
特殊教育	6			6			
技能培训、教育辅助及其他教育	16176	89	61	15840	17	11	158
卫生和社会工作	**3930**	**27**	**23**	**3797**	**12**	**3**	**68**
卫生	3338	7	14	3256	3	2	56
医院	616	2	5	585	3	2	19
基层医疗卫生服务	2538	2	8	2493			35
专业公共卫生服务	37			37			
其他卫生活动	147	3	1	141			2
社会工作	592	20	9	541	9	1	12
提供住宿社会工作	541	14	8	501	7	1	10
不提供住宿社会工作	51	6	1	40	2		2
文化、体育和娱乐业	**32390**	**360**	**121**	**31567**	**43**	**41**	**258**
新闻和出版业	179	77	5	91			6
新闻业	16	4		12			
出版业	163	73	5	79			6
广播、电视、电影和录音制作业	7261	123	20	7061	4	3	50
广播	193	3		188			2
电视	142	8	1	132			1
影视节目制作	5885	22	7	5821	3	2	30
广播电视集成播控	8	2		6			
电影和广播电视节目发行	244	11		233			
电影放映	714	77	12	606	1	1	17
录音制作	75			75			
文化艺术业	5609	79	33	5428	9	6	54
文艺创作与表演	2405	27	7	2344	4	4	19
艺术表演场馆	52	19	4	28			1
图书馆与档案馆	232	6	9	216			1
文物及非物质文化遗产保护	47	8	3	35			1
博物馆	29	4	1	24			
烈士陵园、纪念馆	4	1	2	1			
群众文体活动	493	5	5	474	1		8
其他文化艺术业	2347	9	2	2306	4	2	24
体育	2987	37	15	2878	9	11	37
体育组织	496	5	1	482		2	6
体育场地设施管理	202	16	6	175	2		3
健身休闲活动	2200	14	7	2135	7	9	28
其他体育	89	2	1	86			
娱乐业	16354	44	48	16109	21	21	111
室内娱乐活动	7754	2	32	7673	1	5	41
游乐园	207	6	2	193	1	1	4
休闲观光活动	755	5	8	730	3		9
彩票活动	12	6		6			
文化体育娱乐活动与经纪代理服务	7548	24	5	7434	16	14	55
其他娱乐业	78	1	1	73		1	2

2-13 按行业(大类)、控股情况分组的企业法人单位从业人员数

行业大类	从业人员期末人数(人)	国有控股	集体控股	私人控股	港澳台商控股	外商控股	其他
总　计	**25898115**	**1155445**	**509693**	**22278862**	**694096**	**609036**	**650983**
农、林、牧、渔业	**4345**	**135**	**135**	**4015**			**60**
农业							
林业							
畜牧业							
渔业							
农、林、牧、渔专业及辅助性活动	4345	135	135	4015			60
采矿业	**17347**	**2713**	**314**	**13787**		**389**	**144**
煤炭开采和洗选业	21	1		20			
石油和天然气开采业	1						1
黑色金属矿采选业	1090	812		278			
有色金属矿采选业	2247	525		1722			
非金属矿采选业	13903	1375	314	11682		389	143
开采专业及辅助性活动	25			25			
其他采矿业	60			60			
制造业	**10591520**	**195045**	**147854**	**9086693**	**474652**	**504520**	**182756**
农副食品加工业	106422	6406	1939	90529	2369	3416	1763
食品制造业	96181	5180	923	69510	5700	11735	3133
酒、饮料和精制茶制造业	53005	3669	2473	34689	2240	9045	889
烟草制品业	3636	3636					
纺织业	856837	2152	11211	740954	63040	27176	12304
纺织服装、服饰业	796865	6224	4357	656815	79753	39506	10210
皮革、毛皮、羽毛及其制品和制鞋业	567820	178	3255	545101	8166	8011	3109
木材加工和木、竹、藤、棕、草制品业	129147	5	494	122016	1764	3681	1187
家具制造业	266117		315	221740	17972	19745	6345
造纸和纸制品业	212582	1887	1977	196351	6827	4156	1384
印刷和记录媒介复制业	171546	2675	2934	159692	2468	2303	1474
文教、工美、体育和娱乐用品制造业	413086	256	1578	362453	21515	22437	4847
石油、煤炭及其他燃料加工业	18194	7338	47	10119	322	158	210
化学原料和化学制品制造业	282567	18829	7745	216161	11904	19863	8065
医药制造业	151298	15787	2778	106854	5399	12508	7972
化学纤维制造业	120364	315	1518	101501	6463	5290	5277
橡胶和塑料制品业	614283	12575	10779	549074	17512	19296	5047
非金属矿物制品业	289958	13541	4780	254083	4407	9162	3985
黑色金属冶炼和压延加工业	87847	4601	4923	74194	1937	1208	984
有色金属冶炼和压延加工业	101948	1314	837	90595	4239	3747	1216
金属制品业	787509	3500	8970	724537	24655	18782	7065
通用设备制造业	1146219	16814	15548	1009725	37498	51401	15233
专用设备制造业	541079	4752	7317	474282	22869	23759	8100
汽车制造业	649634	9821	7917	533433	31443	51975	15045
铁路、船舶、航空航天和其他运输设备制造业	132647	3925	919	120513	716	4570	2004
电气机械和器材制造业	1099212	9717	14118	958861	40347	48702	27467
计算机、通信和其他电子设备制造业	557111	36298	20957	371761	37118	68560	22417
仪器仪表制造业	175765	1339	4486	143525	11984	10141	4290
其他制造业	105208	78	976	95878	3838	3490	948
废弃资源综合利用业	16418	313	25	15226	120	526	208
金属制品、机械和设备修理业	41015	1920	1758	36521	67	171	578
电力、热力、燃气及水生产和供应业	**144656**	**87744**	**8983**	**39390**	**2053**	**2508**	**3978**
电力、热力生产和供应业	92502	54353	5824	28569	1025	1147	1584
燃气生产和供应业	11667	5735	493	2471	799	973	1196
水的生产和供应业	40487	27656	2666	8350	229	388	1198
建筑业	**7805044**	**119292**	**219338**	**7213068**	**26840**	**17664**	**208842**
房屋建筑业	5639334	18948	155705	5260762	18524	16641	168754
土木工程建筑业	1418363	76143	47838	1270306	7167	44	16865
建筑安装业	197336	15869	14412	161024	1073	85	4873
建筑装饰、装修和其他建筑业	550011	8332	1383	520976	76	894	18350

2-13 续表

行业大类	从业人员期末人数(人)	国有控股	集体控股	私人控股	港澳台商控股	外商控股	其他
批发和零售业	**2442646**	**92365**	**36210**	**2166832**	**43179**	**32502**	**71558**
批发业	1533420	51332	13869	1396289	20591	18808	32531
零售业	909226	41033	22341	770543	22588	13694	39027
交通运输、仓储和邮政业	**641758**	**174474**	**12450**	**416504**	**14616**	**2926**	**20788**
铁路运输业	21			21			
道路运输业	371104	111773	6927	226401	11043	1503	13457
水上运输业	52380	20379	1414	28122	887	209	1369
航空运输业	15295	9914		5324	57		
管道运输业	72	50		12		10	
多式联运和运输代理业	66491	7571	363	57416	98	162	881
装卸搬运和仓储业	53605	8551	2174	35467	2527	1042	3844
邮政业	82790	16236	1572	63741	4		1237
住宿和餐饮业	**426558**	**35198**	**8256**	**323486**	**20431**	**5188**	**33999**
住宿业	187198	25936	6737	131188	7845	2873	12619
餐饮业	239360	9262	1519	192298	12586	2315	21380
信息传输、软件和信息技术服务业	**573353**	**61205**	**5356**	**411754**	**54349**	**18328**	**22361**
电信、广播电视和卫星传输服务	63613	45940	851	8068	4551	3065	1138
互联网和相关服务	93573	1924	2593	57192	26804	2192	2868
软件和信息技术服务业	416167	13341	1912	346494	22994	13071	18355
金融业	**26611**	**1677**	**475**	**22817**	**306**	**65**	**1271**
货币金融服务	8647	185	169	7592	245	57	399
资本市场服务	5613	431	6	4925	47	8	196
保险业	445			445			
其他金融业	11906	1061	300	9855	14		676
房地产业	**654110**	**57034**	**15593**	**488612**	**38934**	**4479**	**49458**
房地产业	654110	57034	15593	488612	38934	4479	49458
租赁和商务服务业	**1317238**	**199597**	**30238**	**1052180**	**12499**	**3506**	**19218**
租赁业	50600	3570	210	43411	1968	418	1023
商务服务业	1266638	196027	30028	1008769	10531	3088	18195
科学研究和技术服务业	**510755**	**60714**	**7207**	**407108**	**3204**	**15157**	**17365**
研究和试验发展	70545	2043	175	55924	570	9085	2748
专业技术服务业	341920	55208	6460	264101	1263	3250	11638
科技推广和应用服务业	98290	3463	572	87083	1371	2822	2979
水利、环境和公共设施管理业	**144857**	**40047**	**4333**	**93828**	**183**	**258**	**6208**
水利管理业	4577	2340	258	1942			37
生态保护和环境治理业	14261	1882	142	11513	174	15	535
公共设施管理业	115788	27977	3882	78098	9	243	5579
土地管理业	10231	7848	51	2275			57
居民服务、修理和其他服务业	**214591**	**6060**	**2995**	**202226**	**763**	**341**	**2206**
居民服务业	88830	3542	1111	82426	734	232	785
机动车、电子产品和日用产品修理业	62194	1099	805	59619	11	66	594
其他服务业	63567	1419	1079	60181	18	43	827
教育	**115483**	**6289**	**1021**	**105456**	**315**	**580**	**1822**
教育	115483	6289	1021	105456	315	580	1822
卫生和社会工作	**96901**	**1157**	**681**	**88992**	**902**	**65**	**5104**
卫生	90593	496	622	83803	813	11	4848
社会工作	6308	661	59	5189	89	54	256
文化、体育和娱乐业	**170342**	**14699**	**8254**	**142114**	**870**	**560**	**3845**
新闻和出版业	5674	4637	41	738			258
广播、电视、电影和录音制作业	42416	5890	6803	28861	124	48	690
文化艺术业	26625	2151	870	23269	23	7	305
体育	19886	1101	83	16941	564	155	1042
娱乐业	75741	920	457	72305	159	350	1550

2-14 按地区、开业(成立)时间

地区	法人单位数(个)										
		1949年以前	1950-1977年	1978-1991年	1992-2000年	2001年	2002年	2003年	2004年	2005年	2006年
全 省	**1383840**	**71**	**893**	**9011**	**65059**	**17659**	**22777**	**26220**	**23220**	**24048**	**29413**
杭州市	**330701**	**16**	**180**	**1192**	**13717**	**4099**	**5223**	**6341**	**6330**	**6397**	**7333**
上城区	12532	3	16	125	727	214	218	339	293	358	291
下城区	21992		13	113	1154	355	433	540	480	458	503
江干区	39993	1		67	997	326	398	493	741	621	739
拱墅区	27740		13	87	804	294	421	560	595	684	728
西湖区	37670	3	16	125	1302	445	494	701	779	774	866
滨江区	24008	1	8	29	540	175	204	265	255	287	333
萧山区	56361	5	29	131	3402	939	1295	1361	1218	1293	1657
余杭区	52649	1	31	202	2039	574	630	857	764	809	1007
富阳区	19325	1	10	61	898	235	359	473	394	368	378
临安区	10653		4	81	546	181	292	250	270	254	311
桐庐县	12988	1	14	89	665	175	281	278	264	210	245
淳安县	7287		3	48	223	61	76	79	132	88	103
建德市	7503		15	34	420	125	122	145	145	193	172
宁波市	**267769**	**11**	**167**	**1511**	**13716**	**3761**	**4574**	**5076**	**4580**	**4629**	**5875**
海曙区	33760	3	21	173	1529	421	497	599	600	602	782
江北区	19807		22	99	808	262	315	285	282	217	302
北仑区	38228	2	11	64	1270	370	429	567	424	414	587
镇海区	15977		17	135	1064	320	330	428	315	293	364
鄞州区	70024	3	18	287	2487	590	862	912	904	955	1353
奉化区	10756		9	60	764	208	259	307	277	273	340
象山县	11265		4	73	710	146	178	234	238	232	296
宁海县	11886	2	6	116	678	170	185	271	246	258	290
余姚市	22513	1	45	201	1904	602	717	666	603	661	739
慈溪市	33553		14	303	2502	672	802	807	691	724	822
温州市	**182268**	**11**	**137**	**2826**	**11164**	**2146**	**2674**	**3113**	**2467**	**2648**	**3288**
鹿城区	26419	1	41	604	1913	322	438	511	334	436	494
龙湾区	20761	1	16	298	1483	313	372	344	301	315	404
瓯海区	16234	2	10	291	1352	267	293	293	250	225	298
洞头区	2367		6	44	155	15	25	29	25	24	42
永嘉县	15584	1	6	270	902	188	220	299	282	302	322
平阳县	13325	4	6	150	570	105	162	255	178	164	206
苍南县	22169	1	7	144	741	117	232	231	207	208	306
文成县	2155		13	29	106	24	25	34	23	34	36
泰顺县	2527		5	51	130	22	25	35	44	38	40
瑞安市	25506	1	16	566	1612	258	313	448	277	316	392
乐清市	35221		11	379	2200	515	569	634	546	586	748
嘉兴市	**111444**	**4**	**78**	**620**	**4809**	**1805**	**2224**	**2637**	**2321**	**2323**	**3249**
南湖区	20688	3	11	144	781	279	389	422	322	342	464
秀洲区	14118		8	86	530	179	292	319	275	254	354
嘉善县	14562		8	41	552	241	314	373	402	325	554
海盐县	8532		12	87	530	144	186	213	193	229	297
海宁市	20205		19	82	910	333	385	498	411	422	578
平湖市	14104		9	51	897	322	333	382	311	371	451
桐乡市	19235	1	11	129	609	307	325	430	407	380	551
湖州市	**51152**	**3**	**26**	**215**	**1957**	**717**	**810**	**889**	**803**	**829**	**916**
吴兴区	15388		11	67	551	168	192	186	176	185	214
南浔区	7161		5	42	386	130	159	160	117	137	122
德清县	8095		3	37	443	177	211	272	241	212	216
长兴县	12543		3	41	345	146	148	180	168	156	219
安吉县	7965	3	4	28	232	96	100	91	101	139	145

分组的企业法人单位数

2007年	2008年	2009年	2010年	2011年	2012年	2013年	2014年	2015年	2016年	2017年	2018年	无开业年份
29077	**29951**	**37691**	**50273**	**52055**	**52971**	**89927**	**107031**	**112595**	**161265**	**216320**	**224031**	**2282**
7024	**7574**	**9996**	**13261**	**13753**	**13311**	**19652**	**25518**	**29111**	**40067**	**52320**	**47942**	**344**
264	284	383	408	496	526	642	805	1143	1523	2177	1284	13
452	501	687	856	844	802	1248	1787	2090	2674	3436	2562	4
617	727	1095	1316	1431	1512	2670	3465	3951	5245	7198	6349	26
757	847	1212	1655	1513	1307	1793	2120	2439	3400	3808	2703	
856	925	1186	1608	1738	1916	2489	3178	3740	4786	5776	3958	9
313	384	587	695	879	836	1190	2220	2710	3532	4299	4244	22
1562	1508	1891	2635	2635	2275	3037	3661	3977	5804	7677	8285	84
1028	1063	1441	2050	2158	1989	2882	3700	4746	6919	8817	8868	74
355	431	485	629	672	679	1517	2118	1802	2225	2753	2479	3
333	333	416	525	482	533	611	797	776	1152	1362	1132	12
229	272	295	444	437	415	828	1020	925	1439	2242	2186	34
103	117	130	159	198	251	370	294	389	669	1350	2382	62
155	182	188	281	270	270	375	353	423	699	1425	1510	1
6043	**6242**	**7503**	**10102**	**10329**	**10591**	**14996**	**19626**	**22004**	**31880**	**41699**	**42527**	**327**
843	941	994	1349	1388	1458	2018	2754	2992	3548	4958	5271	19
318	356	411	497	488	504	607	931	1125	2420	4740	4817	1
521	588	751	1239	1301	1295	1751	2647	3361	6454	7966	6205	11
325	345	394	600	603	635	896	1225	1335	1955	2087	2293	18
1488	1466	1995	2602	2838	2866	4045	6082	6701	8839	10566	12082	83
312	360	382	493	483	439	602	765	755	953	1372	1322	21
259	241	261	398	457	414	834	679	790	1171	1681	1939	30
283	294	322	425	481	517	973	870	962	1279	1634	1612	12
747	793	887	1111	1069	1125	1245	1424	1553	1902	2391	2102	25
947	858	1106	1388	1221	1338	2025	2249	2430	3359	4304	4884	107
3330	**3444**	**4567**	**6241**	**6884**	**7092**	**11641**	**16554**	**14604**	**19590**	**25897**	**31561**	**389**
464	427	556	783	776	810	1049	2297	2275	3151	3939	4798	
400	408	597	649	855	919	1205	1770	1698	2070	3324	3009	10
290	283	394	573	668	649	824	1796	1318	1558	2036	2508	56
45	29	42	66	92	83	170	161	183	273	405	448	5
327	302	404	549	674	717	839	1551	1225	1545	2125	2519	15
197	215	293	399	453	490	751	970	1053	1532	2196	2944	32
351	400	461	707	667	725	1562	2269	1885	2786	3390	4723	49
21	32	49	36	82	49	95	157	188	251	377	490	4
45	37	69	78	94	97	101	287	174	232	373	549	1
441	482	599	835	883	895	3116	2605	1832	2390	2542	4482	205
749	829	1103	1566	1640	1658	1929	2691	2773	3802	5190	5091	12
3032	**2735**	**3347**	**4358**	**4338**	**4234**	**7302**	**8172**	**8377**	**12238**	**16303**	**16734**	**204**
473	446	615	739	799	683	1136	1482	1724	2621	3303	3485	25
326	315	437	575	607	558	843	1202	1209	1714	2256	1766	13
486	423	447	617	542	554	845	1007	954	1475	2084	2273	45
291	269	265	338	333	349	495	615	632	896	1141	1009	8
506	495	647	766	826	858	1709	1595	1400	2092	2638	2969	66
396	315	417	584	550	495	1042	934	1002	1433	1921	1859	29
554	472	519	739	681	737	1232	1337	1456	2007	2960	3373	18
1026	**1010**	**1285**	**1701**	**1556**	**1725**	**4238**	**3735**	**4255**	**6240**	**9055**	**8085**	**76**
242	232	343	431	464	453	1298	1256	1504	2139	2773	2486	17
164	169	194	262	236	288	705	570	589	715	1224	778	9
230	177	218	330	243	293	596	536	578	814	1101	1147	20
225	254	336	420	389	388	989	836	909	1639	2165	2570	17
165	178	194	258	224	303	650	537	675	933	1792	1104	13

2-14 续表

地 区	法人单位数（个）	1949年以前	1950-1977年	1978-1991年	1992-2000年	2001年	2002年	2003年	2004年	2005年	2006年
绍兴市	**119197**	**3**	**87**	**547**	**4766**	**1484**	**2340**	**2640**	**2163**	**2523**	**3119**
越城区	20710		18	90	1060	329	423	564	461	606	686
柯桥区	39521		11	57	910	338	466	614	483	794	1002
上虞区	16341		21	81	827	251	509	415	361	385	457
新昌县	6216		8	63	426	105	163	197	177	155	206
诸暨市	25157	2	11	116	853	258	447	551	375	320	448
嵊州市	11252	1	18	140	690	203	332	299	306	263	320
金华市	**152140**	**5**	**48**	**280**	**4538**	**1232**	**1788**	**2074**	**1734**	**1707**	**2187**
婺城区	13203	2	13	45	753	163	205	291	238	250	313
金东区	8565		1	11	260	75	102	183	128	109	200
武义县	5776		7	24	231	122	127	150	119	160	159
浦江县	6830		4	6	193	45	104	124	75	74	82
磐安县	3301			17	144	34	35	51	48	74	91
兰溪市	6341		3	18	349	114	142	162	102	105	181
义乌市	73930		8	47	1081	283	540	451	460	390	518
东阳市	12578	1	9	56	687	157	225	297	172	167	209
永康市	21616	2	3	56	840	239	308	365	392	378	434
衢州市	**24692**	**2**	**30**	**92**	**954**	**377**	**405**	**526**	**370**	**385**	**561**
柯城区	8648	1	5	26	316	127	128	157	123	132	183
衢江区	3300		4	8	116	34	52	86	43	44	69
常山县	2188	1	1	9	72	34	45	49	24	33	39
开化县	1995		5	9	91	34	38	41	32	28	33
龙游县	3548		1	12	153	65	70	72	63	62	115
江山市	5013		14	28	206	83	72	121	85	86	122
舟山市	**19774**	**2**	**34**	**181**	**1075**	**264**	**333**	**339**	**388**	**372**	**433**
定海区	11946		12	79	550	148	168	170	189	187	208
普陀区	4934	1	14	52	328	71	99	94	109	101	137
岱山县	2045		3	35	118	33	35	50	59	62	67
嵊泗县	849	1	5	15	79	12	31	25	31	22	21
台州市	**104217**	**11**	**84**	**1408**	**7255**	**1409**	**1996**	**2119**	**1647**	**1879**	**2073**
椒江区	11919	1	9	146	874	158	222	219	203	233	239
黄岩区	12815	1	14	217	995	188	279	258	154	212	284
路桥区	14296		9	150	892	175	285	304	229	259	344
三门县	4948		6	62	193	35	93	106	104	110	107
天台县	8036		6	55	299	55	83	75	48	56	84
仙居县	4867	1	4	34	376	96	123	107	75	93	89
温岭市	21844	4	14	329	1860	320	394	494	335	361	395
临海市	12990	3	14	128	681	144	202	210	168	197	193
玉环市	12502	1	8	287	1085	238	315	346	331	358	338
丽水市	**20486**	**3**	**22**	**139**	**1108**	**365**	**410**	**466**	**417**	**356**	**379**
莲都区	4924	2	3	25	244	93	91	97	98	92	111
青田县	3825		2	15	199	83	66	99	86	49	66
缙云县	3083		10	21	151	51	75	93	74	57	57
遂昌县	1805		1	17	114	19	25	35	25	35	24
松阳县	1292		2	7	64	16	27	22	23	19	23
云和县	1692		1	12	81	33	34	35	26	25	26
庆元县	1202		1	8	60	15	30	23	29	29	22
景宁畲族自治县	690			16	76	18	27	25	10	16	17
龙泉市	1973	1	2	18	119	37	35	37	46	34	33

2007年	2008年	2009年	2010年	2011年	2012年	2013年	2014年	2015年	2016年	2017年	2018年	无开业年份
3150	**3065**	**3874**	**5111**	**5251**	**5637**	**9504**	**9659**	**9435**	**12601**	**16411**	**15743**	**84**
700	592	753	898	891	1007	1274	1429	1568	2002	2545	2779	35
1031	1100	1343	1865	1921	2269	3438	3376	3419	4174	4940	5926	44
448	418	529	692	651	720	1039	1137	1225	1879	2324	1971	1
210	150	193	273	303	263	441	449	411	610	833	580	
434	479	664	916	991	875	2588	2465	1942	2828	4221	3370	3
327	326	392	467	494	503	724	803	870	1108	1548	1117	1
2001	**2123**	**2713**	**3831**	**4445**	**4804**	**10029**	**9977**	**11834**	**20207**	**28046**	**35999**	**538**
279	312	342	473	465	500	759	894	1014	1523	2208	2153	8
124	133	187	241	226	258	541	542	793	1113	1736	1592	10
142	109	193	229	220	272	425	463	488	611	799	724	2
83	108	134	158	188	170	599	474	479	1021	1312	1390	7
96	68	128	125	143	140	225	253	223	344	493	569	
145	181	191	243	202	231	531	464	455	700	907	861	54
521	550	700	1153	1799	1983	4504	4259	5560	10709	14911	23059	444
201	238	295	400	356	391	896	783	803	1355	2224	2645	11
410	424	543	809	846	859	1549	1845	2019	2831	3456	3006	2
531	**492**	**750**	**903**	**853**	**812**	**1675**	**1953**	**2226**	**2984**	**3972**	**3808**	**31**
180	174	256	283	304	290	472	676	800	1123	1441	1444	7
82	74	98	118	101	105	186	304	319	411	536	503	7
46	54	60	94	72	95	274	189	200	216	308	273	
29	31	63	101	85	68	182	116	162	202	335	304	6
77	60	98	131	103	105	256	280	306	472	552	492	3
117	99	175	176	188	149	305	388	439	560	800	792	8
413	**458**	**478**	**605**	**596**	**570**	**1063**	**1194**	**1276**	**1895**	**2697**	**4971**	**137**
210	209	258	341	329	310	537	671	743	1229	1682	3696	20
119	143	138	185	192	184	318	317	340	444	677	830	41
58	91	64	60	49	51	136	160	136	157	231	314	76
26	15	18	19	26	25	72	46	57	65	107	131	
2087	**2384**	**2697**	**3506**	**3372**	**3515**	**8114**	**9153**	**7777**	**11364**	**16894**	**13366**	**107**
272	271	323	410	418	429	837	953	949	1436	1965	1352	
281	286	388	450	425	437	921	860	967	1322	2125	1723	28
327	325	417	539	468	491	1225	1339	1106	1573	2137	1700	2
90	114	148	166	196	196	416	430	374	493	765	698	46
76	113	110	195	202	195	582	629	629	1229	2051	1263	1
78	105	143	156	115	139	254	322	364	560	810	812	11
405	510	598	683	727	720	1918	2621	1596	2077	3154	2317	12
187	208	262	391	363	415	934	1164	917	1529	2405	2269	6
371	452	308	516	458	493	1027	835	875	1145	1482	1232	1
440	**424**	**481**	**654**	**678**	**680**	**1713**	**1490**	**1696**	**2199**	**3026**	**3295**	**45**
121	95	113	162	151	175	395	349	430	543	813	718	3
58	53	60	84	106	120	320	350	297	432	549	718	13
63	62	83	122	126	96	209	236	232	308	419	525	13
25	36	42	63	60	56	181	112	141	168	267	344	15
26	47	25	40	31	44	161	104	107	140	160	204	
40	28	42	50	49	53	115	104	158	256	275	249	
28	19	36	33	49	54	85	88	124	95	173	201	
15	14	17	32	31	18	56	37	52	68	69	76	
64	70	63	68	75	64	191	110	155	189	301	260	1

2-15 按地区、开业(成立)时间分组的

地区	从业人员期末人数(人)										
		1949年以前	1950-1977年	1978-1991年	1992-2000年	2001年	2002年	2003年	2004年	2005年	2006年
全 省	**25898115**	**184148**	**1203433**	**1244656**	**4873794**	**1069649**	**999523**	**1130603**	**1007633**	**907111**	**1013477**
杭州市	**5599562**	**5176**	**115907**	**177874**	**1012061**	**216564**	**199166**	**250384**	**336641**	**254873**	**231819**
上城区	231825	392	3542	17888	52953	6578	12479	8717	12549	9734	10484
下城区	319036		10582	21917	64518	23232	8358	11392	10934	7336	10366
江干区	792228	1604	7889	22281	107195	21306	27771	32860	54069	42027	41669
拱墅区	438574		2236	2835	81314	17186	17982	16158	53893	13897	12389
西湖区	827357	1620	7021	15703	172997	31343	14608	35726	95370	66136	29780
滨江区	506860	1	4729	8618	79181	36420	9087	26035	15376	12981	21506
萧山区	998159	530	50160	49912	214623	39038	45409	48902	37705	48265	34935
余杭区	715584	975	7673	20754	106920	17250	32053	31392	29848	20530	25578
富阳区	277739	4	3556	5310	41334	8879	12495	19958	10714	15131	27059
临安区	188747		9049	4254	37703	4761	9192	8455	7088	6808	7257
桐庐县	144546	50	4826	2704	32571	3797	4775	5279	4926	2954	3481
淳安县	66027		308	3520	7096	3021	2061	1814	1919	1960	4002
建德市	92880		4336	2178	13656	3753	2896	3696	2250	7114	3313
宁波市	**4756371**	**1511**	**32521**	**143589**	**957422**	**185947**	**214022**	**205434**	**165539**	**175013**	**207968**
海曙区	484586	15	1980	11380	123651	14413	12514	21731	14099	14686	24833
江北区	375891		3365	13470	81305	10274	9404	14713	6754	20902	19537
北仑区	595060	10	3932	4807	81842	38047	42537	42970	38553	14933	36825
镇海区	291436		7984	8068	52247	13338	26704	16295	9887	11518	8968
鄞州区	972097	409	2582	16739	167360	28301	42845	27647	28784	29565	36526
奉化区	242596		3824	3293	47796	9249	13044	9835	8093	8708	9751
象山县	387398		1570	45074	132105	9181	8668	9354	11741	14695	10276
宁海县	254429	281	220	9548	56002	9159	11954	9167	7116	8246	7464
余姚市	448092	796	2835	11590	70103	31973	24676	25607	14995	34893	21563
慈溪市	704786		4229	19620	145011	22012	21676	28115	25517	16867	32225
温州市	**2960366**	**613**	**31784**	**253897**	**603672**	**101553**	**93209**	**96502**	**100707**	**66396**	**109679**
鹿城区	506182	119	8824	25815	128637	25973	14414	10089	8361	10148	17038
龙湾区	386993	70	308	9646	112674	11045	14790	9327	17788	7879	14687
瓯海区	347485	42	10726	68430	51015	8028	15082	6342	29294	9166	9937
洞头区	29606		79	949	4724	870	597	1065	244	495	924
永嘉县	186819	150	2538	5999	38641	8414	9446	16658	6089	4011	4081
平阳县	200373	123	185	26629	32740	3342	2607	10888	4200	4174	3979
苍南县	289883	2	8321	21786	35088	4707	3118	12814	8697	2718	22165
文成县	35085		95	438	5023	5184	925	310	370	787	329
泰顺县	88093		157	19965	6461	946	2016	755	442	6530	14671
瑞安市	392345	107	362	40481	79718	7752	16078	14560	14180	7939	8920
乐清市	497502		189	33759	108951	25292	14136	13694	11042	12549	12948
嘉兴市	**2004387**	**1560**	**25207**	**59477**	**274102**	**105837**	**92778**	**119434**	**94500**	**86410**	**108624**
南湖区	315351	1558	4146	11911	54592	9595	9778	17806	14810	15096	22098
秀洲区	268774		442	4306	43076	8867	19698	19008	12884	16345	13031
嘉善县	260094		1249	1921	23532	8039	10335	16086	22151	6668	16355
海盐县	164524		3790	4596	19787	7983	11154	6477	7283	5599	6862
海宁市	399169		5940	9032	48125	17856	15350	23494	17145	16232	17271
平湖市	266506		3057	6606	40494	14577	12713	19896	9095	14156	15198
桐乡市	329969	2	6583	21105	44496	38920	13750	16667	11132	12314	17809
湖州市	**965313**	**35**	**27674**	**23066**	**169363**	**39288**	**39082**	**35408**	**41063**	**34848**	**35076**
吴兴区	325112		21068	17887	88449	10994	8110	5880	9764	5899	9112
南浔区	122953		691	1224	19092	4136	6939	6133	6734	7976	3026
德清县	172463		279	1300	22634	7763	10350	9938	12439	7620	9922
长兴县	192068		5605	1437	21464	7642	5898	7452	8279	6234	6394
安吉县	152717	35	31	1218	17724	8753	7785	6005	3847	7119	6622

企业法人单位从业人员数

2007年	2008年	2009年	2010年	2011年	2012年	2013年	2014年	2015年	2016年	2017年	2018年	无开业年份
917354	**768676**	**808236**	**1063248**	**892565**	**835785**	**1039094**	**1133651**	**1100356**	**1289929**	**1458369**	**954838**	**1987**
294855	**226150**	**188789**	**268423**	**238871**	**204415**	**184749**	**243089**	**230593**	**278307**	**286070**	**154190**	**596**
3437	8046	5750	6205	16705	4240	5273	8853	9547	7437	16401	4613	2
7564	8953	9237	10709	8900	24059	9478	13668	13388	16220	19454	8762	9
35126	21465	36738	84550	32412	39077	35715	31827	29983	31776	35539	19334	15
27520	32168	14422	16312	21285	11739	14217	16637	14516	21087	19781	11000	
79530	24074	16085	18183	41263	25205	18960	28081	27238	32517	31084	14827	6
36741	43120	24163	23371	23575	14642	11674	19264	28345	28072	26666	13293	
42649	30929	33693	37625	34533	23458	26218	37891	33471	53149	46020	28511	533
34556	32852	23596	36585	30107	34296	30853	35583	42436	45571	49323	26847	6
12810	8923	7514	9315	13227	8053	9609	16487	11810	10985	15079	9486	1
7790	6175	7832	8121	5142	8076	6899	10471	6514	12871	8553	5726	10
4100	3722	4518	6910	5342	4130	9521	12960	5059	10028	8011	4872	10
1244	1670	2331	3117	2621	3451	2027	7309	4871	3853	4388	3442	2
1788	4053	2910	7420	3759	3989	4305	4058	3415	4741	5771	3477	2
187527	**147316**	**152070**	**219070**	**194970**	**171428**	**200266**	**200192**	**227011**	**259386**	**333353**	**174436**	**380**
11436	19629	12834	19510	17239	17164	18168	21750	26315	28293	35386	17559	1
21172	6608	8874	33037	11515	7258	10098	9086	9397	21312	28723	29087	
32104	20331	14934	30550	22903	19896	22028	30816	24707	24481	28646	19208	
9184	6662	8593	11622	10314	9796	14805	12722	13854	15176	14960	8735	4
46780	33092	32173	40408	48310	45822	43550	47801	77081	76046	60186	40053	37
9036	7115	8729	7594	11287	8451	10448	8351	10964	10274	27847	8907	
9825	5604	8675	16218	12972	6388	8746	8062	7458	9793	41134	9851	8
9505	6538	9497	11246	18789	10279	11768	10310	11287	13224	14085	8744	
13955	15874	15194	18086	16149	17958	18964	19517	16978	21621	19777	14678	310
24530	25863	32567	30799	25492	28416	41691	31777	28970	39166	62609	17614	20
85742	**67811**	**88925**	**130840**	**107961**	**87269**	**134802**	**163846**	**144053**	**161162**	**188305**	**141385**	**253**
14179	5592	11029	23139	18605	11298	14166	30121	24816	29366	40763	33690	
9594	11307	15675	14185	13550	14581	16115	17571	17085	21988	23633	13490	5
6585	6830	10054	11145	12680	9465	10980	19505	14452	14288	14939	8489	11
1085	409	510	1051	1531	2615	741	1417	986	3874	3573	1866	1
7936	6119	4752	7802	6308	5222	6633	10808	8840	9215	9757	7400	
6189	6789	4611	7034	7998	6560	11670	9333	11054	14775	14870	10612	11
6422	6182	11693	17736	8304	7660	21765	14739	23223	16156	18796	17733	58
277	192	2726	468	614	887	1062	2193	2232	2842	4182	3922	27
2558	284	907	7702	7269	1756	1822	2423	1372	3937	2409	3711	
12689	10852	10361	21006	12645	11000	28555	29888	17709	17182	16585	13654	122
18228	13255	16607	19572	18457	16225	21293	25848	22284	27539	38798	26818	18
69034	**73447**	**76036**	**86480**	**63260**	**68601**	**80459**	**137495**	**95366**	**96869**	**110159**	**79071**	**181**
15081	8893	13356	12553	10594	8494	11228	14470	17894	15907	15606	9839	46
8535	7397	10362	10943	11197	6910	14187	14172	8599	13374	13541	11892	8
11327	14818	12400	13525	8800	9617	9133	14063	17635	14388	13982	14045	25
7659	5885	4717	11914	6618	7566	6364	7646	10462	7933	8440	5788	1
9177	12882	13757	13462	9447	14578	15485	64414	19989	19093	23895	12530	15
8709	7005	11511	11738	8121	10386	11734	11408	10225	12474	15883	11464	56
8546	16567	9933	12345	8483	11050	12328	11322	10562	13700	18812	13513	30
31712	**25352**	**30665**	**46947**	**30798**	**42618**	**54293**	**47951**	**51314**	**55004**	**63761**	**39965**	**30**
5519	7677	7297	7428	9202	10181	18168	16819	16747	19286	16645	12966	14
4143	2776	3745	4315	3588	4435	9636	6702	5992	7614	9054	5001	1
6822	4744	6392	10194	4719	8585	6982	8006	9250	7444	11631	5443	6
6611	5812	8411	12740	8164	13123	10990	8372	9540	12373	14625	10897	5
8617	4343	4820	12270	5125	6294	8517	8052	9785	8287	11806	5658	4

2-15 续表

地　区	从业人员期末人数（人）	1949年以前	1950–1977年	1978–1991年	1992–2000年	2001年	2002年	2003年	2004年	2005年	2006年
绍兴市	**3412777**	**140**	**645811**	**281088**	**646794**	**218334**	**108802**	**173133**	**100048**	**99811**	**91584**
越城区	519825		125212	14368	111872	9277	17295	21430	13330	21093	16525
柯桥区	912596		139846	50318	109971	135304	34450	70403	25679	38843	23128
上虞区	707698		179242	77899	184783	24145	16896	24605	20517	15645	12274
新昌县	170806		7981	13758	63322	7537	7132	6707	8280	3300	5401
诸暨市	848677	87	171757	99372	144260	11558	21147	37502	24001	12186	28829
嵊州市	253175	53	21773	25373	32586	30513	11882	12486	8241	8744	5427
金华市	**2489419**	**145581**	**135027**	**64109**	**459883**	**73477**	**69331**	**109276**	**66071**	**74163**	**77138**
婺城区	242404	112	16388	5240	46845	6219	9373	28334	11167	6826	5913
金东区	137042		405	1226	18602	2679	1991	10625	3934	3963	6121
武义县	137084		1106	1559	14344	8656	4706	6129	5740	5793	7906
浦江县	95474		795	1070	14311	1206	2817	4407	1854	2535	2550
磐安县	111589			658	24475	1539	604	1102	2682	7340	2310
兰溪市	127939		1275	3459	17741	4384	8211	5150	4736	4469	9248
义乌市	554945		8689	8024	66333	23663	22458	11834	11026	11402	9137
东阳市	801003	145129	106299	40469	200893	13118	11774	33249	12704	23569	23366
永康市	281939	340	70	2404	56339	12013	7397	8446	12228	8266	10587
衢州市	**491588**	**58**	**16012**	**12802**	**85547**	**22488**	**12595**	**24593**	**11764**	**17958**	**32000**
柯城区	140539	46	4919	3253	27643	5441	3964	10551	3691	4168	7010
衢江区	68627		266	1862	11524	2738	2493	3846	2093	5334	3000
常山县	56907	12	9	1389	12281	904	1257	4116	1158	565	607
开化县	49171		9841	345	7828	6338	825	838	1046	3257	688
龙游县	81513		1	1422	12116	4572	2315	2099	1335	2785	7620
江山市	94831		976	4531	14155	2495	1741	3143	2441	1849	13075
舟山市	**357293**	**11**	**31050**	**12301**	**58368**	**14766**	**14651**	**8156**	**18066**	**14913**	**16643**
定海区	179250		17405	7278	31175	6483	6780	3448	8178	7995	6823
普陀区	113488	11	13589	2213	20089	2355	6232	2687	4697	4869	5760
岱山县	52537		39	1958	5872	4928	520	1590	4130	1257	3651
嵊泗县	12018		17	852	1232	1000	1119	431	1061	792	409
台州市	**2400809**	**28179**	**136234**	**202592**	**541914**	**66401**	**137220**	**88371**	**58830**	**64831**	**80553**
椒江区	320410	124	11445	6852	107053	6544	10900	16956	8107	11474	16159
黄岩区	252442	2	10401	46290	56661	4465	7434	8086	4808	5116	7873
路桥区	233051		8978	6290	55829	3329	10034	8182	5169	6724	7791
三门县	111905		3034	14507	14346	2482	2905	3104	8613	9717	3589
天台县	116275		2673	13953	42077	3332	1618	2864	1896	1267	1499
仙居县	101485	3	168	2299	31890	5275	3583	6364	3209	2574	2501
温岭市	583601	3534	92939	28617	110835	10445	23213	19493	8549	9791	18938
临海市	424946	24511	5639	69988	62557	16111	63757	11801	8711	10183	14009
玉环市	256694	5	957	13796	60666	14418	13776	11521	9768	7985	8194
丽水市	**460230**	**1284**	**6206**	**13861**	**64668**	**24994**	**18667**	**19912**	**14404**	**17895**	**22393**
莲都区	150337	977	1461	5862	22381	12019	1981	6505	4237	7002	12839
青田县	55133		33	1002	11976	1251	2539	2257	2108	1677	2246
缙云县	66189		542	3870	9831	1848	2325	4088	3569	2653	1691
遂昌县	32408		2	1352	5205	1727	489	1045	451	1015	937
松阳县	35345		433	230	1721	232	5237	624	527	2146	472
云和县	34596		2852	589	3075	1290	2293	2820	1043	617	731
庆元县	24532		3	247	4379	490	1433	984	970	507	1929
景宁畲族自治县	18111			204	1639	218	1502	359	73	1287	872
龙泉市	43579	307	880	505	4461	5919	868	1230	1426	991	676

2007年	2008年	2009年	2010年	2011年	2012年	2013年	2014年	2015年	2016年	2017年	2018年	无开业年份
73914	**61061**	**70249**	**81691**	**67666**	**72864**	**91746**	**92219**	**95351**	**132657**	**106255**	**101523**	**36**
18421	8902	9090	9671	11012	12571	10491	13681	14569	17179	14079	29726	31
15590	13403	20291	23830	17771	23045	28438	27110	31132	32556	24228	27256	4
11450	7787	11391	11412	10455	10337	12609	11101	16494	17576	19455	11625	
4075	3391	4831	5365	3029	2679	5814	3720	2810	4388	5130	2156	
15915	21696	17802	24158	19206	17654	26664	27140	21437	51985	30691	23629	1
8463	5882	6844	7255	6193	6578	7730	9467	8909	8973	12672	7131	
50335	**64202**	**80017**	**83253**	**68625**	**93597**	**95404**	**95252**	**119309**	**146284**	**178530**	**140280**	**275**
7754	4432	6895	10351	8035	7271	6683	8926	14758	10592	12619	7670	1
2400	3435	4332	11189	4456	8458	8162	6220	8717	10693	11864	7563	7
5854	3993	7177	7013	4782	5263	5301	9116	9545	9209	9696	4196	
2186	3150	3644	4606	2332	2607	8400	5522	5614	9893	9269	6680	26
2161	2483	12456	3159	1872	26120	3689	2796	2177	2551	8785	2630	
3717	5399	5219	7470	4086	5167	8103	5585	5332	6926	6317	5908	37
6720	7398	9885	16244	16734	20346	29272	34843	37378	57620	70989	74747	203
12763	24092	21686	13288	13841	8006	11263	6749	9863	18720	31619	18542	1
6780	9820	8723	9933	12487	10359	14531	15495	25925	20080	17372	12344	
20011	**19189**	**17757**	**19302**	**16930**	**14175**	**25210**	**25599**	**23213**	**26483**	**29729**	**18154**	**19**
4503	4148	4154	4835	6531	2913	4537	4908	7501	10776	9584	5460	3
3880	3733	2016	2180	1283	2034	4274	3543	2831	3671	3876	2138	12
2806	4847	1821	2292	1483	2157	4533	4218	2712	1925	2996	2819	
409	705	1055	2373	1230	3023	1390	1200	1697	1619	2296	1166	2
4148	3425	4544	2737	3383	2101	4290	6742	4443	4162	4911	2362	
4265	2331	4167	4885	3020	1947	6186	4988	4029	4330	6066	4209	2
16070	**9949**	**14230**	**11203**	**12317**	**9371**	**15646**	**14343**	**17543**	**14978**	**18042**	**14608**	**68**
8497	3943	8663	6197	6825	4594	7027	6915	6153	6953	8948	8970	
5290	2742	3949	3888	4219	3783	5140	4261	3639	4829	6016	3176	54
2069	2942	1214	901	1061	716	2470	2892	7292	2718	2350	1953	14
214	322	404	217	212	278	1009	275	459	478	728	509	
66333	**57400**	**67771**	**86534**	**72646**	**57570**	**133998**	**95842**	**76995**	**96578**	**113612**	**70291**	**114**
9625	7687	6660	18222	6916	6464	11007	10142	11680	14000	14674	7719	
6856	6225	9415	7630	6169	5037	18888	7274	7305	9161	10446	6894	6
8162	9243	7784	8780	7020	5513	9487	12356	11201	16604	15064	9494	17
2850	3457	4752	3970	3518	3732	4507	6496	3412	3343	5810	3676	85
1282	1579	1914	2557	4147	3568	4510	5743	3524	4801	7668	3803	
1801	3363	4128	5622	3124	2097	3169	4163	2963	4261	4943	3985	
20960	10886	16504	13816	23586	12922	57444	27192	18023	17148	24408	14354	4
6988	5957	9521	16694	8965	10767	11890	11735	10127	14889	17256	12888	2
7809	9003	7093	9243	9201	7470	13096	10741	8760	12371	13343	7478	
21821	**16799**	**21727**	**29505**	**18521**	**13877**	**22521**	**17823**	**19608**	**22221**	**30553**	**20935**	**35**
11342	5640	4508	11386	3674	3188	7370	4888	5157	5839	7223	4849	9
1283	2014	1644	3514	935	1501	3574	2579	2953	2742	4252	3050	3
1781	1733	2127	3002	2512	1756	1933	3546	3442	4191	6342	3407	
1043	415	4026	3916	844	663	1279	871	1383	1367	2845	1510	23
1515	2852	3197	1035	744	2811	2312	2077	1515	2006	2244	1415	
954	704	1202	943	3504	1216	1612	928	1738	2252	2627	1606	
1001	978	1114	1115	1048	809	1069	840	1228	670	1314	2404	
1048	143	422	2303	3157	489	783	455	649	1064	870	574	
1854	2320	3487	2291	2103	1444	2589	1639	1543	2090	2836	2120	

2-16 按行业(中类)、运营状态

行业中类	法人单位数(个)		
		正常运营	停业(歇业)
总　计	**1383840**	**1120578**	**144370**
农、林、牧、渔业	**982**	**722**	**120**
农业	35	33	2
谷物种植	1	1	
豆类、油料和薯类种植			
棉、麻、糖、烟草种植			
蔬菜、食用菌及园艺作物种植	18	17	1
水果种植	5	4	1
坚果、含油果、香料和饮料作物种植	3	3	
中药材种植	7	7	
草种植及割草			
其他农业	1	1	
林业	4	4	
林木育种和育苗	2	2	
造林和更新			
森林经营、管护和改培	2	2	
木材和竹材采运			
林产品采集			
畜牧业	14	14	
牲畜饲养	9	9	
家禽饲养	4	4	
狩猎和捕捉动物			
其他畜牧业	1	1	
渔业	18	18	
水产养殖	17	17	
水产捕捞	1	1	
农、林、牧、渔专业及辅助性活动	911	653	118
农业专业及辅助性活动	623	421	86
林业专业及辅助性活动	161	131	17
畜牧专业及辅助性活动	41	31	8
渔业专业及辅助性活动	86	70	7
采矿业	**841**	**589**	**146**
煤炭开采和洗选业	7	3	2
烟煤和无烟煤开采洗选	5	2	1
褐煤开采洗选	1		1
其他煤炭采选	1	1	
石油和天然气开采业	1	1	
石油开采	1	1	
天然气开采			
黑色金属矿采选业	18	14	3
铁矿采选	18	14	3
锰矿、铬矿采选			
其他黑色金属矿采选			
有色金属矿采选业	47	30	13
常用有色金属矿采选	32	20	11
贵金属矿采选	3	2	1
稀有稀土金属矿采选	12	8	1

分组的企业法人单位数

筹建	当年关闭	当年破产	当年注销	当年吊销	其他
75933	**18019**	**717**	**22852**	**1209**	**162**
108	**16**		**15**	**1**	
108	16		15	1	
92	10		13	1	
11	1		1		
2					
3	5		1		
40	**42**		**19**	**5**	
1	1				
1	1				
	1				
	1				
	3			1	
	1				
	2			1	

2-16 续表 1

行业中类	法人单位数（个）	正常运营	停业(歇业)
非金属矿采选业	748	532	123
土砂石开采	695	491	119
化学矿开采	3	3	
采盐	5	3	1
石棉及其他非金属矿采选	45	35	3
开采专业及辅助性活动	10	4	4
煤炭开采和洗选专业及辅助性活动	1		1
石油和天然气开采专业及辅助性活动	3	2	1
其他开采专业及辅助性活动	6	2	2
其他采矿业	10	5	1
其他采矿业	10	5	1
制造业	**423841**	**363526**	**36391**
农副食品加工业	4496	3747	478
谷物磨制	208	177	21
饲料加工	388	315	48
植物油加工	163	127	21
制糖业	39	37	1
屠宰及肉类加工	709	606	57
水产品加工	1347	1098	172
蔬菜、菌类、水果和坚果加工	949	835	73
其他农副食品加工	693	552	85
食品制造业	2983	2458	301
焙烤食品制造	904	740	93
糖果、巧克力及蜜饯制造	184	162	9
方便食品制造	480	418	34
乳制品制造	38	30	4
罐头食品制造	198	160	30
调味品、发酵制品制造	211	177	19
其他食品制造	968	771	112
酒、饮料和精制茶制造业	2201	1828	228
酒的制造	537	428	70
饮料制造	595	485	62
精制茶加工	1069	915	96
烟草制品业	1	1	
烟叶复烤			
卷烟制造	1	1	
其他烟草制品制造			
纺织业	32685	27510	3167
棉纺织及印染精加工	9148	7607	965
毛纺织及染整精加工	1082	939	103
麻纺织及染整精加工	74	59	12
丝绢纺织及印染精加工	1072	901	118
化纤织造及印染精加工	4494	3803	392
针织或钩针编织物及其制品制造	8186	6812	843
家用纺织制成品制造	4740	3956	477
产业用纺织制成品制造	3889	3433	257
纺织服装、服饰业	30657	25505	3372
机织服装制造	13677	11218	1692

筹建	当年关闭	当年破产	当年注销	当年吊销	其他
34	37		18	4	
29	36		18	2	
1					
4	1			2	
2					
2					
3			1		
3			1		
11344	**6852**	**428**	**4890**	**397**	**13**
152	60	6	47	6	
5		1	4		
11	6		7	1	
9	1		4	1	
				1	
27	7		11	1	
45	19	5	8		
23	14		4		
32	13		9	2	
127	45	3	44	5	
30	22		19		
6	1	1	5		
15	6	2	4	1	
3				1	
2	3		1	2	
11	2		2		
60	11		13	1	
81	41	2	18	3	
28	9	1	1		
26	16	1	4	1	
27	16		13	2	
887	645	28	405	43	
210	197	7	146	16	
19	8		12	1	
	2		1		
12	30	2	7	2	
98	162	2	32	5	
278	120	9	109	15	
162	71	5	66	3	
108	55	3	32	1	
764	454	28	463	69	2
306	219	11	193	37	1

2-16 续表 2

行业中类	法人单位数(个)		
		正常运营	停业(歇业)
针织或钩针编织服装制造	7210	6143	663
服饰制造	9770	8144	1017
皮革、毛皮、羽毛及其制品和制鞋业	19732	16048	2184
皮革鞣制加工	554	411	96
皮革制品制造	5199	4489	425
毛皮鞣制及制品加工	1227	1017	147
羽毛(绒)加工及制品制造	354	271	74
制鞋业	12398	9860	1442
木材加工和木、竹、藤、棕、草制品业	6821	5784	626
木材加工	1138	962	113
人造板制造	583	489	52
木质制品制造	3616	3101	292
竹、藤、棕、草等制品制造	1484	1232	169
家具制造业	7205	6174	636
木质家具制造	4547	3830	435
竹、藤家具制造	185	160	13
金属家具制造	1170	1058	80
塑料家具制造	164	152	8
其他家具制造	1139	974	100
造纸和纸制品业	12851	11226	938
纸浆制造	15	10	2
造纸	1747	1475	181
纸制品制造	11089	9741	755
印刷和记录媒介复制业	11037	9997	616
印刷	10302	9323	585
装订及印刷相关服务	725	665	30
记录媒介复制	10	9	1
文教、工美、体育和娱乐用品制造业	22083	18940	1911
文教办公用品制造	3655	3185	269
乐器制造	255	206	34
工艺美术及礼仪用品制造	12135	10343	1126
体育用品制造	2317	2025	178
玩具制造	2813	2456	200
游艺器材及娱乐用品制造	908	725	104
石油、煤炭及其他燃料加工业	440	368	39
精炼石油产品制造	235	196	19
煤炭加工	47	36	8
核燃料加工	1		
生物质燃料加工	157	136	12
化学原料和化学制品制造业	8603	7348	766
基础化学原料制造	999	820	103
肥料制造	243	185	32
农药制造	90	78	10
涂料、油墨、颜料及类似产品制造	2116	1855	169
合成材料制造	1267	1107	87
专用化学产品制造	2544	2167	248
炸药、火工及焰火产品制造	17	16	
日用化学产品制造	1327	1120	117

筹建	当年关闭	当年破产	当年注销	当年吊销	其他
164	105	8	113	14	
294	130	9	157	18	1
363	566	42	489	39	1
11	14	2	17	3	
129	94	5	51	6	
24	24		15		
4	3		2		
195	431	35	404	30	1
139	167	10	91	4	
23	28	1	11		
3	29	1	9		
72	86	7	57	1	
41	24	1	14	3	
204	101	7	79	4	
143	82	6	50	1	
3	5		2	2	
14	5	1	11	1	
1	2		1		
43	7		15		
398	172	3	107	7	
1	1		1		
32	34		24	1	
365	137	3	82	6	
203	122	11	85	3	
194	111	11	76	2	
9	11		9	1	
734	246	17	220	15	
124	39	1	35	2	
10	4	1			
361	156	10	127	12	
70	16	4	24		
110	24	1	21	1	
59	7		13		
15	9		8	1	
9	4		6	1	
1	2				
1					
4	3		2		
275	119	11	77	6	1
42	19	2	12	1	
18	7		1		
1	1				
38	33	2	17	2	
51	10	4	8		
54	39	2	30	3	1
1					
70	10	1	9		

2-16 续表 3

行业中类	法人单位数（个）	正常运营	停业(歇业)
医药制造业	1270	1073	96
化学药品原料药制造	239	196	22
化学药品制剂制造	122	100	10
中药饮片加工	107	94	5
中成药生产	97	76	7
兽用药品制造	63	48	5
生物药品制品制造	225	178	31
卫生材料及医药用品制造	323	290	14
药用辅料及包装材料	94	91	2
化学纤维制造业	1820	1548	185
纤维素纤维原料及纤维制造	63	51	7
合成纤维制造	1702	1453	171
生物基材料制造	55	44	7
橡胶和塑料制品业	33974	29764	2611
橡胶制品业	3988	3474	320
塑料制品业	29986	26290	2291
非金属矿物制品业	13032	10820	1418
水泥、石灰和石膏制造	520	414	80
石膏、水泥制品及类似制品制造	2849	2383	276
砖瓦、石材等建筑材料制造	4113	3277	523
玻璃制造	444	377	40
玻璃制品制造	2011	1808	138
玻璃纤维和玻璃纤维增强塑料制品制造	466	404	45
陶瓷制品制造	1061	768	214
耐火材料制品制造	620	559	35
石墨及其他非金属矿物制品制造	948	830	67
黑色金属冶炼和压延加工业	2422	2052	267
炼铁	10	7	1
炼钢	14	8	3
钢压延加工	2334	1982	255
铁合金冶炼	64	55	8
有色金属冶炼和压延加工业	3125	2742	236
常用有色金属冶炼	135	101	21
贵金属冶炼	10	10	
稀有稀土金属冶炼	16	12	2
有色金属合金制造	705	632	42
有色金属压延加工	2259	1987	171
金属制品业	40139	34971	3316
结构性金属制品制造	8492	7275	808
金属工具制造	4572	4090	289
集装箱及金属包装容器制造	699	606	62
金属丝绳及其制品制造	999	883	96
建筑、安全用金属制品制造	11824	10284	1039
金属表面处理及热处理加工	2592	2218	225
搪瓷制品制造	425	354	46
金属制日用品制造	3863	3481	234
铸造及其他金属制品制造	6673	5780	517

筹建	当年关闭	当年破产	当年注销	当年吊销	其他
75	21		5		
11	9		1		
12					
7	1				
10	4				
5	2		3		
14	1		1		
15	4				
1					
40	22	5	18	2	
1	1		2	1	
36	20	5	16	1	
3	1				
809	416	29	327	18	
94	47	6	45	2	
715	369	23	282	16	
351	288	22	121	10	2
7	14	2	3		
93	65	6	20	4	2
142	117	4	46	4	
14	8	1	4		
24	16	7	18		
7	7	1	1	1	
29	33		17		
8	11		7		
27	17	1	5	1	
28	40	5	28	2	
	2				
1			2		
27	37	5	26	2	
	1				
55	61	3	24	4	
4	5	2	1	1	
2					
14	12		4	1	
35	44	1	19	2	
906	486	24	404	31	1
203	106	5	89	5	1
86	64	5	36	2	
16	11		4		
6	6		6	2	
227	124	7	136	7	
81	38	1	24	5	
9	10	1	5		
69	36	2	37	4	
209	91	3	67	6	

2-16 续表 4

行业中类	法人单位数（个）	正常运营	停业(歇业)
通用设备制造业	53354	46654	3992
锅炉及原动设备制造	600	515	55
金属加工机械制造	5287	4660	352
物料搬运设备制造	1909	1679	125
泵、阀门、压缩机及类似机械制造	12175	10688	856
轴承、齿轮和传动部件制造	5279	4619	418
烘炉、风机、包装等设备制造	5948	5311	385
文化、办公用机械制造	449	395	29
通用零部件制造	19471	16960	1567
其他通用设备制造业	2236	1827	205
专用设备制造业	26402	23343	1780
采矿、冶金、建筑专用设备制造	1020	884	79
化工、木材、非金属加工专用设备制造	10801	9905	544
食品、饮料、烟草及饲料生产专用设备制造	784	680	61
印刷、制药、日化及日用品生产专用设备制造	1092	912	118
纺织、服装和皮革加工专用设备制造	3391	2979	254
电子和电工机械专用设备制造	749	651	53
农、林、牧、渔专用机械制造	980	857	64
医疗仪器设备及器械制造	3341	2910	238
环保、邮政、社会公共服务及其他专用设备制造	4244	3565	369
汽车制造业	17194	15000	1222
汽车整车制造	84	68	6
汽车用发动机制造	40	36	2
改装汽车制造	25	20	4
低速汽车制造	1	1	
电车制造	11	10	1
汽车车身、挂车制造	141	131	6
汽车零部件及配件制造	16892	14734	1203
铁路、船舶、航空航天和其他运输设备制造业	4335	3594	475
铁路运输设备制造	156	132	17
城市轨道交通设备制造	25	21	1
船舶及相关装置制造	886	715	105
航空、航天器及设备制造	56	39	3
摩托车制造	1344	1183	95
自行车和残疾人座车制造	630	468	130
助动车制造	709	573	81
非公路休闲车及零配件制造	429	381	33
潜水救捞及其他未列明运输设备制造	100	82	10
电气机械和器材制造业	38251	32360	3271
电机制造	3465	3033	212
输配电及控制设备制造	16368	14071	1077
电线、电缆、光缆及电工器材制造	3162	2722	288
电池制造	467	371	55
家用电力器具制造	7088	5671	941
非电力家用器具制造	848	692	103
照明器具制造	5616	4816	509
其他电气机械及器材制造	1237	984	86

筹建	当年关闭	当年破产	当年注销	当年吊销	其他
1231	782	56	594	44	1
13	9	1	6	1	
113	79	10	68	5	
56	25	1	23		
304	204	12	101	10	
92	84	15	45	5	1
119	70	5	57	1	
10	6	1	7	1	
385	284	9	249	17	
139	21	2	38	4	
674	319	14	249	22	1
28	14	1	10	3	1
157	85	9	95	6	
18	13	1	10	1	
30	18		11	3	
62	53	1	39	3	
31	9		5		
29	18		12		
112	51	1	26	3	
207	58	1	41	3	
511	230	15	197	18	1
8	2				
2					
1					
2	2				
498	226	15	197	18	1
111	77	12	62	4	
5	1			1	
3					
28	18	8	11	1	
9	4		1		
20	25		20	1	
18	6		8		
18	15	2	19	1	
9	2	1	3		
1	6	1			
1125	989	54	430	20	2
86	99	5	27	3	
475	556	22	158	8	1
59	56	4	31	2	
28	8		4		1
255	103	9	107	2	
21	22	1	9		
97	108	10	72	4	
104	37	3	22	1	

2-16 续表 5

行业中类	法人单位数（个）	正常运营	停业(歇业)
计算机、通信和其他电子设备制造业	11110	9402	1010
计算机制造	440	348	54
通信设备制造	1011	810	133
广播电视设备制造	213	193	13
雷达及配套设备制造	11	10	
非专业视听设备制造	534	473	42
智能消费设备制造	462	366	37
电子器件制造	1486	1271	120
电子元件及电子专用材料制造	6206	5334	537
其他电子设备制造	747	597	74
仪器仪表制造业	5738	5004	423
通用仪器仪表制造	4236	3695	300
专用仪器仪表制造	651	565	59
钟表与计时仪器制造	152	117	26
光学仪器制造	259	225	19
衡器制造	196	190	3
其他仪器仪表制造业	244	212	16
其他制造业	7046	5954	500
日用杂品制造	5077	4597	278
核辐射加工	4	3	1
其他未列明制造业	1965	1354	221
废弃资源综合利用业	713	565	83
金属废料和碎屑加工处理	290	230	30
非金属废料和碎屑加工处理	423	335	53
金属制品、机械和设备修理业	2121	1746	244
金属制品修理	46	38	8
通用设备修理	282	249	22
专用设备修理	264	219	33
铁路、船舶、航空航天等运输设备修理	922	730	130
电气设备修理	150	120	15
仪器仪表修理	21	19	1
其他机械和设备修理业	436	371	35
电力、热力、燃气及水生产和供应业	**5238**	**4555**	**323**
电力、热力生产和供应业	3711	3221	217
电力生产	3387	2967	184
电力供应	187	142	21
热力生产和供应	137	112	12
燃气生产和供应业	279	239	15
燃气生产和供应业	269	231	15
生物质燃气生产和供应业	10	8	
水的生产和供应业	1248	1095	91
自来水生产和供应	549	499	36
污水处理及其再生利用	582	487	52
海水淡化处理	3	2	
其他水的处理、利用与分配	114	107	3
建筑业	**51741**	**42121**	**5070**
房屋建筑业	7820	6507	609

筹建	当年关闭	当年破产	当年注销	当年吊销	其他
415	138	12	121	12	
29	4	1	4		
43	14		10	1	
2	3	1		1	
	1				
7	5	1	6		
48	5		6		
65	12	3	15		
166	87	6	69	7	
55	7		11	3	
158	96	4	52	1	
120	79	4	37	1	
13	9		5		
2	5		2		
9	1		5		
2			1		
12	2		2		
410	89	4	87	2	
103	60	2	36	1	
307	29	2	51	1	
30	25		8	2	
16	9		4	1	
14	16		4	1	
73	26	1	30		1
8	2		1		
9	1		2		
27	15	1	19		
8	2		5		
1					
20	6		3		1
251	**54**		**51**	**3**	**1**
194	44		32	2	1
168	40		25	2	1
15	2		7		
11	2				
20			5		
18			5		
2					
37	10		14	1	
7	1		5	1	
27	7		9		
1					
2	2				
3236	**475**	**13**	**776**	**44**	**6**
541	59	3	91	8	2

2-16 续表 6

行业中类	法人单位数(个)		
		正常运营	停业(歇业)
住宅房屋建筑	6733	5594	537
体育场馆建筑	14	10	1
其他房屋建筑业	1073	903	71
土木工程建筑业	12024	10008	1015
铁路、道路、隧道和桥梁工程建筑	5322	4499	457
水利和水运工程建筑	757	635	66
海洋工程建筑	52	38	4
工矿工程建筑	198	170	12
架线和管道工程建筑	898	793	56
节能环保工程施工	365	305	29
电力工程施工	359	289	29
其他土木工程建筑	4073	3279	362
建筑安装业	6829	5874	538
电气安装	2428	2099	184
管道和设备安装	1969	1698	163
其他建筑安装业	2432	2077	191
建筑装饰、装修和其他建筑业	25068	19732	2908
建筑装饰和装修业	19138	15633	1857
建筑物拆除和场地准备活动	3832	2555	879
提供施工设备服务	209	174	16
其他未列明建筑业	1889	1370	156
批发和零售业	**457484**	**364832**	**50414**
批发业	288563	233144	30623
农、林、牧、渔产品批发	4785	3760	635
食品、饮料及烟草制品批发	18295	14432	2318
纺织、服装及家庭用品批发	91920	72764	10717
文化、体育用品及器材批发	15800	13310	1283
医药及医疗器材批发	6864	5830	567
矿产品、建材及化工产品批发	66829	55180	6738
机械设备、五金产品及电子产品批发	56763	48035	5284
贸易经纪与代理	6879	4432	1049
其他批发业	20428	15401	2032
零售业	168921	131688	19791
综合零售	3785	2689	509
食品、饮料及烟草制品专门零售	15050	11335	1977
纺织、服装及日用品专门零售	26322	18356	4443
文化、体育用品及器材专门零售	9085	7204	1022
医药及医疗器材专门零售	12605	11586	448
汽车、摩托车、零配件和燃料及其他动力销售	15130	12122	1747
家用电器及电子产品专门零售	14353	11664	1600
五金、家具及室内装饰材料专门零售	20238	16665	2096
货摊、无店铺及其他零售业	52353	40067	5949
交通运输、仓储和邮政业	**31866**	**27218**	**2494**
铁路运输业	13	12	1
铁路旅客运输	8	8	
铁路货物运输	4	3	1
铁路运输辅助活动	1	1	

筹建	当年关闭	当年破产	当年注销	当年吊销	其他
464	48	3	79	6	2
1	1		1		
76	10		11	2	
748	96	7	140	9	1
278	33	4	49	1	1
42	1		12	1	
9	1				
10	2		4		
31	9		7	2	
23	2		5	1	
24	7		10		
331	41	3	53	4	
270	63		77	7	
85	26		31	3	
69	16		21	2	
116	21		25	2	
1677	257	3	468	20	3
1169	201	3	257	16	2
168	35		190	4	1
14			5		
326	21		16		
27184	**5850**	**127**	**8656**	**411**	**10**
16198	3359	86	4863	285	5
205	69	1	111	4	
873	238	6	416	12	
5446	1263	19	1620	89	2
828	111	5	253	9	1
305	44	2	110	6	
2912	766	27	1112	93	1
1947	591	16	834	55	1
1125	104	2	159	8	
2557	173	8	248	9	
10986	2491	41	3793	126	5
336	85	3	160	3	
708	264	5	747	13	1
2117	521	3	857	25	
526	140	2	185	6	
247	116	6	196	5	1
684	272	3	285	16	1
634	172	2	272	7	2
845	276	5	338	13	
4889	645	12	753	38	
1437	**268**	**6**	**413**	**29**	**1**

2-16 续表 7

行业中类	法人单位数(个)	正常运营	停业(歇业)
道路运输业	19336	16326	1585
城市公共交通运输	574	525	31
公路旅客运输	482	444	20
道路货物运输	17210	14437	1443
道路运输辅助活动	1070	920	91
水上运输业	1301	1118	92
水上旅客运输	91	77	7
水上货物运输	836	733	51
水上运输辅助活动	374	308	34
航空运输业	130	103	17
航空客货运输	56	44	9
通用航空服务	40	31	6
航空运输辅助活动	34	28	2
管道运输业	4	3	
海底管道运输	1	1	
陆地管道运输	3	2	
多式联运和运输代理业	6919	6115	445
多式联运	19	14	
运输代理业	6900	6101	445
装卸搬运和仓储业	2657	2187	260
装卸搬运	1285	1029	153
通用仓储	576	499	45
低温仓储	98	77	10
危险品仓储	72	60	6
谷物、棉花等农产品仓储	137	125	6
中药材仓储	1	1	
其他仓储业	488	396	40
邮政业	1506	1354	94
邮政基本服务	29	28	1
快递服务	1465	1316	92
其他寄递服务	12	10	1
住宿和餐饮业	**24928**	**19846**	**2452**
住宿业	9186	7731	579
旅游饭店	1995	1671	144
一般旅馆	5988	5245	324
民宿服务	977	647	97
露营地服务	9	4	1
其他住宿业	217	164	13
餐饮业	15742	12115	1873
正餐服务	12109	9496	1358
快餐服务	1113	862	132
饮料及冷饮服务	768	570	108
餐饮配送及外卖送餐服务	359	256	57
其他餐饮业	1393	931	218
信息传输、软件和信息技术服务业	**54689**	**39139**	**8534**
电信、广播电视和卫星传输服务	894	790	67
电信	755	665	58

筹建	当年关闭	当年破产	当年注销	当年吊销	其他
981	172	4	253	14	1
13	2		2		1
4	6		7	1	
926	153	4	234	13	
38	11		10		
63	12	1	14	1	
3	3		1		
37	6	1	7	1	
23	3		6		
9				1	
3					
3					
3				1	
1					
1					
229	42	1	78	9	
5					
224	42	1	78	9	
131	28		49	2	
54	17		31	1	
24	2		6		
8			2	1	
5			1		
2	3		1		
38	6		8		
23	14		19	2	
22	14		19	2	
1					
1599	**453**	**10**	**549**	**19**	
662	106	5	98	5	
138	22	4	16		
269	73	1	71	5	
215	10		8		
4					
36	1		3		
937	347	5	451	14	
642	265	3	334	11	
55	24		39	1	
39	20	1	29	1	
30	8		8		
171	30	1	41	1	
4987	**547**	**11**	**1424**	**42**	**5**
19	9		9		
18	9		5		

2-16 续表 8

行业中类	法人单位数(个)	正常运营	停业(歇业)
广播电视传输服务	127	115	8
卫星传输服务	12	10	1
互联网和相关服务	5487	4093	676
互联网接入及相关服务	331	258	46
互联网信息服务	2957	2171	376
互联网平台	764	616	72
互联网安全服务	62	55	2
互联网数据服务	212	167	24
其他互联网服务	1161	826	156
软件和信息技术服务业	48308	34256	7791
软件开发	34218	24422	5769
集成电路设计	258	207	28
信息系统集成和物联网技术服务	1864	1394	253
运行维护服务	313	249	37
信息处理和存储支持服务	320	237	42
信息技术咨询服务	7661	5317	1161
数字内容服务	536	428	60
其他信息技术服务业	3138	2002	441
金融业	**16574**	**14527**	**960**
货币金融服务	1591	1435	95
中央银行服务			
货币银行服务	541	541	
非货币银行服务	1050	894	95
银行理财服务			
银行监管服务			
资本市场服务	13084	11538	656
证券市场服务	6	6	
公开募集证券投资基金	2	2	
非公开募集证券投资基金	1923	1918	
期货市场服务	14	14	
证券期货监管服务			
资本投资服务	1545	1021	307
其他资本市场服务	9594	8577	349
保险业	797	765	13
人身保险	251	251	
财产保险	313	313	
再保险			
商业养老金	11	11	
保险中介服务	132	132	
保险资产管理	1	1	
保险监管服务			
其他保险活动	89	57	13
其他金融业	1102	789	196
金融信托与管理服务	73	55	13
控股公司服务	345	222	78
非金融机构支付服务	13	13	
金融信息服务	260	173	52
金融资产管理公司	10	9	
其他未列明金融业	401	317	53

筹建	当年关闭	当年破产	当年注销	当年吊销	其他
			4		
1					
511	61	3	136	6	1
16	2		6	3	
274	45	2	87	2	
64	3		9		
5					
20			1		
132	11	1	33	1	1
4457	477	8	1279	36	4
2742	338	4	911	29	3
16	4		3		
133	30		52	2	
17	3		7		
33			8		
872	85	3	218	5	
35	3		10		
609	14	1	70		1
894	**72**	**4**	**107**	**5**	**5**
37	15		7	2	
37	15		7	2	
795	26	1	63		5
					5
177	7		33		
618	19	1	30		
12	2		5		
12	2		5		
50	29	3	32	3	
3	1		1		
16	13	1	15		
17	9	1	7	1	
1					
13	6	1	9	2	

2-16 续表 9

行业中类	法人单位数（个）	正常运营	停业(歇业)
房地产业	**45826**	**36740**	**5393**
房地产业	45826	36740	5393
房地产开发经营	10707	9229	751
物业管理	8636	6960	871
房地产中介服务	16037	12665	1720
房地产租赁经营	9796	7405	1988
其他房地产业	650	481	63
租赁和商务服务业	**126824**	**95242**	**16852**
租赁业	9160	7284	1012
机械设备经营租赁	8680	6881	968
文体设备和用品出租	411	343	39
日用品出租	69	60	5
商务服务业	117664	87958	15840
组织管理服务	33306	23577	5308
综合管理服务	3700	2989	278
法律服务	425	318	66
咨询与调查	37713	26905	5907
广告业	19669	16438	1925
人力资源服务	5588	4480	520
安全保护服务	1344	1210	77
会议、展览及相关服务	2329	1857	270
其他商务服务业	13590	10184	1489
科学研究和技术服务业	**58019**	**44117**	**7258**
研究和试验发展	9275	6888	1090
自然科学研究和试验发展	355	217	45
工程和技术研究和试验发展	7208	5451	803
农业科学研究和试验发展	396	264	68
医学研究和试验发展	1284	933	170
社会人文科学研究	32	23	4
专业技术服务业	28678	23139	3167
气象服务	39	27	3
地震服务	5	2	1
海洋服务	54	42	8
测绘地理信息服务	520	475	23
质检技术服务	2406	2121	150
环境与生态监测检测服务	566	469	57
地质勘查	79	73	2
工程技术与设计服务	13778	11293	1445
工业与专业设计及其他专业技术服务	11231	8637	1478
科技推广和应用服务业	20066	14090	3001
技术推广服务	15104	10445	2444
知识产权服务	1718	1459	125
科技中介服务	541	437	54
创业空间服务	180	154	14
其他科技推广服务业	2523	1595	364

筹建	当年关闭	当年破产	当年注销	当年吊销	其他
2348	**474**	**45**	**673**	**37**	**116**
2348	474	45	673	37	116
416	85	21	89	3	113
589	70	2	134	9	1
1060	206	7	357	22	
195	103	15	86	2	2
88	10		7	1	
10617	**1306**	**39**	**2661**	**104**	**3**
573	119	6	160	6	
548	118	6	153	6	
22	1		6		
3			1		
10044	1187	33	2501	98	3
3404	303	9	680	25	
351	34	1	44	2	1
25	6		10		
3340	439	13	1071	37	1
766	209	5	309	16	1
428	41	1	115	3	
43	8		6		
148	17		32	5	
1539	130	4	234	10	
4989	**564**	**12**	**1042**	**35**	**2**
1027	106	4	151	7	2
80	8		5		
742	82	4	117	7	2
52	4		8		
149	12		20		
4			1		
1653	243	4	453	19	
1			8		
2					
3			1		
15	1		6		
99	15		19	2	
23	4		12	1	
3			1		
687	130	4	211	8	
820	93		195	8	
2309	215	4	438	9	
1678	171	4	353	9	
91	21		22		
37	5		8		
11			1		
492	18		54		

2-16 续表 10

行业中类	法人单位数（个）	正常运营	停业(歇业)
水利、环境和公共设施管理业	**7142**	**5612**	**711**
水利管理业	367	319	23
防洪除涝设施管理	74	65	5
水资源管理	104	94	3
天然水收集与分配	42	38	
水文服务	12	10	1
其他水利管理业	135	112	14
生态保护和环境治理业	1173	924	116
生态保护	58	52	2
环境治理业	1115	872	114
公共设施管理业	5167	3999	552
市政设施管理	688	581	61
环境卫生管理	1285	1043	139
城乡市容管理	76	59	8
绿化管理	1862	1507	192
城市公园管理	56	49	4
游览景区管理	1200	760	148
土地管理业	435	370	20
土地整治服务	330	282	12
土地调查评估服务	47	44	3
土地登记服务	5	3	2
土地登记代理服务	22	18	
其他土地管理服务	31	23	3
居民服务、修理和其他服务业	**24665**	**20435**	**2202**
居民服务业	10827	8472	1200
家庭服务	2322	1801	296
托儿所服务	179	148	14
洗染服务	444	381	43
理发及美容服务	2057	1535	247
洗浴和保健养生服务	1997	1514	242
摄影扩印服务	1339	1086	144
婚姻服务	1009	799	105
殡葬服务	388	303	27
其他居民服务业	1092	905	82
机动车、电子产品和日用产品修理业	9322	8335	535
汽车、摩托车等修理与维护	7282	6577	371
计算机和办公设备维修	834	712	77
家用电器修理	1011	890	70
其他日用产品修理业	195	156	17
其他服务业	4516	3628	467
清洁服务	3376	2765	355
宠物服务	196	157	13
其他未列明服务业	944	706	99
教育	**16860**	**13220**	**1287**
教育	16860	13220	1287
学前教育	604	505	46
初等教育	39	22	5

筹建	当年关闭	当年破产	当年注销	当年吊销	其他
599	**94**	**6**	**115**	**5**	
17	4		4		
2	1		1		
6	1				
3	1				
			1		
6	1		2		
97	16		17	3	
4					
93	16		17	3	
447	72	6	89	2	
30	7		9		
58	14		31		
5	1		3		
104	28	2	27	2	
2	1				
248	21	4	19		
38	2		5		
33			3		
1	1		2		
4	1				
1241	**312**	**5**	**444**	**26**	
713	163	1	262	16	
153	22	1	43	6	
15	1		1		
12	5		3		
166	39		69	1	
135	48		56	2	
71	11		27		
59	15		30	1	
41	7		9	1	
61	15		24	5	
243	97	3	104	5	
182	69	3	77	3	
19	13		12	1	
27	12		11	1	
15	3		4		
285	52	1	78	5	
161	42	1	48	4	
21	2		3		
103	8		27	1	
1968	**146**	**4**	**228**	**7**	
1968	146	4	228	7	
38	10		5		
10	1		1		

2-16 续表 11

行业中类	法人单位数(个)	正常运营	停业(歇业)
中等教育	35	25	6
高等教育			
特殊教育	6	5	
技能培训、教育辅助及其他教育	16176	12663	1230
卫生和社会工作	**3930**	**3218**	**223**
卫生	3338	2835	158
医院	616	529	18
基层医疗卫生服务	2538	2174	122
专业公共卫生服务	37	27	5
其他卫生活动	147	105	13
社会工作	592	383	65
提供住宿社会工作	541	346	61
不提供住宿社会工作	51	37	4
文化、体育和娱乐业	**32390**	**24919**	**3540**
新闻和出版业	179	162	7
新闻业	16	12	3
出版业	163	150	4
广播、电视、电影和录音制作业	7261	5852	504
广播	193	151	32
电视	142	112	16
影视节目制作	5885	4669	404
广播电视集成播控	8	7	
电影和广播电视节目发行	244	206	21
电影放映	714	647	28
录音制作	75	60	3
文化艺术业	5609	4050	684
文艺创作与表演	2405	1778	251
艺术表演场馆	52	42	7
图书馆与档案馆	232	206	13
文物及非物质文化遗产保护	47	39	2
博物馆	29	20	4
烈士陵园、纪念馆	4	4	
群众文体活动	493	365	62
其他文化艺术业	2347	1596	345
体育	2987	2310	342
体育组织	496	385	48
体育场地设施管理	202	174	16
健身休闲活动	2200	1687	268
其他体育	89	64	10
娱乐业	16354	12545	2003
室内娱乐活动	7754	6413	734
游乐园	207	147	29
休闲观光活动	755	427	145
彩票活动	12	9	
文化体育娱乐活动与经纪代理服务	7548	5497	1083
其他娱乐业	78	52	12

筹建	当年关闭	当年破产	当年注销	当年吊销	其他
2	1		1		
1					
1917	134	4	221	7	
420	**23**		**44**	**2**	
296	13		34	2	
57	6		6		
205	7		28	2	
5					
29					
124	10		10		
116	9		9		
8	1		1		
2671	**471**	**7**	**745**	**37**	
6	1		3		
1					
5	1		3		
690	34	1	176	4	
7	2		1		
6	1		7		
634	21	1	154	2	
1					
13			3	1	
23	10		5	1	
6			6		
700	63	2	109	1	
311	28	1	35	1	
2			1		
10			3		
5	1				
5					
42	11		13		
325	23	1	57		
213	69	1	41	11	
46	5		11	1	
10	2				
143	62	1	29	10	
14			1		
1062	304	3	416	21	
151	206	2	235	13	
23	6		2		
158	18	1	6		
3					
717	72		171	8	
10	2		2		

2-17 按行业(大类)、运营状态分组的

行业大类	从业人员期末人数(人)	正常运营	停业(歇业)
总　计	**25898115**	**25562716**	**184307**
农、林、牧、渔业	**4345**	**4104**	**99**
农业			
林业			
畜牧业			
渔业			
农、林、牧、渔专业及辅助性活动	4345	4104	99
采矿业	**17347**	**16621**	**458**
煤炭开采和洗选业	21	19	1
石油和天然气开采业	1	1	
黑色金属矿采选业	1090	1090	
有色金属矿采选业	2247	2165	82
非金属矿采选业	13903	13289	367
开采专业及辅助性活动	25	15	8
其他采矿业	60	42	
制造业	**10591520**	**10470106**	**65398**
农副食品加工业	106422	105214	660
食品制造业	96181	95200	491
酒、饮料和精制茶制造业	53005	51987	457
烟草制品业	3636	3636	
纺织业	856837	847399	4889
纺织服装、服饰业	796865	789211	4714
皮革、毛皮、羽毛及其制品和制鞋业	567820	558069	4746
木材加工和木、竹、藤、棕、草制品业	129147	126823	1153
家具制造业	266117	263760	1294
造纸和纸制品业	212582	209889	1786
印刷和记录媒介复制业	171546	169472	1379
文教、工美、体育和娱乐用品制造业	413086	408579	2820
石油、煤炭及其他燃料加工业	18194	18039	97
化学原料和化学制品制造业	282567	278349	1878
医药制造业	151298	150731	160
化学纤维制造业	120364	119308	449
橡胶和塑料制品业	614283	608109	3745
非金属矿物制品业	289958	284699	2542
黑色金属冶炼和压延加工业	87847	87138	545
有色金属冶炼和压延加工业	101948	100870	579
金属制品业	787509	777495	6349
通用设备制造业	1146219	1134039	7149
专用设备制造业	541079	535200	3462
汽车制造业	649634	643484	2137
铁路、船舶、航空航天和其他运输设备制造业	132647	130555	1217
电气机械和器材制造业	1099212	1085685	5989
计算机、通信和其他电子设备制造业	557111	554003	1592
仪器仪表制造业	175765	174079	933
其他制造业	105208	104079	590
废弃资源综合利用业	16418	16031	183
金属制品、机械和设备修理业	41015	38974	1413
电力、热力、燃气及水生产和供应业	**144656**	**142502**	**545**
电力、热力生产和供应业	92502	90823	427
燃气生产和供应业	11667	11516	37
水的生产和供应业	40487	40163	81
建筑业	**7805044**	**7778111**	**18974**
房屋建筑业	5639334	5626167	11354
土木工程建筑业	1418363	1410926	3664
建筑安装业	197336	195851	967
建筑装饰、装修和其他建筑业	550011	545167	2989

企业法人单位从业人员数

筹建	当年关闭	当年破产	当年注销	当年吊销	其他
74737	**37210**	**3467**	**31197**	**1226**	**3255**
98	**31**		**13**		
98	31		13		
184	**48**		**18**	**18**	
1					
163	48		18	18	
2					
18					
25286	**17111**	**1589**	**10961**	**673**	**396**
277	214		55	2	
292	147	1	43	7	
153	376	1	27	4	
1942	1789	68	688	62	
539	928	39	1212	175	47
214	1297	79	3386	29	
400	407	6	347	11	
490	354	5	214		
454	239		204	10	
232	224	48	190	1	
731	461	153	307	35	
52	5		1		
1932	284	28	84	12	
359	37		11		
252	44	259	52		
1185	779	26	423	16	
1336	831	300	164	80	6
32	83	7	32	10	
190	262		41	6	
1748	1233	41	628	15	
2801	1178	29	961	57	5
1275	778	7	283	33	41
3443	356	9	92	10	103
432	321	85	31	6	
2658	3426	381	819	60	194
986	288	17	198	27	
393	286		74		
310	148		81		
95	80		24	5	
83	256		289		
955	**141**		**513**		
651	126		475		
101			13		
203	15		25		
2674	**2842**	**19**	**1247**	**12**	**1165**
448	110	3	115		1137
844	2334		588	5	2
231	82		205		
1151	316	16	339	7	26

2-17 续表

行业大类	从业人员期末人数(人)		
		正常运营	停业(歇业)
批发和零售业	**2442646**	**2365305**	**44149**
批发业	1533420	1485277	27823
零售业	909226	880028	16326
交通运输、仓储和邮政业	**641758**	**634991**	**4064**
铁路运输业	21	21	
道路运输业	371104	366510	2804
水上运输业	52380	52099	130
航空运输业	15295	15257	17
管道运输业	72	66	
多式联运和运输代理业	66491	65676	507
装卸搬运和仓储业	53605	52798	445
邮政业	82790	82564	161
住宿和餐饮业	**426558**	**417731**	**3521**
住宿业	187198	184302	1015
餐饮业	239360	233429	2506
信息传输、软件和信息技术服务业	**573353**	**559550**	**8632**
电信、广播电视和卫星传输服务	63613	63534	46
互联网和相关服务	93573	92273	691
软件和信息技术服务业	416167	403743	7895
金融业	**26611**	**25779**	**454**
货币金融服务	8647	8515	75
资本市场服务	5613	5170	227
保险业	445	429	9
其他金融业	11906	11665	143
房地产业	**654110**	**640503**	**7791**
房地产业	654110	640503	7791
租赁和商务服务业	**1317238**	**1289035**	**15407**
租赁业	50600	48980	1034
商务服务业	1266638	1240055	14373
科学研究和技术服务业	**510755**	**497161**	**7093**
研究和试验发展	70545	68102	1182
专业技术服务业	341920	335568	3473
科技推广和应用服务业	98290	93491	2438
水利、环境和公共设施管理业	**144857**	**141711**	**832**
水利管理业	4577	4514	16
生态保护和环境治理业	14261	13888	82
公共设施管理业	115788	113151	698
土地管理业	10231	10158	36
居民服务、修理和其他服务业	**214591**	**209919**	**2159**
居民服务业	88830	86488	1140
机动车、电子产品和日用产品修理业	62194	61060	546
其他服务业	63567	62371	473
教育	**115483**	**111954**	**1378**
教育	115483	111954	1378
卫生和社会工作	**96901**	**94890**	**395**
卫生	90593	88976	299
社会工作	6308	5914	96
文化、体育和娱乐业	**170342**	**162743**	**2958**
新闻和出版业	5674	5653	12
广播、电视、电影和录音制作业	42416	41095	441
文化艺术业	26625	24385	520
体育	19886	19459	266
娱乐业	75741	72151	1719

筹建	当年关闭	当年破产	当年注销	当年吊销	其他
14792	**8359**	**1185**	**8499**	**303**	**54**
8798	5296	1101	4848	246	31
5994	3063	84	3651	57	23
1583	**687**	**5**	**419**	**9**	
1069	456	5	253	7	
55	95		1		
21					
6					
132	87		88	1	
295	24		43		
5	25		34	1	
2233	**2202**	**27**	**842**	**2**	
1347	407	20	107		
886	1795	7	735	2	
3302	**768**	**3**	**1081**	**17**	
17	12		4		
392	96		120	1	
2893	660	3	957	16	
233	**84**	**4**	**39**	**18**	
32	25				
161	33		22		
4			3		
36	26	4	14	18	
2489	**821**	**119**	**712**	**44**	**1631**
2489	821	119	712	44	1631
7228	**1887**	**66**	**3541**	**65**	**9**
346	126	15	99		
6882	1761	51	3442	65	9
4432	**749**	**2**	**1291**	**27**	
983	133	1	141	3	
1614	408	1	843	13	
1835	208		307	11	
1598	**112**	**430**	**168**	**6**	
40	6		1		
254	15		20	2	
1274	89	430	142	4	
30	2		5		
1180	**532**	**8**	**771**	**22**	
637	258	6	290	11	
318	147	1	121	1	
225	127	1	360	10	
1732	**212**	**5**	**202**		
1732	212	5	202		
1370	**26**		**214**	**6**	
1096	13		203	6	
274	13		11		
3368	**598**	**5**	**666**	**4**	
			9		
670	91		118	1	
1526	59		135		
94	47		20		
1078	401	5	384	3	

2-18 按地区、运营状态分组的企业法人单位数

地 区	法人单位数(个)	正常运营	停业(歇业)	筹建	当年关闭	当年破产	当年注销	当年吊销	其他
全 省	**1383840**	**1120578**	**144370**	**75933**	**18019**	**717**	**22852**	**1209**	**162**
杭州市	**330701**	**244516**	**59575**	**18558**	**2089**	**123**	**5583**	**231**	**26**
上城区	12532	10009	1394	942	38	4	141	2	2
下城区	21992	17834	2866	1117	15	1	156	2	1
江干区	39993	32600	4083	2707	121	5	469	5	3
拱墅区	27740	21434	5190	339	169	5	582	17	4
西湖区	37670	26317	9640	806	206	7	653	39	2
滨江区	24008	18054	3935	1509	44	5	459	1	1
萧山区	56361	39055	12224	3652	490	39	826	72	3
余杭区	52649	37235	9491	4311	271	16	1261	61	3
富阳区	19325	15043	3612	243	152	3	259	12	1
临安区	10653	9130	935	198	82	4	303		1
桐庐县	12988	8708	3037	839	139	17	234	14	
淳安县	7287	4487	860	1733	74	9	119		5
建德市	7503	4610	2308	162	288	8	121	6	
宁波市	**267769**	**222112**	**26458**	**13291**	**1777**	**95**	**3750**	**269**	**17**
海曙区	33760	27830	3527	1642	207	4	453	95	2
江北区	19807	17554	870	1159	89	2	131		2
北仑区	38228	36631	808	622	18	2	139	5	3
镇海区	15977	14089	1000	652	80	5	137	13	1
鄞州区	70024	54885	8096	4613	525	18	1748	135	4
奉化区	10756	8357	1497	553	189	7	152	1	
象山县	11265	7695	1994	1194	116	20	240	6	
宁海县	11886	10713	612	351	99	6	103	1	1
余姚市	22513	19932	1917	362	114	13	160	12	3
慈溪市	33553	24426	6137	2143	340	18	487	1	1
温州市	**182268**	**140357**	**19548**	**12120**	**5496**	**213**	**4147**	**354**	**33**
鹿城区	26419	19503	3141	1208	1179	11	1351	22	4
龙湾区	20761	17309	2422	287	357	19	266	98	3
瓯海区	16234	12154	2526	779	407	22	340	3	3
洞头区	2367	1539	405	278	41	2	100	1	1
永嘉县	15584	11067	2200	1589	348	5	314	58	3
平阳县	13325	9458	1877	1419	323	7	202	34	5
苍南县	22169	18244	1505	1748	365	12	279	7	9
文成县	2155	1705	141	239	19		50	1	
泰顺县	2527	1656	331	396	85	1	58		
瑞安市	25506	17481	3200	2752	1040	95	810	127	1
乐清市	35221	30241	1800	1425	1332	39	377	3	4
嘉兴市	**111444**	**93250**	**7992**	**7139**	**1725**	**17**	**1295**	**26**	
南湖区	20688	16971	1197	1981	274	2	261	2	
秀洲区	14118	12711	623	487	188		105	4	
嘉善县	14562	12798	658	623	281	2	200		
海盐县	8532	7200	488	461	217	3	160	3	
海宁市	20205	16705	1540	1422	270	9	244	15	
平湖市	14104	10318	2197	1152	265	1	169	2	
桐乡市	19235	16547	1289	1013	230		156		
湖州市	**51152**	**44089**	**3488**	**2114**	**713**	**33**	**659**	**24**	**32**
吴兴区	15388	12709	1543	717	197	3	192	7	20
南浔区	7161	6434	328	157	150	1	89	1	1
德清县	8095	7128	426	377	83	5	68	6	2
长兴县	12543	10884	647	570	198	15	215	6	8
安吉县	7965	6934	544	293	85	9	95	4	1

2-18　续表

地　区	法　人单位数(个)	正常运营	停业(歇业)	筹建	当年关闭	当年破产	当年注销	当年吊销	其他
绍兴市	**119197**	**99395**	**9816**	**4799**	**2531**	**69**	**2377**	**191**	**19**
越城区	20710	18105	1085	1058	225	13	212	11	1
柯桥区	39521	29860	5712	2587	712	6	581	51	12
上虞区	16341	15759	289	153	79	2	57		2
新昌县	6216	5142	472	99	346	2	139	16	
诸暨市	25157	20725	1680	741	734	45	1170	61	1
嵊州市	11252	9804	578	161	435	1	218	52	3
金华市	**152140**	**134218**	**5713**	**9343**	**905**	**73**	**1849**	**27**	**12**
婺城区	13203	11350	768	796	107	6	171	2	3
金东区	8565	7902	210	296	39	2	109	5	2
武义县	5776	5140	405	149	35	12	32	2	1
浦江县	6830	6109	410	187	81	7	35		1
磐安县	3301	2796	328	149	7	5	16		
兰溪市	6341	4907	634	407	241	15	132	4	1
义乌市	73930	64808	1604	6390	128	18	975	6	1
东阳市	12578	10773	654	883	75	6	182	2	3
永康市	21616	20433	700	86	192	2	197	6	
衢州市	**24692**	**20330**	**2290**	**1325**	**247**	**23**	**461**	**13**	**3**
柯城区	8648	7125	891	402	87	2	138	3	
衢江区	3300	2907	218	112	19	1	41	1	1
常山县	2188	1830	235	66	15	4	35	3	
开化县	1995	1646	165	129	28	2	24		1
龙游县	3548	2962	300	127	67	4	87	1	
江山市	5013	3860	481	489	31	10	136	5	1
舟山市	**19774**	**14302**	**1894**	**2846**	**145**	**17**	**556**	**5**	**9**
定海区	11946	8370	1059	2038	42	5	424	3	5
普陀区	4934	3717	584	465	56	8	100		4
岱山县	2045	1544	187	252	39	4	18	1	
嵊泗县	849	671	64	91	8		14	1	
台州市	**104217**	**90761**	**6252**	**3031**	**2192**	**43**	**1893**	**40**	**5**
椒江区	11919	10683	577	328	137		193		1
黄岩区	12815	11076	744	553	75	1	349	17	
路桥区	14296	12220	764	306	630	9	367		
三门县	4948	3662	626	370	194	7	79	10	
天台县	8036	6691	659	333	239	5	106	2	1
仙居县	4867	3606	793	389	43	1	34	1	
温岭市	21844	18808	1597	380	595	14	445	3	2
临海市	12990	11846	315	293	249	4	275	7	1
玉环市	12502	12169	177	79	30	2	45		
丽水市	**20486**	**17248**	**1344**	**1367**	**199**	**11**	**282**	**29**	**6**
莲都区	4924	4640	94	132	15		39	2	2
青田县	3825	2308	668	557	107	5	152	27	1
缙云县	3083	2783	146	124	20		10		
遂昌县	1805	1311	163	276	32	2	21		
松阳县	1292	1234	23	28	2		4		1
云和县	1692	1498	79	84	9	2	19		1
庆元县	1202	1010	94	70	6		22		
景宁畲族自治县	690	635	17	36		1	1		
龙泉市	1973	1829	60	60	8	1	14		1

2-19 按地区、运营状态分组的企业法人单位从业人员数

地 区	从业人员期末人数(人)								
		正常运营	停业(歇业)	筹建	当年关闭	当年破产	当年注销	当年吊销	其他
全 省	**25898115**	**25562716**	**184307**	**74737**	**37210**	**3467**	**31197**	**1226**	**3255**
杭州市	**5599562**	**5502791**	**70485**	**15583**	**4637**	**1819**	**3736**	**99**	**412**
上城区	231825	229173	802	545	1155	3	129	2	16
下城区	319036	312862	4534	1379	28	12	218	3	
江干区	792228	785908	4474	1543	75	16	157	1	54
拱墅区	438574	430393	7126	436	191	29	233	21	145
西湖区	827357	812881	12986	887	386		212	5	
滨江区	506860	503040	2671	832	47	1	222		47
萧山区	998159	971966	17813	5731	680	1159	771	22	17
余杭区	715584	704088	8458	1882	321	90	721	4	20
富阳区	277739	272421	4093	449	414	19	316	27	
临安区	188747	184955	2522	493	294	9	452		22
桐庐县	144546	142525	1026	433	61	401	100		
淳安县	66027	65067	242	552	21		54		91
建德市	92880	87512	3738	421	964	80	151	14	
宁波市	**4756371**	**4727098**	**19513**	**9076**	**32**		**374**		**278**
海曙区	484586	481827	2080	611			65		3
江北区	375891	375270	284	316					21
北仑区	595060	593307	1005	562	2		22		162
镇海区	291436	289966	688	745	4		28		5
鄞州区	972097	960883	7723	3234	10		218		29
奉化区	242596	241234	1022	325	3		12		
象山县	387398	386428	417	553					
宁海县	254429	251622	2436	338	6		17		10
余姚市	448092	445634	1522	893			3		40
慈溪市	704786	700927	2336	1499	7		9		8
温州市	**2960366**	**2882431**	**34530**	**15492**	**14772**	**292**	**11793**	**348**	**708**
鹿城区	506182	477474	12819	1854	6391	162	7344	94	44
龙湾区	386993	380558	4275	415	639	23	659	188	236
瓯海区	347485	343742	2663	344	510	13	204		9
洞头区	29606	28967	212	255	48	3	118		3
永嘉县	186819	184955	1229	384	102		113	12	24
平阳县	200373	196591	1773	1228	471	5	241	6	58
苍南县	289883	284001	2054	2434	505	10	611	24	244
文成县	35085	31879	564	2236	55		350	1	
泰顺县	88093	86921	210	702	34		226		
瑞安市	392345	387877	2094	1097	746		518	9	4
乐清市	497502	479466	6637	4543	5271	76	1409	14	86
嘉兴市	**2004387**	**1983524**	**7232**	**8765**	**2931**	**306**	**1615**	**14**	
南湖区	315351	310880	1412	2149	414	301	194	1	
秀洲区	268774	267094	718	460	443		59		
嘉善县	260094	256858	1366	1037	612		221		
海盐县	164524	162298	531	582	612	1	494	6	
海宁市	399169	395795	970	1600	326	2	469	7	
平湖市	266506	262826	1198	2059	324	2	97		
桐乡市	329969	327773	1037	878	200		81		
湖州市	**965313**	**955289**	**4034**	**3171**	**1237**	**62**	**1335**	**61**	**124**
吴兴区	325112	322998	1036	657	76		309	12	24
南浔区	122953	121014	780	581	404		157	1	16
德清县	172463	170635	1036	560	124		83	25	
长兴县	192068	188934	906	913	600	32	584	17	82
安吉县	152717	151708	276	460	33	30	202	6	2

2-19　续表

地　区	从业人员期末人数(人)	正常运营	停业(歇业)	筹建	当年关闭	当年破产	当年注销	当年吊销	其他
绍兴市	**3412777**	**3381804**	**12473**	**8691**	**4819**	**243**	**4036**	**546**	**165**
越城区	519825	516869	1403	1033	293	22	200	4	1
柯桥区	912596	908616	1586	1667	360		253	25	89
上虞区	707698	705524	725	1151	175	6	114		3
新昌县	170806	169087	981	191	450	5	78	14	
诸暨市	848677	833418	6772	3821	1580	205	2670	206	5
嵊州市	253175	248290	1006	828	1961	5	721	297	67
金华市	**2489419**	**2464509**	**10537**	**6099**	**1926**	**317**	**4661**	**121**	**1249**
婺城区	242404	239399	889	733	137	2	106	3	1135
金东区	137042	135591	423	531	147	4	268	27	51
武义县	137084	134929	1322	149	273	242	95	60	14
浦江县	95474	94417	616	183	180	8	58		12
磐安县	111589	110767	293	400	74		55		
兰溪市	127939	125706	883	658	532		149	2	9
义乌市	554945	546111	2796	2541	201	56	3219	11	10
东阳市	801003	798365	1543	722	174	3	176	2	18
永康市	281939	279224	1772	182	208	2	535	16	
衢州市	**491588**	**486535**	**1839**	**1819**	**424**	**201**	**732**	**6**	**32**
柯城区	140539	139570	386	379	118	6	80		
衢江区	68627	68156	204	182	33		48	4	
常山县	56907	56392	270	166	8	2	69		
开化县	49171	48516	210	325	63		41		16
龙游县	81513	80375	433	322	133	180	68	2	
江山市	94831	93526	336	445	69	13	426		16
舟山市	**357293**	**347381**	**5345**	**932**	**1354**	**206**	**2038**		**37**
定海区	179250	176290	1731	645	66	2	493		23
普陀区	113488	110696	913	185	243	3	1434		14
岱山县	52537	48580	2645	55	988	201	68		
嵊泗县	12018	11815	56	47	57		43		
台州市	**2400809**	**2375948**	**16862**	**3028**	**4783**	**4**	**63**		**121**
椒江区	320410	310366	8922	617	464				41
黄岩区	252442	251723	369	224	126				
路桥区	233051	227133	1984	532	3356		46		
三门县	111905	110940	270	534	161				
天台县	116275	115506	518	163	81		1		6
仙居县	101485	101067	233	141	28		16		
温岭市	583601	579313	3676	245	293				74
临海市	424946	423669	565	474	238				
玉环市	256694	256231	325	98	36	4			
丽水市	**460230**	**455406**	**1457**	**2081**	**295**	**17**	**814**	**31**	**129**
莲都区	150337	149425	140	355	45		332	2	38
青田县	55133	53885	576	352	115	2	154	29	20
缙云县	66189	65696	181	283	22		7		
遂昌县	32408	31465	91	663	25	12	152		
松阳县	35345	35145	49	74	22		42		13
云和县	34596	34149	264	89	14	3	37		40
庆元县	24532	24441	19	50			22		
景宁畲族自治县	18111	17988	43	52			28		
龙泉市	43579	43212	94	163	52		40		18

2-20 按地区、单位规模分组的企业法人单位数

地 区	法人单位数（个）				
		大型	中型	小型	微型
全 省	**1354096**	**2013**	**18370**	**186790**	**1146923**
杭州市	**322887**	**760**	**5393**	**38854**	**277880**
上城区	12193	52	343	1684	10114
下城区	21399	73	488	2709	18129
江干区	38648	116	709	4115	33708
拱墅区	27194	51	515	3442	23186
西湖区	36679	138	668	4596	31277
滨江区	23486	118	489	3225	19654
萧山区	55370	101	834	6512	47923
余杭区	50975	74	750	5962	44189
富阳区	19010	12	211	2426	16361
临安区	10480	10	143	1718	8609
桐庐县	12812	8	92	1104	11608
淳安县	7206	4	75	570	6557
建德市	7435	3	76	791	6565
宁波市	**263639**	**392**	**3601**	**37117**	**222529**
海曙区	33117	60	442	4237	28378
江北区	19426	29	267	2288	16842
北仑区	37971	68	524	4837	32542
镇海区	15618	19	227	2644	12728
鄞州区	68924	94	924	8316	59590
奉化区	10657	11	129	1912	8605
象山县	11050	12	168	1658	9212
宁海县	11742	16	170	2126	9430
余姚市	22210	22	308	4107	17773
慈溪市	32924	61	442	4992	27429
温州市	**177300**	**144**	**1601**	**25042**	**150513**
鹿城区	25373	52	333	5041	19947
龙湾区	20406	22	269	3143	16972
瓯海区	15676	17	173	2299	13187
洞头区	2318	1	20	233	2064
永嘉县	15119	6	92	1728	13293
平阳县	12894	7	97	1577	11213
苍南县	21846	3	139	1799	19905
文成县	2063		20	393	1650
泰顺县	2450	1	33	282	2134
瑞安市	24703	16	198	3866	20623
乐清市	34452	19	227	4681	29525
嘉兴市	**108841**	**168**	**1597**	**15640**	**91436**
南湖区	20178	39	351	2609	17179
秀洲区	13822	28	266	2005	11523
嘉善县	14285	17	176	2151	11941
海盐县	8292	8	118	1462	6704
海宁市	19620	31	268	2994	16327
平湖市	13803	27	194	2078	11504
桐乡市	18841	18	224	2341	16258
湖州市	**50262**	**72**	**815**	**8478**	**40897**
吴兴区	15094	34	286	2797	11977
南浔区	7050	4	74	1327	5645
德清县	7895	11	165	1518	6201
长兴县	12364	9	157	1573	10625
安吉县	7859	14	133	1263	6449

注：本表不含无单位规模标识的单位数据。

2-20　续表

地　区	法人单位数（个）	大型	中型	小型	微型
绍兴市	**117927**	**157**	**1725**	**17099**	**98946**
越城区	20346	48	410	2890	16998
柯桥区	39316	36	537	5240	33503
上虞区	16123	29	244	2604	13246
新昌县	6098	10	104	905	5079
诸暨市	24890	26	285	3752	20827
嵊州市	11154	8	145	1708	9293
金华市	**148811**	**117**	**1308**	**16826**	**130560**
婺城区	12874	30	239	1863	10742
金东区	8332	5	106	1249	6972
武义县	5581	1	82	1349	4149
浦江县	6641	5	44	908	5684
磐安县	3259	5	49	500	2705
兰溪市	6234	5	101	1050	5078
义乌市	72488	18	307	5757	66406
东阳市	12073	25	237	1760	10051
永康市	21329	23	143	2390	18773
衢州市	**24189**	**30**	**408**	**3558**	**20193**
柯城区	8447	20	157	954	7316
衢江区	3266	2	63	521	2680
常山县	2156		39	384	1733
开化县	1954	1	37	260	1656
龙游县	3494	2	49	580	2863
江山市	4872	5	63	859	3945
舟山市	**19412**	**31**	**314**	**2810**	**16257**
定海区	11816	20	168	1488	10140
普陀区	4786	8	102	832	3844
岱山县	2002	3	29	370	1600
嵊泗县	808		15	120	673
台州市	**100911**	**111**	**1235**	**17537**	**82028**
椒江区	11592	38	229	2124	9201
黄岩区	12369	6	132	1815	10416
路桥区	14020	11	148	2489	11372
三门县	4832	2	68	684	4078
天台县	7895	1	63	754	7077
仙居县	4575	4	53	855	3663
温岭市	20724	20	228	3864	16612
临海市	12532	20	179	2139	10194
玉环市	12372	9	135	2813	9415
丽水市	**19917**	**31**	**373**	**3829**	**15684**
莲都区	4757	22	143	997	3595
青田县	3731	2	46	511	3172
缙云县	2977	2	47	600	2328
遂昌县	1752	2	30	234	1486
松阳县	1267	1	27	272	967
云和县	1666		19	364	1283
庆元县	1172		13	224	935
景宁畲族自治县	671	2	15	138	516
龙泉市	1924		33	489	1402

2-21 按地区、单位规模分组的企业法人单位从业人员数

地 区	从业人员期末人数(人)	大型	中型	小型	微型
全 省	**25684678**	**4788472**	**7400750**	**8857846**	**4637610**
杭州市	**5533020**	**1171421**	**1766971**	**1647492**	**947136**
上城区	228732	52079	65965	82500	28188
下城区	311845	83316	93632	73671	61226
江干区	781150	143716	337735	175733	123966
拱墅区	433621	93143	140178	115003	85297
西湖区	817198	220996	321816	177900	96486
滨江区	500232	197755	136744	107119	58614
萧山区	992243	224915	291908	310133	165287
余杭区	705227	94125	191038	266275	153789
富阳区	274397	17031	65297	132290	59779
临安区	187286	17535	40636	87763	41352
桐庐县	143316	15196	37875	55974	34271
淳安县	65474	5002	20734	23569	16169
建德市	92299	6612	23413	39562	22712
宁波市	**4731566**	**795503**	**1224173**	**1860032**	**851858**
海曙区	480732	97584	89719	184884	108545
江北区	373979	77079	115055	121589	60256
北仑区	593471	127781	146963	215079	103648
镇海区	289822	21630	83517	127962	56713
鄞州区	964069	147181	259664	347059	210165
奉化区	242089	11013	76750	113912	40414
象山县	386418	145634	113152	95221	32411
宁海县	253636	24071	64150	115357	50058
余姚市	446320	35064	94939	232287	84030
慈溪市	701030	108466	180264	306682	105618
温州市	**2922100**	**249843**	**822265**	**1181148**	**668844**
鹿城区	495981	96057	102159	213412	84353
龙湾区	383997	61417	96610	147612	78358
瓯海区	344440	10127	154826	121059	58428
洞头区	29313	1441	6612	14135	7125
永嘉县	184997	8385	49108	81531	45973
平阳县	197810	8899	59106	84880	44925
苍南县	287046	3157	114769	86659	82461
文成县	34495		10945	13549	10001
泰顺县	87737	9090	47882	22144	8621
瑞安市	388902	20704	86498	198691	83009
乐清市	487382	30566	93750	197476	165590
嘉兴市	**1985188**	**248160**	**524250**	**847834**	**364944**
南湖区	310737	52240	77706	118205	62586
秀洲区	266769	30745	81096	109761	45167
嘉善县	258173	28284	63013	115852	51024
海盐县	163091	11077	36919	82264	32831
海宁市	395844	40355	118575	168819	68095
平湖市	265006	32017	60816	129556	42617
桐乡市	325568	53442	86125	123377	62624
湖州市	**959035**	**125817**	**250138**	**395543**	**187537**
吴兴区	322942	76193	87266	101909	57574
南浔区	122284	6946	23632	64179	27527
德清县	171371	12622	47355	82852	28542
长兴县	190452	13155	50120	80347	46830
安吉县	151986	16901	41765	66256	27064

注：本表不含无单位规模标识的单位数据。

2-21　续表

地　　区	从业人员期末人数（人）	大型	中型	小型	微型
绍兴市	**3402435**	**1165713**	**1109599**	**678875**	**448248**
越城区	516194	174541	170635	105454	65564
柯桥区	911573	315413	305148	163008	128004
上虞区	706485	299038	213785	126008	67654
新昌县	169863	21046	73472	51017	24328
诸暨市	846434	328462	253074	152842	112056
嵊州市	251886	27213	93485	80546	50642
金华市	**2470746**	**527603**	**585933**	**818915**	**538295**
婺城区	240126	31236	73892	89890	45108
金东区	135889	10321	25883	65901	33784
武义县	136462	1430	31049	79800	24183
浦江县	94412	2078	18154	44701	29479
磐安县	111328	17319	43871	37749	12389
兰溪市	127375	3907	38415	60355	24698
义乌市	545677	24464	92578	191701	236934
东阳市	799238	400771	210469	137578	50420
永康市	280239	36077	51622	111240	81300
衢州市	**487871**	**29611**	**178625**	**194917**	**84718**
柯城区	138981	15566	52455	43034	27926
衢江区	68316	2877	26152	26399	12888
常山县	56693		18990	29021	8682
开化县	48824	435	26153	14555	7681
龙游县	80959	2850	27024	39036	12049
江山市	94098	7883	27851	42872	15492
舟山市	**354088**	**34703**	**114202**	**145595**	**59588**
定海区	178363	14002	62912	69370	32079
普陀区	112114	16653	32126	48062	15273
岱山县	52122	4048	15881	23273	8920
嵊泗县	11489		3283	4890	3316
台州市	**2382871**	**408165**	**678883**	**885539**	**410284**
椒江区	317201	90389	69972	112301	44539
黄岩区	250305	40426	63738	101865	44276
路桥区	230743	27702	50014	94593	58434
三门县	111339	2686	49329	42327	16997
天台县	115544	3549	55584	33559	22852
仙居县	100226	5628	30556	47214	16828
温岭市	579297	126493	158559	195956	98289
临海市	422707	100957	155900	114165	51685
玉环市	255509	10335	45231	143559	56384
丽水市	**455758**	**31933**	**145711**	**201956**	**76158**
莲都区	148783	17572	59939	52262	19010
青田县	54328	5473	12815	24757	11283
缙云县	65437	3725	17570	32892	11250
遂昌县	32142	2306	12582	11275	5979
松阳县	35155	350	12270	16857	5678
云和县	34312		9660	17715	6937
庆元县	24408		6295	12692	5421
景宁畲族自治县	17930	2507	4264	7625	3534
龙泉市	43263		10316	25881	7066

2-22 按行业(中类)、单位规模分组的企业法人单位数

行业中类	法人单位数（个）	大型	中型	小型	微型
总　计	**1354096**	**2013**	**18370**	**186790**	**1146923**
农、林、牧、渔业	**982**		**66**	**289**	**627**
农业	35				35
谷物种植	1				1
豆类、油料和薯类种植					
棉、麻、糖、烟草种植					
蔬菜、食用菌及园艺作物种植	18				18
水果种植	5				5
坚果、含油果、香料和饮料作物种植	3				3
中药材种植	7				7
草种植及割草					
其他农业	1				1
林业	4				4
林木育种和育苗	2				2
造林和更新					
森林经营、管护和改培	2				2
木材和竹材采运					
林产品采集					
畜牧业	14				14
牲畜饲养	9				9
家禽饲养	4				4
狩猎和捕捉动物					
其他畜牧业	1				1
渔业	18				18
水产养殖	17				17
水产捕捞	1				1
农、林、牧、渔专业及辅助性活动	911		66	289	556
农业专业及辅助性活动	623		46	180	397
林业专业及辅助性活动	161		7	61	93
畜牧专业及辅助性活动	41		3	14	24
渔业专业及辅助性活动	86		10	34	42
采矿业	**841**		**4**	**211**	**626**
煤炭开采和洗选业	7				7
烟煤和无烟煤开采洗选	5				5
褐煤开采洗选	1				1
其他煤炭采选	1				1
石油和天然气开采业	1				1
石油开采	1				1
天然气开采					
黑色金属矿采选业	18		1	5	12
铁矿采选	18		1	5	12
锰矿、铬矿采选					
其他黑色金属矿采选					
有色金属矿采选业	47		1	17	29
常用有色金属矿采选	32		1	9	22
贵金属矿采选	3			1	2
稀有稀土金属矿采选	12			7	5

注：本表不含无单位规模标识的单位数据。

2-22　续表 1

行业中类	法　人 单位数 (个)	大型	中型	小型	微型
非金属矿采选业	748		2	188	558
土砂石开采	695		2	174	519
化学矿开采	3			1	2
采盐	5				5
石棉及其他非金属矿采选	45			13	32
开采专业及辅助性活动	10				10
煤炭开采和洗选专业及辅助性活动	1				1
石油和天然气开采专业及辅助性活动	3				3
其他开采专业及辅助性活动	6				6
其他采矿业	10			1	9
其他采矿业	10			1	9
制造业	**423841**	**562**	**3850**	**89098**	**330331**
农副食品加工业	4496	5	27	983	3481
谷物磨制	208		1	27	180
饲料加工	388	1	1	141	245
植物油加工	163			35	128
制糖业	39			4	35
屠宰及肉类加工	709		3	158	548
水产品加工	1347	2	13	332	1000
蔬菜、菌类、水果和坚果加工	949		8	205	736
其他农副食品加工	693	2	1	81	609
食品制造业	2983	4	63	519	2397
焙烤食品制造	904	1	10	130	763
糖果、巧克力及蜜饯制造	184		5	48	131
方便食品制造	480	2	6	65	407
乳制品制造	38	1	7	11	19
罐头食品制造	198		18	46	134
调味品、发酵制品制造	211		3	38	170
其他食品制造	968		14	181	773
酒、饮料和精制茶制造业	2201	4	21	317	1859
酒的制造	537	1	11	95	430
饮料制造	595	3	9	109	474
精制茶加工	1069		1	113	955
烟草制品业	1	1			
烟叶复烤					
卷烟制造	1	1			
其他烟草制品制造					
纺织业	32685	39	413	6885	25348
棉纺织及印染精加工	9148	25	247	1993	6883
毛纺织及染整精加工	1082	1	22	322	737
麻纺织及染整精加工	74	1	7	19	47
丝绢纺织及印染精加工	1072	1	17	352	702
化纤织造及印染精加工	4494	7	33	1036	3418
针织或钩针编织物及其制品制造	8186	2	28	1336	6820
家用纺织制成品制造	4740		25	983	3732
产业用纺织制成品制造	3889	2	34	844	3009
纺织服装、服饰业	30657	28	247	7277	23105

2-22 续表 2

行业中类	法人单位数(个)	大型	中型	小型	微型
机织服装制造	13677	21	134	3359	10163
针织或钩针编织服装制造	7210	5	84	1993	5128
服饰制造	9770	2	29	1925	7814
皮革、毛皮、羽毛及其制品和制鞋业	19732	12	151	6097	13472
皮革鞣制加工	554	1	8	151	394
皮革制品制造	5199	3	32	1258	3906
毛皮鞣制及制品加工	1227		1	109	1117
羽毛(绒)加工及制品制造	354		11	72	271
制鞋业	12398	8	99	4507	7784
木材加工和木、竹、藤、棕、草制品业	6821	7	20	1381	5413
木材加工	1138		2	223	913
人造板制造	583	1	4	215	363
木质制品制造	3616	6	9	675	2926
竹、藤、棕、草等制品制造	1484		5	268	1211
家具制造业	7205	25	123	1850	5207
木质家具制造	4547	7	38	1004	3498
竹、藤家具制造	185		2	56	127
金属家具制造	1170	7	50	451	662
塑料家具制造	164		5	61	98
其他家具制造	1139	11	28	278	822
造纸和纸制品业	12851	8	54	1845	10944
纸浆制造	15			2	13
造纸	1747	6	26	471	1244
纸制品制造	11089	2	28	1372	9687
印刷和记录媒介复制业	11037		44	1846	9147
印刷	10302		44	1778	8480
装订及印刷相关服务	725			66	659
记录媒介复制	10			2	8
文教、工美、体育和娱乐用品制造业	22083	16	116	3672	18279
文教办公用品制造	3655	6	22	665	2962
乐器制造	255	1	4	52	198
工艺美术及礼仪用品制造	12135	2	47	1743	10343
体育用品制造	2317	4	18	473	1822
玩具制造	2813	2	20	617	2174
游艺器材及娱乐用品制造	908	1	5	122	780
石油、煤炭及其他燃料加工业	440	3	1	74	362
精炼石油产品制造	235	3	1	53	178
煤炭加工	47			7	40
核燃料加工	1				1
生物质燃料加工	157			14	143
化学原料和化学制品制造业	8603	21	138	2067	6377
基础化学原料制造	999	4	34	327	634
肥料制造	243		3	23	217
农药制造	90	1	11	46	32
涂料、油墨、颜料及类似产品制造	2116	1	19	431	1665
合成材料制造	1267	12	38	377	840
专用化学产品制造	2544	1	14	551	1978
炸药、火工及焰火产品制造	17		2	7	8
日用化学产品制造	1327	2	17	305	1003

2-22　续表 3

行业中类	法　人单位数(个)	大型	中型	小型	微型
医药制造业	1270	24	99	473	674
化学药品原料药制造	239	14	42	82	101
化学药品制剂制造	122	6	21	51	44
中药饮片加工	107		1	47	59
中成药生产	97	2	12	40	43
兽用药品制造	63			23	40
生物药品制品制造	225	2	11	76	136
卫生材料及医药用品制造	323		9	94	220
药用辅料及包装材料	94		3	60	31
化学纤维制造业	1820	25	46	561	1188
纤维素纤维原料及纤维制造	63	1	1	15	46
合成纤维制造	1702	24	45	538	1095
生物基材料制造	55			8	47
橡胶和塑料制品业	33974	16	156	6050	27752
橡胶制品业	3988	9	21	743	3215
塑料制品业	29986	7	135	5307	24537
非金属矿物制品业	13032	4	70	2956	10002
水泥、石灰和石膏制造	520		15	181	324
石膏、水泥制品及类似制品制造	2849		15	991	1843
砖瓦、石材等建筑材料制造	4113		3	612	3498
玻璃制造	444	2	5	139	298
玻璃制品制造	2011		14	398	1599
玻璃纤维和玻璃纤维增强塑料制品制造	466	1	3	128	334
陶瓷制品制造	1061	1	6	188	866
耐火材料制品制造	620		3	140	477
石墨及其他非金属矿物制品制造	948		6	179	763
黑色金属冶炼和压延加工业	2422	6	33	742	1641
炼铁	10			2	8
炼钢	14	1	1	1	11
钢压延加工	2334	5	30	708	1591
铁合金冶炼	64		2	31	31
有色金属冶炼和压延加工业	3125	9	33	937	2146
常用有色金属冶炼	135	2	3	39	91
贵金属冶炼	10		1	7	2
稀有稀土金属冶炼	16			4	12
有色金属合金制造	705	4	1	164	536
有色金属压延加工	2259	3	28	723	1505
金属制品业	40139	22	257	7750	32110
结构性金属制品制造	8492	8	33	1340	7111
金属工具制造	4572		39	885	3648
集装箱及金属包装容器制造	699	2	16	229	452
金属丝绳及其制品制造	999	1	5	171	822
建筑、安全用金属制品制造	11824	1	51	1893	9879
金属表面处理及热处理加工	2592	1	24	872	1695
搪瓷制品制造	425		2	85	338
金属制日用品制造	3863	8	43	879	2933
铸造及其他金属制品制造	6673	1	44	1396	5232

2-22 续表 4

行业中类	法人单位数（个）	大型	中型	小型	微型
通用设备制造业	53354	47	379	10856	42072
锅炉及原动设备制造	600	3	12	184	401
金属加工机械制造	5287	3	30	997	4257
物料搬运设备制造	1909	6	48	626	1229
泵、阀门、压缩机及类似机械制造	12175	12	94	2972	9097
轴承、齿轮和传动部件制造	5279	11	77	1504	3687
烘炉、风机、包装等设备制造	5948	9	70	1390	4479
文化、办公用机械制造	449	1	6	116	326
通用零部件制造	19471	2	39	2804	16626
其他通用设备制造业	2236		3	263	1970
专用设备制造业	26402	11	164	5333	20894
采矿、冶金、建筑专用设备制造	1020	1	9	255	755
化工、木材、非金属加工专用设备制造	10801	3	56	1645	9097
食品、饮料、烟草及饲料生产专用设备制造	784		2	163	619
印刷、制药、日化及日用品生产专用设备制造	1092		5	259	828
纺织、服装和皮革加工专用设备制造	3391	3	19	719	2650
电子和电工机械专用设备制造	749		5	158	586
农、林、牧、渔专用机械制造	980	1	13	242	724
医疗仪器设备及器械制造	3341	3	36	1162	2140
环保、邮政、社会公共服务及其他专用设备制造	4244		19	730	3495
汽车制造业	17194	55	284	4593	12262
汽车整车制造	84	7	10	24	43
汽车用发动机制造	40	3	3	16	18
改装汽车制造	25			15	10
低速汽车制造	1				1
电车制造	11				11
汽车车身、挂车制造	141	2	1	63	75
汽车零部件及配件制造	16892	43	270	4475	12104
铁路、船舶、航空航天和其他运输设备制造业	4335	8	51	1100	3176
铁路运输设备制造	156		2	53	101
城市轨道交通设备制造	25			11	14
船舶及相关装置制造	886	4	10	197	675
航空、航天器及设备制造	56		1	16	39
摩托车制造	1344	3	20	386	935
自行车和残疾人座车制造	630		9	149	472
助动车制造	709		7	143	559
非公路休闲车及零配件制造	429	1	2	117	309
潜水救捞及其他未列明运输设备制造	100			28	72
电气机械和器材制造业	38251	84	473	7784	29910
电机制造	3465	17	84	988	2376
输配电及控制设备制造	16368	18	128	2776	13446
电线、电缆、光缆及电工器材制造	3162	2	38	866	2256
电池制造	467	9	27	148	283
家用电力器具制造	7088	30	123	1394	5541
非电力家用器具制造	848		12	172	664
照明器具制造	5616	8	56	1261	4291
其他电气机械及器材制造	1237		5	179	1053
计算机、通信和其他电子设备制造业	11110	55	257	2550	8248

2-22　续表 5

行业中类	法　人单位数（个）	大型	中型	小型	微型
计算机制造	440	5	10	95	330
通信设备制造	1011	14	34	254	709
广播电视设备制造	213	4	8	62	139
雷达及配套设备制造	11			2	9
非专业视听设备制造	534	1	10	155	368
智能消费设备制造	462	5	23	113	321
电子器件制造	1486	11	62	374	1039
电子元件及电子专用材料制造	6206	15	103	1375	4713
其他电子设备制造	747		7	120	620
仪器仪表制造业	5738	19	77	1191	4451
通用仪器仪表制造	4236	13	48	827	3348
专用仪器仪表制造	651	4	9	171	467
钟表与计时仪器制造	152		6	37	109
光学仪器制造	259	2	11	75	171
衡器制造	196		2	55	139
其他仪器仪表制造业	244		1	26	217
其他制造业	7046	4	32	991	6019
日用杂品制造	5077	4	28	868	4177
核辐射加工	4				4
其他未列明制造业	1965		4	123	1838
废弃资源综合利用业	713		8	153	552
金属废料和碎屑加工处理	290		5	88	197
非金属废料和碎屑加工处理	423		3	65	355
金属制品、机械和设备修理业	2121		13	265	1843
金属制品修理	46			3	43
通用设备修理	282			22	260
专用设备修理	264			11	253
铁路、船舶、航空航天等运输设备修理	922		12	205	705
电气设备修理	150		1	8	141
仪器仪表修理	21			1	20
其他机械和设备修理业	436			15	421
电力、热力、燃气及水生产和供应业	**5238**	**9**	**87**	**822**	**4320**
电力、热力生产和供应业	3711	8	61	388	3254
电力生产	3387	6	27	297	3057
电力供应	187	2	34	45	106
热力生产和供应	137			46	91
燃气生产和供应业	279		6	114	159
燃气生产和供应业	269		6	114	149
生物质燃气生产和供应业	10				10
水的生产和供应业	1248	1	20	320	907
自来水生产和供应	549	1	18	177	353
污水处理及其再生利用	582		2	141	439
海水淡化处理	3				3
其他水的处理、利用与分配	114			2	112
建筑业	**51741**	**217**	**2581**	**8202**	**40741**
房屋建筑业	7820	141	1254	1905	4520
住宅房屋建筑	6733	130	1083	1607	3913

2-22 续表 6

行业中类	法人单位数（个）	大型	中型	小型	微型
体育场馆建筑	14		3	1	10
其他房屋建筑业	1073	11	168	297	597
土木工程建筑业	12024	57	900	2913	8154
铁路、道路、隧道和桥梁工程建筑	5322	34	574	1658	3056
水利和水运工程建筑	757	6	80	238	433
海洋工程建筑	52		2	9	41
工矿工程建筑	198	2	34	46	116
架线和管道工程建筑	898	8	75	196	619
节能环保工程施工	365		1	44	320
电力工程施工	359	5	9	68	277
其他土木工程建筑	4073	2	125	654	3292
建筑安装业	6829	8	166	1176	5479
电气安装	2428	4	64	453	1907
管道和设备安装	1969		39	301	1629
其他建筑安装业	2432	4	63	422	1943
建筑装饰、装修和其他建筑业	25068	11	261	2208	22588
建筑装饰和装修业	19138	9	162	1533	17434
建筑物拆除和场地准备活动	3832	1	55	385	3391
提供施工设备服务	209		6	41	162
其他未列明建筑业	1889	1	38	249	1601
批发和零售业	**457484**	**333**	**6130**	**38933**	**412088**
批发业	288563	184	4093	29343	254943
农、林、牧、渔产品批发	4785	2	43	310	4430
食品、饮料及烟草制品批发	18295	33	334	1446	16482
纺织、服装及家庭用品批发	91920	47	1276	9480	81117
文化、体育用品及器材批发	15800	7	185	1238	14370
医药及医疗器材批发	6864	24	296	787	5757
矿产品、建材及化工产品批发	66829	36	1082	9829	55882
机械设备、五金产品及电子产品批发	56763	30	757	4895	51081
贸易经纪与代理	6879	1	36	406	6436
其他批发业	20428	4	84	952	19388
零售业	168921	149	2037	9590	157145
综合零售	3785	61	276	380	3068
食品、饮料及烟草制品专门零售	15050	2	78	721	14249
纺织、服装及日用品专门零售	26322	26	163	1136	24997
文化、体育用品及器材专门零售	9085	5	78	584	8418
医药及医疗器材专门零售	12605	14	151	477	11963
汽车、摩托车、零配件和燃料及其他动力销售	15130	9	961	1891	12269
家用电器及电子产品专门零售	14353	11	123	1315	12904
五金、家具及室内装饰材料专门零售	20238	4	21	890	19323
货摊、无店铺及其他零售业	52353	17	186	2196	49954
交通运输、仓储和邮政业	**31853**	**36**	**269**	**4103**	**27445**
铁路运输业					
铁路旅客运输					
铁路货物运输					
铁路运输辅助活动					
道路运输业	19336	12	120	2236	16968

2-22　续表 7

行业中类	法　人单位数（个）	大型	中型	小型	微型
城市公共交通运输	574	2	41	132	399
公路旅客运输	482	2	31	200	249
道路货物运输	17210	6	26	1717	15461
道路运输辅助活动	1070	2	22	187	859
水上运输业	1301	1	22	454	824
水上旅客运输	91		7	26	58
水上货物运输	836		5	345	486
水上运输辅助活动	374	1	10	83	280
航空运输业	130	4	4	21	101
航空客货运输	56	1	1	6	48
通用航空服务	40			6	34
航空运输辅助活动	34	3	3	9	19
管道运输业	4			1	3
海底管道运输	1				1
陆地管道运输	3			1	2
多式联运和运输代理业	6919	1	11	560	6347
多式联运	19			4	15
运输代理业	6900	1	11	556	6332
装卸搬运和仓储业	2657	5	84	394	2174
装卸搬运	1285	2	27	137	1119
通用仓储	576	1	24	111	440
低温仓储	98			10	88
危险品仓储	72	1	4	24	43
谷物、棉花等农产品仓储	137		6	55	76
中药材仓储	1			1	
其他仓储业	488	1	23	56	408
邮政业	1506	13	28	437	1028
邮政基本服务	29	3	9	4	13
快递服务	1465	9	19	432	1005
其他寄递服务	12	1		1	10
住宿和餐饮业	**24928**	**77**	**533**	**5531**	**18787**
住宿业	9186	42	320	2180	6644
旅游饭店	1995	42	296	788	869
一般旅馆	5988		23	1281	4684
民宿服务	977			79	898
露营地服务	9			1	8
其他住宿业	217		1	31	185
餐饮业	15742	35	213	3351	12143
正餐服务	12109	26	189	2915	8979
快餐服务	1113	5	11	172	925
饮料及冷饮服务	768		4	94	670
餐饮配送及外卖送餐服务	359	1	6	74	278
其他餐饮业	1393	3	3	96	1291
信息传输、软件和信息技术服务业	**54689**	**109**	**588**	**5732**	**48260**
电信、广播电视和卫星传输服务	894	5	98	174	617
电信	755	4	49	138	564
广播电视传输服务	127	1	49	30	47
卫星传输服务	12			6	6

2-22 续表 8

行业中类	法人单位数（个）	大型	中型	小型	微型
互联网和相关服务	5487	4	94	623	4766
互联网接入及相关服务	331		2	41	288
互联网信息服务	2957	3	35	280	2639
互联网平台	764	1	34	144	585
互联网安全服务	62			11	51
互联网数据服务	212		17	36	159
其他互联网服务	1161		6	111	1044
软件和信息技术服务业	48308	100	396	4935	42877
软件开发	34218	81	290	3637	30210
集成电路设计	258		4	43	211
信息系统集成和物联网技术服务	1864	8	39	282	1535
运行维护服务	313	1	6	48	258
信息处理和存储支持服务	320		12	65	243
信息技术咨询服务	7661	6	35	591	7029
数字内容服务	536	3	3	76	454
其他信息技术服务业	3138	1	7	193	2937
金融业	**16506**	**201**	**109**	**429**	**15767**
货币金融服务	1591	201	83	190	1117
中央银行服务					
货币银行服务	541	200	80	180	81
非货币银行服务	1050	1	3	10	1036
银行理财服务					
银行监管服务					
资本市场服务	13055		17	175	12863
证券市场服务					
公开募集证券投资基金					
非公开募集证券投资基金	1921				1921
期货市场服务					
证券期货监管服务					
资本投资服务	1542		10	47	1485
其他资本市场服务	9592		7	128	9457
保险业	758			40	718
人身保险	251			36	215
财产保险	290			4	286
再保险					
商业养老金	11				11
保险中介服务	116				116
保险资产管理	1				1
保险监管服务					
其他保险活动	89				89
其他金融业	1102		9	24	1069
金融信托与管理服务	73		3	2	68
控股公司服务	345			13	332
非金融机构支付服务	13		5	5	3
金融信息服务	260				260
金融资产管理公司	10		1	2	7
其他未列明金融业	401			2	399

2-22　续表 9

行业中类	法　人 单位数 （个）	大型	中型	小型	微型
房地产业	**36030**	**121**	**2893**	**3560**	**29456**
房地产业	36030	121	2893	3560	29456
房地产开发经营	10707	68	2696	1491	6452
物业管理	8636	36	156	318	8126
房地产中介服务	16037	15	40	1638	14344
房地产租赁经营					
其他房地产业	650	2	1	113	534
租赁和商务服务业	**126824**	**23**	**268**	**10621**	**115912**
租赁业	9160	2	20	864	8274
机械设备经营租赁	8680	2	18	830	7830
文体设备和用品出租	411		1	24	386
日用品出租	69		1	10	58
商务服务业	117664	21	248	9757	107638
组织管理服务	33306	13	69	2340	30884
综合管理服务	3700	2	54	895	2749
法律服务	425		3	80	342
咨询与调查	37713	2	30	2134	35547
广告业	19669		16	1185	18468
人力资源服务	5588	1	30	1146	4411
安全保护服务	1344		24	425	895
会议、展览及相关服务	2329	1	4	229	2095
其他商务服务业	13590	2	18	1323	12247
科学研究和技术服务业	**58019**	**128**	**474**	**9062**	**48355**
研究和试验发展	9275	11	44	1363	7857
自然科学研究和试验发展	355			39	316
工程和技术研究和试验发展	7208	9	30	1048	6121
农业科学研究和试验发展	396			49	347
医学研究和试验发展	1284	2	14	223	1045
社会人文科学研究	32			4	28
专业技术服务业	28678	104	382	5590	22602
气象服务	39			4	35
地震服务	5				5
海洋服务	54			13	41
测绘地理信息服务	520		7	273	240
质检技术服务	2406	11	60	970	1365
环境与生态监测检测服务	566		10	143	413
地质勘查	79	1		34	44
工程技术与设计服务	13778	87	280	2825	10586
工业与专业设计及其他专业技术服务	11231	5	25	1328	9873
科技推广和应用服务业	20066	13	48	2109	17896
技术推广服务	15104	10	46	1641	13407
知识产权服务	1718		1	220	1497
科技中介服务	541			60	481
创业空间服务	180			18	162
其他科技推广服务业	2523	3	1	170	2349

2-22 续表 10

行业中类	法人单位数（个）	大型	中型	小型	微型
水利、环境和公共设施管理业	**7142**	**88**	**150**	**1720**	**5184**
水利管理业	367	1	5	104	257
防洪除涝设施管理	74		1	21	52
水资源管理	104		1	37	66
天然水收集与分配	42		1	19	22
水文服务	12			1	11
其他水利管理业	135	1	2	26	106
生态保护和环境治理业	1173	1	26	287	859
生态保护	58	1	3	21	33
环境治理业	1115		23	266	826
公共设施管理业	5167	85	113	1228	3741
市政设施管理	688	11	13	170	494
环境卫生管理	1285	50	39	318	878
城乡市容管理	76	2	2	15	57
绿化管理	1862	8	22	419	1413
城市公园管理	56		1	18	37
游览景区管理	1200	14	36	288	862
土地管理业	435	1	6	101	327
土地整治服务	330		4	68	258
土地调查评估服务	47			17	30
土地登记服务	5				5
土地登记代理服务	22			6	16
其他土地管理服务	31	1	2	10	18
居民服务、修理和其他服务业	**24665**	**57**	**136**	**4572**	**19900**
居民服务业	10827	22	53	1902	8850
家庭服务	2322	7	20	386	1909
托儿所服务	179			29	150
洗染服务	444	1	6	143	294
理发及美容服务	2057	4	3	337	1713
洗浴和保健养生服务	1997	1	8	571	1417
摄影扩印服务	1339	3	6	156	1174
婚姻服务	1009			98	911
殡葬服务	388		4	86	298
其他居民服务业	1092	6	6	96	984
机动车、电子产品和日用产品修理业	9322	1	14	1794	7513
汽车、摩托车等修理与维护	7282		10	1576	5696
计算机和办公设备维修	834		2	73	759
家用电器修理	1011	1	1	133	876
其他日用产品修理业	195		1	12	182
其他服务业	4516	34	69	876	3537
清洁服务	3376	34	65	740	2537
宠物服务	196			36	160
其他未列明服务业	944		4	100	840
教育					
教育					
学前教育					
初等教育					
中等教育					

2-22　续表 11

行业中类	法　人 单位数 (个)	大型	中型	小型	微型
高等教育					
特殊教育					
技能培训、教育辅助及其他教育					
卫生和社会工作	**923**	**33**	**145**	**275**	**470**
卫生	331	32	137	156	6
医院	220	28	106	83	3
基层医疗卫生服务	87	2	21	63	1
专业公共卫生服务	2			2	
其他卫生活动	22	2	10	8	2
社会工作	592	1	8	119	464
提供住宿社会工作	541	1	8	111	421
不提供住宿社会工作	51			8	43
文化、体育和娱乐业	**32390**	**19**	**87**	**3630**	**28654**
新闻和出版业	179	2	14	62	101
新闻业	16		1	6	9
出版业	163	2	13	56	92
广播、电视、电影和录音制作业	7261	4	17	864	6376
广播	193	1		12	180
电视	142		3	14	125
影视节目制作	5885	1	7	379	5498
广播电视集成播控	8			4	4
电影和广播电视节目发行	244		1	18	225
电影放映	714	2	6	432	274
录音制作	75			5	70
文化艺术业	5609	2	14	631	4962
文艺创作与表演	2405	2	8	347	2048
艺术表演场馆	52		2	19	31
图书馆与档案馆	232		2	56	174
文物及非物质文化遗产保护	47		1	8	38
博物馆	29		1	6	22
烈士陵园、纪念馆	4				4
群众文体活动	493			46	447
其他文化艺术业	2347			149	2198
体育	2987	2	17	458	2510
体育组织	496		1	48	447
体育场地设施管理	202		3	38	161
健身休闲活动	2200	2	13	368	1817
其他体育	89			4	85
娱乐业	16354	9	25	1615	14705
室内娱乐活动	7754	3	7	888	6856
游乐园	207	4	8	54	141
休闲观光活动	755		3	95	657
彩票活动	12			3	9
文化体育娱乐活动与经纪代理服务	7548	2	6	559	6981
其他娱乐业	78		1	16	61

2-23 按行业(大类)、单位规模分组的企业法人单位从业人员数

行业大类	从业人员期末人数（人）	大型	中型	小型	微型
总　计	**25684678**	**4788472**	**7400750**	**8857846**	**4637610**
农、林、牧、渔业	**4345**		**1402**	**1870**	**1073**
农业					
林业					
畜牧业					
渔业					
农、林、牧、渔专业及辅助性活动	4345		1402	1870	1073
采矿业	**17347**		**2007**	**11989**	**3351**
煤炭开采和洗选业	21				21
石油和天然气开采业	1				1
黑色金属矿采选业	1090		812	216	62
有色金属矿采选业	2247		465	1623	159
非金属矿采选业	13903		730	10130	3043
开采专业及辅助性活动	25				25
其他采矿业	60			20	40
制造业	**10591520**	**1177453**	**1984828**	**5404125**	**2025114**
农副食品加工业	106422	7532	14191	63522	21177
食品制造业	96181	5876	40432	36251	13622
酒、饮料和精制茶制造业	53005	7070	12623	23005	10307
烟草制品业	3636	3636			
纺织业	856837	58267	220091	421592	156887
纺织服装、服饰业	796865	68953	141063	432051	154798
皮革、毛皮、羽毛及其制品和制鞋业	567820	30340	75736	371912	89832
木材加工和木、竹、藤、棕、草制品业	129147	13003	12197	69545	34402
家具制造业	266117	48528	62862	119873	34854
造纸和纸制品业	212582	10864	27811	111124	62783
印刷和记录媒介复制业	171546		19417	94802	57327
文教、工美、体育和娱乐用品制造业	413086	35078	59244	210562	108202
石油、煤炭及其他燃料加工业	18194	8243	4314	3484	2153
化学原料和化学制品制造业	282567	34963	70279	138396	38929
医药制造业	151298	48065	50784	47556	4893
化学纤维制造业	120364	50173	23648	38052	8491
橡胶和塑料制品业	614283	37922	77476	337149	161736
非金属矿物制品业	289958	11527	33557	185473	59401
黑色金属冶炼和压延加工业	87847	15634	17475	44878	9860
有色金属冶炼和压延加工业	101948	15520	16348	56098	13982
金属制品业	787509	37912	124818	432851	191928
通用设备制造业	1146219	81265	180412	626565	257977
专用设备制造业	541079	22798	81429	308060	128792
汽车制造业	649634	110158	149861	309278	80337
铁路、船舶、航空航天和其他运输设备制造业	132647	14767	24721	73043	20116
电气机械和器材制造业	1099212	176451	242210	499647	180904
计算机、通信和其他电子设备制造业	557111	183613	140077	183460	49961
仪器仪表制造业	175765	29872	37960	81620	26313
其他制造业	105208	9423	13027	52433	30325
废弃资源综合利用业	16418		3340	10154	2924
金属制品、机械和设备修理业	41015		7425	21689	11901
电力、热力、燃气及水生产和供应业	**144656**	**11381**	**44167**	**65316**	**23792**
电力、热力生产和供应业	92502	10139	30774	35463	16126
燃气生产和供应业	11667		2946	7762	959
水的生产和供应业	40487	1242	10447	22091	6707
建筑业	**7805044**	**2644487**	**3925696**	**957873**	**276988**
房屋建筑业	5639334	2391778	2699217	455531	92808
土木工程建筑业	1418363	177460	902525	281101	57277
建筑安装业	197336	25805	80255	62640	28636
建筑装饰、装修和其他建筑业	550011	49444	243699	158601	98267

注：本表不含无单位规模标识的单位数据。

2-23　续表

行业大类	从业人员期末人数（人）	大型	中型	小型	微型
批发和零售业	**2442646**	**247130**	**459378**	**561762**	**1174376**
批发业	1533420	126516	243944	378787	784173
零售业	909226	120614	215434	182975	390203
交通运输、仓储和邮政业	**641737**	**113219**	**151308**	**238203**	**139007**
铁路运输业					
道路运输业	371104	64722	93103	128847	84432
水上运输业	52380	4066	11632	31933	4749
航空运输业	15295	11356	1582	1834	523
管道运输业	72			50	22
多式联运和运输代理业	66491	2340	5783	27770	30598
装卸搬运和仓储业	53605	2118	20345	19357	11785
邮政业	82790	28617	18863	28412	6898
住宿和餐饮业	**426558**	**77205**	**107999**	**167568**	**73786**
住宿业	187198	25109	67908	67303	26878
餐饮业	239360	52096	40091	100265	46908
信息传输、软件和信息技术服务业	**573353**	**135262**	**152945**	**155375**	**129771**
电信、广播电视和卫星传输服务	63613	12532	43091	6002	1988
互联网和相关服务	93573	24888	33969	18639	16077
软件和信息技术服务业	416167	97842	75885	130734	111706
金融业	**26611**		**477**	**3608**	**22526**
货币金融服务	8647			43	8604
资本市场服务	5613		247	562	4804
保险业	445				445
其他金融业	11906		230	3003	8673
房地产业	**597865**	**128565**	**148951**	**109795**	**210554**
房地产业	597865	128565	148951	109795	210554
租赁和商务服务业	**1317238**	**18324**	**263008**	**729009**	**306897**
租赁业	50600	2350	3723	20333	24194
商务服务业	1266638	15974	259285	708676	282703
科学研究和技术服务业	**510755**	**100474**	**76297**	**217899**	**116085**
研究和试验发展	70545	16450	6763	28628	18704
专业技术服务业	341920	74501	61920	145844	59655
科技推广和应用服务业	98290	9523	7614	43427	37726
水利、环境和公共设施管理业	**144857**	**60342**	**24681**	**47078**	**12756**
水利管理业	4577	379	694	2816	688
生态保护和环境治理业	14261	393	4081	7582	2205
公共设施管理业	115788	53516	19034	34171	9067
土地管理业	10231	6054	872	2509	796
居民服务、修理和其他服务业	**214591**	**39520**	**20932**	**96404**	**57735**
居民服务业	88830	15846	7859	42683	22442
机动车、电子产品和日用产品修理业	62194	1989	1831	32224	26150
其他服务业	63567	21685	11242	21497	9143
教育					
教育					
卫生和社会工作	**55213**	**16822**	**23778**	**13589**	**1024**
卫生	48905	16517	22463	9923	2
社会工作	6308	305	1315	3666	1022
文化、体育和娱乐业	**170342**	**18288**	**12896**	**76383**	**62775**
新闻和出版业	5674	841	2240	2279	314
广播、电视、电影和录音制作业	42416	9610	2548	19083	11175
文化艺术业	26625	996	1900	13728	10001
体育	19886	1527	2615	9527	6217
娱乐业	75741	5314	3593	31766	35068

2-24 按地区、营业收入组距分组的企业法人单位数

地区	法人单位数（个）	100万元及以下	100-200万元	200-500万元	500-1000万元	1000-2000万元	2000-5000万元	5000万元-1亿元	1亿元以上
全 省	**1383840**	**733054**	**157426**	**209884**	**108242**	**72041**	**53900**	**21574**	**27719**
杭州市	**330701**	**205738**	**29332**	**37712**	**19723**	**14016**	**11638**	**5070**	**7472**
上城区	12532	8269	793	1131	633	513	519	246	428
下城区	21992	13309	2042	2544	1354	987	797	358	601
江干区	39993	26648	3385	4068	2008	1369	1077	514	924
拱墅区	27740	16550	2472	3108	1785	1339	1182	532	772
西湖区	37670	24110	3229	4157	2064	1543	1282	525	760
滨江区	24008	16503	1684	2133	1052	896	759	356	625
萧山区	56361	33458	4919	6560	3830	2757	2302	1086	1449
余杭区	52649	34253	4400	5455	3069	2162	1693	674	943
富阳区	19325	11283	1848	2647	1386	863	606	289	403
临安区	10653	3800	1765	2471	1003	640	541	203	230
桐庐县	12988	8541	1379	1424	651	401	335	116	141
淳安县	7287	5222	566	672	339	212	149	61	66
建德市	7503	3792	850	1342	549	334	396	110	130
宁波市	**267769**	**158473**	**24848**	**31437**	**18187**	**13150**	**10924**	**4635**	**6115**
海曙区	33760	20527	3177	3992	2288	1559	1188	465	564
江北区	19807	12571	1651	1919	1179	845	752	362	528
北仑区	38228	24566	2508	3411	2245	1788	1543	766	1401
镇海区	15977	8896	1559	1882	1154	861	793	355	477
鄞州区	70024	44406	5981	7556	4160	3165	2450	1001	1305
奉化区	10756	6010	1111	1400	803	598	463	192	179
象山县	11265	7154	992	1115	639	466	504	169	226
宁海县	11886	5295	1934	2176	1023	582	474	195	207
余姚市	22513	10089	2656	3716	2256	1443	1361	484	508
慈溪市	33553	18959	3279	4270	2440	1843	1396	646	720
温州市	**182268**	**86809**	**24529**	**34788**	**16187**	**10312**	**5586**	**1954**	**2103**
鹿城区	26419	10369	3844	6244	2268	2390	660	293	351
龙湾区	20761	8843	2843	3771	2141	1461	871	367	464
瓯海区	16234	9409	1735	2200	1161	672	667	198	192
洞头区	2367	1637	204	228	94	84	64	26	30
永嘉县	15584	9859	1427	1703	1141	770	424	130	130
平阳县	13325	6811	1726	2266	1189	677	393	128	135
苍南县	22169	15497	2163	2156	1031	562	491	134	135
文成县	2155	1192	454	288	77	62	49	18	15
泰顺县	2527	1869	197	213	72	51	64	25	36
瑞安市	25506	13963	2880	3537	2263	1370	931	285	277
乐清市	35221	7360	7056	12182	4750	2213	972	350	338
嘉兴市	**111444**	**61254**	**10900**	**14201**	**8276**	**6131**	**5580**	**2267**	**2835**
南湖区	20688	12792	1864	2332	1268	919	733	334	446
秀洲区	14118	7660	1314	1731	1138	837	743	311	384
嘉善县	14562	7496	1672	2082	1126	792	732	275	387
海盐县	8532	3910	920	1312	861	598	516	203	212
海宁市	20205	10600	1871	2540	1590	1278	1240	505	581
平湖市	14104	8029	1383	1651	988	722	656	304	371
桐乡市	19235	10767	1876	2553	1305	985	960	335	454
湖州市	**51152**	**25824**	**5250**	**6880**	**4386**	**3239**	**2983**	**1159**	**1431**
吴兴区	15388	6495	1739	2536	1908	1418	619	255	418
南浔区	7161	3184	824	989	583	369	889	150	173
德清县	8095	3908	823	1077	622	498	532	299	336
长兴县	12543	7799	1094	1289	663	550	563	271	314
安吉县	7965	4438	770	989	610	404	380	184	190

2-24 续表

地 区	法人单位数(个)	100万元及以下	100-200万元	200-500万元	500-1000万元	1000-2000万元	2000-5000万元	5000万元-1亿元	1亿元以上
绍兴市	**119197**	**48135**	**15773**	**23511**	**13470**	**7751**	**5950**	**2138**	**2469**
越城区	20710	10073	2235	2992	1904	1426	1081	456	543
柯桥区	39521	17878	4418	6364	4085	2938	2316	754	768
上虞区	16341	6631	2624	3182	1569	892	729	287	427
新昌县	6216	3232	759	958	455	312	260	89	151
诸暨市	25157	6916	4266	7071	3499	1560	1061	387	397
嵊州市	11252	3405	1471	2944	1958	623	503	165	183
金华市	**152140**	**65859**	**24655**	**32933**	**13291**	**7822**	**4334**	**1539**	**1707**
婺城区	13203	7950	1231	1515	862	593	500	231	321
金东区	8565	3337	1391	1861	874	460	370	132	140
武义县	5776	2636	600	867	549	448	391	150	135
浦江县	6830	4301	683	809	402	275	240	70	50
磐安县	3301	1754	356	504	245	173	168	47	54
兰溪市	6341	3585	561	768	460	349	308	123	187
义乌市	73930	27970	13860	19536	7019	3917	1039	320	269
东阳市	12578	7149	1180	1629	865	600	609	232	314
永康市	21616	7177	4793	5444	2015	1007	709	234	237
衢州市	**24692**	**14121**	**2403**	**2882**	**1700**	**1348**	**1167**	**471**	**600**
柯城区	8648	5426	798	916	471	380	280	148	229
衢江区	3300	1747	294	388	257	199	225	89	101
常山县	2188	1206	232	249	160	118	125	41	57
开化县	1995	1172	235	264	110	73	71	28	42
龙游县	3548	1862	386	455	288	202	181	87	87
江山市	5013	2708	458	610	414	376	285	78	84
舟山市	**19774**	**11929**	**1727**	**2062**	**1210**	**906**	**771**	**385**	**784**
定海区	11946	7150	950	1193	728	600	488	254	583
普陀区	4934	3019	487	547	293	172	186	96	134
岱山县	2045	1212	208	232	150	107	66	25	45
嵊泗县	849	548	82	90	39	27	31	10	22
台州市	**104217**	**43241**	**16064**	**20985**	**10387**	**6296**	**3981**	**1551**	**1712**
椒江区	11919	6505	1252	1555	845	607	545	264	346
黄岩区	12815	5735	1844	2439	1219	739	486	183	170
路桥区	14296	4166	2623	3377	1886	1339	482	194	229
三门县	4948	3036	481	584	288	205	187	75	92
天台县	8036	4720	1069	1187	467	324	144	61	64
仙居县	4867	2768	562	613	346	293	167	54	64
温岭市	21844	6622	4026	5814	2632	1256	956	258	280
临海市	12990	5075	2305	2839	1244	670	411	194	252
玉环市	12502	4614	1902	2577	1460	863	603	268	215
丽水市	**20486**	**11671**	**1945**	**2493**	**1425**	**1070**	**986**	**405**	**491**
莲都区	4924	2591	521	624	346	262	262	123	195
青田县	3825	2682	209	322	212	165	140	42	53
缙云县	3083	1673	289	420	246	155	185	60	55
遂昌县	1805	1196	155	163	88	73	61	30	39
松阳县	1292	648	142	175	99	69	72	36	51
云和县	1692	833	234	289	135	103	55	22	21
庆元县	1202	693	111	166	83	55	51	25	18
景宁畲族自治县	690	400	84	85	30	30	22	14	25
龙泉市	1973	955	200	249	186	158	138	53	34

2-25 按地区、营业收入组距分组的企业法人单位从业人员数

地 区	从业人员期末人数（人）	100万元及以下	100-200万元	200-500万元	500-1000万元	1000-2000万元	2000-5000万元	5000万元-1亿元	1亿元以上
全 省	**25898115**	**1840602**	**911547**	**1846739**	**1655306**	**1924357**	**2804468**	**2171955**	**12743141**
杭州市	**5599562**	**522293**	**174686**	**326372**	**273334**	**319876**	**504865**	**419037**	**3059099**
上城区	231825	23313	5108	15295	9779	12904	23719	23981	117726
下城区	319036	35314	12156	19842	17804	20360	30617	28369	154574
江干区	792228	72709	20325	33474	25271	29748	44956	43524	522221
拱墅区	438574	52973	13925	23764	19900	23706	32950	27019	244337
西湖区	827357	61533	19874	35737	28426	34702	55752	43845	547488
滨江区	506860	45532	12402	22736	16919	22905	36223	31450	318693
萧山区	998159	78913	26192	53756	46421	56906	88197	79324	568450
余杭区	715584	81990	31344	51938	50560	57448	88796	66010	287498
富阳区	277739	24474	10328	24016	21574	22527	36127	27459	111234
临安区	188747	11727	8053	19052	14640	16763	26843	18514	73155
桐庐县	144546	15736	7349	12389	10741	9740	17111	12190	59290
淳安县	66027	9497	3599	5383	4783	5306	9296	7193	20970
建德市	92880	8582	4031	8990	6516	6861	14278	10159	33463
宁波市	**4756371**	**373884**	**170076**	**325720**	**308070**	**365794**	**592210**	**451975**	**2168642**
海曙区	484586	51340	20788	40291	35773	41725	60409	42944	191316
江北区	375891	30376	11777	19039	18136	17390	34549	25284	219340
北仑区	595060	44428	19233	37329	34239	45680	68191	51969	293991
镇海区	291436	26425	12052	20591	19466	22236	36199	30710	123757
鄞州区	972097	108188	40133	70961	64265	72519	110136	82409	423486
奉化区	242596	16571	8942	17587	19021	25804	38249	27537	88885
象山县	387398	15133	7677	14650	13803	17061	33990	25165	259919
宁海县	254429	16886	12399	24943	23501	23303	38131	24937	90329
余姚市	448092	26375	15937	35867	37720	42934	84975	58829	145455
慈溪市	704786	38162	21138	44462	42146	57142	87381	82191	332164
温州市	**2960366**	**208488**	**133358**	**299778**	**265043**	**355272**	**369931**	**270030**	**1058466**
鹿城区	506182	23352	19898	52739	43345	111046	41976	35042	178784
龙湾区	386993	23420	14227	29334	30447	37967	49069	40066	162463
瓯海区	347485	22686	11958	25252	24327	25293	50217	31161	156591
洞头区	29606	3877	1472	1841	1917	3207	3824	4318	9150
永嘉县	186819	17798	8767	15971	19826	23294	28926	29072	43165
平阳县	200373	10230	8221	20892	18232	25366	26079	17394	73959
苍南县	289883	47837	15251	22441	17531	16772	35162	19977	114912
文成县	35085	5602	4429	4680	1836	2521	2544	2169	11304
泰顺县	88093	5927	2069	3739	2393	3006	4873	5063	61023
瑞安市	392345	26825	17129	37932	43927	45740	66860	40707	113225
乐清市	497502	20934	29937	84957	61262	61060	60401	45061	133890
嘉兴市	**2004387**	**148526**	**65837**	**131873**	**124057**	**149088**	**268070**	**207299**	**909637**
南湖区	315351	32106	12211	23352	20218	25348	36566	31872	133678
秀洲区	268774	19721	7767	15375	15485	18604	38655	27673	125494
嘉善县	260094	20643	9614	18845	16967	19674	34595	26553	113203
海盐县	164524	10689	5812	12921	13627	15782	25806	20638	59249
海宁市	399169	24362	10795	22192	21329	27494	53578	37355	202064
平湖市	266506	15684	9029	18469	18649	21911	39729	34296	108739
桐乡市	329969	25321	10609	20719	17782	20275	39141	28912	167210
湖州市	**965313**	**77075**	**33865**	**62043**	**67154**	**77318**	**123808**	**102985**	**421065**
吴兴区	325112	16836	9463	21168	29588	33936	25829	21371	166921
南浔区	122953	9978	4988	8412	7753	6417	31184	15060	39161
德清县	172463	12482	5493	10160	9457	13422	23397	24842	73210
长兴县	192068	25099	8791	13000	10227	12564	23255	20345	78787
安吉县	152717	12680	5130	9303	10129	10979	20143	21367	62986

2-25　续表

地　区	从业人员期末人数（人）	100万元及以下	100-200万元	200-500万元	500-1000万元	1000-2000万元	2000-5000万元	5000万元-1亿元	1亿元以上
绍兴市	**3412777**	**107707**	**80570**	**180153**	**166121**	**154423**	**230963**	**164583**	**2328257**
越城区	519825	25327	11254	22356	20712	25026	35868	34472	344810
柯桥区	912596	28739	21170	41991	40086	44545	62480	34832	638753
上虞区	707698	20229	14960	27853	25189	25182	37270	29613	527402
新昌县	170806	9054	4747	9196	8914	8960	16688	9794	103453
诸暨市	848677	14833	21063	56899	46883	36035	49739	33118	590107
嵊州市	253175	9525	7376	21858	24337	14675	28918	22754	123732
金华市	**2489419**	**167647**	**116864**	**234037**	**179683**	**187186**	**273931**	**205253**	**1124818**
婺城区	242404	25257	8479	16121	15229	17544	30531	28889	100354
金东区	137042	8396	6545	14865	14079	13560	19185	13494	46918
武义县	137084	8400	4614	11298	11969	15196	24249	21979	39379
浦江县	95474	14501	6271	11731	8615	9317	17323	11390	16326
磐安县	111589	5121	2790	5514	4757	5088	15792	5794	66733
兰溪市	127939	11044	4823	8643	8535	11568	18767	13697	50862
义乌市	554945	56333	55274	110137	68160	64532	65040	35575	99894
东阳市	801003	22166	11529	19856	20038	24466	42812	48308	611828
永康市	281939	16429	16539	35872	28301	25915	40232	26127	92524
衢州市	**491588**	**39754**	**16788**	**28541**	**28771**	**40548**	**67749**	**56109**	**213328**
柯城区	140539	14081	4815	7513	7133	9216	13108	14947	69726
衢江区	68627	6629	2269	3908	3595	4482	8781	10923	28040
常山县	56907	3764	2459	3322	2816	5848	10937	7804	19957
开化县	49171	3980	1888	3063	2258	2779	6411	1509	27283
龙游县	81513	5177	2271	4500	5045	6763	11831	11262	34664
江山市	94831	6123	3086	6235	7924	11460	16681	9664	33658
舟山市	**357293**	**29963**	**14825**	**28293**	**30520**	**32127**	**45506**	**30446**	**145613**
定海区	179250	14958	6299	13595	13285	14786	17587	16965	81775
普陀区	113488	8398	4992	8626	11289	9012	15355	10761	45055
岱山县	52537	4208	2657	4537	5397	7102	11060	1789	15787
嵊泗县	12018	2399	877	1535	549	1227	1504	931	2996
台州市	**2400809**	**123945**	**87787**	**195082**	**182695**	**203323**	**260119**	**206535**	**1141323**
椒江区	320410	23339	9974	18661	16690	20620	32184	27396	171546
黄岩区	252442	12063	8735	19163	22255	22857	29877	23583	113909
路桥区	233051	12510	11034	24554	24891	33185	22579	17060	87238
三门县	111905	7865	3485	6503	5340	6641	14319	11907	55845
天台县	116275	9466	4725	9901	7280	7673	9279	6474	61477
仙居县	101485	6734	4820	7954	8583	13955	15068	6916	37455
温岭市	583601	21574	19667	54534	47164	43634	63750	44656	288622
临海市	424946	14128	12760	25625	22789	24024	32948	32344	260328
玉环市	256694	16266	12587	28187	27703	30734	40115	36199	64903
丽水市	**460230**	**41320**	**16891**	**34847**	**29858**	**39402**	**67316**	**57703**	**172893**
莲都区	150337	11519	4238	8066	7049	9845	16734	20863	72023
青田县	55133	6587	1926	4787	4583	5169	8269	4916	18896
缙云县	66189	5574	2247	5535	5002	5348	12873	8960	20650
遂昌县	32408	3548	1229	2141	1750	2215	3951	3472	14102
松阳县	35345	2773	1490	2382	1920	2368	5385	3798	15229
云和县	34596	3070	1812	4321	3350	5147	4046	3957	8893
庆元县	24532	2669	1199	2772	1936	2411	3740	4779	5026
景宁畲族自治县	18111	2309	1162	1543	649	1484	1773	1523	7668
龙泉市	43579	3271	1588	3300	3619	5415	10545	5435	10406

2-26 按行业(中类)、营业收入组距

行业中类	法人单位数(个)	100万元及以下	100-200万元
总　计	**1383840**	**733054**	**157426**
农、林、牧、渔业	**982**	**740**	**92**
农业	35	35	
谷物种植	1	1	
豆类、油料和薯类种植			
棉、麻、糖、烟草种植			
蔬菜、食用菌及园艺作物种植	18	18	
水果种植	5	5	
坚果、含油果、香料和饮料作物种植	3	3	
中药材种植	7	7	
草种植及割草			
其他农业	1	1	
林业	4	4	
林木育种和育苗	2	2	
造林和更新			
森林经营、管护和改培	2	2	
木材和竹材采运			
林产品采集			
畜牧业	14	14	
牲畜饲养	9	9	
家禽饲养	4	4	
狩猎和捕捉动物			
其他畜牧业	1	1	
渔业	18	18	
水产养殖	17	17	
水产捕捞	1	1	
农、林、牧、渔专业及辅助性活动	911	669	92
农业专业及辅助性活动	623	470	54
林业专业及辅助性活动	161	119	22
畜牧专业及辅助性活动	41	27	4
渔业专业及辅助性活动	86	53	12
采矿业	**841**	**342**	**48**
煤炭开采和洗选业	7	6	
烟煤和无烟煤开采洗选	5	5	
褐煤开采洗选	1	1	
其他煤炭采选	1		
石油和天然气开采业	1		
石油开采	1		
天然气开采			
黑色金属矿采选业	18	6	1
铁矿采选	18	6	1
锰矿、铬矿采选			
其他黑色金属矿采选			
有色金属矿采选业	47	24	1
常用有色金属矿采选	32	17	1
贵金属矿采选	3	2	
稀有稀土金属矿采选	12	5	

分组的企业法人单位数

200-500万元	500-1000万元	1000-2000万元	2000-5000万元	5000万元-1亿元	1亿元以上
209884	**108242**	**72041**	**53900**	**21574**	**27719**
87	**38**	**17**	**6**	**2**	
87	38	17	6	2	
55	26	12	4	2	
13	4	2	1		
7	2	1			
12	6	2	1		
111	**89**	**83**	**79**	**46**	**43**
			1		
			1		
	1				
	1				
1	4	3	2		1
1	4	3	2		1
2	3	5	5	4	3
1	2	3	3	2	3
1					
	1	2	2	2	

2-26 续表 1

行业中类	法人单位数（个）	
	100万元及以下	100-200万元
非金属矿采选业	748	293	44
土砂石开采	695	272	40
化学矿开采	3	1	
采盐	5	4	
石棉及其他非金属矿采选	45	16	4
开采专业及辅助性活动	10	6	1
煤炭开采和洗选专业及辅助性活动	1	1	
石油和天然气开采专业及辅助性活动	3	2	
其他开采专业及辅助性活动	6	3	1
其他采矿业	10	7	1
其他采矿业	10	7	1
制造业	**423841**	**144073**	**56998**
农副食品加工业	4496	1847	517
谷物磨制	208	83	16
饲料加工	388	121	20
植物油加工	163	81	11
制糖业	39	15	7
屠宰及肉类加工	709	321	74
水产品加工	1347	538	178
蔬菜、菌类、水果和坚果加工	949	324	103
其他农副食品加工	693	364	108
食品制造业	2983	1509	336
焙烤食品制造	904	507	115
糖果、巧克力及蜜饯制造	184	82	19
方便食品制造	480	252	47
乳制品制造	38	14	2
罐头食品制造	198	72	20
调味品、发酵制品制造	211	106	24
其他食品制造	968	476	109
酒、饮料和精制茶制造业	2201	1187	257
酒的制造	537	303	53
饮料制造	595	344	56
精制茶加工	1069	540	148
烟草制品业	1		
烟叶复烤			
卷烟制造	1		
其他烟草制品制造			
纺织业	32685	10513	3417
棉纺织及印染精加工	9148	2828	955
毛纺织及染整精加工	1082	348	94
麻纺织及染整精加工	74	22	2
丝绢纺织及印染精加工	1072	294	81
化纤织造及印染精加工	4494	1118	437
针织或钩针编织物及其制品制造	8186	2614	869
家用纺织制成品制造	4740	2022	476
产业用纺织制成品制造	3889	1267	503
纺织服装、服饰业	30657	11197	3586
机织服装制造	13677	4990	1564

200-500万元	500-1000万元	1000-2000万元	2000-5000万元	5000万元-1亿元	1亿元以上
107	78	74	71	42	39
96	76	67	67	38	39
	1			1	
1					
10	1	7	4	3	
1	1	1			
		1			
1	1				
	2				
	2				
86697	**53098**	**35769**	**26843**	**9688**	**10675**
596	484	308	359	171	214
27	23	12	28	7	12
45	33	34	52	36	47
16	12	14	14	2	13
9	3	3		1	1
99	75	47	38	14	41
157	133	91	120	63	67
138	155	74	91	38	26
105	50	33	16	10	7
397	209	164	168	95	105
120	49	47	35	18	13
26	14	9	16	8	10
69	44	23	23	8	14
2	2	1		4	13
29	12	14	25	16	10
29	17	11	14	6	4
122	71	59	55	35	41
284	136	111	98	44	84
64	34	26	24	8	25
65	34	20	24	11	41
155	68	65	50	25	18
					1
					1
5715	4343	3319	3141	1142	1095
1636	1168	868	832	361	500
144	117	128	148	39	64
13	10	5	8	5	9
178	146	103	144	84	42
762	660	565	593	213	146
1522	1172	880	735	235	159
722	564	383	402	102	69
738	506	387	279	103	106
5548	4299	3246	1881	555	345
2176	2086	1691	746	263	161

2-26 续表 2

行业中类	法人单位数（个）	100万元及以下	100-200万元
针织或钩针编织服装制造	7210	2676	773
服饰制造	9770	3531	1249
皮革、毛皮、羽毛及其制品和制鞋业	19732	6086	2113
皮革鞣制加工	554	180	66
皮革制品制造	5199	1962	610
毛皮鞣制及制品加工	1227	646	160
羽毛(绒)加工及制品制造	354	130	27
制鞋业	12398	3168	1250
木材加工和木、竹、藤、棕、草制品业	6821	2465	982
木材加工	1138	409	153
人造板制造	583	146	69
木质制品制造	3616	1295	535
竹、藤、棕、草等制品制造	1484	615	225
家具制造业	7205	2509	883
木质家具制造	4547	1715	600
竹、藤家具制造	185	69	21
金属家具制造	1170	265	104
塑料家具制造	164	39	22
其他家具制造	1139	421	136
造纸和纸制品业	12851	4257	1996
纸浆制造	15	5	2
造纸	1747	488	201
纸制品制造	11089	3764	1793
印刷和记录媒介复制业	11037	3740	1725
印刷	10302	3387	1602
装订及印刷相关服务	725	350	123
记录媒介复制	10	3	
文教、工美、体育和娱乐用品制造业	22083	9038	3250
文教办公用品制造	3655	1279	573
乐器制造	255	115	33
工艺美术及礼仪用品制造	12135	5201	1862
体育用品制造	2317	875	351
玩具制造	2813	1053	368
游艺器材及娱乐用品制造	908	515	63
石油、煤炭及其他燃料加工业	440	136	54
精炼石油产品制造	235	73	29
煤炭加工	47	20	8
核燃料加工	1	1	
生物质燃料加工	157	42	17
化学原料和化学制品制造业	8603	2672	920
基础化学原料制造	999	255	75
肥料制造	243	102	22
农药制造	90	14	4
涂料、油墨、颜料及类似产品制造	2116	669	254
合成材料制造	1267	350	129
专用化学产品制造	2544	772	269
炸药、火工及焰火产品制造	17	3	1
日用化学产品制造	1327	507	166

200-500万元	500-1000万元	1000-2000万元	2000-5000万元	5000万元-1亿元	1亿元以上
1290	826	713	667	158	107
2082	1387	842	468	134	77
4241	2918	2578	1266	331	199
90	64	64	42	18	30
979	682	452	349	107	58
182	108	73	40	10	8
53	35	35	29	16	29
2937	2029	1954	806	180	74
1295	789	472	640	103	75
193	124	86	157	10	6
69	54	61	122	33	29
751	430	224	301	48	32
282	181	101	60	12	8
1306	859	592	655	206	195
885	554	326	350	64	53
26	15	24	21	8	1
194	148	125	176	81	77
24	19	17	26	9	8
177	123	100	82	44	56
3111	1570	825	515	237	340
5	1	1		1	
334	181	117	145	87	194
2772	1388	707	370	149	146
2535	1509	796	504	120	108
2393	1437	764	494	117	108
141	68	30	10	3	
1	4	2			
4397	2492	1499	919	283	205
817	464	265	169	54	34
42	19	16	17	8	5
2418	1288	751	421	116	78
447	248	179	147	38	32
572	372	222	131	55	40
101	101	66	34	12	16
72	58	40	33	14	33
31	22	20	20	14	26
9	3		2		5
32	33	20	11		2
1446	1034	776	734	369	652
122	109	120	95	60	163
51	32	16	8	5	7
8	7	5	3	12	37
384	288	188	169	73	91
199	130	115	107	79	158
453	306	234	257	105	148
3	3			3	4
226	159	98	95	32	44

2-26 续表 3

行业中类	法人单位数（个）	100万元及以下	100-200万元
医药制造业	1270	355	93
化学药品原料药制造	239	51	11
化学药品制剂制造	122	31	4
中药饮片加工	107	28	13
中成药生产	97	27	6
兽用药品制造	63	19	7
生物药品制品制造	225	87	14
卫生材料及医药用品制造	323	104	31
药用辅料及包装材料	94	8	7
化学纤维制造业	1820	362	118
纤维素纤维原料及纤维制造	63	22	5
合成纤维制造	1702	320	105
生物基材料制造	55	20	8
橡胶和塑料制品业	33974	11699	5183
橡胶制品业	3988	1428	627
塑料制品业	29986	10271	4556
非金属矿物制品业	13032	4787	1580
水泥、石灰和石膏制造	520	170	32
石膏、水泥制品及类似制品制造	2849	914	273
砖瓦、石材等建筑材料制造	4113	1751	530
玻璃制造	444	114	45
玻璃制品制造	2011	666	345
玻璃纤维和玻璃纤维增强塑料制品制造	466	137	53
陶瓷制品制造	1061	511	106
耐火材料制品制造	620	187	68
石墨及其他非金属矿物制品制造	948	337	128
黑色金属冶炼和压延加工业	2422	541	227
炼铁	10	3	1
炼钢	14	7	1
钢压延加工	2334	519	219
铁合金冶炼	64	12	6
有色金属冶炼和压延加工业	3125	762	299
常用有色金属冶炼	135	44	6
贵金属冶炼	10	1	
稀有稀土金属冶炼	16	8	1
有色金属合金制造	705	200	86
有色金属压延加工	2259	509	206
金属制品业	40139	13999	5981
结构性金属制品制造	8492	3295	1253
金属工具制造	4572	1438	713
集装箱及金属包装容器制造	699	186	75
金属丝绳及其制品制造	999	285	140
建筑、安全用金属制品制造	11824	4383	1878
金属表面处理及热处理加工	2592	696	329
搪瓷制品制造	425	150	52
金属制日用品制造	3863	1215	626
铸造及其他金属制品制造	6673	2351	915

200-500万元	500-1000万元	1000-2000万元	2000-5000万元	5000万元-1亿元	1亿元以上
126	128	99	138	104	227
12	16	21	26	22	80
8	7	4	7	15	46
7	6	13	14	12	14
9	3	4	11	13	24
7	6	3	9	3	9
17	22	14	23	15	33
56	49	29	25	13	16
10	19	11	23	11	5
243	219	214	306	120	238
9	7	8	3	2	7
225	203	201	301	118	229
9	9	5	2		2
7362	4193	2576	1817	612	532
856	485	288	191	62	51
6506	3708	2288	1626	550	481
2294	1372	968	815	424	792
72	38	25	34	25	124
347	225	179	195	186	530
744	452	305	229	75	27
80	65	67	50	13	10
451	245	144	106	30	24
94	55	49	42	23	13
183	114	76	47	10	14
146	72	52	44	25	26
177	106	71	68	37	24
438	295	273	270	142	236
2	3	1			
	2	1			3
430	284	263	261	138	220
6	6	8	9	4	13
500	370	375	365	152	302
14	11	16	16	5	23
		1		3	5
2	2		3		
141	81	79	59	14	45
343	276	279	287	130	229
8568	4860	3268	2199	694	570
1710	946	692	384	120	92
1106	583	358	242	71	61
123	94	68	93	25	35
205	125	106	81	23	34
2687	1415	797	447	120	97
510	394	313	225	74	51
98	44	57	16	5	3
789	436	323	277	111	86
1340	823	554	434	145	111

2-26 续表 4

行业中类	法人单位数（个）		
		100万元及以下	100-200万元
通用设备制造业	53354	17593	7657
锅炉及原动设备制造	600	161	77
金属加工机械制造	5287	1748	770
物料搬运设备制造	1909	475	197
泵、阀门、压缩机及类似机械制造	12175	3528	1568
轴承、齿轮和传动部件制造	5279	1441	629
烘炉、风机、包装等设备制造	5948	1759	845
文化、办公用机械制造	449	157	51
通用零部件制造	19471	7224	3214
其他通用设备制造业	2236	1100	306
专用设备制造业	26402	9021	3907
采矿、冶金、建筑专用设备制造	1020	310	126
化工、木材、非金属加工专用设备制造	10801	3773	1818
食品、饮料、烟草及饲料生产专用设备制造	784	271	108
印刷、制药、日化及日用品生产专用设备制造	1092	370	140
纺织、服装和皮革加工专用设备制造	3391	1121	520
电子和电工机械专用设备制造	749	274	93
农、林、牧、渔专用机械制造	980	335	139
医疗仪器设备及器械制造	3341	941	374
环保、邮政、社会公共服务及其他专用设备制造	4244	1626	589
汽车制造业	17194	5272	2346
汽车整车制造	84	27	5
汽车用发动机制造	40	7	
改装汽车制造	25	4	2
低速汽车制造	1	1	
电车制造	11	5	2
汽车车身、挂车制造	141	31	16
汽车零部件及配件制造	16892	5197	2321
铁路、船舶、航空航天和其他运输设备制造业	4335	1468	513
铁路运输设备制造	156	52	13
城市轨道交通设备制造	25	6	3
船舶及相关装置制造	886	350	111
航空、航天器及设备制造	56	27	5
摩托车制造	1344	344	182
自行车和残疾人座车制造	630	246	54
助动车制造	709	283	80
非公路休闲车及零配件制造	429	128	54
潜水救捞及其他未列明运输设备制造	100	32	11
电气机械和器材制造业	38251	10890	5328
电机制造	3465	805	391
输配电及控制设备制造	16368	3652	2659
电线、电缆、光缆及电工器材制造	3162	765	350
电池制造	467	157	32
家用电力器具制造	7088	2887	851
非电力家用器具制造	848	308	104
照明器具制造	5616	1766	779
其他电气机械及器材制造	1237	550	162

200-500万元	500-1000万元	1000-2000万元	2000-5000万元	5000万元-1亿元	1亿元以上
11692	6833	4327	3180	1072	1000
116	69	41	69	27	40
1236	669	414	280	87	83
358	228	196	225	110	120
2774	1699	1102	922	309	273
1142	753	530	471	153	160
1248	843	530	394	164	165
84	51	34	39	16	17
4338	2307	1361	719	180	128
396	214	119	61	26	14
5757	3397	2098	1331	470	421
200	141	100	79	28	36
2572	1261	708	390	148	131
153	114	73	49	11	5
237	132	96	74	28	15
725	417	267	220	61	60
158	83	48	55	19	19
169	131	72	66	35	33
684	637	419	182	53	51
859	481	315	216	87	71
3469	2180	1528	1249	505	645
4	7	10	6	1	24
3	10	4	7	1	8
2	1	1	6	2	7
4					
17	22	12	22	9	12
3439	2140	1501	1208	492	594
849	528	389	339	125	124
28	15	12	19	7	10
3	8	1	1		3
164	88	69	43	26	35
7	4	5	4	2	2
298	194	135	122	31	38
116	73	60	47	25	9
131	76	63	44	19	13
84	52	37	51	12	11
18	18	7	8	3	3
9275	5093	3122	2437	980	1126
762	553	346	313	123	172
4923	2277	1338	833	348	338
599	455	336	318	143	196
60	39	38	45	24	72
1286	794	476	399	179	216
145	103	71	78	20	19
1250	745	436	407	128	105
250	127	81	44	15	8

2-26 续表 5

行业中类	法人单位数（个）		
		100万元及以下	100-200万元
计算机、通信和其他电子设备制造业	11110	3687	1404
计算机制造	440	168	53
通信设备制造	1011	358	90
广播电视设备制造	213	58	25
雷达及配套设备制造	11	3	4
非专业视听设备制造	534	142	50
智能消费设备制造	462	198	36
电子器件制造	1486	473	172
电子元件及电子专用材料制造	6206	1949	881
其他电子设备制造	747	338	93
仪器仪表制造业	5738	1904	851
通用仪器仪表制造	4236	1372	654
专用仪器仪表制造	651	232	78
钟表与计时仪器制造	152	59	18
光学仪器制造	259	87	30
衡器制造	196	38	37
其他仪器仪表制造业	244	116	34
其他制造业	7046	3110	1101
日用杂品制造	5077	1832	892
核辐射加工	4	2	1
其他未列明制造业	1965	1276	208
废弃资源综合利用业	713	258	82
金属废料和碎屑加工处理	290	110	22
非金属废料和碎屑加工处理	423	148	60
金属制品、机械和设备修理业	2121	1209	292
金属制品修理	46	28	6
通用设备修理	282	158	46
专用设备修理	264	178	38
铁路、船舶、航空航天等运输设备修理	922	449	131
电气设备修理	150	97	18
仪器仪表修理	21	13	1
其他机械和设备修理业	436	286	52
电力、热力、燃气及水生产和供应业	**5238**	**2576**	**623**
电力、热力生产和供应业	3711	2060	459
电力生产	3387	1952	444
电力供应	187	74	13
热力生产和供应	137	34	2
燃气生产和供应业	279	76	10
燃气生产和供应业	269	72	9
生物质燃气生产和供应业	10	4	1
水的生产和供应业	1248	440	154
自来水生产和供应	549	192	58
污水处理及其再生利用	582	210	64
海水淡化处理	3	1	1
其他水的处理、利用与分配	114	37	31
建筑业	**51741**	**29290**	**5445**
房屋建筑业	7820	3184	548

200-500万元	500-1000万元	1000-2000万元	2000-5000万元	5000万元-1亿元	1亿元以上
2197	1350	851	769	353	499
77	42	26	24	25	25
168	119	96	72	43	65
37	19	12	26	18	18
1		1			2
123	78	57	39	19	26
61	35	28	43	16	45
284	153	102	130	66	106
1313	828	485	404	152	194
133	76	44	31	14	18
1238	662	417	327	145	194
961	494	279	226	107	143
111	67	62	55	20	26
32	14	17	5	2	5
46	33	18	21	8	16
37	32	27	16	6	3
51	22	14	4	2	1
1344	687	384	314	61	45
1080	574	316	286	57	40
1					
263	113	68	28	4	5
90	71	61	44	45	62
21	10	29	16	32	50
69	61	32	28	13	12
312	160	93	30	14	11
6	5		1		
51	21	4		2	
28	12	7	1		
142	92	68	19	10	11
18	7	5	3	2	
4	1	1	1		
63	22	8	5		
605	**349**	**260**	**278**	**164**	**383**
388	201	137	144	84	238
369	181	117	113	65	146
7	8	7	8	7	63
12	12	13	23	12	29
16	21	24	25	28	79
14	20	23	24	28	79
2	1	1	1		
201	127	99	109	52	66
76	52	44	49	30	48
83	71	54	60	22	18
1					
41	4	1			
6272	**2590**	**1971**	**2249**	**1348**	**2576**
759	438	388	637	522	1344

2-26 续表 6

行业中类	法人单位数（个）		
		100万元及以下	100-200万元
住宅房屋建筑	6733	2749	477
体育场馆建筑	14	7	1
其他房屋建筑业	1073	428	70
土木工程建筑业	12024	5768	1104
铁路、道路、隧道和桥梁工程建筑	5322	2117	401
水利和水运工程建筑	757	330	43
海洋工程建筑	52	31	6
工矿工程建筑	198	81	14
架线和管道工程建筑	898	394	111
节能环保工程施工	365	242	39
电力工程施工	359	202	31
其他土木工程建筑	4073	2371	459
建筑安装业	6829	3563	913
电气安装	2428	1238	312
管道和设备安装	1969	1054	288
其他建筑安装业	2432	1271	313
建筑装饰、装修和其他建筑业	25068	16775	2880
建筑装饰和装修业	19138	12881	2318
建筑物拆除和场地准备活动	3832	2603	353
提供施工设备服务	209	111	20
其他未列明建筑业	1889	1180	189
批发和零售业	**457484**	**247219**	**53030**
批发业	288563	136614	31556
农、林、牧、渔产品批发	4785	2670	531
食品、饮料及烟草制品批发	18295	10656	1801
纺织、服装及家庭用品批发	91920	43900	9601
文化、体育用品及器材批发	15800	7412	1852
医药及医疗器材批发	6864	3205	752
矿产品、建材及化工产品批发	66829	26091	6571
机械设备、五金产品及电子产品批发	56763	25992	7774
贸易经纪与代理	6879	4405	521
其他批发业	20428	12283	2153
零售业	168921	110605	21474
综合零售	3785	2347	373
食品、饮料及烟草制品专门零售	15050	10880	1621
纺织、服装及日用品专门零售	26322	19189	2707
文化、体育用品及器材专门零售	9085	5846	1198
医药及医疗器材专门零售	12605	9344	1541
汽车、摩托车、零配件和燃料及其他动力销售	15130	7681	1750
家用电器及电子产品专门零售	14353	8231	1939
五金、家具及室内装饰材料专门零售	20238	12766	2792
货摊、无店铺及其他零售业	52353	34321	7553
交通运输、仓储和邮政业	**31866**	**13556**	**3972**
铁路运输业	13	1	
铁路旅客运输	8		
铁路货物运输	4	1	
铁路运输辅助活动	1		

200-500万元	500-1000万元	1000-2000万元	2000-5000万元	5000万元-1亿元	1亿元以上
651	384	327	539	429	1177
	1			2	3
108	53	61	98	91	164
1435	748	736	920	500	813
609	361	432	566	325	511
75	31	65	90	55	68
2	4	5	2		2
24	15	11	11	6	36
128	68	34	56	33	74
45	20	6	10	2	1
48	19	19	22	3	15
504	230	164	163	76	106
1053	468	314	258	111	149
380	159	128	111	35	65
307	126	80	52	35	27
366	183	106	95	41	57
3025	936	533	434	215	270
2302	666	367	306	136	162
461	164	92	73	39	47
37	13	8	10	3	7
225	93	66	45	37	54
68766	**33595**	**23180**	**15864**	**6743**	**9087**
45926	27889	19877	13665	5680	7356
695	372	234	165	48	70
2312	1339	934	659	277	317
14944	9117	6865	4332	1678	1483
2851	1684	1081	479	210	231
1015	676	483	338	141	254
10103	7124	5658	4965	2350	3967
10358	5471	3438	2131	784	815
766	569	303	176	71	68
2882	1537	881	420	121	151
22840	5706	3303	2199	1063	1731
395	188	112	102	68	200
1615	500	238	132	40	24
3036	669	368	205	63	85
1322	319	209	110	44	37
1094	262	149	118	50	47
1931	745	634	729	565	1095
2345	890	511	284	83	70
3098	922	435	181	24	20
8004	1211	647	338	126	153
5638	**3326**	**2252**	**1831**	**652**	**639**
1	1			2	8
				1	7
	1			1	1
1					

2-26 续表 7

行业中类	法人单位数(个)		
		100万元及以下	100-200万元
道路运输业	19336	8382	2422
城市公共交通运输	574	222	60
公路旅客运输	482	126	33
道路货物运输	17210	7454	2214
道路运输辅助活动	1070	580	115
水上运输业	1301	444	87
水上旅客运输	91	39	8
水上货物运输	836	225	51
水上运输辅助活动	374	180	28
航空运输业	130	66	14
航空客货运输	56	22	10
通用航空服务	40	27	4
航空运输辅助活动	34	17	
管道运输业	4	2	
海底管道运输	1		
陆地管道运输	3	2	
多式联运和运输代理业	6919	2797	990
多式联运	19	10	
运输代理业	6900	2787	990
装卸搬运和仓储业	2657	1345	285
装卸搬运	1285	772	145
通用仓储	576	233	49
低温仓储	98	57	16
危险品仓储	72	21	6
谷物、棉花等农产品仓储	137	38	13
中药材仓储	1		
其他仓储业	488	224	56
邮政业	1506	519	174
邮政基本服务	29	9	3
快递服务	1465	506	167
其他寄递服务	12	4	4
住宿和餐饮业	**24928**	**15588**	**3477**
住宿业	9186	5467	1258
旅游饭店	1995	719	185
一般旅馆	5988	3774	937
民宿服务	977	803	110
露营地服务	9	8	
其他住宿业	217	163	26
餐饮业	15742	10121	2219
正餐服务	12109	7340	1824
快餐服务	1113	781	156
饮料及冷饮服务	768	602	75
餐饮配送及外卖送餐服务	359	225	33
其他餐饮业	1393	1173	131
信息传输、软件和信息技术服务业	**54689**	**40389**	**4419**
电信、广播电视和卫星传输服务	894	451	84
电信	755	411	77

200-500万元	500-1000万元	1000-2000万元	2000-5000万元	5000万元-1亿元	1亿元以上
3584	2072	1344	993	297	242
100	57	54	45	19	17
82	81	53	60	31	16
3266	1864	1198	843	212	159
136	70	39	45	35	50
140	127	118	186	96	103
15	6	7	5	5	6
78	95	94	147	73	73
47	26	17	34	18	24
9	10	4	11	6	10
7	7	1	3	1	5
2	2	1	3	1	
	1	2	5	4	5
	1				1
	1				
					1
1247	738	483	372	141	151
1	3		4		1
1246	735	483	368	141	150
394	187	168	146	62	70
205	57	43	34	12	17
76	62	71	52	20	13
15	5	1	2	1	1
9	7	5	12	3	9
13	12	14	18	17	12
			1		
76	44	34	27	9	18
263	190	135	123	48	54
2	2		1	1	11
260	187	134	122	47	42
1	1	1			1
3027	**1210**	**796**	**537**	**206**	**87**
1186	483	343	274	128	47
276	198	219	230	121	47
841	271	117	41	7	
52	9	2	1		
1					
16	5	5	2		
1841	727	453	263	78	40
1575	639	403	228	70	30
101	33	20	13	3	6
54	23	6	5	3	
44	19	22	13	2	1
67	13	2	4		3
5018	**1964**	**1104**	**892**	**407**	**496**
107	40	40	51	31	90
99	36	27	27	12	66

2-26 续表 8

行业中类	法人单位数（个）	
	100万元及以下	100-200万元
广播电视传输服务	127	34	6
卫星传输服务	12	6	1
互联网和相关服务	5487	3982	448
互联网接入及相关服务	331	225	29
互联网信息服务	2957	2158	259
互联网平台	764	512	56
互联网安全服务	62	36	7
互联网数据服务	212	131	14
其他互联网服务	1161	920	83
软件和信息技术服务业	48308	35956	3887
软件开发	34218	25354	2792
集成电路设计	258	168	12
信息系统集成和物联网技术服务	1864	1176	187
运行维护服务	313	214	28
信息处理和存储支持服务	320	206	12
信息技术咨询服务	7661	5905	598
数字内容服务	536	374	44
其他信息技术服务业	3138	2559	214
金融业	**16574**	**13419**	**451**
货币金融服务	1591	518	89
中央银行服务			
货币银行服务	541	16	3
非货币银行服务	1050	502	86
银行理财服务			
银行监管服务			
资本市场服务	13084	12020	261
证券市场服务	6		
公开募集证券投资基金	2	1	
非公开募集证券投资基金	1923	1346	170
期货市场服务	14		
证券期货监管服务			
资本投资服务	1545	1371	38
其他资本市场服务	9594	9302	53
保险业	797	146	25
人身保险	251	4	4
财产保险	313	28	2
再保险			
商业养老金	11		
保险中介服务	132	37	13
保险资产管理	1		
保险监管服务			
其他保险活动	89	77	6
其他金融业	1102	735	76
金融信托与管理服务	73	57	1
控股公司服务	345	250	21
非金融机构支付服务	13	2	
金融信息服务	260	189	11
金融资产管理公司	10	5	
其他未列明金融业	401	232	43

200-500万元	500-1000万元	1000-2000万元	2000-5000万元	5000万元-1亿元	1亿元以上
7	3	12	22	19	24
1	1	1	2		
494	200	98	108	60	97
44	21	4	3	4	1
266	100	50	48	29	47
61	32	21	33	15	34
10	5	3	1		
18	10	7	14	5	13
95	32	13	9	7	2
4417	1724	966	733	316	309
3145	1259	701	522	223	222
36	14	10	8	5	5
197	98	72	64	35	35
31	14	11	5	4	6
34	17	20	20	10	1
697	228	105	75	25	28
64	21	11	11	4	7
213	73	36	28	10	5
564	**359**	**328**	**396**	**283**	**774**
123	99	115	165	102	380
4	8	20	73	72	345
119	91	95	92	30	35
292	161	111	98	46	95
	1				5
				1	
191	98	62	37	5	14
		1		2	11
37	25	17	27	8	22
64	37	31	34	30	43
31	37	64	102	115	277
4	8	11	26	45	149
9	14	30	65	55	110
		2	4	1	4
17	14	18	6	14	13
			1		
1	1	3			1
118	62	38	31	20	22
7	1	1	1		5
31	18	9	8	3	5
	1		2	4	4
35	9	6	5	3	2
				3	2
45	33	22	15	7	4

2-26 续表 9

行业中类	法人单位数（个）		
		100万元及以下	100-200万元
房地产业	**45826**	**30014**	**3969**
房地产业	45826	30014	3969
房地产开发经营	10707	5679	410
物业管理	8636	5015	994
房地产中介服务	16037	12981	1157
房地产租赁经营	9796	5908	1349
其他房地产业	650	431	59
租赁和商务服务业	**126824**	**94089**	**10857**
租赁业	9160	5964	1205
机械设备经营租赁	8680	5615	1156
文体设备和用品出租	411	307	38
日用品出租	69	42	11
商务服务业	117664	88125	9652
组织管理服务	33306	27715	1522
综合管理服务	3700	2059	380
法律服务	425	309	24
咨询与调查	37713	29955	2866
广告业	19669	13369	2666
人力资源服务	5588	3121	472
安全保护服务	1344	667	157
会议、展览及相关服务	2329	1497	268
其他商务服务业	13590	9433	1297
科学研究和技术服务业	**58019**	**39018**	**5888**
研究和试验发展	9275	6455	883
自然科学研究和试验发展	355	276	28
工程和技术研究和试验发展	7208	4922	723
农业科学研究和试验发展	396	311	29
医学研究和试验发展	1284	920	101
社会人文科学研究	32	26	2
专业技术服务业	28678	17904	3189
气象服务	39	27	5
地震服务	5	4	1
海洋服务	54	34	4
测绘地理信息服务	520	172	82
质检技术服务	2406	1113	277
环境与生态监测检测服务	566	333	66
地质勘查	79	30	13
工程技术与设计服务	13778	8156	1565
工业与专业设计及其他专业技术服务	11231	8035	1176
科技推广和应用服务业	20066	14659	1816
技术推广服务	15104	10832	1374
知识产权服务	1718	1271	178
科技中介服务	541	383	65
创业空间服务	180	129	24
其他科技推广服务业	2523	2044	175

200-500万元	500-1000万元	1000-2000万元	2000-5000万元	5000万元-1亿元	1亿元以上
4591	**2234**	**1397**	**1390**	**716**	**1515**
4591	2234	1397	1390	716	1515
706	616	583	789	535	1389
1270	631	343	263	76	44
1201	377	147	116	33	25
1321	579	303	215	70	51
93	31	21	7	2	6
12372	**4207**	**2111**	**1648**	**695**	**845**
1341	354	163	75	26	32
1283	343	156	71	25	31
51	9	4	1	1	
7	2	3	3		1
11031	3853	1948	1573	669	813
1900	863	461	409	176	260
489	298	159	179	76	60
16	5	19	40	4	8
3381	873	313	192	63	70
2538	634	241	121	46	54
639	346	302	304	166	238
172	103	67	84	50	44
332	104	60	40	21	7
1564	627	326	204	67	72
7271	**2812**	**1468**	**952**	**320**	**290**
1052	460	229	121	40	35
26	15	3	5	2	
842	382	188	98	28	25
36	15	2	2	1	
146	46	36	16	9	10
2	2				
4102	1536	898	617	224	208
3	3	1			
5	4	6	1		
140	62	41	17	5	1
473	244	163	95	24	17
80	35	26	19	5	2
16	6	9	4	1	
2086	774	485	385	162	165
1299	408	167	96	27	23
2117	816	341	214	56	47
1684	666	279	181	45	43
177	56	23	11	2	
62	17	5	6	2	1
13	5	7	2		
181	72	27	14	7	3

2-26 续表 10

行业中类	法人单位数（个）	100万元及以下	100-200万元
水利、环境和公共设施管理业	**7142**	**4436**	**663**
水利管理业	367	245	25
防洪除涝设施管理	74	51	3
水资源管理	104	66	9
天然水收集与分配	42	24	3
水文服务	12	8	
其他水利管理业	135	96	10
生态保护和环境治理业	1173	691	106
生态保护	58	31	3
环境治理业	1115	660	103
公共设施管理业	5167	3249	480
市政设施管理	688	418	53
环境卫生管理	1285	780	148
城乡市容管理	76	42	8
绿化管理	1862	1120	182
城市公园管理	56	32	5
游览景区管理	1200	857	84
土地管理业	435	251	52
土地整治服务	330	194	41
土地调查评估服务	47	20	7
土地登记服务	5	5	
土地登记代理服务	22	13	4
其他土地管理服务	31	19	
居民服务、修理和其他服务业	**24665**	**17703**	**2986**
居民服务业	10827	8295	1102
家庭服务	2322	1866	191
托儿所服务	179	159	7
洗染服务	444	260	52
理发及美容服务	2057	1642	170
洗浴和保健养生服务	1997	1491	210
摄影扩印服务	1339	1078	124
婚姻服务	1009	819	98
殡葬服务	388	236	31
其他居民服务业	1092	744	219
机动车、电子产品和日用产品修理业	9322	6186	1375
汽车、摩托车等修理与维护	7282	4719	1122
计算机和办公设备维修	834	597	101
家用电器修理	1011	704	137
其他日用产品修理业	195	166	15
其他服务业	4516	3222	509
清洁服务	3376	2348	391
宠物服务	196	152	22
其他未列明服务业	944	722	96
教育	**16860**	**13786**	**1258**
教育	16860	13786	1258
学前教育	604	497	50
初等教育	39	31	2

200-500万元	500-1000万元	1000-2000万元	2000-5000万元	5000万元-1亿元	1亿元以上
908	**462**	**261**	**204**	**83**	**125**
47	22	8	10	4	6
11	3	2	1	2	1
16	6	4	1	1	1
1	5	2	4		3
3	1				
16	7		4	1	1
167	74	61	43	16	15
11	4	2	3	2	2
156	70	59	40	14	13
625	344	189	144	61	75
86	48	24	18	17	24
157	83	52	47	13	5
10	8	3	1	2	2
249	143	67	56	16	29
8	4	2		2	3
115	58	41	22	11	12
69	22	3	7	2	29
50	18	2	3	2	20
11	3		3		3
5					
3	1	1	1		6
2935	**550**	**269**	**166**	**37**	**19**
1061	169	106	67	16	11
193	40	21	6	1	4
11	2				
86	28	10	8		
199	23	12	8	3	
251	23	16	5	1	
116	4	6	8	1	2
80	8	2	2		
50	29	25	12	4	1
75	12	14	18	6	4
1337	258	98	51	11	6
1114	212	71	33	9	2
98	17	9	9	1	2
118	25	16	8	1	2
7	4	2	1		
537	123	65	48	10	2
428	103	52	43	10	1
19	3				
90	17	13	5		1
1300	**354**	**93**	**48**	**16**	**5**
1300	354	93	48	16	5
46	9	1	1		
3		1	2		

2-26 续表 11

行业中类	法人单位数（个）	100万元及以下	100-200万元
中等教育	35	22	2
高等教育			
特殊教育	6	3	1
技能培训、教育辅助及其他教育	16176	13233	1203
卫生和社会工作	**3930**	**2339**	**397**
卫生	3338	1869	350
医院	616	146	34
基层医疗卫生服务	2538	1615	302
专业公共卫生服务	37	22	7
其他卫生活动	147	86	7
社会工作	592	470	47
提供住宿社会工作	541	427	44
不提供住宿社会工作	51	43	3
文化、体育和娱乐业	**32390**	**24477**	**2853**
新闻和出版业	179	54	22
新闻业	16	9	1
出版业	163	45	21
广播、电视、电影和录音制作业	7261	4407	726
广播	193	152	13
电视	142	92	7
影视节目制作	5885	3741	616
广播电视集成播控	8	6	
电影和广播电视节目发行	244	157	16
电影放映	714	196	69
录音制作	75	63	5
文化艺术业	5609	4511	469
文艺创作与表演	2405	1903	228
艺术表演场馆	52	25	5
图书馆与档案馆	232	164	31
文物及非物质文化遗产保护	47	27	7
博物馆	29	23	3
烈士陵园、纪念馆	4	4	
群众文体活动	493	401	47
其他文化艺术业	2347	1964	148
体育	2987	2452	232
体育组织	496	414	39
体育场地设施管理	202	140	18
健身休闲活动	2200	1817	171
其他体育	89	81	4
娱乐业	16354	13053	1404
室内娱乐活动	7754	6265	698
游乐园	207	138	20
休闲观光活动	755	614	57
彩票活动	12	8	
文化体育娱乐活动与经纪代理服务	7548	5966	626
其他娱乐业	78	62	3

200-500万元	500-1000万元	1000-2000万元	2000-5000万元	5000万元-1亿元	1亿元以上
4	4	1	1	1	
2					
1245	341	90	44	15	5
412	**243**	**212**	**215**	**65**	**47**
381	222	201	208	62	45
70	72	92	121	43	38
298	138	96	68	17	4
3	3	1	1		
10	9	12	18	2	3
31	21	11	7	3	2
29	20	10	6	3	2
2	1	1	1		
3310	**762**	**470**	**302**	**103**	**113**
34	10	11	19	15	14
2	2	1	1		
32	8	10	18	15	14
1192	358	274	170	65	69
21	1	3	2		1
12	6	13	6	5	1
939	209	149	121	52	58
					2
39	7	12	7	1	5
176	134	96	34	7	2
5	1	1			
470	87	42	19	5	6
199	44	14	8	4	5
12	3	6	1		
29	7	1			
9	1	2	1		
2			1		
31	8	4	1		1
188	24	15	7	1	
203	47	25	25		3
18	10	6	8		1
22	8	7	7		
159	29	12	10		2
4					
1411	260	118	69	18	21
618	108	43	17	1	4
22	7	8	5	2	5
60	11	6	4		3
3			1		
697	134	60	41	15	9
11		1	1		

2-27　按行业(大类)、营业收入组距

行业大类	从业人员期末人数(人)		
		100万元及以下	100-200万元
总　计	**25898115**	**1840602**	**911547**
农、林、牧、渔业	**4345**	**1603**	**598**
农业			
林业			
畜牧业			
渔业			
农、林、牧、渔专业及辅助性活动	4345	1603	598
采矿业	**17347**	**973**	**241**
煤炭开采和洗选业	21	6	
石油和天然气开采业	1		
黑色金属矿采选业	1090	5	
有色金属矿采选业	2247	105	4
非金属矿采选业	13903	826	229
开采专业及辅助性活动	25	7	4
其他采矿业	60	24	4
制造业	**10591520**	**413776**	**360514**
农副食品加工业	106422	5935	3925
食品制造业	96181	5133	2770
酒、饮料和精制茶制造业	53005	4275	2193
烟草制品业	3636		
纺织业	856837	27566	22278
纺织服装、服饰业	796865	36092	30080
皮革、毛皮、羽毛及其制品和制鞋业	567820	18388	15544
木材加工和木、竹、藤、棕、草制品业	129147	8234	6984
家具制造业	266117	8731	6890
造纸和纸制品业	212582	10940	10298
印刷和记录媒介复制业	171546	11230	9936
文教、工美、体育和娱乐用品制造业	413086	26887	21955
石油、煤炭及其他燃料加工业	18194	390	257
化学原料和化学制品制造业	282567	8099	5323
医药制造业	151298	1594	794
化学纤维制造业	120364	1387	620
橡胶和塑料制品业	614283	30302	28974
非金属矿物制品业	289958	14308	10726
黑色金属冶炼和压延加工业	87847	1193	1123
有色金属冶炼和压延加工业	101948	2073	1628
金属制品业	787509	38316	35917
通用设备制造业	1146219	47859	46020
专用设备制造业	541079	27020	24370
汽车制造业	649634	16659	15212
铁路、船舶、航空航天和其他运输设备制造业	132647	4011	3591
电气机械和器材制造业	1099212	28380	29219
计算机、通信和其他电子设备制造业	557111	10583	8850
仪器仪表制造业	175765	5345	5114
其他制造业	105208	8041	6008
废弃资源综合利用业	16418	689	416
金属制品、机械和设备修理业	41015	4116	3499
电力、热力、燃气及水生产和供应业	**144656**	**8957**	**4501**
电力、热力生产和供应业	92502	6942	3041
燃气生产和供应业	11667	164	81
水的生产和供应业	40487	1851	1379
建筑业	**7805044**	**112198**	**45694**
房屋建筑业	5639334	37575	7803
土木工程建筑业	1418363	20641	12972
建筑安装业	197336	10626	6329
建筑装饰、装修和其他建筑业	550011	43356	18590

分组的企业法人单位从业人员数

200-500万元	500-1000万元	1000-2000万元	2000-5000万元	5000万元-1亿元	1亿元以上
1846739	**1655306**	**1924357**	**2804468**	**2171955**	**12743141**
802	**738**	**396**	**119**	**89**	
802	738	396	119	89	
977	**1364**	**2398**	**3460**	**2352**	**5582**
			15		
	1				
6	82	96	89		812
56	91	212	508	387	884
913	1156	2080	2848	1965	3886
2	2	10			
	32				
874068	**958195**	**1167738**	**1671502**	**1162459**	**3983268**
6342	8060	9016	16186	12809	44149
4691	4129	6187	11078	18178	44015
3111	2568	3449	5322	3522	28565
					3636
52640	61280	75177	140013	111349	366534
69003	89331	119356	151125	95224	206654
54214	70170	133966	112677	59863	102998
14449	13917	13748	28465	11229	32121
16668	18559	21441	44149	33926	115753
25830	22099	20605	24176	17990	80644
23789	25579	24112	31848	15157	29895
46622	48702	52701	69851	41850	104518
589	645	532	5009	646	10126
12900	14985	17939	29662	26931	166728
1991	2704	3910	9834	12793	117678
1915	2694	3987	8655	6536	94570
66833	69548	74477	105878	68484	169787
23646	22349	26990	40212	32854	118873
3347	3807	5989	10204	8535	53649
4620	5413	9015	13049	8364	57786
85478	89566	106649	141258	90241	200084
113923	119865	134096	196295	131503	356658
58290	64598	71840	91682	59606	143673
39088	46015	57396	94734	69739	310791
9488	11692	15393	22534	17480	48458
79521	81986	95916	158691	122516	502983
22761	25695	28740	58943	51564	349975
11961	12327	13760	23284	19040	84934
12345	12095	12671	21148	8982	23918
677	876	1157	1411	2779	8413
7336	6941	7523	4129	2769	4702
6846	**5620**	**6583**	**11497**	**10672**	**89980**
4157	3024	3153	5478	4091	62616
115	254	392	769	1303	8589
2574	2342	3038	5250	5278	18775
83348	**72609**	**124909**	**297964**	**404711**	**6663611**
19543	25521	39395	119929	212826	5176742
22253	20319	52134	121023	136102	1032919
10761	8394	12323	18890	15792	114221
30791	18375	21057	38122	39991	339729

2-27 续表

行业大类	从业人员期末人数（人）	100万元及以下	100-200万元
批发和零售业	**2442646**	**448325**	**194148**
批发业	1533420	239746	113071
零售业	909226	208579	81077
交通运输、仓储和邮政业	**641758**	**42514**	**25580**
铁路运输业	21		
道路运输业	371104	25079	15282
水上运输业	52380	1527	831
航空运输业	15295	241	111
管道运输业	72	12	
多式联运和运输代理业	66491	7401	4952
装卸搬运和仓储业	53605	5581	2759
邮政业	82790	2673	1645
住宿和餐饮业	**426558**	**56619**	**33714**
住宿业	187198	20369	12303
餐饮业	239360	36250	21411
信息传输、软件和信息技术服务业	**573353**	**105346**	**31329**
电信、广播电视和卫星传输服务	63613	1303	952
互联网和相关服务	93573	12697	3929
软件和信息技术服务业	416167	91346	26448
金融业	**26611**	**6264**	**1533**
货币金融服务	8647	1607	623
资本市场服务	5613	2862	266
保险业	445	140	31
其他金融业	11906	1655	613
房地产业	**654110**	**134541**	**35402**
房地产业	654110	134541	35402
租赁和商务服务业	**1317238**	**208174**	**70274**
租赁业	50600	14918	7142
商务服务业	1266638	193256	63132
科学研究和技术服务业	**510755**	**102072**	**37778**
研究和试验发展	70545	17656	6106
专业技术服务业	341920	52236	21381
科技推广和应用服务业	98290	32180	10291
水利、环境和公共设施管理业	**144857**	**18403**	**6813**
水利管理业	4577	1317	281
生态保护和环境治理业	14261	1976	767
公共设施管理业	115788	14431	5415
土地管理业	10231	679	350
居民服务、修理和其他服务业	**214591**	**60661**	**26274**
居民服务业	88830	27711	9949
机动车、电子产品和日用产品修理业	62194	21658	10372
其他服务业	63567	11292	5953
教育	**115483**	**48318**	**12391**
教育	115483	48318	12391
卫生和社会工作	**96901**	**11723**	**5277**
卫生	90593	9752	4695
社会工作	6308	1971	582
文化、体育和娱乐业	**170342**	**60135**	**19486**
新闻和出版业	5674	138	159
广播、电视、电影和录音制作业	42416	8016	3279
文化艺术业	26625	10971	4177
体育	19886	7808	2143
娱乐业	75741	33202	9728

200-500万元	500-1000万元	1000-2000万元	2000-5000万元	5000万元-1亿元	1亿元以上
345613	**239167**	**229217**	**229336**	**150135**	**606705**
217592	181828	176595	168113	99282	337193
128021	57339	52622	61223	50853	269512
52933	**50157**	**59358**	**99983**	**72097**	**239136**
21					
32672	31423	35314	59303	44231	127800
2081	2516	4253	10273	7570	23329
68	145	179	435	1495	12621
	10				50
8588	6835	6885	8410	5566	17854
5442	4159	6655	12224	4247	12538
4061	5069	6072	9338	8988	44944
51246	**37904**	**48163**	**68360**	**50774**	**79778**
20058	14973	21068	38388	33781	26258
31188	22931	27095	29972	16993	53520
50576	**33420**	**33690**	**54491**	**43763**	**220738**
1110	777	1368	3976	3715	50412
6062	3827	3725	7000	5330	51003
43404	28816	28597	43515	34718	119323
3241	**2703**	**2826**	**3714**	**2155**	**4175**
1210	1006	1135	1780	631	655
565	225	263	492	234	706
2	5	104			163
1464	1467	1324	1442	1290	2651
66161	**57889**	**59312**	**87187**	**57509**	**156109**
66161	57889	59312	87187	57509	156109
123686	**77867**	**79378**	**131327**	**122977**	**503555**
10693	4866	3819	2251	2623	4288
112993	73001	75559	129076	120354	499267
68179	**51163**	**48965**	**57925**	**42337**	**102336**
9283	6663	5677	4331	2763	18066
42964	33982	36067	45564	36880	72846
15932	10518	7221	8030	2694	11424
14030	**15156**	**15664**	**27257**	**16765**	**30769**
737	818	264	405	214	541
1995	1501	2076	2266	1394	2286
10523	12478	13178	24330	15153	20280
775	359	146	256	4	7662
46204	**18252**	**16973**	**23053**	**10034**	**13140**
19038	6622	6229	6684	4430	8167
16196	5478	3226	2618	419	2227
10970	6152	7518	13751	5185	2746
20533	**11718**	**6999**	**4510**	**6283**	**4731**
20533	11718	6999	4510	6283	4731
7734	**8775**	**11793**	**21301**	**11127**	**19171**
7206	7867	11017	20625	10799	18632
528	908	776	676	328	539
30562	**12609**	**9995**	**11482**	**5716**	**20357**
284	218	205	1285	1594	1791
6733	3936	3717	3019	2563	11153
5942	2125	1143	998	700	569
3173	1365	1321	2362		1714
14430	4965	3609	3818	859	5130

2-28 按地区、资产总计组距分组的企业法人单位数

地 区	法 人 单位数 (个)	50万元及以下	50-100万元	100-500万元	500-1000万元	1000-5000万元	5000万元-1亿元	1亿元以上
全 省	**1383840**	**630893**	**155682**	**319685**	**100020**	**113436**	**24732**	**39392**
杭州市	**330701**	**161928**	**32804**	**69655**	**22870**	**26450**	**6084**	**10910**
上城区	12532	5972	1044	2241	877	1272	373	753
下城区	21992	9862	2487	5070	1675	1706	403	789
江干区	39993	21965	3696	7725	2259	2376	594	1378
拱墅区	27740	12697	2952	6334	2279	2254	484	740
西湖区	37670	18829	3979	7696	2479	2766	673	1248
滨江区	24008	13148	2030	4167	1454	1844	452	913
萧山区	56361	24780	5655	12961	4502	5302	1200	1961
余杭区	52649	27424	4855	10496	3402	4114	883	1475
富阳区	19325	8970	2070	4484	1354	1562	310	575
临安区	10653	3719	1445	2879	867	1118	256	369
桐庐县	12988	6554	1267	2791	842	989	201	344
淳安县	7287	4504	581	1092	364	470	113	163
建德市	7503	3504	743	1719	516	677	142	202
宁波市	**267769**	**120718**	**26482**	**62168**	**20689**	**24057**	**5224**	**8431**
海曙区	33760	16538	3458	8071	2330	2250	440	673
江北区	19807	10112	1848	4045	1332	1562	335	573
北仑区	38228	15479	2864	7875	3244	5007	1366	2393
镇海区	15977	6525	1652	3920	1426	1660	312	482
鄞州区	70024	36083	6754	15111	4665	4745	969	1697
奉化区	10756	4429	1188	2702	890	1037	197	313
象山县	11265	5362	1002	2319	801	1056	237	488
宁海县	11886	3807	1953	3409	1051	1104	245	317
余姚市	22513	7520	2614	6732	2279	2330	463	575
慈溪市	33553	14863	3149	7984	2671	3306	660	920
温州市	**182268**	**90283**	**23632**	**42492**	**10760**	**10472**	**1976**	**2653**
鹿城区	26419	13073	3815	6336	1374	1128	238	455
龙湾区	20761	8575	3190	5076	1521	1508	368	523
瓯海区	16234	8602	1898	3342	917	1038	203	234
洞头区	2367	1467	205	341	102	144	34	74
永嘉县	15584	9386	1464	2669	803	909	160	193
平阳县	13325	7259	1702	2701	608	763	135	157
苍南县	22169	15259	2234	2886	689	730	160	211
文成县	2155	927	357	551	108	140	30	42
泰顺县	2527	1604	212	354	102	173	36	46
瑞安市	25506	14602	2398	4976	1461	1536	224	309
乐清市	35221	9529	6157	13260	3075	2403	388	409
嘉兴市	**111444**	**45055**	**10968**	**26830**	**9367**	**12022**	**2808**	**4394**
南湖区	20688	9608	2114	4524	1453	1702	417	870
秀洲区	14118	5727	1421	3288	1184	1579	390	529
嘉善县	14562	5311	1603	3987	1301	1594	324	442
海盐县	8532	2613	835	2480	878	1125	234	367
海宁市	20205	7652	1828	4870	1844	2504	608	899
平湖市	14104	5867	1350	3303	1138	1473	365	608
桐乡市	19235	8277	1817	4378	1569	2045	470	679
湖州市	**51152**	**21283**	**5706**	**11305**	**4149**	**5293**	**1318**	**2098**
吴兴区	15388	6676	2026	3324	1169	1230	315	648
南浔区	7161	2551	705	1796	695	952	186	276
德清县	8095	2634	773	2110	719	1095	303	461
长兴县	12543	5804	1287	2450	972	1277	328	425
安吉县	7965	3618	915	1625	594	739	186	288

2-28 续表

地区	法人单位数(个)	50万元及以下	50-100万元	100-500万元	500-1000万元	1000-5000万元	5000万元-1亿元	1亿元以上
绍兴市	**119197**	**36078**	**14731**	**38545**	**12930**	**11252**	**2262**	**3399**
越城区	20710	7079	2615	6110	1920	1912	422	652
柯桥区	39521	14027	4892	12007	3779	3229	650	937
上虞区	16341	5115	2886	4643	1449	1367	328	553
新昌县	6216	2214	704	1745	499	673	127	254
诸暨市	25157	4899	1881	9701	4250	3165	532	729
嵊州市	11252	2744	1753	4339	1033	906	203	274
金华市	**152140**	**83614**	**20878**	**27906**	**7291**	**8461**	**1646**	**2344**
婺城区	13203	6554	1265	2738	882	1031	264	469
金东区	8565	4042	1123	1813	552	732	129	174
武义县	5776	2221	552	1347	558	779	152	167
浦江县	6830	3809	652	1216	445	526	88	94
磐安县	3301	1337	338	771	279	402	75	99
兰溪市	6341	3118	596	1166	433	652	137	239
义乌市	73930	49851	11659	8446	1621	1651	318	384
东阳市	12578	6059	1101	2379	954	1325	302	458
永康市	21616	6623	3592	8030	1567	1363	181	260
衢州市	**24692**	**11607**	**2377**	**4902**	**1728**	**2564**	**600**	**914**
柯城区	8648	4579	895	1585	493	620	166	310
衢江区	3300	1299	305	699	297	470	89	141
常山县	2188	954	201	433	158	285	70	87
开化县	1995	889	172	422	132	241	60	79
龙游县	3548	1605	343	701	246	402	102	149
江山市	5013	2281	461	1062	402	546	113	148
舟山市	**19774**	**9764**	**1562**	**3661**	**1267**	**1892**	**555**	**1073**
定海区	11946	5953	850	2227	772	1161	331	652
普陀区	4934	2484	452	864	276	442	142	274
岱山县	2045	917	185	399	162	213	56	113
嵊泗县	849	410	75	171	57	76	26	34
台州市	**104217**	**41401**	**14349**	**27985**	**7585**	**8829**	**1702**	**2366**
椒江区	11919	5365	1191	2560	817	1145	315	526
黄岩区	12815	5329	1827	3243	945	1056	184	231
路桥区	14296	4275	2700	4525	1115	1206	190	285
三门县	4948	2250	548	1064	354	471	110	151
天台县	8036	5114	808	1233	276	377	80	148
仙居县	4867	2445	445	1081	330	379	79	108
温岭市	21844	6461	3274	7498	1965	1982	280	384
临海市	12990	6501	1690	2719	679	890	203	308
玉环市	12502	3661	1866	4062	1104	1323	261	225
丽水市	**20486**	**9162**	**2193**	**4236**	**1384**	**2144**	**557**	**810**
莲都区	4924	1922	552	1071	355	564	172	288
青田县	3825	2252	354	566	217	267	61	108
缙云县	3083	1303	361	715	219	326	68	91
遂昌县	1805	893	160	303	114	219	52	64
松阳县	1292	496	166	277	78	156	41	78
云和县	1692	742	169	442	115	145	35	44
庆元县	1202	501	141	294	78	120	28	40
景宁畲族自治县	690	218	87	164	53	85	40	43
龙泉市	1973	835	203	404	155	262	60	54

2-29 按地区、资产总计组距分组的企业法人单位从业人员数

地区	从业人员期末人数（人）	50万元及以下	50-100万元	100-500万元	500-1000万元	1000-5000万元	5000万元-1亿元	1亿元以上
全省	**25898115**	**1594732**	**855792**	**2966207**	**1727323**	**4476056**	**2344014**	**11933991**
杭州市	**5599562**	**354335**	**151852**	**541818**	**354345**	**920620**	**488400**	**2788192**
上城区	231825	12345	5193	18230	25899	52790	16241	101127
下城区	319036	23816	10846	37600	21801	52701	20706	151566
江干区	792228	53556	18010	59553	36297	102022	68116	454674
拱墅区	438574	39837	14005	45422	37973	67226	40104	194007
西湖区	827357	40787	18520	59032	45541	118225	63988	481264
滨江区	506860	30065	10990	36175	20460	59152	36599	313419
萧山区	998159	46659	21701	87959	55617	155350	82304	548569
余杭区	715584	55862	25628	97956	54958	138010	76139	267031
富阳区	277739	16583	9306	36422	22041	67409	29422	96556
临安区	188747	11002	7048	25507	13423	44729	20390	66648
桐庐县	144546	9459	4963	18213	10485	29432	11589	60405
淳安县	66027	7670	2139	7725	3982	13825	10932	19754
建德市	92880	6694	3503	12024	5868	19749	11870	33172
宁波市	**4756371**	**272895**	**145089**	**603166**	**359361**	**975123**	**464453**	**1936284**
海曙区	484586	40294	19631	78828	43636	93715	41780	166702
江北区	375891	24208	11687	42553	18451	70111	33245	175636
北仑区	595060	33045	15913	71775	43157	108249	49529	273392
镇海区	291436	18425	9391	37624	25001	64838	23767	112390
鄞州区	972097	83718	36131	140610	74073	173435	98158	365972
奉化区	242596	9377	7036	33843	23433	60250	30629	78028
象山县	387398	9598	6214	27415	16310	47033	27475	253353
宁海县	254429	12052	10940	36472	22565	55384	32261	84755
余姚市	448092	18073	12693	61135	43646	124107	51898	136540
慈溪市	704786	24105	15453	72911	49089	178001	75711	289516
温州市	**2960366**	**274469**	**161345**	**497842**	**235083**	**536943**	**276674**	**978010**
鹿城区	506182	54133	36695	115407	36608	60867	28204	174268
龙湾区	386993	24705	18100	52174	29528	70284	38008	154194
瓯海区	347485	26692	15111	42940	26815	59720	29319	146888
洞头区	29606	3122	1014	3353	4175	5601	2675	9666
永嘉县	186819	20278	9217	28965	14834	36434	17049	60042
平阳县	200373	14887	10444	29872	13096	42817	27788	61469
苍南县	289883	49439	15636	34051	16400	43485	44460	86412
文成县	35085	5127	3051	5945	2107	6712	1755	10388
泰顺县	88093	5742	1588	5921	2990	14060	3467	54325
瑞安市	392345	34643	16597	69107	41169	101548	31238	98043
乐清市	497502	35701	33892	110107	47361	95415	52711	122315
嘉兴市	**2004387**	**95793**	**51821**	**230236**	**154149**	**422547**	**264488**	**785353**
南湖区	315351	21542	10900	39790	26696	63079	25557	127787
秀洲区	268774	13370	6478	33097	17031	51805	40657	106336
嘉善县	260094	12438	7585	31778	20153	57218	33223	97699
海盐县	164524	6172	4121	27024	13770	37787	21823	53827
海宁市	399169	15562	8018	38600	33170	76374	84201	143244
平湖市	266506	9215	6681	29470	20387	71042	27485	102226
桐乡市	329969	17494	8038	30477	22942	65242	31542	154234
湖州市	**965313**	**59314**	**38790**	**106822**	**66683**	**171888**	**93640**	**428176**
吴兴区	325112	21197	19738	35173	20611	36391	21302	170700
南浔区	122953	7245	3759	15552	11711	30255	14848	39583
德清县	172463	6759	3581	19281	11924	38309	19862	72747
长兴县	192068	16488	6700	20257	11475	37487	20023	79638
安吉县	152717	7625	5012	16559	10962	29446	17605	65508

2-29　续表

地　区	从业人员期末人数(人)	50万元及以下	50-100万元	100-500万元	500-1000万元	1000-5000万元	5000万元-1亿元	1亿元以上
绍兴市	**3412777**	**78987**	**65433**	**279088**	**170794**	**337873**	**184019**	**2296583**
越城区	519825	16817	10831	41276	24903	55778	30496	339724
柯桥区	912596	23579	19662	81349	44227	75928	37947	629904
上虞区	707698	15646	15479	40566	23738	53894	30724	527651
新昌县	170806	6200	2872	14764	8562	28181	14848	95379
诸暨市	848677	9352	8448	64127	49784	86678	45845	584443
嵊州市	253175	7393	8141	37006	19580	37414	24159	119482
金华市	**2489419**	**248704**	**118142**	**267547**	**143171**	**405715**	**199254**	**1106886**
婺城区	242404	19276	7062	24728	15554	46309	22525	106950
金东区	137042	13557	7363	19711	9685	33865	14955	37906
武义县	137084	6876	4160	18983	12880	40911	18983	34291
浦江县	95474	12870	6054	16152	9944	22765	9965	17724
磐安县	111589	3371	2190	7107	4284	21973	14306	58358
兰溪市	127939	9054	3930	14197	7928	28528	14754	49548
义乌市	554945	151595	68426	85416	35054	71713	32628	110113
东阳市	801003	16270	6706	25799	19910	82970	46393	602955
永康市	281939	15835	12251	55454	27932	56681	24745	89041
衢州市	**491588**	**30521**	**13548**	**48732**	**30023**	**102052**	**54057**	**212655**
柯城区	140539	11127	4623	14557	8584	20145	13432	68071
衢江区	68627	4978	1603	5556	3898	13113	5112	34367
常山县	56907	2560	1752	6149	3550	14980	7684	20232
开化县	49171	2413	1175	3958	1840	7707	5815	26263
龙游县	81513	4401	1812	6651	3807	22088	12550	30204
江山市	94831	5042	2583	11861	8344	24019	9464	33518
舟山市	**357293**	**22221**	**12900**	**46072**	**25001**	**63474**	**31094**	**156531**
定海区	179250	10076	4942	22399	10661	31162	17058	82952
普陀区	113488	7383	5224	14476	8505	20096	8625	49179
岱山县	52537	3281	2145	7119	4657	9594	4689	21052
嵊泗县	12018	1481	589	2078	1178	2622	722	3348
台州市	**2400809**	**128034**	**80299**	**293382**	**157833**	**432041**	**228272**	**1080948**
椒江区	320410	18530	7598	29020	19619	56901	23763	164979
黄岩区	252442	11190	8754	30027	18442	53517	24585	105927
路桥区	233051	15465	12711	40359	20190	45366	17846	81114
三门县	111905	4291	2864	11568	6486	21110	21999	43587
天台县	116275	11230	4510	11995	5412	15482	5843	61803
仙居县	101485	6606	3414	15788	9161	22612	9463	34441
温岭市	583601	20975	18492	72866	36859	100191	57618	276600
临海市	424946	25889	10609	36071	17065	50660	30091	254561
玉环市	256694	13858	11347	45688	24599	66202	37064	57936
丽水市	**460230**	**29459**	**16573**	**51502**	**30880**	**107780**	**59663**	**164373**
莲都区	150337	7897	3789	11528	8115	31842	19554	67612
青田县	55133	4761	2933	6931	4745	11606	5736	18421
缙云县	66189	4028	2393	8547	4790	17022	5793	23616
遂昌县	32408	1900	748	2951	1737	7088	6561	11423
松阳县	35345	2203	1247	4550	2645	6467	2814	15419
云和县	34596	2828	1622	5993	2952	8754	5151	7296
庆元县	24532	1492	1070	3504	1581	7170	3194	6521
景宁畲族自治县	18111	1114	1137	1659	768	4677	2980	5776
龙泉市	43579	3236	1634	5839	3547	13154	7880	8289

2-30 按行业(中类)、资产总计组距

行业中类	法人单位数(个)	50万元及以下	50-100万元
总　计	**1383840**	**630893**	**155682**
农、林、牧、渔业	**982**	**596**	**89**
农业	35	35	
谷物种植	1	1	
豆类、油料和薯类种植			
棉、麻、糖、烟草种植			
蔬菜、食用菌及园艺作物种植	18	18	
水果种植	5	5	
坚果、含油果、香料和饮料作物种植	3	3	
中药材种植	7	7	
草种植及割草			
其他农业	1	1	
林业	4	4	
林木育种和育苗	2	2	
造林和更新			
森林经营、管护和改培	2	2	
木材和竹材采运			
林产品采集			
畜牧业	14	14	
牲畜饲养	9	9	
家禽饲养	4	4	
狩猎和捕捉动物			
其他畜牧业	1	1	
渔业	18	18	
水产养殖	17	17	
水产捕捞	1	1	
农、林、牧、渔专业及辅助性活动	911	525	89
农业专业及辅助性活动	623	363	61
林业专业及辅助性活动	161	112	13
畜牧专业及辅助性活动	41	12	4
渔业专业及辅助性活动	86	38	11
采矿业	**841**	**218**	**43**
煤炭开采和洗选业	7	3	
烟煤和无烟煤开采洗选	5	3	
褐煤开采洗选	1		
其他煤炭采选	1		
石油和天然气开采业	1		
石油开采	1		
天然气开采			
黑色金属矿采选业	18	6	
铁矿采选	18	6	
锰矿、铬矿采选			
其他黑色金属矿采选			
有色金属矿采选业	47	14	1
常用有色金属矿采选	32	9	1
贵金属矿采选	3	1	
稀有稀土金属矿采选	12	4	

分组的企业法人单位数

100-500万元	500-1000万元	1000-5000万元	5000万元-1亿元	1亿元以上
319685	**100020**	**113436**	**24732**	**39392**
165	**61**	**58**	**6**	**7**
165	61	58	6	7
112	43	32	6	6
25	6	4		1
13	4	8		
15	8	14		
164	**96**	**182**	**54**	**84**
2		1		1
2				
				1
		1		
	1			
	1			
2		6	3	1
2		6	3	1
5	7	8	3	9
4	5	5	2	6
1		1		
	2	2	1	3

2-30 续表 1

行业中类	法人单位数（个）		
		50万元及以下	50-100万元
非金属矿采选业	748	186	41
土砂石开采	695	175	37
化学矿开采	3	1	
采盐	5	2	1
石棉及其他非金属矿采选	45	8	3
开采专业及辅助性活动	10	6	1
煤炭开采和洗选专业及辅助性活动	1		
石油和天然气开采专业及辅助性活动	3	2	
其他开采专业及辅助性活动	6	4	1
其他采矿业	10	3	
其他采矿业	10	3	
制造业	**423841**	**112198**	**51027**
农副食品加工业	4496	1361	382
谷物磨制	208	59	18
饲料加工	388	67	28
植物油加工	163	53	8
制糖业	39	14	8
屠宰及肉类加工	709	238	62
水产品加工	1347	404	88
蔬菜、菌类、水果和坚果加工	949	228	86
其他农副食品加工	693	298	84
食品制造业	2983	1088	320
焙烤食品制造	904	406	113
糖果、巧克力及蜜饯制造	184	54	25
方便食品制造	480	191	58
乳制品制造	38	10	1
罐头食品制造	198	47	11
调味品、发酵制品制造	211	72	18
其他食品制造	968	308	94
酒、饮料和精制茶制造业	2201	780	240
酒的制造	537	156	54
饮料制造	595	209	79
精制茶加工	1069	415	107
烟草制品业	1		
烟叶复烤			
卷烟制造	1		
其他烟草制品制造			
纺织业	32685	7549	3063
棉纺织及印染精加工	9148	1967	796
毛纺织及染整精加工	1082	220	75
麻纺织及染整精加工	74	14	3
丝绢纺织及印染精加工	1072	171	60
化纤织造及印染精加工	4494	699	331
针织或钩针编织物及其制品制造	8186	1772	824
家用纺织制成品制造	4740	1669	506
产业用纺织制成品制造	3889	1037	468
纺织服装、服饰业	30657	10013	3973
机织服装制造	13677	4715	1997

100-500万元	500-1000万元	1000-5000万元	5000万元-1亿元	1亿元以上
150	85	166	48	72
139	81	151	45	67
	1			1
	1	1		
11	2	14	3	4
2	1			
1				
	1			
1				
3	2	1		1
3	2	1		1
136780	**45797**	**55577**	**10827**	**11635**
1059	471	826	197	200
48	25	43	2	13
79	37	111	31	35
35	16	29	11	11
9	2	6		
164	63	115	40	27
302	166	249	63	75
258	107	199	40	31
164	55	74	10	8
667	248	406	110	144
203	60	80	27	15
45	15	27	6	12
107	38	57	12	17
6	3	2	1	15
44	16	47	19	14
45	20	41	7	8
217	96	152	38	63
535	184	264	76	122
141	45	76	26	39
129	39	58	25	56
265	100	130	25	27
				1
				1
9829	4172	5750	1163	1159
2679	1131	1610	399	566
258	134	254	70	71
21	8	11	8	9
305	144	277	66	49
1362	699	1061	201	141
2736	1135	1336	222	161
1264	496	644	98	63
1204	425	557	99	99
8786	3376	3557	535	417
3623	1401	1510	233	198

2-30 续表 2

行业中类	法人单位数（个）		
		50万元及以下	50-100万元
针织或钩针编织服装制造	7210	2206	774
服饰制造	9770	3092	1202
皮革、毛皮、羽毛及其制品和制鞋业	19732	6532	2496
皮革鞣制加工	554	195	54
皮革制品制造	5199	1867	691
毛皮鞣制及制品加工	1227	463	166
羽毛(绒)加工及制品制造	354	68	30
制鞋业	12398	3939	1555
木材加工和木、竹、藤、棕、草制品业	6821	1983	761
木材加工	1138	351	117
人造板制造	583	104	30
木质制品制造	3616	1054	442
竹、藤、棕、草等制品制造	1484	474	172
家具制造业	7205	2019	832
木质家具制造	4547	1391	536
竹、藤家具制造	185	56	18
金属家具制造	1170	196	138
塑料家具制造	164	24	22
其他家具制造	1139	352	118
造纸和纸制品业	12851	3670	1583
纸浆制造	15	5	2
造纸	1747	426	172
纸制品制造	11089	3239	1409
印刷和记录媒介复制业	11037	2708	1461
印刷	10302	2434	1341
装订及印刷相关服务	725	273	118
记录媒介复制	10	1	2
文教、工美、体育和娱乐用品制造业	22083	8378	2910
文教办公用品制造	3655	1072	499
乐器制造	255	96	17
工艺美术及礼仪用品制造	12135	4920	1688
体育用品制造	2317	701	294
玩具制造	2813	1063	318
游艺器材及娱乐用品制造	908	526	94
石油、煤炭及其他燃料加工业	440	82	36
精炼石油产品制造	235	42	15
煤炭加工	47	15	6
核燃料加工	1		
生物质燃料加工	157	25	15
化学原料和化学制品制造业	8603	1701	758
基础化学原料制造	999	146	61
肥料制造	243	57	18
农药制造	90	9	1
涂料、油墨、颜料及类似产品制造	2116	413	217
合成材料制造	1267	206	103
专用化学产品制造	2544	440	214
炸药、火工及焰火产品制造	17	3	
日用化学产品制造	1327	427	144

100-500万元	500-1000万元	1000-5000万元	5000万元-1亿元	1亿元以上
2082	834	1021	170	123
3081	1141	1026	132	96
6322	1817	2054	305	206
137	40	75	18	35
1384	510	612	78	57
330	104	135	18	11
72	44	72	35	33
4399	1119	1160	156	70
2283	764	834	113	83
353	159	149	6	3
158	84	150	32	25
1247	366	400	65	42
525	155	135	10	13
2100	746	1075	225	208
1398	470	572	102	78
59	20	23	6	3
284	144	268	65	75
40	20	42	8	8
319	92	170	44	44
4725	1153	1154	243	323
3	2	3		
459	145	267	91	187
4263	1006	884	152	136
4223	1161	1189	163	132
3990	1108	1138	161	130
230	51	49	2	2
3	2	2		
6429	1833	1988	316	229
1248	354	392	58	32
71	27	31	7	6
3372	957	937	147	114
751	220	279	43	29
834	224	293	49	32
153	51	56	12	16
138	62	70	22	30
57	27	51	21	22
10	6	5	1	4
				1
71	29	14		3
2437	958	1636	441	672
208	111	234	78	161
69	39	49	4	7
7	7	17	10	39
662	248	389	89	98
341	113	256	93	155
772	324	513	121	160
2	2	1	5	4
376	114	177	41	48

2-30 续表 3

行业中类	法人单位数（个）	50万元及以下	50-100万元
医药制造业	1270	197	62
化学药品原料药制造	239	24	6
化学药品制剂制造	122	16	1
中药饮片加工	107	17	6
中成药生产	97	20	3
兽用药品制造	63	6	2
生物药品制品制造	225	48	11
卫生材料及医药用品制造	323	61	30
药用辅料及包装材料	94	5	3
化学纤维制造业	1820	233	72
纤维素纤维原料及纤维制造	63	15	6
合成纤维制造	1702	206	60
生物基材料制造	55	12	6
橡胶和塑料制品业	33974	8704	4624
橡胶制品业	3988	1011	558
塑料制品业	29986	7693	4066
非金属矿物制品业	13032	3533	1431
水泥、石灰和石膏制造	520	112	43
石膏、水泥制品及类似制品制造	2849	654	243
砖瓦、石材等建筑材料制造	4113	1320	500
玻璃制造	444	69	34
玻璃制品制造	2011	561	312
玻璃纤维和玻璃纤维增强塑料制品制造	466	94	27
陶瓷制品制造	1061	398	114
耐火材料制品制造	620	105	49
石墨及其他非金属矿物制品制造	948	220	109
黑色金属冶炼和压延加工业	2422	417	225
炼铁	10	2	
炼钢	14	6	
钢压延加工	2334	399	219
铁合金冶炼	64	10	6
有色金属冶炼和压延加工业	3125	511	266
常用有色金属冶炼	135	28	8
贵金属冶炼	10		
稀有稀土金属冶炼	16	3	2
有色金属合金制造	705	133	70
有色金属压延加工	2259	347	186
金属制品业	40139	10331	5026
结构性金属制品制造	8492	2497	1075
金属工具制造	4572	1050	587
集装箱及金属包装容器制造	699	119	65
金属丝绳及其制品制造	999	202	108
建筑、安全用金属制品制造	11824	3157	1616
金属表面处理及热处理加工	2592	455	249
搪瓷制品制造	425	141	67
金属制日用品制造	3863	994	450
铸造及其他金属制品制造	6673	1716	809

100–500万元	500–1000万元	1000–5000万元	5000万元–1亿元	1亿元以上
210	117	265	111	308
17	20	45	18	109
7	1	22	14	61
15	12	25	13	19
8	5	12	18	31
14	8	15	8	10
34	23	46	16	47
94	43	59	15	21
21	5	41	9	10
411	276	486	99	243
14	10	12	1	5
374	263	468	97	234
23	3	6	1	4
11982	3581	3890	650	543
1385	436	450	79	69
10597	3145	3440	571	474
3546	1272	1896	616	738
97	36	80	46	106
601	212	443	281	415
1176	405	532	121	59
122	78	98	18	25
632	183	251	32	40
148	49	106	26	16
291	97	121	24	16
208	90	112	25	31
271	122	153	43	30
697	292	472	147	172
4	2	2		
4				4
679	283	453	141	160
10	7	17	6	8
869	462	671	151	195
24	22	25	8	20
1		4		5
4	1	2	1	3
223	114	111	20	34
617	325	529	122	133
14134	4409	4905	763	571
2854	881	927	137	121
1751	504	536	84	60
192	89	158	33	43
358	136	148	28	19
4419	1277	1124	139	92
868	308	556	101	55
113	45	49	4	6
1344	407	505	97	66
2235	762	902	140	109

2-30 续表 4

行业中类	法人单位数（个）		
		50万元及以下	50-100万元
通用设备制造业	53354	12584	6688
锅炉及原动设备制造	600	97	45
金属加工机械制造	5287	1223	628
物料搬运设备制造	1909	283	161
泵、阀门、压缩机及类似机械制造	12175	3038	1469
轴承、齿轮和传动部件制造	5279	864	524
烘炉、风机、包装等设备制造	5948	1295	699
文化、办公用机械制造	449	111	63
通用零部件制造	19471	4880	2793
其他通用设备制造业	2236	793	306
专用设备制造业	26402	6438	3403
采矿、冶金、建筑专用设备制造	1020	202	107
化工、木材、非金属加工专用设备制造	10801	2760	1574
食品、饮料、烟草及饲料生产专用设备制造	784	198	98
印刷、制药、日化及日用品生产专用设备制造	1092	275	127
纺织、服装和皮革加工专用设备制造	3391	658	411
电子和电工机械专用设备制造	749	188	85
农、林、牧、渔专用机械制造	980	219	104
医疗仪器设备及器械制造	3341	759	381
环保、邮政、社会公共服务及其他专用设备制造	4244	1179	516
汽车制造业	17194	3800	1842
汽车整车制造	84	16	2
汽车用发动机制造	40	1	
改装汽车制造	25	2	1
低速汽车制造	1		1
电车制造	11	3	
汽车车身、挂车制造	141	21	15
汽车零部件及配件制造	16892	3757	1823
铁路、船舶、航空航天和其他运输设备制造业	4335	1069	423
铁路运输设备制造	156	24	10
城市轨道交通设备制造	25	4	1
船舶及相关装置制造	886	237	81
航空、航天器及设备制造	56	15	3
摩托车制造	1344	306	146
自行车和残疾人座车制造	630	136	42
助动车制造	709	216	92
非公路休闲车及零配件制造	429	107	45
潜水救捞及其他未列明运输设备制造	100	24	3
电气机械和器材制造业	38251	9007	4698
电机制造	3465	630	359
输配电及控制设备制造	16368	3494	2351
电线、电缆、光缆及电工器材制造	3162	521	270
电池制造	467	85	23
家用电力器具制造	7088	2081	841
非电力家用器具制造	848	184	86
照明器具制造	5616	1597	610
其他电气机械及器材制造	1237	415	158

100-500万元	500-1000万元	1000-5000万元	5000万元-1亿元	1亿元以上
18443	6264	6999	1175	1201
174	74	115	41	54
1883	653	675	114	111
556	231	415	112	151
3890	1386	1785	307	300
1758	737	1001	197	198
2001	721	873	167	192
130	42	62	22	19
7379	2232	1855	182	150
672	188	218	33	26
9188	2920	3266	619	568
291	124	201	47	48
3924	1140	1055	163	185
234	105	120	23	6
358	104	170	39	19
1210	419	517	96	80
230	86	107	27	26
314	114	147	44	38
1278	378	404	78	63
1349	450	545	102	103
5399	1983	2766	598	806
8	4	13	3	38
6	6	11	6	10
5	1	4	3	9
5		1		2
36	10	31	13	15
5339	1962	2706	573	732
1301	495	727	136	184
40	19	37	14	12
5	5	4	2	4
250	87	131	28	72
10	7	8	8	5
422	166	217	47	40
218	74	124	17	19
186	76	108	12	19
137	46	78	5	11
33	15	20	3	2
12776	4238	5178	1124	1230
1084	457	625	131	179
6037	1757	1880	432	417
992	424	637	141	177
80	41	101	31	106
2174	734	858	192	208
253	107	162	37	19
1777	598	778	144	112
379	120	137	16	12

2-30 续表 5

行业中类	法人单位数（个）	50万元及以下	50-100万元
计算机、通信和其他电子设备制造业	11110	2571	1257
计算机制造	440	118	44
通信设备制造	1011	219	77
广播电视设备制造	213	26	14
雷达及配套设备制造	11	2	3
非专业视听设备制造	534	77	61
智能消费设备制造	462	146	28
电子器件制造	1486	313	148
电子元件及电子专用材料制造	6206	1436	782
其他电子设备制造	747	234	100
仪器仪表制造业	5738	1408	796
通用仪器仪表制造	4236	1033	584
专用仪器仪表制造	651	165	85
钟表与计时仪器制造	152	52	15
光学仪器制造	259	54	30
衡器制造	196	28	34
其他仪器仪表制造业	244	76	48
其他制造业	7046	2330	1026
日用杂品制造	5077	1275	801
核辐射加工	4	1	
其他未列明制造业	1965	1054	225
废弃资源综合利用业	713	195	63
金属废料和碎屑加工处理	290	80	22
非金属废料和碎屑加工处理	423	115	41
金属制品、机械和设备修理业	2121	1006	310
金属制品修理	46	25	5
通用设备修理	282	130	40
专用设备修理	264	136	48
铁路、船舶、航空航天等运输设备修理	922	399	137
电气设备修理	150	86	14
仪器仪表修理	21	8	6
其他机械和设备修理业	436	222	60
电力、热力、燃气及水生产和供应业	**5238**	**1110**	**418**
电力、热力生产和供应业	3711	815	322
电力生产	3387	745	309
电力供应	187	50	11
热力生产和供应	137	20	2
燃气生产和供应业	279	61	8
燃气生产和供应业	269	57	6
生物质燃气生产和供应业	10	4	2
水的生产和供应业	1248	234	88
自来水生产和供应	549	83	22
污水处理及其再生利用	582	129	37
海水淡化处理	3	1	
其他水的处理、利用与分配	114	21	29
建筑业	**51741**	**24843**	**5689**
房屋建筑业	7820	2618	576

100-500万元	500-1000万元	1000-5000万元	5000万元-1亿元	1亿元以上
3448	1175	1644	412	603
119	36	65	22	36
235	117	214	50	99
79	18	48	11	17
3	1			2
208	68	71	22	27
96	43	78	28	43
419	158	232	80	136
2064	673	852	180	219
225	61	84	19	24
1844	561	731	177	221
1440	400	484	134	161
153	61	131	22	34
35	18	23	3	6
72	30	46	11	16
69	31	25	6	3
75	21	22	1	1
2272	626	661	79	52
1823	513	564	61	40
2	1			
447	112	97	18	12
166	68	129	40	52
41	24	60	29	34
125	44	69	11	18
561	113	88	21	22
12	2	2		
92	16	4		
61	10	7	1	1
228	64	59	16	19
41	2	4	2	1
3	1	3		
124	18	9	2	1
1353	**493**	**742**	**277**	**845**
1093	376	465	139	501
1033	362	429	116	393
34	7	16	5	64
26	7	20	18	44
26	14	49	40	81
25	13	49	40	79
1	1			2
234	103	228	98	263
98	48	122	43	133
93	43	98	53	129
		2		
43	12	6	2	1
9361	**3074**	**4768**	**1518**	**2488**
1079	489	1279	592	1187

2-30 续表 6

行业中类	法人单位数（个）		
		50万元及以下	50-100万元
住宅房屋建筑	6733	2275	498
体育场馆建筑	14	7	
其他房屋建筑业	1073	336	78
土木工程建筑业	12024	4544	1010
铁路、道路、隧道和桥梁工程建筑	5322	1653	348
水利和水运工程建筑	757	217	55
海洋工程建筑	52	21	5
工矿工程建筑	198	62	8
架线和管道工程建筑	898	299	109
节能环保工程施工	365	173	49
电力工程施工	359	166	26
其他土木工程建筑	4073	1953	410
建筑安装业	6829	2893	876
电气安装	2428	982	305
管道和设备安装	1969	852	250
其他建筑安装业	2432	1059	321
建筑装饰、装修和其他建筑业	25068	14788	3227
建筑装饰和装修业	19138	11336	2638
建筑物拆除和场地准备活动	3832	2292	385
提供施工设备服务	209	89	24
其他未列明建筑业	1889	1071	180
批发和零售业	**457484**	**242241**	**55150**
批发业	288563	129182	36196
农、林、牧、渔产品批发	4785	2236	497
食品、饮料及烟草制品批发	18295	9377	2042
纺织、服装及家庭用品批发	91920	44251	12015
文化、体育用品及器材批发	15800	9137	2280
医药及医疗器材批发	6864	2521	847
矿产品、建材及化工产品批发	66829	21848	7454
机械设备、五金产品及电子产品批发	56763	22624	8211
贸易经纪与代理	6879	4111	672
其他批发业	20428	13077	2178
零售业	168921	113059	18954
综合零售	3785	2145	362
食品、饮料及烟草制品专门零售	15050	10181	1694
纺织、服装及日用品专门零售	26322	19142	2627
文化、体育用品及器材专门零售	9085	5827	1080
医药及医疗器材专门零售	12605	9054	1521
汽车、摩托车、零配件和燃料及其他动力销售	15130	7349	1579
家用电器及电子产品专门零售	14353	7365	2052
五金、家具及室内装饰材料专门零售	20238	11602	2939
货摊、无店铺及其他零售业	52353	40394	5100
交通运输、仓储和邮政业	**31866**	**12131**	**3919**
铁路运输业	13	1	
铁路旅客运输	8		
铁路货物运输	4	1	
铁路运输辅助活动	1		

100-500万元	500-1000万元	1000-5000万元	5000万元-1亿元	1亿元以上
953	417	1058	503	1029
		2	3	2
126	72	219	86	156
2156	928	1865	573	948
821	459	1091	370	580
93	60	170	55	107
8	1	6	2	9
39	20	26	18	25
205	64	109	36	76
91	23	26	2	1
60	41	41	9	16
839	260	396	81	134
1666	556	578	113	147
602	197	247	38	57
513	163	134	20	37
551	196	197	55	53
4460	1101	1046	240	206
3367	788	728	163	118
691	176	185	43	60
51	16	21	5	3
351	121	112	29	25
98562	**28559**	**23710**	**4239**	**5023**
73042	23445	19330	3355	4013
1176	375	367	58	76
4040	1227	1169	213	227
22096	6965	5075	782	736
2756	744	673	101	109
1972	597	614	123	190
19201	7643	7194	1477	2012
17055	4673	3239	449	512
1291	380	322	48	55
3455	841	677	104	96
25520	5114	4380	884	1010
650	181	224	60	163
2288	485	328	52	22
3341	630	445	59	78
1605	259	198	65	51
1508	254	212	27	29
2895	834	1551	453	469
3513	820	501	52	50
4399	846	386	34	32
5321	805	535	82	116
8217	**3170**	**2828**	**553**	**1048**
	1		1	10
				8
			1	2
	1			

2-30 续表 7

行业中类	法人单位数（个）		
		50万元及以下	50-100万元
道路运输业	19336	7078	2405
城市公共交通运输	574	85	47
公路旅客运输	482	85	27
道路货物运输	17210	6450	2217
道路运输辅助活动	1070	458	114
水上运输业	1301	288	80
水上旅客运输	91	22	6
水上货物运输	836	156	38
水上运输辅助活动	374	110	36
航空运输业	130	45	11
航空客货运输	56	20	6
通用航空服务	40	12	5
航空运输辅助活动	34	13	
管道运输业	4	1	
海底管道运输	1		
陆地管道运输	3	1	
多式联运和运输代理业	6919	3128	889
多式联运	19	9	
运输代理业	6900	3119	889
装卸搬运和仓储业	2657	1076	268
装卸搬运	1285	719	153
通用仓储	576	142	54
低温仓储	98	30	12
危险品仓储	72	11	3
谷物、棉花等农产品仓储	137	22	5
中药材仓储	1		
其他仓储业	488	152	41
邮政业	1506	514	266
邮政基本服务	29	8	2
快递服务	1465	502	264
其他寄递服务	12	4	
住宿和餐饮业	**24928**	**14129**	**2863**
住宿业	9186	4136	1017
旅游饭店	1995	482	129
一般旅馆	5988	3047	792
民宿服务	977	478	72
露营地服务	9	4	1
其他住宿业	217	125	23
餐饮业	15742	9993	1846
正餐服务	12109	7280	1484
快餐服务	1113	800	124
饮料及冷饮服务	768	534	80
餐饮配送及外卖送餐服务	359	218	43
其他餐饮业	1393	1161	115
信息传输、软件和信息技术服务业	**54689**	**34686**	**5516**
电信、广播电视和卫星传输服务	894	355	87
电信	755	327	81

100-500万元	500-1000万元	1000-5000万元	5000万元-1亿元	1亿元以上
5436	2018	1764	247	388
151	77	109	31	74
102	65	120	30	53
4974	1826	1446	159	138
209	50	89	27	123
179	125	262	126	241
14	15	17	3	14
114	78	195	104	151
51	32	50	19	76
22	8	16	8	20
17	2	6		5
4	3	7	2	7
1	3	3	6	8
		1		2
		1		
				2
1615	742	411	50	84
1	5	1		3
1614	737	410	50	81
508	178	270	101	256
249	61	61	16	26
115	54	99	35	77
28	6	12	6	4
2	5	13	7	31
14	7	17	12	60
				1
100	45	68	25	57
457	98	104	20	47
2	1	4	1	11
449	96	100	19	35
6	1			1
4775	**1229**	**1316**	**245**	**371**
2099	671	805	174	284
384	204	421	120	255
1404	363	308	48	26
265	92	64	3	3
2		2		
44	12	10	3	
2676	558	511	71	87
2253	486	460	66	80
140	28	13	2	6
116	23	14	1	
70	14	12	2	
97	7	12		1
8653	**2231**	**2335**	**508**	**760**
188	50	67	35	112
174	47	51	18	57

2-30 续表 8

行业中类	法人单位数（个）		
		50万元及以下	50-100万元
广播电视传输服务	127	26	5
卫星传输服务	12	2	1
互联网和相关服务	5487	3504	555
互联网接入及相关服务	331	191	44
互联网信息服务	2957	1951	302
互联网平台	764	400	68
互联网安全服务	62	34	7
互联网数据服务	212	95	18
其他互联网服务	1161	833	116
软件和信息技术服务业	48308	30827	4874
软件开发	34218	21410	3525
集成电路设计	258	122	23
信息系统集成和物联网技术服务	1864	971	206
运行维护服务	313	186	28
信息处理和存储支持服务	320	173	27
信息技术咨询服务	7661	5340	725
数字内容服务	536	322	59
其他信息技术服务业	3138	2303	281
金融业	**16574**	**6875**	**442**
货币金融服务	1591	250	35
中央银行服务			
货币银行服务	541	3	
非货币银行服务	1050	247	35
银行理财服务			
银行监管服务			
资本市场服务	13084	6024	329
证券市场服务	6		
公开募集证券投资基金	2		
非公开募集证券投资基金	1923	296	51
期货市场服务	14		
证券期货监管服务			
资本投资服务	1545	703	42
其他资本市场服务	9594	5025	236
保险业	797	135	25
人身保险	251	3	4
财产保险	313	48	8
再保险			
商业养老金	11		
保险中介服务	132	20	5
保险资产管理	1		
保险监管服务			
其他保险活动	89	64	8
其他金融业	1102	466	53
金融信托与管理服务	73	34	5
控股公司服务	345	126	15
非金融机构支付服务	13		
金融信息服务	260	152	16
金融资产管理公司	10	1	
其他未列明金融业	401	153	17

100-500万元	500-1000万元	1000-5000万元	5000万元-1亿元	1亿元以上
10	3	12	16	55
4		4	1	
809	197	246	73	103
63	16	15	1	1
421	91	110	37	45
138	36	66	20	36
13	4	4		
29	19	26	7	18
145	31	25	8	3
7656	1984	2022	400	545
5596	1523	1467	293	404
60	18	22	7	6
370	106	144	21	46
59	13	19	1	7
44	21	28	12	15
1067	206	225	50	48
93	22	25	6	9
367	75	92	10	10
1916	**1194**	**2691**	**900**	**2556**
72	89	240	68	837
	1	5	3	529
72	88	235	65	308
1607	974	2182	674	1294
		1		5
		1		1
559	333	481	90	113
		1		13
124	113	253	88	222
924	528	1445	496	940
117	59	142	87	232
12	17	45	24	146
57	21	68	35	76
	2	2	3	4
37	18	24	25	3
				1
11	1	3		2
120	72	127	71	193
6	7	7	5	9
49	26	52	16	61
		1	2	10
33	21	18	8	12
1	1			7
31	17	49	40	94

2-30 续表 9

行业中类	法人单位数（个）		
		50万元及以下	50-100万元
房地产业	**45826**	**20582**	**3126**
房地产业	45826	20582	3126
房地产开发经营	10707	1452	134
物业管理	8636	4193	1114
房地产中介服务	16037	12594	1165
房地产租赁经营	9796	2023	654
其他房地产业	650	320	59
租赁和商务服务业	**126824**	**73305**	**11651**
租赁业	9160	4716	1175
机械设备经营租赁	8680	4441	1108
文体设备和用品出租	411	242	56
日用品出租	69	33	11
商务服务业	117664	68589	10476
组织管理服务	33306	16036	1562
综合管理服务	3700	1381	259
法律服务	425	281	25
咨询与调查	37713	26117	3290
广告业	19669	11892	3014
人力资源服务	5588	2603	451
安全保护服务	1344	543	144
会议、展览及相关服务	2329	1345	318
其他商务服务业	13590	8391	1413
科学研究和技术服务业	**58019**	**32363**	**6422**
研究和试验发展	9275	4753	950
自然科学研究和试验发展	355	226	30
工程和技术研究和试验发展	7208	3666	760
农业科学研究和试验发展	396	218	37
医学研究和试验发展	1284	620	123
社会人文科学研究	32	23	
专业技术服务业	28678	15460	3358
气象服务	39	23	3
地震服务	5	4	1
海洋服务	54	21	8
测绘地理信息服务	520	158	73
质检技术服务	2406	866	254
环境与生态监测检测服务	566	289	54
地质勘查	79	19	10
工程技术与设计服务	13778	7029	1661
工业与专业设计及其他专业技术服务	11231	7051	1294
科技推广和应用服务业	20066	12150	2114
技术推广服务	15104	8718	1608
知识产权服务	1718	1215	203
科技中介服务	541	336	56
创业空间服务	180	84	15
其他科技推广服务业	2523	1797	232

100-500万元	500-1000万元	1000-5000万元	5000万元-1亿元	1亿元以上
6062	**2595**	**4780**	**1889**	**6792**
6062	2595	4780	1889	6792
316	344	1546	1153	5762
1750	601	635	156	187
1453	319	357	57	92
2447	1299	2184	506	683
96	32	58	17	68
19592	**5634**	**8253**	**2538**	**5851**
2113	523	433	85	115
2010	509	424	77	111
87	12	5	6	3
16	2	4	2	1
17479	5111	7820	2453	5736
3654	1857	4202	1583	4412
708	309	515	166	362
47	19	42	7	4
4720	1175	1485	362	564
3713	571	361	52	66
1723	343	360	60	48
258	166	188	22	23
427	105	96	13	25
2229	566	571	188	232
11542	**3171**	**3223**	**576**	**722**
2072	627	639	107	127
58	17	20	1	3
1666	488	458	81	89
65	33	35	3	5
276	88	125	22	30
7	1	1		
5917	1596	1651	299	397
10	2	1		
12	4	6	1	2
177	50	52	5	5
680	258	276	44	28
131	37	45	7	3
22	12	10	3	3
2885	806	900	194	303
2000	427	361	45	53
3553	948	933	170	198
2834	813	821	147	163
247	28	18	4	3
113	12	11	1	12
38	9	18	6	10
321	86	65	12	10

2-30 续表 10

行业中类	法人单位数（个）		
		50万元及以下	50-100万元
水利、环境和公共设施管理业	**7142**	**3151**	**695**
水利管理业	367	134	32
防洪除涝设施管理	74	25	6
水资源管理	104	34	8
天然水收集与分配	42	8	4
水文服务	12	7	2
其他水利管理业	135	60	12
生态保护和环境治理业	1173	545	111
生态保护	58	20	3
环境治理业	1115	525	108
公共设施管理业	5167	2254	500
市政设施管理	688	183	59
环境卫生管理	1285	662	155
城乡市容管理	76	33	6
绿化管理	1862	864	217
城市公园管理	56	22	5
游览景区管理	1200	490	58
土地管理业	435	218	52
土地整治服务	330	180	46
土地调查评估服务	47	13	5
土地登记服务	5	4	
土地登记代理服务	22	13	
其他土地管理服务	31	8	1
居民服务、修理和其他服务业	**24665**	**16155**	**3140**
居民服务业	10827	7904	1088
家庭服务	2322	1793	211
托儿所服务	179	154	10
洗染服务	444	209	60
理发及美容服务	2057	1532	203
洗浴和保健养生服务	1997	1309	256
摄影扩印服务	1339	1050	128
婚姻服务	1009	774	121
殡葬服务	388	199	34
其他居民服务业	1092	884	65
机动车、电子产品和日用产品修理业	9322	5346	1511
汽车、摩托车等修理与维护	7282	4094	1216
计算机和办公设备维修	834	523	115
家用电器修理	1011	596	157
其他日用产品修理业	195	133	23
其他服务业	4516	2905	541
清洁服务	3376	2150	433
宠物服务	196	127	22
其他未列明服务业	944	628	86
教育	**16860**	**12888**	**1610**
教育	16860	12888	1610
学前教育	604	416	69
初等教育	39	29	2

100-500万元	500-1000万元	1000-5000万元	5000万元-1亿元	1亿元以上
1293	**421**	**669**	**189**	**724**
58	17	31	10	85
13	4	6	1	19
16	6	10	5	25
3	2	7	1	17
2	1			
24	4	8	3	24
212	74	123	37	71
7	5	10	4	9
205	69	113	33	62
948	319	507	137	502
82	30	64	33	237
285	57	89	7	30
11	8	4	2	12
382	132	167	39	61
15	4	4	2	4
173	88	179	54	158
75	11	8	5	66
49	4	4	4	43
17	6	2	1	3
	1			
6		1		2
3		1		18
4117	**676**	**474**	**52**	**51**
1360	246	173	29	27
251	38	25	2	2
12	2	1		
130	25	19	1	
254	40	22	4	2
327	68	29	4	4
131	18	11		1
99	7	6	2	
52	32	45	12	14
104	16	15	4	4
1949	286	205	14	11
1564	229	160	11	8
156	17	21	1	1
196	36	22	2	2
33	4	2		
808	144	96	9	13
628	100	58	3	4
36	6	4	1	
144	38	34	5	9
1771	**315**	**210**	**36**	**30**
1771	315	210	36	30
92	8	12	4	3
4	1	1		2

2-30 续表 11

行业中类	法人单位数（个）	50万元及以下	50-100万元
中等教育	35	23	3
高等教育			
特殊教育	6	4	
技能培训、教育辅助及其他教育	16176	12416	1536
卫生和社会工作	**3930**	**1816**	**450**
卫生	3338	1487	392
医院	616	88	23
基层医疗卫生服务	2538	1326	350
专业公共卫生服务	37	17	9
其他卫生活动	147	56	10
社会工作	592	329	58
提供住宿社会工作	541	294	54
不提供住宿社会工作	51	35	4
文化、体育和娱乐业	**32390**	**21606**	**3432**
新闻和出版业	179	39	13
新闻业	16	8	
出版业	163	31	13
广播、电视、电影和录音制作业	7261	4057	622
广播	193	128	13
电视	142	67	9
影视节目制作	5885	3560	532
广播电视集成播控	8	4	1
电影和广播电视节目发行	244	105	20
电影放映	714	134	42
录音制作	75	59	5
文化艺术业	5609	4166	485
文艺创作与表演	2405	1773	220
艺术表演场馆	52	16	5
图书馆与档案馆	232	155	26
文物及非物质文化遗产保护	47	23	5
博物馆	29	13	2
烈士陵园、纪念馆	4	2	
群众文体活动	493	362	45
其他文化艺术业	2347	1822	182
体育	2987	2110	287
体育组织	496	370	50
体育场地设施管理	202	112	25
健身休闲活动	2200	1558	205
其他体育	89	70	7
娱乐业	16354	11234	2025
室内娱乐活动	7754	5178	1230
游乐园	207	94	20
休闲观光活动	755	373	80
彩票活动	12	8	
文化体育娱乐活动与经纪代理服务	7548	5529	687
其他娱乐业	78	52	8

100-500万元	500-1000万元	1000-5000万元	5000万元-1亿元	1亿元以上
5	1	1	1	1
2				
1668	305	196	31	24
794	**266**	**442**	**86**	**76**
701	236	398	68	56
96	84	230	50	45
583	137	124	12	6
4	3	4		
18	12	40	6	5
93	30	44	18	20
89	27	41	17	19
4	3	3	1	1
4568	**1038**	**1178**	**239**	**329**
45	14	26	17	25
4	2	1	1	
41	12	25	16	25
1202	427	637	135	181
30	10	8	2	2
31	12	15	5	3
875	258	404	100	156
			1	2
51	20	32	7	9
206	126	177	20	9
9	1	1		
667	120	115	24	32
291	54	46	10	11
14	6	9		2
39	9	2	1	
5	5	4	2	3
5	3	4		2
		1		1
56	11	12	4	3
257	32	37	7	10
397	91	68	10	24
48	14	8	3	3
28	14	12	3	8
311	63	48	4	11
10				2
2257	386	332	53	67
1131	132	70	5	8
34	15	20	5	19
150	46	81	12	13
3			1	
927	191	160	28	26
12	2	1	2	1

2-31 按行业(大类)、资产总计组距

行业大类	从业人员期末人数（人）	50万元及以下	50-100万元
总　计	**25898115**	**1594732**	**855792**
农、林、牧、渔业	**4345**	**1332**	**449**
农业			
林业			
畜牧业			
渔业			
农、林、牧、渔专业及辅助性活动	4345	1332	449
采矿业	**17347**	**326**	**190**
煤炭开采和洗选业	21	4	
石油和天然气开采业	1		
黑色金属矿采选业	1090	6	
有色金属矿采选业	2247	89	1
非金属矿采选业	13903	219	185
开采专业及辅助性活动	25	6	4
其他采矿业	60	2	
制造业	**10591520**	**372636**	**336855**
农副食品加工业	106422	4126	2359
食品制造业	96181	3321	1971
酒、饮料和精制茶制造业	53005	2336	1314
烟草制品业	3636		
纺织业	856837	20481	17742
纺织服装、服饰业	796865	44342	41250
皮革、毛皮、羽毛及其制品和制鞋业	567820	41347	35256
木材加工和木、竹、藤、棕、草制品业	129147	6844	5282
家具制造业	266117	7680	7217
造纸和纸制品业	212582	11697	8503
印刷和记录媒介复制业	171546	9427	8163
文教、工美、体育和娱乐用品制造业	413086	32179	20858
石油、煤炭及其他燃料加工业	18194	154	233
化学原料和化学制品制造业	282567	4281	4207
医药制造业	151298	465	301
化学纤维制造业	120364	363	387
橡胶和塑料制品业	614283	24400	24307
非金属矿物制品业	289958	10062	8785
黑色金属冶炼和压延加工业	87847	1032	1268
有色金属冶炼和压延加工业	101948	1312	1426
金属制品业	787509	29975	27783
通用设备制造业	1146219	34226	35985
专用设备制造业	541079	18872	19701
汽车制造业	649634	10765	11283
铁路、船舶、航空航天和其他运输设备制造业	132647	3234	3132
电气机械和器材制造业	1099212	27064	25654
计算机、通信和其他电子设备制造业	557111	6721	6888
仪器仪表制造业	175765	4103	4374
其他制造业	105208	6443	5765
废弃资源综合利用业	16418	412	308
金属制品、机械和设备修理业	41015	4972	5153
电力、热力、燃气及水生产和供应业	**144656**	**2703**	**1748**
电力、热力生产和供应业	92502	1930	1215
燃气生产和供应业	11667	134	50
水的生产和供应业	40487	639	483
建筑业	**7805044**	**86710**	**34501**
房屋建筑业	5639334	25027	5034
土木工程建筑业	1418363	15708	6460
建筑安装业	197336	8437	5003
建筑装饰、装修和其他建筑业	550011	37538	18004

分组的企业法人单位从业人员数

100-500万元	500-1000万元	1000-5000万元	5000万元-1亿元	1亿元以上
2966207	**1727323**	**4476056**	**2344014**	**11933991**
1010	**594**	**726**	**160**	**74**
1010	594	726	160	74
1226	**1361**	**4292**	**1970**	**7982**
1		15		1
	1			
10		158	104	812
27	108	295	104	1623
1147	1234	3824	1762	5532
5	10			
36	8			14
1499038	**937337**	**2438311**	**1124111**	**3883232**
10087	7569	26090	14719	41472
6869	4377	16196	15710	47737
4833	2489	7206	4240	30587
				3636
90916	66768	196484	108096	356350
137010	95947	209528	73988	194800
143543	67246	144303	47293	88832
25936	16066	32472	11945	30602
28761	19433	64661	29585	108780
39229	18708	40832	19974	73639
39317	21872	46331	17113	29323
77087	43508	105029	40101	94324
966	665	1154	925	14097
19670	12957	45629	30150	165673
2087	1806	11688	9499	125452
3434	3421	13695	5709	93355
111623	68278	160663	69451	155561
34473	20069	63627	41870	111072
6463	4620	17289	9980	47195
8178	8341	23777	10615	48299
146318	90030	222751	90407	180245
179975	118454	294993	123919	358667
97020	57323	136220	58290	153653
60796	42387	134853	67606	321944
15685	10645	34673	13604	51674
121187	80658	233968	125796	484885
35006	24719	81686	51445	350646
17989	11012	33426	19473	85388
20492	11824	29454	9101	22129
1126	880	3550	2034	8108
12962	5265	6083	1473	5107
9146	**4238**	**11406**	**6832**	**108583**
6995	2737	5945	3368	70312
234	135	818	1220	9076
1917	1366	4643	2244	29195
114827	**125413**	**644094**	**643904**	**6155595**
30225	47989	321132	334835	4875092
24089	24898	181534	203940	961734
16941	20402	33031	18489	95033
43572	32124	108397	86640	223736

2-31 续表

行业大类	从业人员期末人数（人）	50万元及以下	50-100万元
批发和零售业	**2442646**	**485749**	**206998**
批发业	1533420	250188	132847
零售业	909226	235561	74151
交通运输、仓储和邮政业	**641758**	**36971**	**25271**
铁路运输业	21		
道路运输业	371104	18291	13193
水上运输业	52380	610	567
航空运输业	15295	113	46
管道运输业	72	6	
多式联运和运输代理业	66491	9849	4697
装卸搬运和仓储业	53605	5125	2722
邮政业	82790	2977	4046
住宿和餐饮业	**426558**	**58752**	**25763**
住宿业	187198	14546	8102
餐饮业	239360	44206	17661
信息传输、软件和信息技术服务业	**573353**	**75883**	**30667**
电信、广播电视和卫星传输服务	63613	1013	418
互联网和相关服务	93573	9457	3725
软件和信息技术服务业	416167	65413	26524
金融业	**26611**	**2529**	**775**
货币金融服务	8647	583	231
资本市场服务	5613	874	206
保险业	445	114	29
其他金融业	11906	958	309
房地产业	**654110**	**65298**	**28224**
房地产业	654110	65298	28224
租赁和商务服务业	**1317238**	**162174**	**63840**
租赁业	50600	10015	5257
商务服务业	1266638	152159	58583
科学研究和技术服务业	**510755**	**73829**	**32711**
研究和试验发展	70545	8940	4069
专业技术服务业	341920	42952	19343
科技推广和应用服务业	98290	21937	9299
水利、环境和公共设施管理业	**144857**	**10601**	**5311**
水利管理业	4577	348	209
生态保护和环境治理业	14261	1398	550
公共设施管理业	115788	8167	4278
土地管理业	10231	688	274
居民服务、修理和其他服务业	**214591**	**58810**	**26644**
居民服务业	88830	28253	11252
机动车、电子产品和日用产品修理业	62194	18879	9706
其他服务业	63567	11678	5686
教育	**115483**	**43804**	**13333**
教育	115483	43804	13333
卫生和社会工作	**96901**	**6171**	**3888**
卫生	90593	5477	3387
社会工作	6308	694	501
文化、体育和娱乐业	**170342**	**50454**	**18624**
新闻和出版业	5674	79	67
广播、电视、电影和录音制作业	42416	6807	2476
文化艺术业	26625	10139	3723
体育	19886	6134	1808
娱乐业	75741	27295	10550

100-500万元	500-1000万元	1000-5000万元	5000万元-1亿元	1亿元以上
530289	**252288**	**375586**	**137025**	**454711**
381017	191878	249102	78416	249972
149272	60410	126484	58609	204739
88232	**52715**	**111219**	**51661**	**275689**
	21			
49163	31788	65063	30168	163438
1805	2630	8847	5935	31986
162	184	915	1226	12649
		10		56
13149	9736	14119	3358	11583
9863	4282	12218	4919	14476
14090	4074	10047	6055	41501
74213	**36046**	**81896**	**32762**	**117126**
25297	15315	41709	19016	63213
48916	20731	40187	13746	53913
77325	**36175**	**84146**	**39258**	**229899**
2138	1273	3086	1905	53780
9466	4154	10486	8051	48234
65721	30748	70574	29302	127885
2368	**1484**	**4168**	**2236**	**13051**
560	513	1772	727	4261
692	485	846	323	2187
33	7	35		227
1083	479	1515	1186	6376
90667	**58914**	**126097**	**48653**	**236257**
90667	58914	126097	48653	236257
217253	**103660**	**346889**	**176891**	**246531**
13401	4903	7530	2017	7477
203852	98757	339359	174874	239054
98790	**50789**	**116598**	**39014**	**99024**
14531	6406	11658	3236	21705
59432	34179	90264	32101	63649
24827	10204	14676	3677	13670
19637	**14472**	**38656**	**9414**	**46766**
671	294	725	294	2036
2183	1241	3272	2129	3488
15927	12797	34483	6930	33206
856	140	176	61	8036
64988	**21735**	**27114**	**4243**	**11057**
24052	7493	9104	3262	5414
20375	4912	5704	458	2160
20561	9330	12306	523	3483
25347	**10183**	**11105**	**7838**	**3873**
25347	10183	11105	7838	3873
13840	**9203**	**35146**	**10140**	**18513**
12623	8622	33319	9564	17601
1217	581	1827	576	912
38011	**10716**	**18607**	**7902**	**26028**
409	250	746	1488	2635
6986	3471	7266	1834	13576
6944	1291	2446	1041	1041
4737	1563	2229	1508	1907
18935	4141	5920	2031	6869

2-32 按行业(中类)、地区分组的

行业中类	法人单位数(个)	杭州市	宁波市	温州市
总　计	**12488**	**3147**	**1776**	**1242**
农、林、牧、渔业	**40**	**3**	**6**	**4**
农业				
谷物种植				
豆类、油料和薯类种植				
棉、麻、糖、烟草种植				
蔬菜、食用菌及园艺作物种植				
水果种植				
坚果、含油果、香料和饮料作物种植				
中药材种植				
草种植及割草				
其他农业				
林业	2	1		
林木育种和育苗				
造林和更新				
森林经营、管护和改培	2	1		
木材和竹材采运				
林产品采集				
畜牧业	2	1		
牲畜饲养	2	1		
家禽饲养				
狩猎和捕捉动物				
其他畜牧业				
渔业	1			1
水产养殖	1			1
水产捕捞				
农、林、牧、渔专业及辅助性活动	35	1	6	3
农业专业及辅助性活动	24	1	4	1
林业专业及辅助性活动	6		1	1
畜牧专业及辅助性活动	3		1	1
渔业专业及辅助性活动	2			
采矿业	**26**	**7**		**3**
煤炭开采和洗选业	2	1		
烟煤和无烟煤开采洗选	1			
褐煤开采洗选	1	1		
其他煤炭采选				
石油和天然气开采业				
石油开采				
天然气开采				
黑色金属矿采选业	2			
铁矿采选	2			
锰矿、铬矿采选				
其他黑色金属矿采选				
有色金属矿采选业	2	1		
常用有色金属矿采选	2	1		
贵金属矿采选				
稀有稀土金属矿采选				

国有控股企业法人单位数

	嘉兴市	湖州市	绍兴市	金华市	衢州市	舟山市	台州市	丽水市
	1388	**706**	**741**	**829**	**499**	**604**	**994**	**562**
	4	**3**	**4**	**4**	**5**	**2**	**2**	**3**
					1			
					1			
			1					
			1					
	4	3	3	4	4	2	2	3
	3	2	3	4	1	1	2	2
					3			1
		1						
	1					1		
		5	**5**		**2**	**1**	**2**	**1**
			1					
			1					
			2					
			2					
			1					
			1					

2-32 续表 1

行业中类	法人单位数（个）	杭州市	宁波市	温州市
非金属矿采选业	20	5		3
土砂石开采	18	5		2
化学矿开采	1			
采盐				
石棉及其他非金属矿采选	1			1
开采专业及辅助性活动				
煤炭开采和洗选专业及辅助性活动				
石油和天然气开采专业及辅助性活动				
其他开采专业及辅助性活动				
其他采矿业				
其他采矿业				
制造业	**666**	**207**	**88**	**53**
农副食品加工业	41	2	3	10
谷物磨制	5	1	1	3
饲料加工				
植物油加工	4			
制糖业				
屠宰及肉类加工	17	1	1	3
水产品加工	11		1	1
蔬菜、菌类、水果和坚果加工	1			
其他农副食品加工	3			3
食品制造业	21	7	4	5
焙烤食品制造	4	1	1	2
糖果、巧克力及蜜饯制造				
方便食品制造	3	1		1
乳制品制造	3	1		1
罐头食品制造	2	1	1	
调味品、发酵制品制造	1			1
其他食品制造	8	3	2	
酒、饮料和精制茶制造业	23	5		4
酒的制造	8	1		1
饮料制造	4	2		1
精制茶加工	11	2		2
烟草制品业	1	1		
烟叶复烤				
卷烟制造	1	1		
其他烟草制品制造				
纺织业	13	3	2	2
棉纺织及印染精加工	5	1	1	1
毛纺织及染整精加工	2		1	
麻纺织及染整精加工				
丝绢纺织及印染精加工	2	1		
化纤织造及印染精加工				
针织或钩针编织物及其制品制造	1			
家用纺织制成品制造	1			1
产业用纺织制成品制造	2	1		
纺织服装、服饰业	23	8	3	
机织服装制造	14	7	1	

嘉兴市	湖州市	绍兴市	金华市	衢州市	舟山市	台州市	丽水市
	5	1		2	1	2	1
	5	1		1	1	2	1
				1			
66	**55**	**47**	**34**	**47**	**26**	**30**	**13**
4	4	2	2	1	12		1
2	2						
2	1	1	2	1	4		1
	1				8		
		1					
1			1		2	1	
1							
			1				
					2	1	
1	1	4	2	1	1	2	2
		3				1	2
	1						
1		1	2	1	1	1	
2	1		1	1	1		
	1			1			
1							
					1		
1							
			1				
	4		4	3			1
	2		1	3			

2-32 续表 2

行业中类	法人单位数(个)	杭州市	宁波市	温州市
针织或钩针编织服装制造	3	1	2	
服饰制造	6			
皮革、毛皮、羽毛及其制品和制鞋业	3	1		
皮革鞣制加工				
皮革制品制造	2	1		
毛皮鞣制及制品加工				
羽毛(绒)加工及制品制造				
制鞋业	1			
木材加工和木、竹、藤、棕、草制品业	1			1
木材加工	1			1
人造板制造				
木质制品制造				
竹、藤、棕、草等制品制造				
家具制造业				
木质家具制造				
竹、藤家具制造				
金属家具制造				
塑料家具制造				
其他家具制造				
造纸和纸制品业	5	1		
纸浆制造				
造纸	4			
纸制品制造	1	1		
印刷和记录媒介复制业	28	10	5	1
印刷	26	9	5	1
装订及印刷相关服务	2	1		
记录媒介复制				
文教、工美、体育和娱乐用品制造业	9	2	1	1
文教办公用品制造	2		1	
乐器制造	1			
工艺美术及礼仪用品制造	6	2		1
体育用品制造				
玩具制造				
游艺器材及娱乐用品制造				
石油、煤炭及其他燃料加工业	6	1	2	1
精炼石油产品制造	4	1	2	1
煤炭加工	1			
核燃料加工	1			
生物质燃料加工				
化学原料和化学制品制造业	74	15	12	1
基础化学原料制造	34	4	6	
肥料制造	3		1	
农药制造	2	1		
涂料、油墨、颜料及类似产品制造	3	1		
合成材料制造	11	2	3	
专用化学产品制造	13	3	2	1
炸药、火工及焰火产品制造	5	2		
日用化学产品制造	3	2		

嘉兴市	湖州市	绍兴市	金华市	衢州市	舟山市	台州市	丽水市
	2		3				1
1			1				
1							
			1				
3	1						
3	1						
1	3	3	2	1	1	1	
1	2	3	2	1	1	1	
	1						
1	1	1					2
1							
	1						
		1					2
1						1	
1							
						1	
4	4	7	1	23	2	3	2
1		3		18	1	1	
		1		1			
1							
		1		1			
1	1			2		1	1
1	2	2	1				1
	1			1		1	
					1		

2-32 续表 3

行业中类	法人单位数(个)	杭州市	宁波市	温州市
医药制造业	23	7		1
化学药品原料药制造	5	1		
化学药品制剂制造	7	1		
中药饮片加工	5	2		
中成药生产	3	1		
兽用药品制造	2	1		1
生物药品制品制造	1	1		
卫生材料及医药用品制造				
药用辅料及包装材料				
化学纤维制造业	3		1	
纤维素纤维原料及纤维制造	1		1	
合成纤维制造	2			
生物基材料制造				
橡胶和塑料制品业	15	8	2	1
橡胶制品业	4	4		
塑料制品业	11	4	2	1
非金属矿物制品业	101	21	10	3
水泥、石灰和石膏制造	46	5	4	1
石膏、水泥制品及类似制品制造	42	15	5	2
砖瓦、石材等建筑材料制造	7		1	
玻璃制造				
玻璃制品制造	2			
玻璃纤维和玻璃纤维增强塑料制品制造				
陶瓷制品制造	1			
耐火材料制品制造				
石墨及其他非金属矿物制品制造	3	1		
黑色金属冶炼和压延加工业	11	6	4	
炼铁				
炼钢	1	1		
钢压延加工	10	5	4	
铁合金冶炼				
有色金属冶炼和压延加工业	7	2	2	
常用有色金属冶炼	1		1	
贵金属冶炼	1			
稀有稀土金属冶炼				
有色金属合金制造	2	1	1	
有色金属压延加工	3	1		
金属制品业	35	13	6	4
结构性金属制品制造	10	2	3	1
金属工具制造	1		1	
集装箱及金属包装容器制造	6	1	1	1
金属丝绳及其制品制造				
建筑、安全用金属制品制造	5	1		1
金属表面处理及热处理加工	3	2		1
搪瓷制品制造				
金属制日用品制造				
铸造及其他金属制品制造	10	7	1	

嘉兴市	湖州市	绍兴市	金华市	衢州市	舟山市	台州市	丽水市
	1	6	2	2		3	1
		1		1		2	
		2	2			1	1
		2		1			
	1	1					
	1	1					
	1	1					
		2		2			
		2		2			
25	19	3	7	7	1	3	2
9	13	2	5	4		2	1
13	5	1	1				
2				2	1		1
			1	1			
	1						
1						1	
			1				
			1				
1		1					1
							1
1		1					
1	5	1	1	3		1	
1	2	1					
				2		1	
	1		1	1			
	2						

2-32 续表 4

行业中类	法人单位数（个）	杭州市	宁波市	温州市
通用设备制造业	46	24	3	5
锅炉及原动设备制造	8	5		1
金属加工机械制造	2		1	1
物料搬运设备制造	4	2	1	
泵、阀门、压缩机及类似机械制造	9	5		1
轴承、齿轮和传动部件制造	5	3		
烘炉、风机、包装等设备制造	8	7		
文化、办公用机械制造				
通用零部件制造	8	1	1	2
其他通用设备制造业	2	1		
专用设备制造业	32	15	3	3
采矿、冶金、建筑专用设备制造	2	1	1	
化工、木材、非金属加工专用设备制造	6	2	2	1
食品、饮料、烟草及饲料生产专用设备制造				
印刷、制药、日化及日用品生产专用设备制造	1	1		
纺织、服装和皮革加工专用设备制造	1			1
电子和电工机械专用设备制造				
农、林、牧、渔专用机械制造	5			
医疗仪器设备及器械制造	2	2		
环保、邮政、社会公共服务及其他专用设备制造	15	9		1
汽车制造业	21	11	6	1
汽车整车制造	4	3	1	
汽车用发动机制造	1	1		
改装汽车制造	1	1		
低速汽车制造				
电车制造				
汽车车身、挂车制造				
汽车零部件及配件制造	15	6	5	1
铁路、船舶、航空航天和其他运输设备制造业	14	3	2	1
铁路运输设备制造	3	1		
城市轨道交通设备制造	3	1	1	1
船舶及相关装置制造	7	1	1	
航空、航天器及设备制造	1			
摩托车制造				
自行车和残疾人座车制造				
助动车制造				
非公路休闲车及零配件制造				
潜水救捞及其他未列明运输设备制造				
电气机械和器材制造业	42	18	5	3
电机制造	5	4		
输配电及控制设备制造	15	8	2	2
电线、电缆、光缆及电工器材制造	7	4		
电池制造	6		2	
家用电力器具制造	3	1		
非电力家用器具制造	1			
照明器具制造	2			1
其他电气机械及器材制造	3	1	1	

嘉兴市	湖州市	绍兴市	金华市	衢州市	舟山市	台州市	丽水市
5	3	2	1	1		2	
1	1						
			1				
1						2	
	1	1					
				1			
2	1	1					
1							
		5	3			3	
						1	
		1	3			1	
		4				1	
1	1						1
1	1						1
1			1		3	3	
			1			1	
					3	2	
1							
5	4	2	1	1	1	2	
					1		
2		1					
			1	1		1	
2	1					1	
	2						
1							
	1						
		1					

2-32 续表 5

行业中类	法人单位数（个）	杭州市	宁波市	温州市
计算机、通信和其他电子设备制造业	34	15	5	1
计算机制造	1	1		
通信设备制造	11	9	1	
广播电视设备制造				
雷达及配套设备制造	1		1	
非专业视听设备制造	1	1		
智能消费设备制造	2			
电子器件制造	10	3	1	
电子元件及电子专用材料制造	8	1	2	1
其他电子设备制造				
仪器仪表制造业	11	4		1
通用仪器仪表制造	8	4		1
专用仪器仪表制造	3			
钟表与计时仪器制造				
光学仪器制造				
衡器制造				
其他仪器仪表制造业				
其他制造业	5	1		1
日用杂品制造	2	1		
核辐射加工				
其他未列明制造业	3			1
废弃资源综合利用业	5		2	1
金属废料和碎屑加工处理	2		1	
非金属废料和碎屑加工处理	3		1	1
金属制品、机械和设备修理业	13	3	5	1
金属制品修理	1		1	
通用设备修理	2	1		1
专用设备修理	4	1		
铁路、船舶、航空航天等运输设备修理	4		3	
电气设备修理	1		1	
仪器仪表修理				
其他机械和设备修理业	1	1		
电力、热力、燃气及水生产和供应业	**694**	**89**	**85**	**83**
电力、热力生产和供应业	344	39	45	35
电力生产	252	25	30	29
电力供应	65	10	6	6
热力生产和供应	27	4	9	
燃气生产和供应业	59	10	6	7
燃气生产和供应业	59	10	6	7
生物质燃气生产和供应业				
水的生产和供应业	291	40	34	41
自来水生产和供应	197	25	22	33
污水处理及其再生利用	92	15	12	8
海水淡化处理	1			
其他水的处理、利用与分配	1			
建筑业	**515**	**111**	**66**	**48**
房屋建筑业	50	10	4	10

嘉兴市	湖州市	绍兴市	金华市	衢州市	舟山市	台州市	丽水市
4	2	4	1			2	
1							
						2	
	2	4					
3			1				
1		1	1	1	1	1	
		1	1	1			
1					1	1	
		1	1			1	
			1				
		1				1	
		1				1	
						1	
		1					
3					1		
3							
					1		
69	**38**	**52**	**62**	**42**	**18**	**84**	**72**
27	18	20	31	27	8	41	53
20	9	14	21	22	7	30	45
5	6	4	7	5		9	7
2	3	2	3		1	2	1
7	5	10	2	2	4	1	5
7	5	10	2	2	4	1	5
35	15	22	29	13	6	42	14
18	10	14	23	10	3	26	13
16	5	8	6	3	2	16	1
					1		
1							
50	**38**	**45**	**40**	**13**	**19**	**62**	**23**
3	2	5	4	1	1	8	2

2-32 续表 6

行业中类	法人单位数（个）	杭州市	宁波市	温州市
住宅房屋建筑	42	8	4	10
体育场馆建筑				
其他房屋建筑业	8	2		
土木工程建筑业	344	63	42	30
铁路、道路、隧道和桥梁工程建筑	180	33	18	17
水利和水运工程建筑	64	7	8	7
海洋工程建筑	5		1	
工矿工程建筑	4	1	1	1
架线和管道工程建筑	40	10	4	4
节能环保工程施工				
电力工程施工	6	2	2	
其他土木工程建筑	45	10	8	1
建筑安装业	53	16	7	4
电气安装	12	7	1	
管道和设备安装	28	4	5	3
其他建筑安装业	13	5	1	1
建筑装饰、装修和其他建筑业	68	22	13	4
建筑装饰和装修业	14	8	3	
建筑物拆除和场地准备活动	40	9	8	2
提供施工设备服务	1	1		
其他未列明建筑业	13	4	2	2
批发和零售业	**1480**	**488**	**235**	**142**
批发业	835	305	141	77
农、林、牧、渔产品批发	76	15	17	3
食品、饮料及烟草制品批发	146	40	18	14
纺织、服装及家庭用品批发	76	37	7	15
文化、体育用品及器材批发	26	14	4	3
医药及医疗器材批发	57	22	2	7
矿产品、建材及化工产品批发	321	125	75	20
机械设备、五金产品及电子产品批发	91	47	12	10
贸易经纪与代理	19	2	3	4
其他批发业	23	3	3	1
零售业	645	183	94	65
综合零售	40	19	3	4
食品、饮料及烟草制品专门零售	59	11	5	9
纺织、服装及日用品专门零售	15	4	1	3
文化、体育用品及器材专门零售	112	31	12	14
医药及医疗器材专门零售	69	16	12	10
汽车、摩托车、零配件和燃料及其他动力销售	313	94	56	21
家用电器及电子产品专门零售	7	3	1	2
五金、家具及室内装饰材料专门零售	7	1	1	1
货摊、无店铺及其他零售业	23	4	3	1
交通运输、仓储和邮政业	**885**	**155**	**162**	**97**
铁路运输业	12	4	4	2
铁路旅客运输	8	4	1	2
铁路货物运输	4		3	
铁路运输辅助活动				

嘉兴市	湖州市	绍兴市	金华市	衢州市	舟山市	台州市	丽水市
2	2	2	3	1	1	8	1
1		3	1				1
36	25	31	30	11	13	45	18
16	16	17	21	7	7	23	5
11	4	7	3		2	9	6
					3	1	
				1			
2	1	4	3	1		6	5
			1		1		
7	4	3	2	2		6	2
7	8	2	3	1	1	3	1
1	1		1				1
4	6	1	2	1		2	
2	1	1			1	1	
4	3	7	3		4	6	2
1		2					
3	2	3	2		3	6	2
	1	2	1		1		
99	**67**	**81**	**96**	**43**	**75**	**110**	**44**
59	32	44	35	17	53	53	19
10	2	8	2	5		8	6
13	7	12	9	4	11	14	4
4	6	1	4		1	1	
1		1				3	
4	2	4	4	1	2	6	3
17	11	12	7	5	32	15	2
6	1	4	4		3	3	1
	2	1	1		4	2	
4	1	1	4	2		1	3
40	35	37	61	26	22	57	25
3	1	2	5	2			1
5	6	3	3	1	7	7	2
1		2			3		1
6	4	6	10	6	5	8	10
5	5	2	4	3	2	7	3
17	17	20	37	10	4	31	6
						1	
	2					1	1
3		2	2	4	1	2	1
91	**33**	**36**	**57**	**32**	**98**	**77**	**47**
				2			
				1			
				1			

2-32 续表 7

行业中类	法人单位数（个）	杭州市	宁波市	温州市
道路运输业	437	91	65	51
城市公共交通运输	120	20	21	15
公路旅客运输	77	9	7	18
道路货物运输	71	17	14	5
道路运输辅助活动	169	45	23	13
水上运输业	115	12	28	10
水上旅客运输	28	4	3	2
水上货物运输	28	4	9	2
水上运输辅助活动	59	4	16	6
航空运输业	25	9	4	3
航空客货运输	4	1		1
通用航空服务	3	2	1	
航空运输辅助活动	18	6	3	2
管道运输业	1	1		
海底管道运输				
陆地管道运输	1	1		
多式联运和运输代理业	112	15	31	11
多式联运	3	1		
运输代理业	109	14	31	11
装卸搬运和仓储业	162	19	29	18
装卸搬运	21	3	2	1
通用仓储	18	2	8	1
低温仓储	4	2		
危险品仓储	14	2	4	
谷物、棉花等农产品仓储	84	7	9	12
中药材仓储	1			1
其他仓储业	20	3	6	3
邮政业	21	4	1	2
邮政基本服务	15	3	1	2
快递服务	3	1		
其他寄递服务	3			
住宿和餐饮业	**287**	**138**	**39**	**26**
住宿业	217	107	32	19
旅游饭店	144	76	16	10
一般旅馆	67	29	14	9
民宿服务	3	2		
露营地服务				
其他住宿业	3		2	
餐饮业	70	31	7	7
正餐服务	61	27	6	6
快餐服务	3	1		1
饮料及冷饮服务	4	3		
餐饮配送及外卖送餐服务	2		1	
其他餐饮业				
信息传输、软件和信息技术服务业	**282**	**110**	**33**	**18**
电信、广播电视和卫星传输服务	129	26	15	11
电信	51	12	5	3

嘉兴市	湖州市	绍兴市	金华市	衢州市	舟山市	台州市	丽水市
39	17	18	37	20	25	41	33
9	4	8	12	3	4	14	10
5	1	4	7	1	10	10	5
7	3	4	5	2	3	5	6
18	9	2	13	14	8	12	12
17	3	1	2	2	29	9	2
		1		1	12	4	1
1	1		1		7	2	1
16	2		1	1	10	3	
	2		3	1	2	1	
			1		1		
	2		2	1	1	1	
14	4	10		1	16	8	2
1						1	
13	4	10		1	16	7	2
18	6	5	12	4	25	17	9
4					8	3	
5	1					1	
					2		
2					6		
6	4	4	9	4	7	13	9
1	1	1	3		2		
3	1	2	3	2	1	1	1
1	1	1	2	1	1	1	1
		1		1			
2			1				
10	**11**	**8**	**12**	**7**	**21**	**8**	**7**
6	7	6	7	3	19	5	6
4	5	5	4	3	14	3	4
2	1	1	3		5	2	1
	1						
							1
4	4	2	5	4	2	3	1
4	4	2	4	4	1	3	
							1
			1				
					1		
20	**13**	**16**	**17**	**12**	**12**	**17**	**14**
11	7	7	11	10	5	12	14
3	3	4	5	4	2	4	6

2-32 续表 8

行业中类	法人单位数(个)	杭州市	宁波市	温州市
广播电视传输服务	78	14	10	8
卫星传输服务				
互联网和相关服务	31	14	3	
互联网接入及相关服务	2	1		
互联网信息服务	12	6	1	
互联网平台	8	2	1	
互联网安全服务	1	1		
互联网数据服务	5	2	1	
其他互联网服务	3	2		
软件和信息技术服务业	122	70	15	7
软件开发	66	46	8	1
集成电路设计	2	1		
信息系统集成和物联网技术服务	16	9		1
运行维护服务	3	1	1	
信息处理和存储支持服务	6	3		
信息技术咨询服务	23	7	4	4
数字内容服务	2	2		
其他信息技术服务业	4	1	2	1
金融业	**891**	**265**	**121**	**74**
货币金融服务	327	64	57	32
中央银行服务				
货币银行服务	300	52	50	32
非货币银行服务	27	12	7	
银行理财服务				
银行监管服务				
资本市场服务	154	114	17	1
证券市场服务	5	5		
公开募集证券投资基金				
非公开募集证券投资基金	93	73	12	
期货市场服务	11	11		
证券期货监管服务				
资本投资服务	35	17	4	1
其他资本市场服务	10	8	1	
保险业	343	73	36	34
人身保险	129	27	9	13
财产保险	202	38	25	20
再保险				
商业养老金	1	1		
保险中介服务	8	6	1	1
保险资产管理	1		1	
保险监管服务				
其他保险活动	2	1		
其他金融业	67	14	11	7
金融信托与管理服务	5	3	1	
控股公司服务	11	1	2	
非金融机构支付服务	3	1	2	
金融信息服务	2	1		1
金融资产管理公司	6	1	1	2
其他未列明金融业	40	7	5	4

嘉兴市	湖州市	绍兴市	金华市	衢州市	舟山市	台州市	丽水市
8	4	3	6	6	3	8	8
	2	5	2		3	2	
			1				
	1	3				1	
	1	1	1		1	1	
		1			1		
					1		
9	4	4	4	2	4	3	
4	1		1	1	2	2	
	1						
		1	1	1	2	1	
1							
2	1						
2	1	3	2				
72	**48**	**64**	**75**	**42**	**32**	**67**	**31**
28	22	25	31	17	13	23	15
26	20	24	31	16	13	22	14
2	2	1		1		1	1
5	3	1	3	2	1	6	1
4	1			1	1	1	
	2	1	3	1		5	1
1							
34	23	31	37	19	12	31	13
15	8	12	16	8	4	12	5
19	15	19	21	11	7	19	8
					1		
5		7	4	4	6	7	2
1							
		5	2	1			
			1			1	
4		2	1	3	6	6	2

2-32 续表 9

行业中类	法　人 单位数 （个）	杭州市	宁波市	温州市
房地产业	**1328**	**352**	**202**	**202**
房地产业	1328	352	202	202
房地产开发经营	677	213	118	67
物业管理	246	73	31	26
房地产中介服务	30	11	2	1
房地产租赁经营	325	51	43	104
其他房地产业	50	4	8	4
租赁和商务服务业	**3144**	**643**	**453**	**303**
租赁业	60	17	11	2
机械设备经营租赁	53	16	10	2
文体设备和用品出租	6	1	1	
日用品出租	1			
商务服务业	3084	626	442	301
组织管理服务	2068	364	284	221
综合管理服务	198	29	35	15
法律服务	3			
咨询与调查	168	62	26	14
广告业	143	47	17	9
人力资源服务	89	22	10	11
安全保护服务	111	19	16	12
会议、展览及相关服务	53	20	11	3
其他商务服务业	251	63	43	16
科学研究和技术服务业	**948**	**263**	**141**	**100**
研究和试验发展	48	22	4	6
自然科学研究和试验发展	1	1		
工程和技术研究和试验发展	36	14	3	5
农业科学研究和试验发展	5	2	1	1
医学研究和试验发展	4	4		
社会人文科学研究	2	1		
专业技术服务业	735	206	100	79
气象服务	12		4	2
地震服务				
海洋服务	4	1	2	
测绘地理信息服务	47	8	7	4
质检技术服务	179	39	28	17
环境与生态监测检测服务	14	4	3	1
地质勘查	16	6	2	2
工程技术与设计服务	417	130	48	50
工业与专业设计及其他专业技术服务	46	18	6	3
科技推广和应用服务业	165	35	37	15
技术推广服务	126	24	24	13
知识产权服务	10	6	2	1
科技中介服务	15	3	7	1
创业空间服务	6	1	2	
其他科技推广服务业	8	1	2	

嘉兴市	湖州市	绍兴市	金华市	衢州市	舟山市	台州市	丽水市
171	**76**	**63**	**81**	**20**	**43**	**94**	**24**
171	76	63	81	20	43	94	24
72	48	34	38	12	22	44	9
36	16	16	21	1	6	18	2
4		2	4	1		5	
51	4	7	14	5	13	25	8
8	8	4	4	1	2	2	5
483	**167**	**168**	**195**	**143**	**180**	**257**	**152**
5	5	4	7	1	3	5	
4	3	3	7	1	3	4	
	2	1				1	
1							
478	162	164	188	142	177	252	152
392	104	92	119	106	117	173	96
23	11	18	18	5	13	16	15
		2		1			
10	7	14	6	4	8	14	3
14	8	9	6	8	9	9	7
8	7	4	2	6	7	6	6
10	5	4	12	4	6	13	10
2	3	6	3		1	4	
19	17	15	22	8	16	17	15
92	**48**	**47**	**62**	**36**	**28**	**78**	**53**
3	2	3	2	2	2	1	1
3	2	2	2	2	1	1	1
					1		
		1					
65	35	36	53	20	24	70	47
			4			1	1
					1		
5	5	5	5	2		4	2
26	9	11	16	7	6	16	4
2		1		1		2	
	1	1	1	1		1	1
27	19	16	23	9	13	43	39
5	1	2	4		4	3	
24	11	8	7	14	2	7	5
20	8	8	4	13	1	6	5
1							
1	1		2				
2	1						
	1		1	1	1	1	

2-32 续表 10

行业中类	法人单位数（个）	杭州市	宁波市	温州市
水利、环境和公共设施管理业	**691**	**117**	**66**	**35**
水利管理业	114	16	10	10
防洪除涝设施管理	21	6	1	
水资源管理	35	4	6	4
天然水收集与分配	22	4	2	4
水文服务	2	1		
其他水利管理业	34	1	1	2
生态保护和环境治理业	58	9	6	1
生态保护	12	2	2	
环境治理业	46	7	4	1
公共设施管理业	460	69	45	22
市政设施管理	198	26	12	13
环境卫生管理	47	11	5	
城乡市容管理	11	1		1
绿化管理	56	10	3	1
城市公园管理	4	2	1	
游览景区管理	144	19	24	7
土地管理业	59	23	5	2
土地整治服务	41	17	3	2
土地调查评估服务	2			
土地登记服务				
土地登记代理服务	2	1		
其他土地管理服务	14	5	2	
居民服务、修理和其他服务业	**131**	**37**	**17**	**12**
居民服务业	68	11	8	10
家庭服务	9	3		1
托儿所服务				
洗染服务	3	1		
理发及美容服务	1			
洗浴和保健养生服务	2			
摄影扩印服务	3	1		1
婚姻服务	3	2		1
殡葬服务	34	2	5	4
其他居民服务业	13	2	3	3
机动车、电子产品和日用产品修理业	33	16	5	
汽车、摩托车等修理与维护	29	13	4	
计算机和办公设备维修	2	1	1	
家用电器修理	2	2		
其他日用产品修理业				
其他服务业	30	10	4	2
清洁服务	18	6	3	1
宠物服务	1			1
其他未列明服务业	11	4	1	
教育	**93**	**24**	**9**	**8**
教育	93	24	9	8
学前教育	3	1	1	
初等教育				

嘉兴市	湖州市	绍兴市	金华市	衢州市	舟山市	台州市	丽水市
116	**78**	**57**	**52**	**30**	**22**	**61**	**57**
13	2	16	9	6	4	10	18
1		4		1		4	4
3		6	2	3	2	1	4
1		2	3	1	1	2	2
		1					
8	2	3	4	1	1	3	8
13	6	4	2	2	3	8	4
1	1		1	1	1	1	2
12	5	4	1	1	2	7	2
82	67	35	40	17	13	39	31
43	38	18	17	7	1	13	10
9	5	3	4	1	3	6	
	2	1	1	1	1		3
13	8	3	4	2	4	5	3
		1					
17	14	9	14	6	4	15	15
8	3	2	1	5	2	4	4
5	2	2		3	2	2	3
2							
				1			
1	1		1	1		2	1
6	**4**	**14**	**12**	**5**	**6**	**12**	**6**
5	4	10	5	3	3	5	4
2	1	2					
				2			
						1	
			1			1	
	1						
2	2	6	4	1	3	2	3
1		2				1	1
1		1	6	1	1	2	
1		1	6	1	1	2	
		3	1	1	2	5	2
		1		1	2	2	2
		2	1			3	
14	**6**		**10**	**4**	**8**	**7**	**3**
14	6		10	4	8	7	3
	1						

2-32 续表 11

行业中类	法人单位数(个)	杭州市	宁波市	温州市
中等教育	1	1		
高等教育				
特殊教育				
技能培训、教育辅助及其他教育	89	22	8	8
卫生和社会工作	**27**	**10**	**7**	
卫生	7	5	1	
医院	2	2		
基层医疗卫生服务	2	2		
专业公共卫生服务				
其他卫生活动	3	1	1	
社会工作	20	5	6	
提供住宿社会工作	14	3	6	
不提供住宿社会工作	6	2		
文化、体育和娱乐业	**360**	**128**	**46**	**34**
新闻和出版业	77	49	7	4
新闻业	4	1	1	
出版业	73	48	6	4
广播、电视、电影和录音制作业	123	37	14	12
广播	3	2		1
电视	8	5	1	1
影视节目制作	22	7	1	1
广播电视集成播控	2	1		
电影和广播电视节目发行	11	2	4	2
电影放映	77	20	8	7
录音制作				
文化艺术业	79	24	11	5
文艺创作与表演	27	13	5	
艺术表演场馆	19	2	3	4
图书馆与档案馆	6	2		
文物及非物质文化遗产保护	8			
博物馆	4	1	1	
烈士陵园、纪念馆	1			
群众文体活动	5	3	2	
其他文化艺术业	9	3		1
体育	37	11	9	5
体育组织	5	1	1	
体育场地设施管理	16	5	4	2
健身休闲活动	14	4	3	3
其他体育	2	1	1	
娱乐业	44	7	5	8
室内娱乐活动	2			
游乐园	6		1	
休闲观光活动	5			
彩票活动	6			6
文化体育娱乐活动与经纪代理服务	24	7	4	2
其他娱乐业	1			

嘉兴市	湖州市	绍兴市	金华市	衢州市	舟山市	台州市	丽水市
14	5		10	4	8	7	3
2	**3**	**1**	**1**	**1**		**1**	**1**
	1						
	1						
2	2	1	1	1		1	1
1	1			1		1	1
1	1	1	1				
23	**13**	**33**	**19**	**15**	**13**	**25**	**11**
4	2	3	2	4		1	1
1				1			
3	2	3	2	3		1	1
11	4	11	7	7	6	10	4
				1			
1	1	3	2	2		4	
			1				
2	1						
8	2	8	4	4	6	6	4
5	5	8	7	1	3	6	4
1		2	2		1	1	2
1		3	1		1	3	1
	1		1			1	1
2	1	3	2				
	1				1		
						1	
1	2		1	1			
1	1	3	1	2		3	1
	1		1	1			
		2		1		2	
1		1				1	1
2	1	8	2	1	4	5	1
		1				1	
1		3			1		
		1			1	3	
1	1	3	2	1	1	1	1
					1		

2-33 按行业(大类)、地区分组的国有控股企业

行业大类	从业人员期末人数(人)	杭州市	宁波市	温州市
总　计	**1155445**	**447946**	**171756**	**115907**
农、林、牧、渔业	**135**	**6**	**21**	**9**
农业				
林业				
畜牧业				
渔业				
农、林、牧、渔专业及辅助性活动	135	6	21	9
采矿业	**2713**	**305**		**389**
煤炭开采和洗选业	1	1		
石油和天然气开采业				
黑色金属矿采选业	812			
有色金属矿采选业	525	60		
非金属矿采选业	1375	244		389
开采专业及辅助性活动				
其他采矿业				
制造业	**195045**	**94888**	**27667**	**2860**
农副食品加工业	6406	107	34	655
食品制造业	5180	1286	2507	771
酒、饮料和精制茶制造业	3669	137		372
烟草制品业	3636	3636		
纺织业	2152	799	367	11
纺织服装、服饰业	6224	3039	838	
皮革、毛皮、羽毛及其制品和制鞋业	178	8		
木材加工和木、竹、藤、棕、草制品业	5			5
家具制造业				
造纸和纸制品业	1887	3		
印刷和记录媒介复制业	2675	1667	392	38
文教、工美、体育和娱乐用品制造业	256	126	29	1
石油、煤炭及其他燃料加工业	7338	118	6922	165
化学原料和化学制品制造业	18829	4979	3942	18
医药制造业	15787	3346		
化学纤维制造业	315		167	
橡胶和塑料制品业	12575	12126	170	8
非金属矿物制品业	13541	3161	1403	324
黑色金属冶炼和压延加工业	4601	168	4366	
有色金属冶炼和压延加工业	1314	147	401	
金属制品业	3500	1629	559	49
通用设备制造业	16814	9431	427	236
专用设备制造业	4752	2048	214	12
汽车制造业	9821	7975	852	8
铁路、船舶、航空航天和其他运输设备制造业	3925	274	391	3
电气机械和器材制造业	9717	6435	499	143
计算机、通信和其他电子设备制造业	36298	31492	2081	8
仪器仪表制造业	1339	524		
其他制造业	78	58		6
废弃资源综合利用业	313		14	21
金属制品、机械和设备修理业	1920	169	1092	6
电力、热力、燃气及水生产和供应业	**87744**	**13121**	**12793**	**10756**
电力、热力生产和供应业	54353	6507	8118	6734
燃气生产和供应业	5735	1643	1024	657
水的生产和供应业	27656	4971	3651	3365
建筑业	**119292**	**50168**	**19027**	**16225**
房屋建筑业	18948	7871	2686	7441
土木工程建筑业	76143	29075	8384	8450
建筑安装业	15869	9360	4927	140
建筑装饰、装修和其他建筑业	8332	3862	3030	194

法人单位从业人员数

嘉兴市	湖州市	绍兴市	金华市	衢州市	舟山市	台州市	丽水市
78769	**43611**	**59006**	**68311**	**34791**	**47105**	**66166**	**22077**
10	**4**	**54**	**9**	**5**	**12**	**5**	
10	4	54	9	5	12	5	
	316	**1285**		**273**	**1**	**115**	**29**
		812					
		465					
	316	8		273	1	115	29
12231	**10549**	**11597**	**5339**	**10154**	**9365**	**7920**	**2475**
770	268	146	61	47	4252		66
1			334		226	55	
	27	2085	36	6	27	107	872
596	1		20	349	9		
	1327		666	339			15
			170				
1498	386						
59	92	75	99	61	87	105	
1	63	1					35
115						18	
676	461	1002	186	6641	591	262	71
	162	5273	640	307		5614	445
		148					
		41		230			
2062	3337	226	994	1676	18	245	95
			67				
76		159					531
55	784	3	8	412		1	
4703	606	915	167	23		306	
		677	1435			366	
90	551						345
1			30		2830	396	
404	1741	194	52	1		248	
1049	743	509	370			46	
41		2		62	706	4	
		8	4			2	
		133				145	
34					619		
7363	**5989**	**7862**	**7085**	**5203**	**1882**	**11595**	**4095**
3747	4228	2865	4605	4290	1065	9064	3130
293	529	941	105	45	314	62	122
3323	1232	4056	2375	868	503	2469	843
2151	**7528**	**8062**	**7350**	**2200**	**1407**	**4393**	**781**
	2	32	138	525	188	45	20
1358	6989	7023	7148	1670	1073	4223	750
733	513	56	43	5	34	58	
60	24	951	21		112	67	11

2-33 续表

行业大类	从业人员期末人数（人）	杭州市	宁波市	温州市
批发和零售业	**92365**	**40645**	**14018**	**6066**
批发业	51332	26054	6175	3316
零售业	41033	14591	7843	2750
交通运输、仓储和邮政业	**174474**	**49970**	**37621**	**23836**
铁路运输业				
道路运输业	111773	36656	19917	16588
水上运输业	20379	1370	9450	1817
航空运输业	9914	5159	1691	2008
管道运输业	50	50		
多式联运和运输代理业	7571	663	3884	929
装卸搬运和仓储业	8551	1069	1506	782
邮政业	16236	5003	1173	1712
住宿和餐饮业	**35198**	**19501**	**4416**	**2610**
住宿业	25936	13234	4145	2236
餐饮业	9262	6267	271	374
信息传输、软件和信息技术服务业	**61205**	**26238**	**7294**	**4999**
电信、广播电视和卫星传输服务	45940	13941	5870	4973
互联网和相关服务	1924	1285	134	
软件和信息技术服务业	13341	11012	1290	26
金融业	**1677**	**724**	**180**	**146**
货币金融服务	185	109	38	
资本市场服务	431	190	10	15
保险业				
其他金融业	1061	425	132	131
房地产业	**57034**	**17762**	**7729**	**12104**
房地产业	57034	17762	7729	12104
租赁和商务服务业	**199597**	**76652**	**26785**	**23901**
租赁业	3570	2482	243	111
商务服务业	196027	74170	26542	23790
科学研究和技术服务业	**60714**	**33254**	**6774**	**4265**
研究和试验发展	2043	1573	4	83
专业技术服务业	55208	29312	6442	4116
科技推广和应用服务业	3463	2369	328	66
水利、环境和公共设施管理业	**40047**	**13119**	**2951**	**2385**
水利管理业	2340	452	227	155
生态保护和环境治理业	1882	182	198	193
公共设施管理业	27977	5381	2489	2031
土地管理业	7848	7104	37	6
居民服务、修理和其他服务业	**6060**	**2994**	**1280**	**286**
居民服务业	3542	1665	680	255
机动车、电子产品和日用产品修理业	1099	476	218	
其他服务业	1419	853	382	31
教育	**6289**	**658**	**266**	**4247**
教育	6289	658	266	4247
卫生和社会工作	**1157**	**546**	**601**	
卫生	496	397	97	
社会工作	661	149	504	
文化、体育和娱乐业	**14699**	**7395**	**2333**	**823**
新闻和出版业	4637	2363	730	218
广播、电视、电影和录音制作业	5890	3633	584	328
文化艺术业	2151	1026	502	140
体育	1101	188	394	91
娱乐业	920	185	123	46

嘉兴市	湖州市	绍兴市	金华市	衢州市	舟山市	台州市	丽水市
5948	**3219**	**4666**	**3328**	**3175**	**3162**	**6090**	**2048**
2121	2004	2428	1225	1702	2166	2997	1144
3827	1215	2238	2103	1473	996	3093	904
9434	**1934**	**7728**	**13930**	**3649**	**14169**	**9025**	**3178**
6730	950	5107	10373	2073	4297	6575	2507
1175	282	12	27	27	5604	581	34
	12		611	112	321		
311	68	524		33	871	270	18
397	184	196	497	186	2421	1013	300
821	438	1889	2422	1218	655	586	319
836	**719**	**1431**	**1658**	**824**	**1950**	**447**	**806**
687	643	1348	574	270	1904	329	566
149	76	83	1084	554	46	118	240
2670	**3068**	**2921**	**3616**	**2567**	**1175**	**4114**	**2543**
2372	2731	2713	3455	2464	835	4043	2543
	53	157	109		178	8	
298	284	51	52	103	162	63	
56	**27**	**125**	**139**	**28**	**82**	**146**	**24**
14	13	7				4	
1	14	1	74	1		119	6
41		117	65	27	82	23	18
5615	**2219**	**818**	**4769**	**243**	**2063**	**3263**	**449**
5615	2219	818	4769	243	2063	3263	449
17212	**4383**	**7248**	**14865**	**4177**	**7827**	**13028**	**3519**
41	81	271	136		46	159	
17171	4302	6977	14729	4177	7781	12869	3519
6560	**1559**	**1522**	**1783**	**630**	**820**	**2862**	**685**
37	39	18	67	190	17	1	14
6406	1432	1276	1584	364	789	2851	636
117	88	228	132	76	14	10	35
7156	**1799**	**2272**	**3336**	**1289**	**2544**	**2019**	**1177**
462	40	371	145	103	147	52	186
370	129	178	59	255	59	149	110
6119	1603	1659	3070	758	2251	1773	843
205	27	64	62	173	87	45	38
267	**41**	**408**	**326**	**139**	**119**	**161**	**39**
248	41	331	104	89	34	81	14
19		74	216	50	25	21	
		3	6		60	59	25
467	**34**		**187**	**86**	**64**	**152**	**128**
467	34		187	86	64	152	128
	5					**2**	**3**
	2						
	3					2	3
793	**218**	**1007**	**591**	**149**	**463**	**829**	**98**
445	46	183	185	31		435	1
235	71	486	194	60	126	125	48
65	37	84	119	14	100	24	40
45	64	50	3	33		226	7
3		204	90	11	237	19	2

第3篇

文化及相关产业篇

A.概况

3-A-01 文化及相关产业单位及从业人员情况

分 组	法人单位	
	法人单位数(个)	从业人员期末人数(人)
总 计	**154441**	**1403035**
按单位性质分组		
经营性	144239	1333155
公益性	10202	69880
按产业类型分组		
文化制造业	33365	639598
文化批发和零售业	23174	117727
文化服务业	97902	645710
按领域分组		
文化核心领域	90842	758428
文化相关领域	63599	644607

3-A-02 分地区文化及相关产业单位及从业人员情况

地 区	法人单位	
	法人单位数(个)	从业人员期末人数(人)
全 省	**154441**	**1403035**
杭州市	40049	371136
宁波市	25106	251731
温州市	23201	187967
嘉兴市	9449	97796
湖州市	5395	44619
绍兴市	10561	95974
金华市	21986	161240
衢州市	2522	19166
舟山市	1644	10821
台州市	10567	117720
丽水市	3961	44865

3-A-03 分地区文化及相关产业法人单位分布情况

地 区	法人单位数(个)	文化服务业	#规模以上	文化制造业	#规模以上	文化批发和零售业	#规模以上
全 省	**154441**	**97902**	**1756**	**33365**	**2112**	**23174**	**921**
杭州市	40049	31709	709	3525	291	4815	183
宁波市	25106	16598	269	5096	424	3412	222
温州市	23201	12111	139	8100	302	2990	99
嘉兴市	9449	6614	132	1933	214	902	61
湖州市	5395	4402	71	685	127	308	29
绍兴市	10561	6166	115	3164	246	1231	154
金华市	21986	9217	156	5383	199	7386	71
衢州市	2522	1851	21	372	31	299	12
舟山市	1644	1378	23	139	3	127	9
台州市	10567	5529	81	3764	194	1274	44
丽水市	3961	2327	40	1204	81	430	37

3-A-04　按类别分文化及相关产业单位基本情况

分　组	法人单位数(个)	从业人员期末人数(人)	文化资产总计(万元)
总　计	**154441**	**1403035**	**187366998**
文化核心领域	**90842**	**758428**	**144380601**
新闻信息服务	3375	74416	50632468
新闻服务	74	2597	110533
报纸信息服务	98	8230	843753
广播电视信息服务	406	17844	5687374
互联网信息服务	2797	45745	43990807
内容创作生产	29497	297117	30951802
出版服务	170	2679	1200770
广播影视节目制作	5969	18655	12533531
创作表演服务	6941	36604	2804588
数字内容服务	2942	40671	4006837
内容保存服务	1182	14130	2128167
工艺美术品制造	12136	181629	8177907
艺术陶瓷制造	157	2749	100002
创意设计服务	34461	199443	15817952
广告服务	19680	90010	7501704
设计服务	14781	109433	8316248
文化传播渠道	12328	98912	12860417
出版物发行	781	10704	2041949
广播电视节目传输	282	20269	5141119
广播影视发行放映	971	20044	1650497
艺术表演	75	1285	111539
互联网文化娱乐平台	33	1081	43119
艺术品拍卖及代理	77	547	215987
工艺美术品销售	10109	44982	3656209
文化投资运营	829	6253	17097330
投资与资产管理	749	4903	15480240
运营管理	80	1350	1617091
文化娱乐休闲服务	10352	82287	17020632
娱乐服务	8068	46154	2574159
景区游览服务	1390	31649	13708232
休闲观光游览服务	894	4484	738242
文化相关领域	**63599**	**644607**	**42986397**
文化辅助生产和中介服务	42127	331847	24489065
文化服务用品制造	702	32213	7857207
印刷复制服务	12384	182100	9481409
版权服务	1106	5547	145355
会议展览服务	2474	13713	3577736
文化经纪代理服务	8275	29210	1868254
文化设备(用品)出租服务	246	1838	107447
文化科研培训服务	16940	67226	1451658
文化装备生产	3399	77740	4338469
印刷设备制造	648	12902	764557
广播电视电影设备制造及销售	317	18335	1582163
摄录设备制造及销售	329	7956	433489
演艺设备制造及销售	520	8808	308715
游乐游艺设备制造	908	17444	732164
乐器制造及销售	677	12295	517382
文化消费终端生产	18073	235020	14158863
文具制造及销售	9832	82873	6445954
笔墨制造	1106	30247	997276
玩具制造	2813	65748	2372498
节庆用品制造	6	68	10526
信息服务终端制造及销售	4316	56084	4332608

3-A-05 分地区文化及相关产业企业基本情况

地　区	法人单位数(个)	从业人员期末人数(人)	资产总计(万元)	营业收入(万元)
全　省	**154441**	**1403035**	**187366998**	**122372946**
杭州市	40049	371136	93847245	64421026
宁波市	25106	251731	23587416	17490440
温州市	23201	187967	7515149	7344576
嘉兴市	9449	97796	17229607	6789528
湖州市	5395	44619	6373146	2626084
绍兴市	10561	95974	9783683	6545804
金华市	21986	161240	16935824	9463871
衢州市	2522	19166	1816546	1142847
舟山市	1644	10821	2199163	309893
台州市	10567	117720	5624549	4818305
丽水市	3961	44865	2454671	1420574

3-A-06 分地区文化及相关产业事业(社团)单位基本情况

地　区	法人单位数(个)	从业人员期末人数(人)	资产总计(万元)	本年支出(费用)合计(万元)
全　省	**10202**	**69880**	**6015954**	**1961447**
杭州市	2355	15444	2386401	592411
宁波市	1036	8112	821238	258296
温州市	1603	11100	511694	218383
嘉兴市	911	4026	406488	151146
湖州市	481	3422	222231	84675
绍兴市	954	6929	426026	191423
金华市	652	5999	363934	115747
衢州市	364	2272	95429	53978
舟山市	348	2232	103275	50447
台州市	777	6103	558925	158121
丽水市	721	4241	120313	86820

B.文化制造业

3-B-01　分地区文化制造业单位主要指标

地　区	法人单位数（个）	规模以上	规模以下	从业人员期末人数（人）	规模以上	规模以下
全　省	**33365**	**2112**	**31253**	**639598**	**328442**	**311156**
杭州市	3525	291	3234	73274	45112	28162
宁波市	5096	424	4672	140988	88890	52098
温州市	8100	302	7798	103923	41094	62829
嘉兴市	1933	214	1719	56861	38556	18305
湖州市	685	127	558	20709	15695	5014
绍兴市	3164	246	2918	53402	30438	22964
金华市	5383	199	5184	77775	23618	54157
衢州市	372	31	341	8328	3989	4339
舟山市	139	3	136	1591	291	1300
台州市	3764	194	3570	76105	29148	46957
丽水市	1204	81	1123	26642	11611	15031

3-B-02　按注册类型和控股情况分规模以上文化制造业企业主要财务指标

单位：万元

分　组	法人单位数（个）	从业人员期末人数（人）	#女性	资产总计	营业收入	营业成本
总　计	**2112**	**328442**	**154741**	**26305712**	**24771336**	**20951602**
按注册类型分组						
内资企业	1872	267583	123449	19007717	19364180	16479104
#国有企业	1	14	11	2339	2429	2141
私营企业	1538	204223	96347	11383612	12641529	10720617
港、澳、台商投资企业	121	31605	15206	4872302	3385162	2811053
外商投资企业	119	29254	16086	2425693	2021994	1661445
按控股情况分组						
国有控股	24	3906	1106	612258	363353	308357
集体控股	8	1335	487	121723	362286	345356
私人控股	1868	267172	123914	18581066	18467662	15574152
港澳台商控股	84	23066	11048	4094109	3033651	2581002
外商控股	93	25949	14497	2139162	1838104	1520381
其他	35	7014	3689	757394	706280	622355

3-B-02 续表

单位：万元

分组	税金及附加	营业利润	投资收益	应付职工薪酬	应交增值税
总计	**152522**	**1128592**	**115391**	**2256966**	**896700**
按注册类型分组					
内资企业	121660	846341	95007	1728716	758760
#国有企业	42	26	29	164	76
私营企业	80945	479192	61365	1244513	491798
港、澳、台商投资企业	18450	181199	17530	277545	79450
外商投资企业	12412	101052	2855	250705	58490
按控股情况分组					
国有控股	2349	6359	3651	52651	7682
集体控股	747	3462	27	9476	3702
私人控股	122067	866383	88517	1710567	768241
港澳台商控股	13173	142046	15541	211817	52427
外商控股	11506	88920	2394	222776	52816
其他	2680	21422	5262	49679	11833

3-B-03 分地区规模以上文化制造企业主要财务指标

单位：万元

地区	法人单位数（个）	从业人员期末人数（人）	#女性	资产总计	营业收入	营业成本
全省	**2112**	**328442**	**154741**	**26305712**	**24771336**	**20951602**
杭州市	291	45112	19401	4374489	4625657	4124197
宁波市	424	88890	44036	7843879	6792292	5764994
温州市	302	41094	15848	1666733	1922195	1610422
嘉兴市	214	38556	16376	4506607	3808167	3048905
湖州市	127	15695	7444	1176833	1287954	1086431
绍兴市	246	30438	15982	2968541	2505751	2095744
金华市	199	23618	11082	1395232	1065490	875880
衢州市	31	3989	1850	514658	462329	401034
舟山市	3	291	164	9300	8722	7184
台州市	194	29148	16057	1478667	1769913	1485008
丽水市	81	11611	6501	370774	522867	451803

3-B-03　续表　　单位：万元

地　区	税金及附加	营业利润	投资收益	应付职工薪　酬	应　交增值税
全　省	**152522**	**1128592**	**115391**	**2256966**	**896700**
杭州市	33118	61880	8113	367757	231963
宁波市	37838	283833	54863	641175	166192
温州市	10416	77263	1886	197181	67445
嘉兴市	25668	332754	5450	322620	176997
湖州市	6958	63083	6453	97382	36262
绍兴市	15414	154175	21908	269789	83770
金华市	7994	49770	9780	111698	58565
衢州市	2387	13059	179	25801	12330
舟山市	117	-70		1923	601
台州市	9718	78839	6834	165886	44616
丽水市	2894	14006	-75	55755	17960

3-B-04　按注册类型和控股情况分规模以下文化制造业企业主要财务指标

单位：万元

分　组	法　人单位数(个)	从业人员期末人数(人)	#女性	资产总计	营业收入	营业成本
总　计	**31253**	**311156**	**142072**	**11631084**	**10629600**	**8699919**
按注册类型分组						
内资企业	31001	305429	138829	11141312	10479858	8578176
#国有企业	8	134	46	10001	6606	5305
私营企业	29509	288617	131443	10390252	9913287	8117691
港、澳、台商投资企业	145	2789	1566	296190	83602	68321
外商投资企业	107	2938	1677	193582	66141	53422
按控股情况分组						
国有控股	19	377	173	35015	17149	13256
集体控股	357	3991	1603	126675	125151	97588
私人控股	30557	301203	137368	11071826	10319467	8453612
港澳台商控股	105	1915	1042	185588	65437	53790
外商控股	69	1824	1015	131815	40568	31369
其他	146	1846	871	80166	61829	50303

3-B-04 续表 单位：万元

分　组	税金及附加	营业利润	投资收益	应付职工薪　酬	应　交增值税
总　计	**92415**	**618563**	**26507**	**1431169**	**316919**
按注册类型分组					
内资企业	90096	622743	26435	1401523	311600
#国有企业	63	616	24	1489	263
私营企业	83723	593850	25903	1320550	290829
港、澳、台商投资企业	1691	-3519	32	15055	3353
外商投资企业	628	-662	39	14591	1967
按控股情况分组					
国有控股	139	1907	28	3082	802
集体控股	1727	9303	3	19587	5204
私人控股	88021	608772	26435	1378824	305600
港澳台商控股	1111	-2460	23	10588	2274
外商控股	800	382	35	9372	1271
其他	618	658	-16	9716	1768

3-B-05　分地区规模以下文化制造业企业主要财务指标

单位：万元

地　区	法　人单位数（个）	从业人员期末人数（人）	#女性	资产总计	营业收入	营业成本
全　省	**31253**	**311156**	**142072**	**11631084**	**10629600**	**8699919**
杭州市	3234	28162	12898	1610460	1072321	923211
宁波市	4672	52098	25480	2192351	1656470	1399937
温州市	7798	62829	22321	1762738	2301423	1804167
嘉兴市	1719	18305	8543	959593	613201	534693
湖州市	558	5014	2330	232649	142019	119949
绍兴市	2918	22964	11464	1494260	969455	775048
金华市	5184	54157	23949	1580168	1856806	1534046
衢州市	341	4339	2439	281717	131879	109031
舟山市	136	1300	839	36098	25184	21044
台州市	3570	46957	24119	1079041	1445810	1148013
丽水市	1123	15031	7690	402009	415034	330780

3-B-05　续表　　　　单位：万元

地　区	税金及附加	营业利润	投资收益	应付职工薪　酬	应　交增值税
全　省	**92415**	**618563**	**26507**	**1431169**	**316919**
杭州市	7033	7804	3942	128687	34074
宁波市	13396	29176	9364	245010	52966
温州市	27138	209707	7145	298103	76869
嘉兴市	4051	5783	486	80290	17962
湖州市	1846	3506	91	17913	4017
绍兴市	7699	87556	1456	117467	25259
金华市	12235	125167	1740	239507	36834
衢州市	1310	4176	90	17413	2688
舟山市	345	566	32	5420	920
台州市	14671	111720	1874	215267	52055
丽水市	2692	33403	287	66093	13275

C.文化批零业

3-C-01　按地区分文化批零业单位主要指标

地　区	法人单位数（个）			从业人员期末人数（人）		
		规模以上	规模以下		规模以上	规模以下
全　省	**23174**	**921**	**22253**	**117727**	**32594**	**85133**
杭州市	4815	183	4632	29716	10095	19621
宁波市	3412	222	3190	21678	8831	12847
温州市	2990	99	2891	13206	2233	10973
嘉兴市	902	61	841	3976	1325	2651
湖州市	308	29	279	2331	1249	1082
绍兴市	1231	154	1077	8261	3797	4464
金华市	7386	71	7315	27447	1699	25748
衢州市	299	12	287	1184	328	856
舟山市	127	9	118	598	242	356
台州市	1274	44	1230	6625	1762	4863
丽水市	430	37	393	2705	1033	1672

3-C-02 按注册类型和控股情况分限额以上文化批零业企业主要财务指标

单位：万元

分组	法人单位数（个）	从业人员期末人数（人）		资产总计	营业收入	营业成本
			#女性			
总计	**921**	**32594**	**19560**	**6835562**	**13113108**	**12062711**
按注册类型分组						
内资企业	908	32280	19360	6367297	11975373	10957655
#国有企业	3	106	42	24134	43340	41211
私营企业	711	19559	12003	3150855	7622873	7014236
港、澳、台商投资企业	6	63	28	419847	815036	798986
外商投资企业	7	251	172	48418	322699	306070
按控股情况分组						
国有控股	99	6638	3663	2080611	2027345	1812659
集体控股	8	566	253	56069	202555	187151
私人控股	779	23332	14277	3977348	9271445	8533012
港澳台商控股	6	63	28	419847	815036	798986
外商控股	7	311	200	50800	322324	304264
其他	22	1684	1139	250888	474402	426638

3-C-02 续表

单位：万元

分组	税金及附加	营业利润	投资收益	应付职工薪酬	应交增值税
总计	**24838**	**283369**	**48618**	**283905**	**169013**
按注册类型分组					
内资企业	22865	277727	48618	279333	165180
#国有企业	54	57	26	826	49
私营企业	11867	130377	3084	140748	140818
港、澳、台商投资企业	1689	2732		1389	1782
外商投资企业	283	2910		3183	2052
按控股情况分组					
国有控股	5836	97804	43575	84687	10239
集体控股	457	902	22	4215	2029
私人控股	15487	162871	4715	174503	146885
港澳台商控股	1689	2732		1389	1782
外商控股	274	3057		3510	2052
其他	1094	16004	306	15602	6027

3-C-03　分地区限额以上文化批零业企业主要财务指标

单位：万元

地　区	法　人单位数（个）	从业人员期末人数（人）	#女性	资产总计	营业收入	营业成本
全　省	**921**	**32594**	**19560**	**6835562**	**13113108**	**12062711**
杭州市	183	10095	6321	2590073	4612421	4271831
宁波市	222	8831	5193	1681958	4196400	3837549
温州市	99	2233	1118	406050	632223	590132
嘉兴市	61	1325	725	282889	502298	473413
湖州市	29	1249	779	178059	231714	200019
绍兴市	154	3797	2652	737712	1681204	1539030
金华市	71	1699	897	212341	385056	351938
衢州市	12	328	194	64056	69900	61615
舟山市	9	242	151	16092	65860	62541
台州市	44	1762	973	562131	540234	496405
丽水市	37	1033	557	104202	195798	178239

3-C-03　续表　　　　单位：万元

地　区	税金及附加	营业利润	投资收益（损失以“-”号记）	应付职工薪　酬	应　交增值税
全　省	**24838**	**283369**	**48618**	**283905**	**169013**
杭州市	9760	78844	44910	106759	26385
宁波市	5840	106437	2257	83868	24427
温州市	987	9428	112	14645	2860
嘉兴市	863	2112	776	11473	2961
湖州市	1312	3716	452	8133	2444
绍兴市	3397	69340	-26	21083	97281
金华市	669	7311		11338	10322
衢州市	334	862	70	3355	300
舟山市	98	195		1943	220
台州市	1125	2969	59	14925	688
丽水市	452	2155	9	6383	1125

3-C-04 按注册类型和控股情况分限额以下文化批零业企业主要财务指标

单位：万元

分　组	法　人单位数(个)	从业人员期末人数(人)	#女性	资产总计	营业收入	营业成本
总　计	**22253**	**85133**	**39080**	**5184145**	**7827971**	**6792741**
按注册类型分组						
内资企业	21989	83760	38334	5101291	7686813	6670522
#国有企业	22	140	90	9909	8717	6158
私营企业	20987	77786	35089	4348731	7195762	6257151
港、澳、台商投资企业	36	414	254	32227	15549	10882
外商投资企业	228	959	492	50628	125609	111337
按控股情况分组						
国有控股	41	429	262	116770	56712	48240
集体控股	61	483	268	21729	15079	11210
私人控股	21758	82051	37384	4757616	7552292	6570236
港澳台商控股	33	322	194	29823	13203	9033
外商控股	190	816	423	47559	102206	90602
其他	170	1032	549	210648	88480	63419

3-C-04 续表

单位：万元

分　组	税金及附加	营业利润	投资收益	应付职工薪　酬	应　交增值税
总　计	**20639**	**405833**	**50948**	**412190**	**70424**
按注册类型分组					
内资企业	20351	398576	50901	403385	69424
#国有企业	43	1126	33	772	138
私营企业	18789	371562	40591	368811	63625
港、澳、台商投资企业	64	220	-1	2291	444
外商投资企业	224	7037	47	6514	557
按控股情况分组					
国有控股	330	4666	541	3582	708
集体控股	85	819	156	1684	527
私人控股	19735	379786	44616	393143	67479
港澳台商控股	54	107	-1	1488	356
外商控股	190	5901	34	5454	434
其他	245	14555	5601	6839	919

3-C-05 分地区限额以下文化批零业企业主要财务指标

单位：万元

地 区	法 人单位数(个)	从业人员期末人数(人)	#女性	资产总计	营业收入	营业成本
全 省	**22253**	**85133**	**39080**	**5184145**	**7827971**	**6792741**
杭州市	4632	19621	9611	1966186	1946722	1724199
宁波市	3190	12847	5828	1331727	1488560	1319881
温州市	2891	10973	4135	299204	639443	489639
嘉兴市	841	2651	1307	169901	243269	227286
湖州市	279	1082	562	47733	49545	42168
绍兴市	1077	4464	2188	337907	299942	186699
金华市	7315	25748	11611	484689	2429114	2177435
衢州市	287	856	425	136310	273435	263529
舟山市	118	356	218	60885	64081	48756
台州市	1230	4863	2449	199182	316210	257408
丽水市	393	1672	746	150421	77650	55741

3-C-05 续表

单位：万元

地 区	税金及附加	营业利润	投资收益	应付职工薪 酬	应 交增值税
全 省	**20639**	**405833**	**50948**	**412190**	**70424**
杭州市	3459	36345	37816	98501	19893
宁波市	2320	9889	4065	67333	12053
温州市	4200	46893	1295	50817	11458
嘉兴市	520	-1664	115	10546	2450
湖州市	599	3439	416	4179	713
绍兴市	1701	84728	6734	25997	4891
金华市	4621	176161	223	117575	8996
衢州市	968	1438	34	3740	896
舟山市	481	10918	63	1774	3497
台州市	1321	26102	84	23950	4595
丽水市	449	11584	103	7780	983

D.文化服务业

3-D-01 分地区文化服务业单位主要指标

地 区	法 人单位数（个）	规模以上	规模以下	事业单位	社会团体
全 省	**97902**	**1756**	**85944**	**1847**	**8355**
杭州市	31709	709	28645	379	1976
宁波市	16598	269	15293	206	830
温州市	12111	139	10369	195	1408
嘉兴市	6614	132	5571	213	698
湖州市	4402	71	3850	86	395
绍兴市	6166	115	5097	156	798
金华市	9217	156	8409	138	514
衢州市	1851	21	1466	76	288
舟山市	1378	23	1007	62	286
台州市	5529	81	4671	153	624
丽水市	2327	40	1566	183	538

3-D-01 续表

地 区	从业人员期末人数（人）	规模以上	规模以下	事业单位	社会团体
全 省	**645710**	**194669**	**381161**	**41776**	**28104**
杭州市	268146	112999	139703	10274	5170
宁波市	89065	19263	61690	5242	2870
温州市	70838	10310	49428	5196	5904
嘉兴市	36959	12007	20926	2773	1253
湖州市	21579	5778	12379	2118	1304
绍兴市	34311	6466	20916	3009	3920
金华市	56018	16664	33355	3563	2436
衢州市	9654	1358	6024	1563	709
舟山市	8632	1837	4563	1630	602
台州市	34990	5262	23625	3935	2168
丽水市	15518	2725	8552	2473	1768

3-D-02　按注册类型和控股情况分规模以上文化服务业企业主要财务指标

单位：万元

分　组	法　人单位数(个)	从业人员期末人数(人)	#女性	资产总计	营业收入	营业成本
总　计	**1756**	**194669**	**81892**	**83846780**	**53995493**	**31118592**
按注册类型分组						
内资企业	1707	166949	71759	40690361	18013688	13228386
#国有企业	65	15294	6404	4092955	1375833	946803
私营企业	946	50018	21235	8761294	7088507	5443483
港、澳、台商投资企业	29	26189	9467	39422918	22092216	4166976
外商投资企业	20	1531	666	3733501	13889589	13723230
按控股情况分组						
国有控股	381	58731	23085	17565103	5836565	4347308
集体控股	33	10456	5925	1360430	523687	362716
私人控股	1202	79822	34668	16808291	9642660	7169056
港澳台商控股	24	26070	9425	39408204	22082527	4159744
外商控股	16	1415	685	3751570	14258566	14006176
其他	100	18175	8104	4953182	1651488	1073592

3-D-02　续表

单位：万元

分　组	税金及附加	营业利润	投资收益	应付职工薪　酬	应　交增值税
总　计	**276718**	**11981946**	**534623**	**4896160**	**990399**
按注册类型分组					
内资企业	123147	2105898	731999	2362260	310798
#国有企业	11621	472595	162860	310316	19471
私营企业	31900	510788	87250	524890	108396
港、澳、台商投资企业	139859	9884386	-197376	2505561	683759
外商投资企业	13712	-8339		28339	-4158
按控股情况分组					
国有控股	39499	675331	307032	989668	96534
集体控股	11773	47184	11267	97787	13723
私人控股	44791	789153	254999	856325	142572
港澳台商控股	139830	9884184	-197376	2505439	683559
外商控股	27235	73264		122497	29570
其他	13590	512831	158701	324445	24441

3-D-03 分地区规模以上文化服务业企业主要财务指标

单位：万元

地区	法人单位数(个)	从业人员期末人数(人)	#女性	资产总计	营业收入	营业成本
全省	**1756**	**194669**	**81892**	**83846780**	**53995493**	**31118592**
杭州市	709	112999	46037	64310160	47527442	26850613
宁波市	269	19263	7433	3501985	1979533	1371979
温州市	139	10310	4208	1026987	564472	421224
嘉兴市	132	12007	5237	2641898	965150	608296
湖州市	71	5778	2814	1127825	309251	198350
绍兴市	115	6466	2671	1711508	473671	274157
金华市	156	16664	8541	7850914	1701439	1030584
衢州市	21	1358	563	317931	86309	72066
舟山市	23	1837	849	374367	58267	43661
台州市	81	5262	2333	600507	244819	188759
丽水市	40	2725	1206	382699	85140	58903

3-D-03 续表

单位：万元

地区	税金及附加	营业利润	投资收益	应付职工薪酬	应交增值税
全省	**276718**	**11981946**	**534623**	**4896160**	**990399**
杭州市	205377	11279795	374657	3935156	852149
宁波市	30623	176340	16427	348210	54048
温州市	4408	10357	2234	103904	10099
嘉兴市	7554	180446	32443	127509	20152
湖州市	3156	-8113	1810	55218	6104
绍兴市	4273	48791	15324	63032	9221
金华市	16776	303407	91290	158060	30412
衢州市	144	5579	288	11411	-66
舟山市	725	-9750	-51	23028	1740
台州市	2736	-703	84	45822	3788
丽水市	948	-4203	117	24810	2753

3-D-04 按注册类型和控股情况分规模以下文化服务业企业主要财务指标

单位：万元

地 区	法 人 单位数 (个)	从业人员 期末人数 (人)		资产总计	营业收入	营业成本
			#女性			
总 计	**85944**	**381161**	**163916**	**47547760**	**12035439**	**8362787**
按注册类型分组						
内资企业	85711	379148	163074	47006638	11970568	8316390
#国有企业	166	2615	1033	216137	57932	39051
私营企业	79897	333407	142076	20699797	10264017	7238920
港、澳、台商投资企业	108	906	328	313800	18097	17191
外商投资企业	125	1107	514	227322	46774	29206
按控股情况分组						
国有控股	619	11454	5130	16728692	573987	285656
集体控股	227	1183	540	231558	32575	22624
私人控股	82783	353136	150018	28968517	11082593	7824073
港澳台商控股	102	813	295	168513	20439	17792
外商控股	96	1066	493	267309	29393	14087
其他	2117	13509	7440	1183172	296452	198555

3-D-04 续表

单位：万元

地 区	税金及附加	营业利润	投资收益	应付职工 薪 酬	应 交 增值税
总 计	**102450**	**468919**	**147542**	**2069881**	**296921**
按注册类型分组					
内资企业	101238	503625	147180	2053131	296601
#国有企业	1263	-3575	1083	32077	2227
私营企业	76127	305048	91232	1694446	253087
港、澳、台商投资企业	252	-14726	280	8174	152
外商投资企业	960	-19981	82	8576	167
按控股情况分组					
国有控股	8872	226802	21003	127409	18416
集体控股	321	2078	-223	6738	625
私人控股	88380	270002	123434	1841029	269928
港澳台商控股	230	-11909	232	6602	225
外商控股	919	-21419	82	7952	-147
其他	3728	3364	3014	80152	7872

3-D-05 分地区规模以下文化服务业企业主要财务指标

单位：万元

地区	法人单位数（个）	从业人员期末人数（人）	#女性	资产总计	营业收入	营业成本
全省	**85944**	**381161**	**163916**	**47547760**	**12035439**	**8362787**
杭州市	28645	139703	60377	16609476	4636463	2957766
宁波市	15293	61690	23978	6214278	1377186	930583
温州市	10369	49428	20903	1841743	1284820	801293
嘉兴市	5571	20926	10095	8262230	657442	517451
湖州市	3850	12379	5762	3387816	605602	362026
绍兴市	5097	20916	9487	2107729	615782	443560
金华市	8409	33355	13571	5048547	2025966	1759001
衢州市	1466	6024	2921	406445	118996	85111
舟山市	1007	4563	2154	1599147	87779	61331
台州市	4671	23625	10610	1146096	501319	358554
丽水市	1566	8552	4058	924253	124086	86111

3-D-05 续表

单位：万元

地区	税金及附加	营业利润	投资收益	应付职工薪酬	应交增值税
全省	**102450**	**468919**	**147542**	**2069881**	**296921**
杭州市	35750	66022	102619	843993	114453
宁波市	11570	-53799	11597	317097	30339
温州市	11479	183564	4401	251264	35591
嘉兴市	6728	-46989	1906	96707	14737
湖州市	11554	127262	2417	63906	16579
绍兴市	5896	92950	22797	120129	17363
金华市	11036	14381	635	170082	49628
衢州市	1348	6338	-2053	26493	2563
舟山市	1523	21988	-375	23077	2867
台州市	4004	52422	1625	125332	10290
丽水市	1562	4779	1974	31801	2511

3-D-06 分地区文化服务业行政事业单位主要财务指标

地区	法人单位数（个）	从业人员期末人数（人）	#女性	资产总计（万元）	本年支出合计（万元）
全省	**1847**	**41776**	**20159**	**5192583**	**1678718**
杭州市	379	10274	5203	2176132	490414
宁波市	206	5242	2616	737171	218192
温州市	195	5196	2402	445690	184139
嘉兴市	213	2773	1404	371597	141240
湖州市	86	2118	1007	213786	76257
绍兴市	156	3009	1469	218900	141544
金华市	138	3563	1596	274556	106843
衢州市	76	1563	691	86094	49170
舟山市	62	1630	847	96197	45442
台州市	153	3935	1725	462088	143944
丽水市	183	2473	1199	110375	81533

3-D-07 分地区文化服务业其他非营利单位主要财务指标

地区	法人单位数（个）	从业人员期末人数（人）	#女性	资产总计（万元）	本年支出合计（万元）
全省	**8355**	**28104**	**14229**	**823371**	**282729**
杭州市	1976	5170	2896	210269	101997
宁波市	830	2870	1715	84067	40103
温州市	1408	5904	2625	66004	34244
嘉兴市	698	1253	683	34892	9906
湖州市	395	1304	746	8445	8419
绍兴市	798	3920	2079	207126	49879
金华市	514	2436	1127	89379	8904
衢州市	288	709	346	9335	4808
舟山市	286	602	368	7079	5005
台州市	624	2168	999	96837	14177
丽水市	538	1768	645	9938	5287